高等学校土木工程专业“十四五”系列规划教材·应用型

混凝土结构基本原理

(第3版)

主　编　李章政　刘玉娟　刘松岸
副主编　李　倩　冯　婷　祁术洪
王　威　方冬慧　陈吉娜

四川大学出版社
SICHUAN UNIVERSITY PRESS

图书在版编目（CIP）数据

混凝土结构基本原理 / 李章政，刘玉娟，刘松岸主编. -- 3 版. -- 成都 : 四川大学出版社，2024. 8.
ISBN 978-7-5690-7116-0

Ⅰ. TU37

中国国家版本馆 CIP 数据核字第 2024V8Y612 号

书　　名：混凝土结构基本原理（第 3 版）
　　　　　Hunningtu Jiegou Jiben Yuanli（Di-san Ban）
主　　编：李章政　刘玉娟　刘松岸

选题策划：王　睿
责任编辑：王　睿
特约编辑：李嘉琪
责任校对：蒋　玙
装帧设计：开动传媒
责任印制：王　炜

出版发行：四川大学出版社有限责任公司
　　　　　地址：成都市一环路南一段 24 号（610065）
　　　　　电话：（028）85408311（发行部）、85400276（总编室）
　　　　　电子邮箱：scupress@vip.163.com
　　　　　网址：https://press.scu.edu.cn
印前制作：湖北开动传媒科技有限公司
印刷装订：武汉乐生印刷有限公司

成品尺寸：200 mm×270 mm
印　　张：16.25
字　　数：456 千字

版　　次：2024 年 8 月 第 3 版
印　　次：2024 年 8 月 第 1 次印刷
印　　数：1—6000 册
定　　价：48.00 元

扫码获取数字资源

四川大学出版社
微信公众号

特别提示

教学实践表明，有效地利用数字化教学资源，对于学生学习能力以及问题意识的培养乃至怀疑精神的塑造具有重要意义。

通过对数字化教学资源的选取与利用，学生的学习从以教师主讲的单向指导模式转变为建设性、发现性的学习，从被动学习转变为主动学习，由教师传播知识到学生自己重新创造知识。这无疑是锻炼和提高学生的信息素养的大好机会，也是检验其学习能力、学习收获的最佳方式和途径之一。

本系列教材在相关编写人员的配合下，逐步配备基本数字教学资源，主要内容包括：

文本：课程重难点、思考题与习题参考答案、知识拓展等。

图片：课程教学外观图、原理图、设计图等。

视频：课程讲述对象展示视频、模拟动画，课程实验视频，工程实例视频等。

音频：课程讲述对象解说音频、录音材料等。

数字资源获取方法：

① 打开微信，点击“扫一扫”。

② 将扫描框对准书中所附的二维码。

③ 扫描完毕，即可查看文件。

更多数字教学资源共享、图书购买及读者互动敬请关注“开动传媒”微信公众号！

前 言

《混凝土结构基本原理》(第3版)是在第2版的基础上修订而成的。其主要原因是在这期间，新的国家标准出台，特别是《建筑结构可靠性设计统一标准》(GB 50068—2018)与《工程结构可靠性设计统一标准》(GB 50153—2008)全面接轨，导致公式变化(取消永久荷载控制的组合)、计算参数取值改变(恒载分项系数由1.2调整为1.3，活载分项系数则由1.4修改为1.5)，为适应这一变化，特对本书进行修订，以满足教学之需。

第3版保留了第2版的风格特征，一是按照现行国家标准、规范对书中的公式、提法进行校对，以减少差错；二是删去某些未应用的公式、理论上较深的内容及例题，更加符合应用型本科学生的培养要求；三是继续应用扫描二维码技术，将许多理论性知识的文档、课件，实际工程、试验的图片，以及视频资料等置于配套的数字资料中，供学有余力且有兴趣的同学课后使用，以此扩大深度和广度。本书各知识单元和知识点仍然满足《高等学校土木工程本科指导性专业规范》所提出的基本要求，组织架构与第2版保持一致，即全书共分9章和1个附录。其中附录是设计计算用表格，需要时可直接查用。本书的基础部分是前3章，重点内容为紧跟其后的钢筋混凝土结构构件设计6章。

本书可作为土木工程专业建筑工程方向或工民建方向的教材，也可作为工程管理、工程造价等相关专业的教学用书，同时，还可供工程技术人员、设计人员准备注册考试和知识更新的参考书。完成全书教学任务，大约需要60学时。

本书编写分工为：四川大学，李章政；郑州升达经贸管理学院，祁术洪(前言、第1章、附录)；郑州经贸学院，冯婷(第2、3章)；成都理工大学工程技术学院，刘松岸(第4、5章)；石家庄铁道大学四方学院，陈吉娜，湖南交通工程学院，王威(第6章)；成都锦城学院，方冬慧(第7章)；四川大学锦江学院，李倩(第8章)；郑州商学院，刘玉娟(第9章)。

本书第3版由李章政、刘玉娟、刘松岸完成修订。书中如有不妥之处，敬请读者提出指正。

李章政

2023年冬季

目　录

数字资源目录

1 绪　　论

【内容提要】

本章主要内容包括混凝土结构的概念和分类、混凝土结构的应用，基本构件及其受力特点，混凝土结构设计理论的发展过程，该课程的特点和学习要求。

【能力要求】

通过本章的学习，学生应熟悉混凝土结构的概念和类型，了解工程领域中的各类混凝土结构，掌握钢筋混凝土构件的分类和受力特点，了解结构设计理论的发展历程，知道课程的性质和特点。

5 分钟
看完本章

1.1 混凝土结构的概念和分类

以水泥、集料(碎石、砂等)和水为主要原料，也可加入外加剂和矿物掺和料等材料，经拌和、成型、养护等工艺制作的，硬化后具有较高强度的工程材料，称为水泥混凝土，简称混凝土。以混凝土为主要材料建造的结构，称为混凝土结构。所谓结构，就是能够承受作用并具有适当刚度的由各连接部件有机组合而成的系统。结构也就是建筑物或构筑物的受力骨架体系，以保证建筑物或构筑物的安全性、适用性和耐久性等功能要求。结构在物理上可以区分出的部件或结构的组成部件，称为结构构件。

混凝土结构在实际应用中，根据钢筋的配置情况，可分为素混凝土结构、钢筋混凝土结构和预应力混凝土结构三大类。

1.1.1 素混凝土结构

无筋或不配置受力钢筋的混凝土，称为素混凝土。因为混凝土的抗压强度较高，抗拉强度很低，所以素混凝土结构或构件的应用范围十分有限。素混凝土通常用作以受压为主的构件，如柱、墩、基础等；也可用于卧置于地基上的受弯构件，如重力式挡土墙、重力式水坝等；素混凝土可以作为路面结构，承受汽车荷载作用，此时的路面称为普通混凝土路面。

1.1.2 钢筋混凝土结构

钢筋混凝土就是配置受力的普通钢筋、钢筋网或钢筋骨架的混凝土。由钢筋混凝土建造的结构或构件，称为钢筋混凝土结构或构件。在受拉区的钢筋承担拉应力，克服了混凝土抗拉能力弱的缺点；在受压区的钢筋协助混凝土受压，可减小构件截面尺寸，并可提高构件的延性。钢筋混凝土合理地利用了钢筋和混凝土这两种材料的性能,即充分利用混凝土的抗压性能和钢筋的抗拉、抗压性能,是一种比较好的组合形式。

钢筋和混凝土这两种性质不同的材料能够结合在一起长期有效地工作,主要原因在于以下三个方面。

① 钢筋与混凝土的接触面上存在良好的黏结强度,能够传递两者之间的相互作用力,使之共同受力。

② 钢筋与混凝土的温度线膨胀系数很接近,钢筋为 1.2×10^{-5}/℃,混凝土为($1.0\times10^{-5}\sim1.5\times10^{-5}$)/℃。当温度发生变化时,钢筋和混凝土的变形基本相等,不会破坏两者之间的黏结,能够保证结构的整体性。

③ 钢筋包裹于混凝土之中,避免了与大气的接触,提高了防腐蚀的能力,从而保证了耐久性或长期工作的稳定性。

钢筋混凝土结构具有如下优点:

(1) 强度高

与传统的砖木结构相比,钢筋混凝土结构的强度高。在某些情况下,可替代钢结构,可节约钢材、降低造价。

(2) 耐久性好

混凝土将钢筋包裹起来,使其与大气隔绝,钢筋不易锈蚀。与钢结构相比,钢筋混凝土结构耐久性好、维护成本很低。

(3) 耐火性好

混凝土是不良导热体,传热速度慢,只要有一定的保护层厚度,遭遇火灾时,钢筋在 1~2 h 内不会达到软化温度而导致结构失效。钢筋混凝土结构的耐火极限超过钢结构和木结构。

(4) 可模性好

可模性是指混凝土凝结硬化前可以浇筑成各种形状和尺寸的结构和构件。凝固前的拌和物具有良好的塑性,可形成模板限定的形状和尺寸,适用于复杂的结构,如空心楼板、曲线形梁和拱、薄壁空间结构等。

(5) 整体性好

现浇钢筋混凝土结构在空间浇筑成整体,没有连接部位,刚度较大,抗变形能力强,具有较好的抗震、抗爆炸性能。

(6) 易于就地取材

混凝土中所用的砂、石等天然集料分布广泛,可就地取材;有条件的地方还可以将工业废料或废弃的砖、混凝土等制成人工集料加以利用。集料不需要长途运输,可降低造价。

钢筋混凝土结构的缺点主要体现在自重大、抗裂性差和施工周期长三个方面。钢筋混凝土结构的自重大,不利于修建大跨度、超高层等结构。钢筋混凝土结构受拉时容易开裂,限制了结构的适用范围。对抗裂度要求高的结构(比如有防渗要求的结构)不适合采用钢筋混凝土结构,同时,裂缝也会对耐久性产生不利影响。现浇钢筋混凝土结构施工工序多,现场湿作业多,需要模板,费工费料,养护期长,工期长,雨天和冬季施工困难。随着技术的进步,以上缺点逐渐被克服,比如采用轻质高强混凝土可以减轻结构自重,采用预应力技术可以改善抗裂性能,采用装配式构件可以加快施工进度等。另外,钢筋混凝土结构受损后,补强维修较困难。

1.1.3 预应力混凝土结构

由配置受力的预应力筋通过张拉或其他方法建立预加应力的混凝土制成的结构,称为预应力混凝土结构。混凝土受到的预加应力为压应力，用以全部或部分抵消外力引起的拉应力，使结构或构件在工作时仍然承受压应力，或虽然承受拉应力，但拉应力很小。预应力混凝土可以保证在使用过程中结构或构件不出现裂缝或裂缝宽度很小，增加刚度，减小变形，满足使用要求。

预应力混凝土结构的主要优点在于提高了抗裂度和刚度，其应用目的有如下两个：

(1) 抗裂

在使用上要求有较高密闭性或耐久性的结构如水池、油罐、核反应堆，以及受到侵蚀性水等介质作用的工业厂房、水利工程、海洋工程、港口工程等建筑物或构筑物，裂缝控制上要求较严，采用预应力混凝土能满足这种要求。

(2) 减小变形

大跨度结构或荷载较大的结构，在外力作用下挠度通常较大，采用钢筋混凝土结构不能满足或很难满足要求。当采用预应力混凝土结构时，可提高刚度，减小变形；同时，在施加预应力（偏心压力）时产生的反拱值，还可以抵消一部分因荷载引起的挠度。因此，房屋结构中大跨度梁、大跨度预制板等通常采用预应力混凝土制作，桥梁结构中的梁式桥（T 梁、箱梁）也通常采用预应力混凝土制作，一方面可减小挠度，另一方面也可提高抗裂度。

1.2 混凝土结构的应用

钢筋混凝土结构和预应力混凝土结构是目前最常用的结构形式，广泛应用于建筑结构、桥梁结构、水利工程结构、岩土工程结构和特种结构中。据粗略统计，我国每年混凝土用量达 40 亿立方米，钢筋用量达 1 亿吨。混凝土和钢筋是重要的工程材料，混凝土结构也渗透到各个领域。

混凝土建筑图

1.2.1 建筑结构

建筑结构就是房屋的骨架系统，如图 1-1 所示。它除了承担房屋自身重力以外，还要承受楼面（屋面）的使用活荷载，抵御风荷载，抵抗地震作用等。混凝土建筑结构的结构形式有排架结构、框架结构、剪力墙结构、框架-剪力墙结构、筒体结构等。

(a)

(b)

图 1-1　混凝土建筑结构

1.2.1.1 排架结构

混凝土排架结构多用于单层工业厂房,结构体系由排架柱、屋架或屋面大梁、基础、各种支撑等组成。其中排架柱为预制钢筋混凝土构件;屋架或屋面大梁通常为预制预应力混凝土构件;大型屋面板也为预制预应力混凝土板;基础为现浇杯形基础。

排架柱和屋面横梁或屋架构成平面排架,其中屋面横梁或屋架在柱顶处铰接,柱脚与基础顶面固接。排架结构承受竖向荷载和水平风荷载、水平地震作用等。各榀排架由屋盖支撑和柱间支撑连接形成空间结构,保证结构构件在安装和使用阶段的稳定性和安全性。

1.2.1.2 框架结构

框架结构为梁和柱通过刚性连接组成的刚架,柱脚与基础固接,如图1-1(a)所示为施工中的钢筋混凝土框架结构。框架结构要承受楼盖(屋盖)传来的竖向荷载,也要承受水平风荷载、水平地震作用。钢筋混凝土框架结构通常采用整体现浇的方法建造,整体性和刚度都较大。

框架结构建筑平面布置灵活,施工简便,可以形成较大的使用空间,适应性强,在多层和高层建筑中应用较广泛。但因其侧向刚度较小,在水平荷载或水平地震作用下,侧向变形较大,因此限制了其适用高度。非抗震设计中,框架结构的最大适用高度为70 m;抗震设计中,设防烈度为6度、7度、8度和9度时,其最大适用高度分别为60 m、50 m、40 m和24 m。

1.2.1.3 剪力墙结构

结构中布置的钢筋混凝土墙体具有较大的承受侧向力(水平剪力)的能力,这种墙体称为剪力墙。利用剪力墙承担竖向荷载、抵抗水平荷载和水平地震作用的结构称为剪力墙结构,如图1-1(b)所示为施工过程中的剪力墙结构。剪力墙具有双重功能,既是承重构件,又是分隔、维护构件。剪力墙的空间整体性强,侧向刚度大,侧移小,有利于抗震,故又称为抗震墙。剪力墙结构的适用范围很大,常见于十几层到三十几层的高层建筑,更高的高层建筑也适用。非抗震设计时,可建造的高度为130～150 m。

剪力墙的间距不大,平面布置不灵活,通常用于旅馆、办公楼、住宅等小开间建筑。另外,剪力墙结构自重较大,施工较麻烦,造价较高。

1.2.1.4 框架-剪力墙结构

在框架结构中增设部分剪力墙,形成的结构体系称为框架-剪力墙结构。它同时兼具框架和剪力墙的优点,既能形成较大的空间,又具有较好的抵抗水平荷载的能力,因而在实际工程中应用较为广泛。20层左右的高层建筑通常采用框架-剪力墙结构。

1.2.1.5 筒体结构

筒体结构是一种空间筒状结构,整体性强、空间刚度大,适用于修建超高层建筑。筒体的形成有三种方式,即由剪力墙围成实腹筒、由密柱深梁围成框筒、由桁架围成桁架筒。框架和实腹筒组成框架-核心筒体系,实腹筒和框筒组成筒中筒体系,框筒和桁架筒组成束筒体系。

1.2.2 桥梁结构

桥梁是为了让公路或铁路能跨越江河、湖泊或其他障碍物而修建的跨越结构,根据受力方式和变形形式不同，桥梁结构可以分成梁式桥、拱桥、刚构桥、斜拉桥和悬索桥五种类型。

桥梁可以用砖石、木材、钢材和混凝土建造，但在现代桥梁结构中，混凝土桥是主流，如图 1-2 所示为钢筋混凝土拱桥和刚构桥。梁式桥通常采用钢筋混凝土、预应力混凝土建造；拱桥除传统的石拱桥之外，还有素混凝土拱桥、钢管混凝土拱桥，更多的则是钢筋混凝土拱桥；刚构桥多为钢筋混凝土或预应力混凝土结构；斜拉桥和悬索桥的桥塔（索塔）也大多采用钢筋混凝土修建，加劲梁可以采用预应力混凝土箱梁，也可以采用钢箱梁与钢筋混凝土面板组合。

(a)

(b)

图 1-2　混凝土桥梁结构

1.2.3　水利工程结构

水利工程结构简称水工结构，包括水坝和河堤，其作用是阻挡或拦束水流，壅高或调节上游水位。

水坝主要承受上游水压力作用，除了满足强度以外，还要有较好的抗渗性和稳定性，因此相当多的水坝采用混凝土或钢筋混凝土建造。重力坝通常采用圬工材料修建，有土坝、石坝、混凝土坝等类型；拱坝通常采用钢筋混凝土修建。图 1-3(a)为钢筋混凝土拱坝，图 1-3(b)为混凝土重力坝。

通航河流的船闸，通常也采用钢筋混凝土建造。

(a)

(b)

图 1-3　大型水坝

1.2.4　岩土工程结构

岩土工程结构是指与岩土体相接触的结构物，它除了承受一般结构的荷载作用以外，还要承受土体的作用(土压力)。岩土工程结构通常分为结构基础和衬砌结构(挡土结构)两大类。

1.2.4.1 结构基础

所谓基础,就是将结构所承受的各种作用传递到地基上的结构组成部分。由于基础位于地面以下,故又称为下部结构。

现代结构的基础除少量为砖石基础和素混凝土基础以外,大部分为钢筋混凝土基础。钢筋混凝土基础包括浅基础(墙下条形基础、柱下独立基础、柱下条形基础、柱下交叉基础、筏形基础、箱形基础),桩基础(预制桩基础、灌注桩基础)等。除此之外,还有预制预应力混凝土管桩基础、方桩基础等。如图1-4所示为钢筋混凝土柱下独立基础(单独基础)和灌注桩基础。

(a) (b)

图1-4 钢筋混凝土基础

1.2.4.2 衬砌结构

在地下工程、隧道工程结构中,与岩土接触处必须要有衬砌结构,其作用是承受岩土层和爆炸等静力和动力作用,并防止地下水和潮气进入隧道。衬砌结构除砖石等圬工材料以外,一般采用钢筋混凝土,图1-5所示为某地下铁路隧道中采用的钢筋混凝土衬砌结构。

(a) (b)

图1-5 钢筋混凝土衬砌隧道

1.2.5 特种结构

特种结构是指除上述结构以外的具有特殊用途的工程结构。如图 1-6 所示，它们大都由钢筋混凝土建造。如自来水水塔有锥壳式、足球式等类型；火力发电厂的双曲冷却塔是钢筋混凝土薄壁结构；电视塔为空间筒体悬臂结构，通常由塔基、塔座、塔身、塔楼及桅杆组成。

图 1-6 钢筋混凝土特种结构

1.3 混凝土结构的构件体系

建筑结构的基本构件按位置和作用可分为水平构件、竖向构件和基础三类。水平构件包括梁、楼板等构件，其作用是承受竖向荷载，如构件自重、楼面(屋面)荷载。竖向构件包括墙、柱等构件。竖向构件的作用，一是支承水平构件(承担其力)；二是承受水平力作用，如风荷载、水平地震作用等。基础位于结构的最下部，其作用是承受上部结构传来的荷载，并经扩散后传给地基。

根据上述基本构件受力状态的不同，可将混凝土构件分为混凝土受弯构件、混凝土受压构件、混凝土受拉构件和混凝土受扭构件四类。

1.3.1 混凝土受弯构件

混凝土受弯构件包括楼板，主、次梁，楼梯的梯段梁、梯段板、平台梁和平台板，扩展式钢筋混凝土基础底板等构件。这类构件在外荷载作用下产生弯曲变形、轴线挠曲、截面转动。梁截面内力有弯矩 M 和剪力 V，同时受弯和受剪；板内剪力较小，以承担弯矩为主。

1.3.2 混凝土受压构件

混凝土受压构件包括墙(剪力墙)、柱、屋架上弦杆和受压腹杆等构件。受压构件分轴心受压构件和偏心受压构件两种。

轴心受压构件截面上仅存在轴心压力 N，引起沿轴线方向的压缩变形。截面上压应力分布均匀，构件较短时属于强度问题；构件较长时需要考虑压杆稳定问题和纵向弯曲对承载力的影响。

偏心受压构件又称为压弯构件。截面上承受轴心压力 N 和弯矩 M 的作用,构件产生沿轴线方向的压缩和弯曲两种变形。偏心受压构件可能全截面受压,也可能部分截面受压,部分截面受拉。截面上应力分布不均匀,偏心方向一侧的压应力大,边缘附近区域达到最大值,另一侧的压应力(或拉应力)小。偏心受压构件截面上还可能存在剪力 V,它和轴心压力 N、弯矩 M 一起使构件处于复杂应力状态,可引起斜截面开裂。

1.3.3 混凝土受拉构件

混凝土受拉构件包括屋架中的受拉腹杆、下弦杆件以及其他结构中设置的拉杆、墙梁中的钢筋混凝土托梁等构件。受拉构件分轴心受拉构件和偏心受拉构件两种。

轴心受拉构件横截面上只存在轴心拉力 N,仅产生沿轴线方向的伸长变形。混凝土开裂前,截面上混凝土和钢筋各自均匀受力;受拉开裂后,混凝土退出工作,全部拉力将由钢筋承担。

偏心受拉构件又称为拉弯构件。截面上承受轴心拉力 N 和弯矩 M 的作用,构件产生沿轴线方向的伸长和弯曲两种变形。偏心受拉构件可能全截面受拉,也可能部分截面受拉,部分截面受压。截面上应力分布不均匀,偏心方向一侧的拉应力大、边缘附近区域达到最大值,另一侧的拉应力(或压应力)小。同样地,偏心受拉构件截面上也可能存在剪力 V,它将导致构件沿斜截面开裂或发生破坏。

1.3.4 混凝土受扭构件

横截面上存在扭矩 T 的构件,称为受扭构件。混凝土受扭构件包括雨篷梁(挑檐梁)、框架结构的边梁等构件。纯扭构件在工程上很少见,往往是以弯扭、剪扭、弯剪扭的受力方式出现,构件产生组合变形。构件横截面上同时存在正应力和剪应力,精确分析比较复杂。

1.4 混凝土结构设计理论的发展

工程建设已有数千年的历史,留下了很多逾千年的古代建筑。古代结构的设计和建造都是工匠凭经验而为之,没有科学理论指导。先秦《考工记》、宋代《营造法式》、清代《工部工程做法则例》和流传于民间的《鲁班经》等古代典籍,都是工程经验的总结。依据经验建造的结构,虽然坚固耐用,但往往存在构件截面大、材料利用率低、使用空间狭窄等缺陷。

最早的结构设计理论是容许应力法(许用应力法),应用了一百余年;其后发展了破损阶段设计法,仅有短暂几年的工程应用;20世纪50年代提出的极限状态设计法,以数学上的概率理论和数理统计为工具,经过不断完善和改进,已成为现代建筑结构和其他工程结构所采用的设计理论。

1.4.1 容许应力法

法国人纳维1826年出版《材料力学》一书,提出了容许应力法。它是以弹性理论为基础,确定结构(构件)特定部位的应力,使其不超过容许应力便能保证结构的安全和可靠。其计算公式为:

$$\sigma \leqslant [\sigma] = \frac{\sigma_k}{K} \tag{1-1}$$

式中 σ——由标准荷载与构件截面公称尺寸所计算的应力;

$[\sigma]$——材料的容许应力;

σ_k——材料标准强度(极限应力),塑性材料取屈服极限,脆性材料取强度极限;

K——大于1的安全系数,用以考虑各种不确定性因素的影响,凭工程经验取值。

容许应力法中，一切量值都是确定值，这一方法属于定值法。这种方法的缺陷在于不能从定量上度量结构的可靠度，更不能使各类结构的安全度达到同一水准，容易让人将安全系数与构件的安全度等同，一些人错误地认为只要给定了安全系数，结构就百分之百可靠；或认为安全系数大，结构安全度就高。实践中，安全系数在砖、石砌体结构中取值最大，但并不能说明砌体结构比钢结构和钢筋混凝土结构更安全。定值法无法考虑材料的变异、抗力的变异和作用的变异对结构安全度的影响，因此，容许应力法在建筑结构中应用一百余年后于20世纪中叶被淘汰出局，但它对现在其他工程结构的设计仍然还有影响。

1.4.2 破损阶段设计法

破损阶段设计法同样属于定值法。20世纪50年代初，我国东北地区首先颁布了破损阶段的设计规范，其原则是结构构件到达破损阶段时的计算承载能力不应小于标准荷载引起的构件内力乘以承载能力的安全系数 K。以受弯构件为例，其表达式为：

$$KM \leqslant M_{\mathrm{u}} \tag{1-2}$$

式中 M——标准荷载引起的构件内力；

M_{u}——构件最终破坏时的承载能力；

K——安全系数，用来考虑结构安全的所有因素，由工程经验确定。

这种方法假定材料均已达到塑性状态，依据截面能抵抗的破损内力建立公式，结束了长期以来假定混凝土为弹性体的局面，采用一个安全系数，构件有了总的安全度的概念。承载能力的计算依据材料的平均强度，安全系数伴随着荷载效应而决定，该法又称为最大荷载设计法。1955年制定的《钢筋混凝土结构设计暂行规范》(规结6—55)采用了这一方法。

1.4.3 半概率极限状态设计法

20世纪50年代初，苏联学者提出了结构极限状态设计法，并颁布了相应的设计标准。1956年12月，国家建设委员会发出通知，将苏联规范作为我国有关单位的非正式设计规范。通过引进、吸收，并结合工程实际，我国于1966年正式颁布了《钢筋混凝土结构设计规范》(BJG 21—1966)，采用三系数(荷载系数、工作条件系数、材料强度系数)的极限状态设计法。

三系数法对于部分材料和荷载的取值采用了数理统计的方法，在一定程度上反映了荷载、材料强度的变异性。但不少荷载和材料强度取值仍根据工程经验确定，工作条件系数也是根据经验判断确定的，所以，这是一种半概率、半经验的极限状态法。

在总结工程实践经验和科学研究成果的基础上，为了使设计计算过程简化，我国提出了采用单一安全系数法的极限状态设计方法，并于1974年颁布《钢筋混凝土结构设计规范》(TJ 10—1974)。该规范采用了多系数分析(荷载安全系数、材料安全系数、调整系数或附加安全系数)、单一安全系数表达的极限状态设计方法。这种方法的标准荷载和材料强度是采用数理统计方法确定的，单一安全系数是将各分项安全系数经综合分析后近似得出的。设计参数中，如荷载的偶然性变异、施工质量的偏差、某些材料的强度取值等，不是按数理统计方法确定的，而是按工程经验确定的，因此，这种方法仍属于半概率、半经验极限状态设计方法。该法一直使用到1989年年底。

1.4.4 近似概率极限状态设计法

近似概率极限状态设计法的进展之一，就是将半概率极限状态设计法中分项安全系数由工程经验确定改由概率方法确定，理论上的突破点在于提出了一次二阶矩法。这个方法既有确定的极限状态,又可给出不超过该极限状态的概率(可靠度),因而是一种较为完善的概率极限状态设计方法。但分析中忽略了基本变量随时间变化的关系,确定基本变量的概率分布时有一定的近似性,并将一些复杂关系做了线性化处理,所以这是一种近似概率极限状态设计法。

我国自1984年开始,先后颁布了《建筑结构设计统一标准》(GBJ 68—1984)、《建筑结构可靠度设计统一标准》(GB 50068—2001)、《工程结构可靠性设计统一标准》(GB 50153—2008)、《建筑结构可靠性设计统一标准》(GB 50068—2018)等标准或规范,规定我国各类建筑结构或工程结构设计规范应统一采用以概率理论为基础的极限状态设计方法。这是多系数(结构重要性系数、材料分项系数、荷载分项系数、考虑结构使用年限的荷载调整系数)分析、多系数表达的设计方法,混凝土结构设计的公式形式采用传统的内力表达方式。以这些标准为依据,先后颁布并施行了四个版本的混凝土结构设计规范:《混凝土结构设计规范》(GBJ 10—1989)、《混凝土结构设计规范》(GB 50010—2002)、《混凝土结构设计规范》(GB 50010—2010)和《混凝土结构设计规范(2015年版)》(GB 50010—2010)。本书内容以2015年版本规范为依据。

1.5 课程的特点和要求

1.5.1 课程的性质

"混凝土结构基本原理"主要讲述组成建筑结构的各种构件的受力性能、设计计算原理和构造要求,包括荷载和设计方法、材料性能、钢筋混凝土受弯构件承载力、钢筋混凝土受压构件承载力、钢筋混凝土受拉构件承载力、钢筋混凝土受扭构件承载力、钢筋混凝土构件正常使用极限状态设计和预应力混凝土构件等内容。本课程是土木工程专业的专业知识体系组成之一,是重要的专业基础课,各高校都将其列入必修课的范畴。

"混凝土结构基本原理"的先修课程为"高等数学""理论力学""材料力学""建筑材料"等,后续课程为"混凝土结构设计""基础工程"(或"土力学与基础工程""土力学与地基基础")"建筑结构抗震""高层建筑"等课程,在土木工程专业的知识结构中起着承上启下的作用。

1.5.2 课程的特点

本课程和其他课程相比,具有下述几个特点。

(1) 材料的特殊性

除钢筋以外,混凝土的力学性能不同于材料力学中所学的均质弹性材料的力学性能。即使是钢筋,也还要考虑塑性变形。而且,钢筋混凝土或预应力混凝土是由钢筋和混凝土两种材料组成的,不是单一材料,整体性能与单一材料有所差异。鉴于此,"材料力学"的公式不能照抄照搬,许多情况下不能直接应用。

(2) 公式的实验性

由于混凝土材料性能的特殊性,计算公式一般是建立在试验分析的基础之上的,有许多属于经验公式或半理论半经验公式。要注意公式的适用范围和限制条件。

(3) 设计的规范性

建筑结构构件设计计算的依据是现行的国家标准或规范。本书直接涉及的国家标准和规范有:《工程结构可靠性设计统一标准》(GB 50153—2008)、《建筑结构可靠性设计统一标准》(GB 50068—2018)、《建筑结构荷载规范》(GB 50009—2012)、《混凝土结构设计规范(2015年版)》(GB

50010—2010)。规范条文根据重要性分四个层次:一是必须严格执行的条文,即强制性条文(规范中用黑体字印刷的)。二是要严格遵守的条文,非这样不可,正面词用"必须",反面词用"严禁"。三是应该遵守的条文,在正常情况下均应如此,正面词用"应",反面词用"不应""不得"。四是允许稍有选择或允许有选择的条文,表示允许稍有选择,在条件许可时应首先这样做,正面词用"宜",反面词用"不宜";表示允许有选择,在一定条件下可以这样做的,用词为"可"。要熟悉规范的各种用词及其不同含义。

(4) 解答的多样性

构件设计没有标准答案。比如承受给定内力的钢筋混凝土受弯构件(梁或板),其截面形式、截面尺寸、配筋方式和数量,都可以有多种答案。没有对错之分,只有合理性之别。同一问题可有多种选择,答案并不唯一,这是与先修课程的最显著区别。这就是设计的魅力,在保证安全的前提下,设计可以有多种选择或多种方案。有时需要通过优化方案,以获得良好的技术经济效益。

1.5.3　基本要求

"混凝土结构基本原理"是土木工程专业的专业入门课之一,为结构设计、施工、管理、维护等提供理论支撑和技术基础,要求了解基本概念,掌握设计理论、适用条件,熟练掌握构件设计计算方法和相关构造措施。

本课程的理论性和实践性都很强,需要结合理论和工程实际来学习。学习中有两点需要重视:一是重视向实践学习;二是重视各种构造措施。

书本理论来源于生产实践,是大量工程实践经验的总结和升华。在课程学习过程中,要多进行工程实践学习,根据课程进度抽空到附近工地现场参观,将理论和实际联系起来,就能够达到活学的目的,以便将来更好地为社会服务。

构造措施是针对结构计算中未能详细考虑或难以定量计算的诸多因素所采取的技术措施。构造措施和结构计算是结构设计中相辅相成的两个方面,同等重要,不可偏废。因此,除了学会计算外,还要重视构造措施。结构设计必须满足各项构造要求。

本章小结

根据钢筋的配置情况,混凝土结构可分为素混凝土结构、钢筋混凝土结构和预应力混凝土结构三大类,它们广泛应用于建筑、桥梁、水工、岩土等工程领域。

建筑结构的基本构件有水平构件、竖向构件和基础三类,根据受力状态或受力特点的不同,可分为受弯构件、受压构件、受拉构件和受扭构件四类。基本构件的设计理论,经历了容许应力法、破损阶段设计法、半概率极限状态设计法和近似概率极限状态设计法的发展过程,《混凝土结构设计规范(2015 年版)》(GB 50010—2010)采用的是近似概率极限状态设计法。

本课程和先修课程相比,具有如下四个特点:材料的特殊性,公式的实验性,设计的规范性,解答的多样性。

习题与思考题

1-1　混凝土结构包括(　　)、钢筋混凝土结构和预应力混凝土结构三大类。

A. 纤维混凝土结构　　B. 素混凝土结构

C. 沥青混凝土结构　　D. 加筋混凝土结构

1-2 排架结构的杆件连接方式是屋面横梁与柱顶铰接、(　　)。

A. 柱脚与基础底面固接　　B. 柱脚与基础顶面固接

C. 柱脚与基础底面铰接　　D. 柱脚与基础顶面铰接

1-3 下列构件中不属于水平构件的是(　　)。

A. 屋架　　B. 框架梁

C. 框架柱　　D. 雨篷板

1-4 容许应力法或许用应力法由(　　)建立,最早出现在材料力学中,这是人类用科学理论指导结构设计的开始。

A. 圣维南　　B. 胡克

C. 泊松　　D. 纳维

1-5 我国现行结构设计规范采用的设计理论是(　　)极限状态设计法。

A. 破损阶段　　B. 半概率

C. 全概率　　D. 近似概率

1-6 框架结构中,构件之间采取(　　)。

A. 铰接连接　　B. 半铰接连接

C. 刚性连接　　D. 半刚性连接

1-7 钢筋和混凝土的物理、力学性能不同,它们能在一起共同工作的主要原因,一是钢筋和混凝土之间存在良好的(　　),二是线膨胀系数接近。

A. 黏结力　　B. 抗压能力

C. 变形能力　　D. 防护能力

1-8 结构设计规范条文用词“必须”表示该条要求(　　)。

A. 应该遵守　　B. 要严格遵守

C. 属于强制性　　D. 可以选择

1-9 结构设计规范中应该遵守的条文,表示在正常情况下均应如此,正面词用“应”,反面词用“不应”和(　　)

A. 不得　　B. 不宜

C. 不可　　D. 严禁

1-10 何谓结构和结构构件?

1-11 钢筋混凝土结构的主要特点有哪些?

1-12 根据受力和变形不同,钢筋混凝土基本构件分哪几种?

1-13 什么是钢筋混凝土剪力墙?

1-14 什么是容许应力法?建筑结构和桥梁结构设计中为什么不再采用这种方法?

1-15 近似概率极限状态设计法有什么优点?

1-16 本课程有哪些特点?

1-17 构造措施的含义是什么?结构设计是否可以不采取构造措施?

习题与
思考题答案

参考文献

[1] 中国建筑科学研究院.混凝土结构设计规范:GB 50010—2010.北京:中国建筑工业出版社,2011.

[2] 中国建筑科学研究院.工程结构可靠性设计统一标准:GB 50153—2008.北京:中国建筑工业出版社,2009.

[3] 李章政.建筑结构设计原理.2版.北京:化学工业出版社,2014.

[4] 熊峰,李章政,李碧雄,等.结构设计原理.北京:中国建筑工业出版社,2013.

[5] 李章政.土力学与地基基础.2版.北京:化学工业出版社,2017.

[6] 赵顺波.混凝土结构设计原理.上海:同济大学出版社,2004.

[7] 中国建筑科学研究院.混凝土结构设计规范(2015年版):GB 50010—2010.北京:中国建筑工业出版社,2016.

[8] 中国建筑科学研究院.建筑结构可靠性设计统一标准:GB 50086—2018.北京:中国建筑工业出版社,2018.

2 混凝土结构设计基础

【内容提要】

本章主要内容包括混凝土结构设计的基本概念，建筑结构上的作用与荷载、结构功能要求和极限状态，结构可靠度理论，重点是结构极限状态设计方法。

【能力要求】

通过本章的学习，学生应了解安全等级、设计基准期、设计使用年限、环境类别等基本概念，了解荷载的分类和代表值的确定方法，熟悉结构的功能要求、极限状态的定义，熟悉可靠概率与失效概率的关系，掌握两种极限状态下的设计表达式，熟练掌握基本组合下的荷载组合或荷载效应组合的计算方法。

5 分钟
看完本章

2.1 混凝土结构设计的基本概念

2.1.1 结构的安全等级

根据结构破坏后果的严重程度，我国将房屋建筑结构划分为三个安全等级，具体见表 2-1。进行建筑结构设计时，应根据结构破坏后可能产生的后果（危及人的生命、造成经济损失、产生社会影响等）的严重性采用不同的安全等级。不同的安全等级在设计计算中用重要性系数 γ_0 来体现，对持久设计状况和短暂设计状况，与安全等级一级、二级、三级相对应的结构重要性系数 γ_0 分别不小于 1.1、1.0 和 0.9。

表 2-1 **房屋建筑结构的安全等级**

安全等级	破坏后果	示例
一级	很严重：对人的生命、经济、社会或环境影响很大	大型的公共建筑等
二级	严重：对人的生命、经济、社会或环境影响较大	普通的住宅和办公楼等
三级	不严重：对人的生命、经济、社会或环境影响较小	小型的或临时性贮存建筑等

注：房屋建筑结构抗震设计中的甲类建筑和乙类建筑，其安全等级宜规定为一级；丙类建筑，其安全等级宜规定为二级；丁类建筑，其安全等级宜规定为三级。

建筑结构中各类结构构件的安全等级，宜与结构的安全等级相同，但允许对部分结构构件根据其重要程度和综合经济效益进行适当调整。若提高某一结构构件的安全等级所需额外费用很少，又能减轻整个结构的破坏，进而大大减少人员伤亡和财物损失，则可将该结构构件的安全等级（相比整个结构的安全等级）提高一级；相反，如果某一结构构件的破坏并不影响整个结构或其他结构构件，则可将其安全等级降低一级，但不得低于三级。

对于混凝土结构中的重要构件和关键传力部位，宜适当提高安全等级。对特殊的建筑物，其安全等级应根据情况另行确定；地基基础设计的安全等级和按抗震要求设计的建筑结构的安全等级，应符合国家现行有关规范的规定。

2.1.2 结构设计基准期

结构设计所采用的作用（或荷载）统计参数（如平均值、标准差、变异系数、最大值、最小值等）需要一个时间参数才能确定。为确定可变作用的取值而选用的时间参数，称为结构设计基准期。

我国建筑结构设计基准期为 50 年，港口工程结构的设计基准期也是 50 年。以荷载统计来说明这个 50 年的意义，即以 50 年内一定高度的最大风速确定基本风压力，以 50 年内空旷地带的最大积雪深度确定基本雪压力。

我国铁路桥涵结构和公路桥涵结构的设计基准期均为 100 年，以此为依据对汽车荷载、人群荷载、风荷载等进行统计分析，确定其取值大小。

2.1.3 结构设计使用年限

结构设计使用年限定义为设计规定的结构或构件不需要进行大修即可按其预定目的使用的时期。它是设计规定的一个时期，在这一规定时期内，结构或构件只需要进行正常的维护而不需要进行大修就能按预期目的使用。也就是说，房屋建筑在正常设计、正常施工、正常使用和维护（必要的检测、防护及维修）下应达到的使用年限，如达不到这个年限则意味着设计、施工、使用与维护的某一环节上出现了非正常情况，应查找原因。

建筑结构设计使用年限应按表 2-2 采用。

表 2-2 **建筑结构设计使用年限**

类别	设计使用年限/年	示例
1	5	临时性建筑结构
2	25	易于替换的结构构件
3	50	普通房屋和构筑物
4	100	标志性建筑和特别重要的建筑结构

很明显，结构设计基准期和结构的设计使用年限是两个不同的概念，两者不能混淆或等同。对于普通房屋和构筑物，设计基准期和使用年限都是 50 年。

2.1.4 混凝土结构的环境类别

因为结构所处环境是使混凝土劣化、钢筋锈蚀，引起性能衰退的外因，所以有必要对环境进行分类。混凝土结构的环境类别是指混凝土暴露表面所处的环境条件，设计时可根据实际情况确定适当的环境类别。环境类别不同，设计计算不同，对混凝土的质量要求不同，对钢筋的保护措施也不同。

混凝土结构的环境类别,按《混凝土结构设计规范(2015年版)》(GB 50010—2010)分为一、二a、二b、三a、三b、四、五,共七个类别,见表2-3。表2-3中干湿交替主要是指室内潮湿、室外露天、地下水浸润、水位变化的环境。非严寒和非寒冷地区与严寒和寒冷地区的区别主要在于有无冰冻及冻融循环现象。根据《民用建筑热工设计规范》(GB 50176—2016)的规定,最冷月平均温度小于或等于−10 ℃,日平均温度小于或等于5 ℃ 的天数不少于145 d的地区为严寒地区;最冷月平均温度大于−10 ℃、小于或等于0 ℃,日平均温度小于或等于5 ℃的天数不少于90 d且少于145 d的地区为寒冷地区。

表2-3 混凝土结构的环境类别

环境类别	条件
一	室内干燥环境;无侵蚀性静水浸没环境
二a	室内潮湿环境; 非严寒和非寒冷地区的露天环境; 非严寒和非寒冷地区与无侵蚀性的水或土壤直接接触的环境; 严寒和寒冷地区的冰冻线以下与无侵蚀性的水或土壤直接接触的环境
二b	干湿交替环境; 水位频繁变动环境; 严寒和寒冷地区的露天环境; 严寒和寒冷地区的冰冻线以上与无侵蚀性的水或土壤直接接触的环境
三a	严寒和寒冷地区冬季水位变动区环境;受除冰盐影响环境;海风环境
三b	盐渍土环境;受除冰盐作用环境;海岸环境
四	海水环境
五	受人为或自然的侵蚀性物质影响的环境

注:1. 室内潮湿环境是指构件表面经常处于结露或湿润状态的环境;
2. 严寒和寒冷地区的划分应符合《民用建筑热工设计规范》(GB 50176—2016)的有关规定;
3. 海岸环境和海风环境宜根据当地情况,考虑主导风向及结构所处迎风、背风部位等因素的影响,由调查研究和工程经验确定;
4. 受除冰盐影响环境是指受到除冰盐盐雾影响的环境,受除冰盐作用环境是指被除冰盐溶液溅射的环境以及使用除冰盐地区的洗车房、停车楼等建筑;
5. 暴露的环境是指混凝土结构表面所处的环境。

建筑结构构件大多处于一类环境,这是最好的环境;少数处于二a类环境和二b类环境,这类环境稍差一些,混凝土较易劣化。三a、三b类环境主要是指近海海风、盐渍土及使用除冰盐的环境。滨海室外环境与盐渍土地区的地下结构、北方城市冬季依靠喷洒盐水消除冰雪而对立交桥、周边结构及停车楼,都可能造成钢筋腐蚀的不利影响。在这类环境下的混凝土结构,需要加大混凝土保护层厚度,严格限制裂缝宽度,才能确保其耐久性。

2.2 建筑结构上的作用与荷载

2.2.1 作用与荷载的概念及分类

使结构或构件产生效应(内力、应力、位移、应变、裂缝等)的各种原因称为作用。直接施加在结构上的集中力或分布力为直接作用;引起结构外加变形或约束变形的原因(如地基变形、混凝土收缩、焊接变形、温度变化或地震等)为间接作用。通常将直接作用称为荷载,间接作用称为相应作用(如地震作用、温度作用等)。由此可知,作用包含了荷载,而荷载只是众多作用中的一部分。

作用可按随时间、空间的变异和结构反应特点来分类。

2.2.1.1 按随时间的变异分类

作用(或荷载)按随时间的变异分类,是对作用的基本分类。它直接关系到概率模型的选择,而且按各类极限状态设计时所采用的代表值与其出现的持续时间长短有关。《工程结构可靠性设计统一标准》(GB 50153—2008)将作用分为永久作用、可变作用和偶然作用三类。

(1) 永久作用

永久作用是指在设计基准期内始终存在,其量值不随时间变化或其变化与平均值相比可以忽略不计的作用,或其变化是单调的并趋于某个限值的作用。

永久作用的特点是其统计规律与时间参数无关(图 2-1),故可采用随机变量概率模型来描述。例如结构自重(材料自身重量产生的荷载-重力),习惯上称为恒荷载,简称恒载。其量值在整个设计基准期内基本保持不变或单调变化而趋于限值,其随机性只是表现在空间位置的变异上。

结构上的永久作用除结构自重外,还包括土压力、预应力等。当水位不变时,水压力可按永久作用考虑。

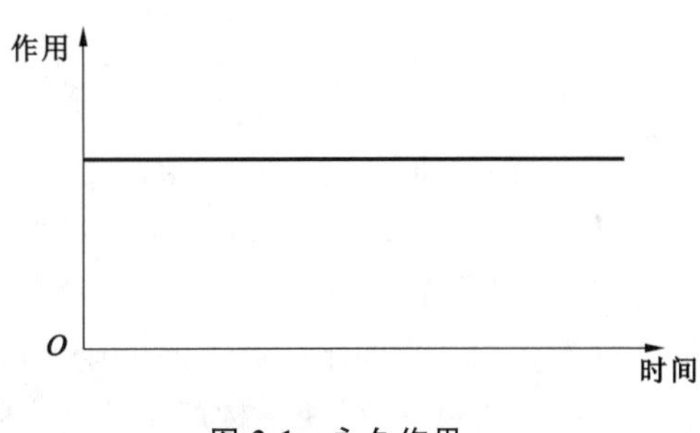

图 2-1 永久作用

(2) 可变作用

可变作用是指在设计基准期内其量值随时间变化,且其变化与平均值相比不可以忽略不计的作用。

可变作用的特点是其统计规律与时间参数有关(图 2-2),故必须采用随机过程概率模型来描述。

建筑结构上的可变作用有楼面活荷载、屋面活荷载和积灰荷载、吊车荷载、风荷载、雪荷载等。水位变化时,水压力按可变作用考虑。

(3) 偶然作用

偶然作用是指在设计基准内不一定出现,而一旦出现,其值很大且持续时间很短的作用。偶然作用的特点是在结构设计基准期内可能不出现,一旦出现,其量值很大,持续时间很短,如图 2-3 所示。

结构上的偶然作用包括爆炸力、撞击力、地震作用等。

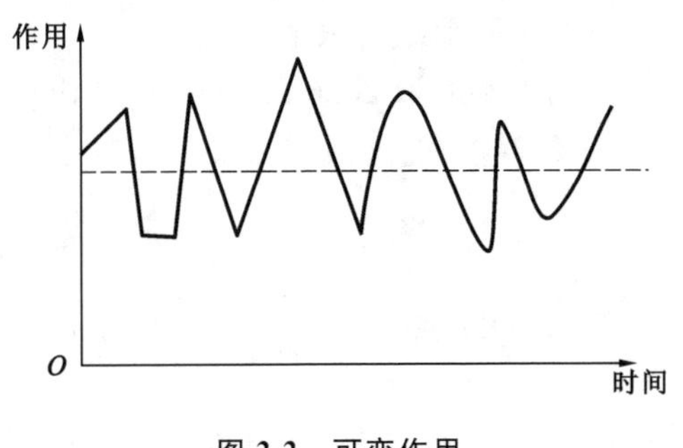

图 2-2 可变作用

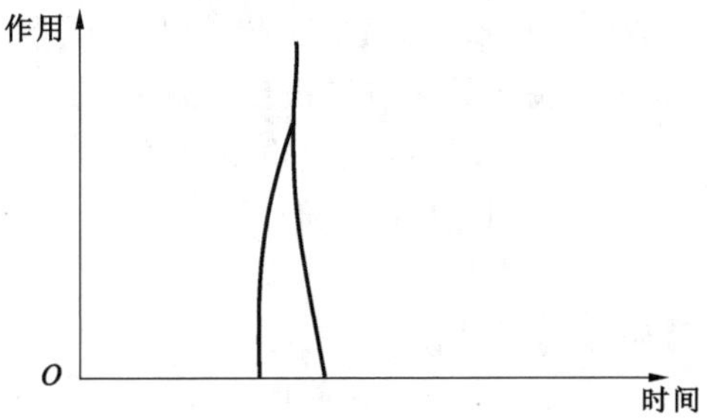

作用

O

时间

图 2-3 偶然作用

2.2.1.2 按空间位置的变异分类

作用按空间位置的变异分类,是由于进行作用效应(荷载效应)组合时,必须考虑作用在空间的位置及其所占面积的大小。根据空间位置变异,作用可分为固定作用和自由作用两类。

(1) 固定作用

固定作用是指在结构上具有固定分布的作用。其特点是作用出现的空间位置固定不变,但其量值可能具有随机性。例如,楼面上固定的设备荷载、屋面上的水箱重力等,都属于固定作用。

(2) 自由作用

自由作用是指在结构上一定范围内可以任意分布的作用。其特点是可以在结构的一定空间上任意分布,出现的位置和量值都可能是随机的。例如,厂房的吊车荷载,办公室内的桌椅、文件柜和人员等荷载就是自由作用。楼面、屋面上的自由作用(荷载)又称为活荷载,简称活载。

2.2.1.3 按结构的反应特点分类

作用按结构的反应特点分类,主要是因为进行结构分析时,对某些出现在结构上的作用需要考虑其动力效应(加速度反应)。由此可分为静态作用和动态作用两类,其依据不在于作用本身是否具有动力特性,主要在于它是否引起结构不可忽略的加速度。

(1) 静态作用

静态作用是指使结构产生的加速度可以忽略不计的作用。如楼面上的活荷载,其本身可能具有一定的动力特性,但使结构产生的动力效应可以忽略不计,故归类为静态作用。

(2) 动态作用

动态作用是指使结构产生的加速度不可以忽略不计的作用。对于动态作用,在进行结构分析时一般均应考虑其动力效应。有一部分动态作用,例如对于吊车荷载,设计时可采用增大量值(乘以动力系数)的方法按静态作用处理;再如预制构件的搬运、吊装受力分析也可作如此处理。另一部分动态作用,例如地震作用、大型动力设备的作用等,则必须采用结构动力学方法进行结构分析。

2.2.2 建筑结构上的永久荷载

永久荷载以标准值为其代表值。所谓标准值,就是在结构设计基准期内可能出现的最大荷载值。永久荷载标准值,对于分布线荷载,用 g_k 表示;对于集中荷载,用 G_k 表示。

永久荷载主要是结构自重及粉刷、装修、固定设备等的重量(重力)。变异来源于单位体积重量的变异和结构(构件)尺寸的不定性。经过研究发现,永久荷载的变异性不大,而且多为正态分布,所以一般以其分布的均值作为荷载标准值,即可按结构设计规定的尺寸和材料或构件单位体积的自重平均值确定。对于自重变异性较大的材料,尤其是制作屋面的轻质材料,考虑到结构的可靠性,在设计中应根据荷载对结构的有利或不利,分别取其自重的下限值或上限值。

钢筋混凝土的单位体积自重为24.0~25.0 kN/m^3,对结构不利时取25.0 kN/m^3,对结构有利时取24.0 kN/m^3。抹灰或粉刷:水泥砂浆为20.0 kN/m^3,石灰砂浆、混合砂浆为17.0 kN/m^3,石膏砂浆为12.0 kN/m^3;纸筋石灰泥为16.0 kN/m^3。

【例 2-1】 钢筋混凝土矩形梁截面尺寸为300 mm×500 mm,梁的底面和侧面用20 mm厚混合砂浆抹灰,试求梁的自重标准值 g_k(线荷载)。

【解】 构件自重线荷载为单位体积自重乘以构件截面面积。钢筋混凝土单位体积自重为24.0~

25.0 kN/m^3，变异较大，且该荷载对梁的承载力不利，取上限值 25.0 kN/m^3；混合砂浆单位体积自重为 17.0 kN/m^3。

$$
\begin{aligned}
g_k &= 25.0\times0.3\times0.5+17.0\times(0.3+0.5\times2+0.02\times2)\times0.02 \\
&= 4.21(\text{kN/m})
\end{aligned}
$$

2.2.3　建筑结构上的可变荷载

在荷载组合中，伴随主导荷载的可变荷载值，称为可变荷载伴随值。主导荷载取标准值，而可变荷载伴随值可以是组合值、频遇值或准永久值。可变荷载根据设计要求，以可变荷载标准值或可变荷载伴随值作为代表值。

2.2.3.1　可变荷载标准值

可变荷载标准值是可变荷载的基本代表值，其他代表值(可变荷载伴随值)都是由标准值来计算的。可变荷载标准值为设计基准期内最大荷载统计分布的特征值(如均值、众值、中值或某个分位值)。

由于荷载本身的随机性，最大荷载也是随机变量，原则上也可用它的统计分布来描述。对某类荷载，当有足够资料而有可能对其统计分布做出合理估计时，可取最大荷载分布的特征值为标准值。对大部分自然荷载，包括风荷载、雪荷载，习惯上都以其规定的平均重现期来定义标准值；对资料不充分的可变荷载，根据已有工程实践经验，通过分析判断，协议一个公称值作为标准值。

可变荷载标准值，对分布线荷载用 q_k 表示，对集中荷载用 Q_k 表示。

(1) 民用建筑楼面均布活荷载标准值

楼面活荷载经大量调查和统计分析，按房间面积平均计算确定其标准值。住宅、宿舍、旅馆、办公楼、医院病房、医院门诊室、托儿所、幼儿园、会议室、实验室等建筑为 2.0 kN/m^2，教室、浴室、卫生间、食堂、餐厅为 2.5 kN/m^2，商店、展览厅、车站(港口、机场)大厅及其旅客等候室为 3.5 kN/m^2，健身房、演出舞台、运动场、舞厅为 4.0 kN/m^2，多层住宅楼梯为 2.0 kN/m^2，其他楼梯为 3.5 kN/m^2，等等。

(2) 屋面活载标准值

房屋建筑的屋面按使用不同，分为不上人屋面、上人屋面、屋顶花园和屋顶运动场四类，其中不上人屋面的活载主要是施工荷载、检修荷载。水平投影面上的屋面均布活荷载标准值：不上人屋面为 0.5 kN/m^2，上人屋面为 2.0 kN/m^2，屋顶花园为 3.0 kN/m^2，屋顶运动场为 4.0 kN/m^2。

屋面均布活荷载，不应与雪荷载同时组合(或出现)。

(3) 雪荷载标准值

雪荷载属于屋面荷载，按屋面水平投影面积计算。雪荷载标准值(面积荷载)应按下式计算：

$$s_k = \mu_r s_0 \tag{2-1}$$

式中　s_k——雪荷载标准值，kN/m^2。

雪荷载标准值

μ_r——屋面积雪分布系数,与屋面形式有关,如单跨单坡屋面,坡度不超过25°时,$\mu_r=1.0$;坡度为30°时,$\mu_r=0.85$;坡度为40°时,$\mu_r=0.55$;坡度为45°时,$\mu_r=0.4$;坡度为50°时,$\mu_r=0.25$;坡度为55°时,$\mu_r=0.10$;坡度大于或等于60°时,$\mu_r=0$。

s_0——基本雪压,kN/m^2。

基本雪压是根据全国672个地点的气象台站自建站开始到2008年为止记录到的最大雪压或积雪深度资料,经统计得出的当地50年一遇最大雪压,即重现期为50年的最大雪压。对雪荷载敏感的结构(大跨、轻质屋盖),应采用100年重现期的雪压。

(4) 风荷载标准值

风荷载标准值

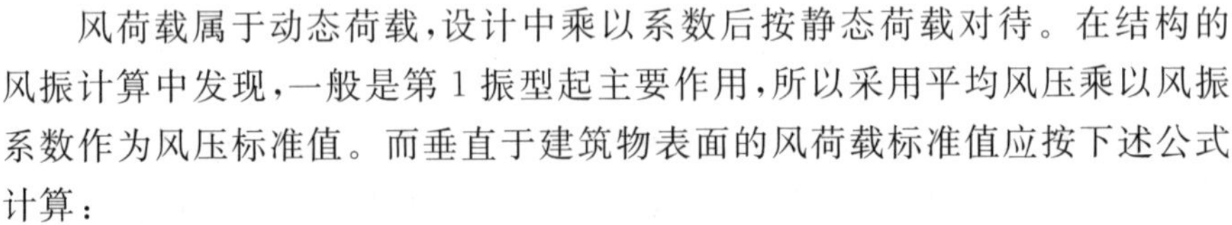

风荷载属于动态荷载,设计中乘以系数后按静态荷载对待。在结构的风振计算中发现,一般是第1振型起主要作用,所以采用平均风压乘以风振系数作为风压标准值。而垂直于建筑物表面的风荷载标准值应按下述公式计算:

$$w_k=\beta_z\mu_s\mu_z w_0 \tag{2-2}$$

式中 w_k——风荷载标准值,kN/m^2;

β_z——高度z处的风振系数;

μ_s——风荷载体型系数;

μ_z——风压高度变化系数;

w_0——基本风压,kN/m^2。

基本风压w_0是根据全国各气象台站历年来的最大风速记录,按照基本风压要求,将不同风仪高度和时次、时距的年最大风速,统一换算为离地10 m高,自记10 min平均年最大风速(m/s)。根据该风速数据,再经过统计计算而确定出来的50年一遇的最大风速,作为当地的基本风速v_0。再按贝努利公式确定基本风压:

$$w_0=\frac{1}{2}\rho v_0^2 \tag{2-3}$$

式中 ρ——标准空气密度,通过风压板观察风速时可取$\rho=1.25\ kg/m^3$;当采用风杯式自记风速仪时,ρ应取各观测台站观测当时的空气密度,kg/m^3。

2.2.3.2 可变荷载组合值

可变荷载组合值是指使组合后的荷载效应在设计基准期内的超越概率,能与该荷载单独出现时的相应概率趋于一致的荷载;或使组合后的结构具有统一规定的可靠指标的荷载。可变荷载组合值可作如下理解:当两种或两种以上的可变荷载同时作用于结构上时,所有可变荷载都达到其单独出现时可能达到的最大值的概率极小,因此除主导荷载(产生最大效应的荷载)仍可以其标准值为代表值以外,其他伴随荷载均应以小于标准值的荷载为代表值,此值即为可变荷载组合值。

可变荷载组合值为可变荷载标准值乘以小于1的组合值系数ψ_c,即

$\psi_c q_k$ 或 $\psi_c Q_k$。民用建筑楼面可变荷载(活荷载)组合值系数除书库、档案库、贮藏室取0.9以外,其余情况取0.7;屋面活荷载组合值系数取0.7;雪荷载组合值系数取0.7;风荷载组合值系数取0.6。

2.2.3.3　可变荷载频遇值

可变荷载频遇值是指在设计基准期内,被超越的总时间占设计基准期的比率较小的荷载值,或被超越的频率限制在规定频率内的荷载值。建筑结构设计不采用可变荷载频遇值。

很明显,可变荷载频遇值低于标准值,取值为可变荷载标准值乘以小于1的频遇值系数 ψ_f,即 $\psi_f q_k$ 或 $\psi_f Q_k$。

2.2.3.4　可变荷载准永久值

可变荷载准永久值是指在设计基准期内,其超越的总时间约为设计基准期一半的荷载值。这是设计基准期内经常可达到或被超过的荷载,它对结构的影响类似于永久荷载。

可变荷载准永久值为可变荷载标准值乘以小于1的准永久值系数 ψ_q,即 $\psi_q q_k$ 或 $\psi_q Q_k$。

可变荷载组合值系数 ψ_c、频遇值系数 ψ_f 和准永久值系数 ψ_q 的取值,详见《建筑结构荷载规范》(GB 50009—2012)。

2.3　结构的功能要求和极限状态

2.3.1　结构的功能要求

建筑结构的设计、施工和维护应使结构在规定的设计使用年限内,以适当的可靠度且经济的方式满足规定的各项功能要求。

2.3.1.1　结构应满足的功能要求

建筑结构应满足下列功能要求:

① 能承受在施工和使用期间可能出现的各种作用;

② 保持良好的使用性能;

③ 具有足够的耐久性能;

④ 当发生火灾时,在规定的时间内可保持足够的承载力;

⑤ 当发生爆炸、撞击、人为错误等偶然事件时,结构能保持必需的整体稳固性,不出现与起因不相称的破坏后果,防止出现结构的连续倒塌。

上述结构必须满足的五项功能中,第①、④、⑤项是对结构安全性的要求,第②项是对结构适用性的要求,第③项是对结构耐久性的要求,结构功能要求可概括为安全性、适用性和耐久性。

安全性是指建筑结构在正常施工和正常使用时,能承受可能出现的各种作用;在设计规定的偶然事件(如罕遇地震、爆炸、撞击等)发生后,仍能保持必需的整体稳定性。所谓整体稳定性,即在偶然事件发生时和发生后,建筑结构仅产生局部的损坏而不致发生连续倒塌。

适用性是指建筑结构在正常使用时具有良好的工作性能。例如,混凝土受弯构件在使用时不出现过大的挠度,混凝土构件不产生让使用者感到不安全的裂缝等。

耐久性是指建筑结构在正常使用和正常维护的情况下,应具有足够的耐久性能。所谓足够的耐久性能,就是要求结构在规定的工作环境中、在预定时期内,其材料性能的劣化不致导致结构出现不可接受的失效概率,即在正常维护条件下结构能够使用到规定的设计使用年限。对于混凝土结构,其耐久性应根据环境类别和设计使用年限进行设计。

安全性、适用性和耐久性是结构可靠的标志,称为结构的可靠性。结构的可靠性可以定义为:结构在规定的时间内、在规定的条件下完成预定功能的能力。

2.3.1.2 保证可靠性的主要措施

结构设计时,应根据下列要求采取适当的措施,使结构不出现或少出现可能的损坏:

① 避免、消除或减少结构可能受到的危害;

② 采用对可能受到的危害反应不敏感的结构类型;

③ 采用当单个构件或结构的有限部分被意外移除或结构出现可接受的局部损坏时,结构的其他部分仍能保存的结构类型;

④ 不宜采用无破坏预兆的结构体系;

⑤ 使结构具有整体稳固性。

宜采取下列措施满足对结构的基本要求:

① 采用适当的材料;

② 采用合理的设计和构造;

③ 对结构的设计、制作、施工和使用等制定相应的控制措施。

结构防连续倒塌是提高结构综合抗灾能力的重要内容。在特定类型的偶然作用发生时或发生后,结构能够承受这种作用,或当结构体系发生垮塌时或发生后,依靠剩余结构体系仍能继续承载,避免发生与作用不相匹配的大范围破坏或连续倒塌。

结构防连续倒塌设计涉及作用回避、作用宣泄、障碍防护等问题。

2.3.2 结构的极限状态

若结构满足功能要求,则结构“可靠”或“有效”,否则结构“不可靠”或“失效”。区分结构工作状态“可靠”与“不可靠”的界限,就是极限状态。在极限状态以内,可靠;超出极限状态,不可靠。

整个结构或结构的一部分超过某一特定状态就不能满足设计规定的某一功能要求,此特定状态称为该功能的极限状态。极限状态分为承载能力极限状态和正常使用极限状态两类。

2.3.2.1 承载能力极限状态

承载能力极限状态对应于结构或结构构件达到最大承载力或不适于继续承载的变形的状态,即结构或结构构件发挥允许的最大承载能力的状态。结构构件由于塑性变形而使其几何形状发生显著改变,虽未达到最大承载能力,但已彻底不能使用,也属于这种极限状态。

当结构或结构构件出现下列状态之一时,应认为超过了承载能力极限状态:

① 结构构件或连接因超过材料强度而破坏,或因过度变形而不适于继续承载;

② 整个结构或其一部分作为刚体失去平衡(如倾覆等);

③ 结构转变为机动体系;

④ 结构或结构构件丧失稳定(如压屈等);

⑤ 结构因局部破坏而发生连续倒塌;

⑥ 地基丧失承载能力而破坏(如失稳等);

⑦ 结构或结构构件的疲劳破坏。

结构或结构构件一旦超过承载能力极限状态，将造成结构全部或部分破坏或倒塌，如图 2-4 所示。因承载能力不足而导致的破坏或失效，其损失可能较大，也可能很大。因此，设计中对所有结构构件都必须按承载能力极限状态进行计算，并采取相应构造措施，以保证结构功能要求的“安全性”。

图 2-4　超过承载能力极限状态的案例

2.3.2.2　正常使用极限状态

正常使用极限状态对应于结构或结构构件达到正常使用或耐久性能的某项规定限值的状态，即结构或结构构件达到使用功能上允许的某个限值的状态。

当结构或结构构件出现下列状态之一时，应认为超过了正常使用极限状态：

① 影响正常使用或外观的变形；

② 影响正常使用或耐久性能的局部损坏(包括裂缝)；

③ 影响正常使用的振动；

④ 影响正常使用的其他特定状态。

虽然超过正常使用极限状态的后果一般不如超过承载能力极限状态那样严重，但也不可小视，因为它影响适用性、耐久性的功能要求。设计中要进行正常使用极限状态验算，如验算受弯构件的挠度、混凝土构件的裂缝宽度等。

2.3.3　结构的设计状况

所谓设计状况，就是代表一定时段内实际情况的一组设计条件，设计应做到在该组条件下结构不超越有关的极限状态。结构设计时应根据结构在施工、使用中的环境条件和影响，区分不同的设计状况。不同设计状况的结构体系、结构所处环境条件、经历的时间都是不同的，所以设计时采用的计算模式、作用(或荷载)、材料性能的取值及结构的可靠度水平也有差异。

结构设计时分四种不同的设计状况：持久设计状况、短暂设计状况、偶然设计状况和地震设计状况。

2.3.3.1　持久设计状况

持久设计状况是在结构使用过程中一定出现，且持续时间很长的设计状况，其持续时间一般与设计使用年限为同一数量级。

持久状况适用于结构使用时的正常情况,因为持续时间很长,所以结构可能承受的作用设计时均需考虑,还要接受结构是否能完成其预定功能的考验。按持久状况设计时,必须进行承载能力极限状态和正常使用极限状态的计算。

2.3.3.2 短暂设计状况

短暂设计状况是在结构施工和使用过程中出现概率较大,而与设计使用年限相比,其持续时间很短的设计状况。

图 2-5 施工中的墩柱

短暂设计状况适用于结构出现的临时情况,包括结构施工和维修时的情况等。施工阶段属于短暂设计状况,其结构体系、所承受的荷载与使用阶段也不相同,设计时要根据具体情况而定。如图 2-5 所示的钢筋混凝土墩柱,在施工过程中顶部处于自由状态,与成桥后有梁体约束的情况不一样。所以这时的墩柱,应按悬臂构件进行计算。这个阶段是短暂的,故一般只进行承载能力极限状态计算,必要时才按正常使用极限状态计算。

2.3.3.3 偶然设计状况

偶然设计状况是在结构使用过程中出现概率很小,且持续时间很短的设计状况。

偶然设计状况适用于结构出现的异常情况,包括结构遭受火灾、爆炸、撞击时的情况等。这种状况出现的概率极小,且持续时间极短。结构在极短时间内承受的作用以及结构的可靠度水平等在设计中都需要特殊考虑。偶然设计状况只需要进行承载能力极限状态计算,不必考虑正常使用极限状态。

2.3.3.4 地震设计状况

地震设计状况是结构遭受地震时的设计状况,适用于结构遭受地震时的情况,在进行抗震设计时,必须考虑地震设计状况。

地震作用虽然也属于偶然作用,但它具有与火灾、爆炸、撞击或局部破坏等偶然作用不同的特点:其一,我国很多地区处于地震设防区,需要进行抗震设计且很多结构是由抗震设计控制的;其二,地震作用是能够统计并有统计资料的,可根据地震的重现期确定地震作用。鉴于此,单独提出地震设计状况。地震设计状况应进行承载能力极限状态计算,可根据需要进行正常使用极限状态设计。

2.4 结构可靠度理论

2.4.1 结构的极限状态方程

2.4.1.1 作用效应

由作用引起的结构或结构构件的反应,例如内力(轴力、弯矩、剪力、扭矩等)、变形和裂缝宽度等，称为作用效应，用 S 表示。由荷载引起的内力、变形和裂缝等效应，称为荷载效应。

由荷载引起的内力和变形效应可由材料力学或结构力学方法计算。作用和作用效应之间是一种因和果的关系，作用具有随机性，作用效应也具有随机性。

2.4.1.2　抗力

结构或结构构件承受作用效应的能力称为抗力，用 R 表示。

影响结构抗力的主要因素是结构的几何参数和材料性能。因制作偏差和安装误差会导致几何参数的变异，结构材料由于材质和生产工艺的影响，其强度和变形性能也会有差异，因此，结构或结构构件具有随机性，即抗力 R 具有随机性。

2.4.1.3　结构的极限状态方程

结构的工作性能可用结构的功能函数来描述。所谓功能函数，就是关于基本变量的函数，该函数表征一种结构功能。若结构设计时需要考虑 n 个随机变量（基本变量），即 $X_1, X_2, \cdots, X_n$，则这 n 个随机变量之间可建立起结构的功能函数 Z：

$$Z = g(X_1, X_2, \cdots, X_n) \tag{2-4}$$

为了分析方便，仅考虑两个随机变量：荷载效应 S 和结构抗力 R，于是有简化后的功能函数（线性关系）：

$$Z = g(R, S) = R - S \tag{2-5}$$

式(2-5)中 R 和 S 是随机变量，函数 Z 也是随机变量。实际工作中，可能出现以下三种情况（图 2-6）：

① $Z>0$，结构处于可靠状态，对应于图 2-6 中左上区域；

② $Z<0$，结构处于失效状态，对应于图 2-6 中右下区域；

③ $Z=0$，结构处于极限状态，对应于图 2-6 中坐标轴夹角的平分线。

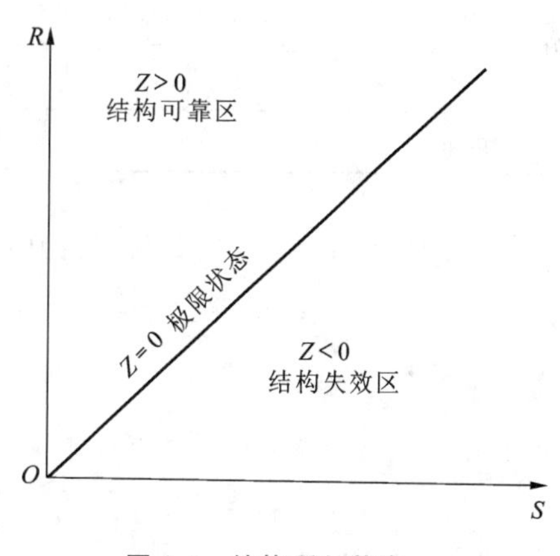

图 2-6　结构所处状态

显然，保证结构或结构构件可靠或不失效的条件应该是 $Z \geqslant 0$。由极限状态所对应的结构功能函数，就是结构的极限状态方程：

$$Z = g(R, S) = R - S = 0 \tag{2-6}$$

2.4.2　结构的可靠度

2.4.2.1　可靠度定义

结构在规定的时间内，在规定的条件下，完成预定功能的概率称为结构的可靠度，又称可靠概率。可靠概率用 P_s 表示，$P_s = P(Z \geqslant 0)$。反之，结构在规定的时间内，在规定的条件下，不能完成预定功能的概率 P_f 称为失效概率，且有 $P_f = P(Z<0)$。结构的可靠概率和失效概率之和应为 1：

$$P_s + P_f = 1 \tag{2-7}$$

由式(2-7)可知，可靠概率上升，失效概率下降；可靠概率下降，失效概率上升。只要知道了失效概率，可靠概率也就唯一确定。

2.4.2.2 可靠度计算

假设 R、S 均服从正态分布，平均值分别为 μ_R、μ_S，标准差分别为 σ_R、σ_S，则 Z 也服从正态分布，平均值和标准差按下列公式计算：

$$\mu_Z = \mu_R - \mu_S \tag{2-8}$$

$$\sigma_Z = \sqrt{\sigma_R^2 + \sigma_S^2} \tag{2-9}$$

失效概率为单边概率，由定义可得：

$$P_f = P(Z < 0) = F(0) \tag{2-10}$$

式中，$F(0)$为一般正态分布 $N(\mu,\sigma^2)$的分布函数。由概率论与数理统计可知，一般正态分布和标准正态分布 $N(0,1)$的分布函数之间存在如下关系：

$$F(x) = \Phi\left(\frac{x-\mu}{\sigma}\right) \tag{2-11}$$

标准正态分布的分布函数 Φ 可以查表2-4。

表2-4　**正态概率积分表**

x	−4.2	−3.7	−3.2	−3.0	−2.7	−2.0	−1.65
$\Phi(x)$	0.00001335	0.0001078	0.0006871	0.001350	0.003467	0.02275	0.04947
x	−1.64	−1.0	0.0	1.0	2.0	3.0	4.0
$\Phi(x)$	0.05050	0.1587	0.5000	0.8413	0.97725	0.99865	0.99996833

将式(2-11)代入式(2-10)，得到：

$$P_f = \Phi\left(\frac{0-\mu_Z}{\sigma_Z}\right) = \Phi\left(-\frac{\mu_Z}{\sigma_Z}\right) \tag{2-12}$$

若令：

$$\beta = \frac{\mu_Z}{\sigma_Z} = \frac{\mu_R - \mu_S}{\sqrt{\sigma_R^2 + \sigma_S^2}} \tag{2-13}$$

则式(2-12)成为：

$$P_f = \Phi(-\beta) \tag{2-14}$$

β 称为结构的可靠指标。由表2-4给出的正态概率积分表，可得到可靠指标 β 与失效概率 P_f 的对应关系，见表2-5。

表2-5　**可靠指标与相应的失效概率**

β	1.0	2.0	2.7	3.0	3.2	3.7	4.2
P_f	15.87%	2.275%	3.467×10^{-3}	1.350×10^{-3}	6.871×10^{-4}	1.078×10^{-4}	1.335×10^{-5}

可靠指标 β 可以代替失效概率 P_f，由表2-5可知，可靠指标增大，失效概率下降，即可靠概率上升。可靠指标 β 愈大，结构愈可靠。建筑结构设计采用可靠指标，而不直接采用可靠概率。

公式中采用了平均值 μ_Z(一阶原点矩)和标准差 σ_Z(σ_Z^2 为方差，又称二阶中心矩)，且考虑 Z 为 R、S 的线性函数(一次函数)，所以这个方法又称为一次二阶矩法。因为假定基本变量为正态分布，假定变量之间为线性函数关系，只用到了平均值和标准差两个参数，并非实际的概率分布，所以这个方法只能算是近似概率设计方法。

需要注意的是，目前由于统计资料不够完备以及结构可靠度分析中引入了近似假定，因此所得失效概率及相应的可靠指标尚非实际值。这些值是一种与结构构件实际失效概率有一定联系的运算值，主要用于对各类结构构件可靠度作相对的度量。

2.4.3 按可靠指标的设计准则

在结构设计时，根据结构物的安全等级，按规定的可靠指标（又称目标可靠指标）进行设计的准则，称为按可靠指标的设计准则。

结构构件设计时采用的可靠指标，是用校准法求得的。所谓“校准法”，就是通过对已有结构构件进行反复计算和综合分析，求得其平均可靠指标来确定今后设计时应采用的目标可靠指标。对于承载能力极限状态的可靠指标，不小于表2-6的规定。从表2-6中可以看出，桥梁结构的可靠指标高于建筑结构的可靠指标1.0。

表2-6 **结构构件承载能力极限状态的可靠指标**

破坏类型	建筑结构			桥梁结构		
	安全等级			安全等级		
	一	二	三	一	二	三
延性破坏	3.7	3.2	2.7	4.7	4.2	3.7
脆性破坏	4.2	3.7	3.2	5.2	4.7	4.2

延性破坏是指结构构件在破坏前有明显的变形或其他预兆，脆性破坏则是指结构构件在破坏前无明显的变形或其他预兆。

建筑结构构件正常使用极限状态的可靠指标，根据其可逆程度宜取0～1.5。可逆程度较高的结构构件取值较低，可逆程度较低的结构构件取值较高。可逆极限状态是指产生超越状态的作用被移掉后，将不再保持超越状态的一种极限状态；不可逆极限状态是指产生超越状态的作用被移掉后，仍将永久保持超越状态的一种极限状态。

2.5 结构极限状态设计方法

按可靠指标的设计准则，因公式复杂，并不直接用于具体设计，结构的具体设计方法是极限状态设计方法。在极限状态设计方法中，采用多系数分析、多系数表达的简化设计计算公式，其中系数有荷载分项系数、材料分项系数（或抗力分项系数）、结构重要性系数、考虑设计使用年限的荷载调整系数等。而各分项系数的确定，则是以可靠指标和工程经验为依据的。* 设计公式的形式，符合人们长期以来的习惯，便于应用。

2.5.1 承载能力极限状态设计

任何结构构件不管处于何种设计状况，均应进行截面承载能力设计，以确保安全。截面承载能力极限状态下的设计表达式为：

*概率极限状态设计方法必须以统计数据为基础，按可靠指标的要求确定分项系数；当缺乏统计数据时，可以不通过可靠指标β，直接按工程经验确定分项系数。

$$\gamma_0 S_d \leqslant R_d \tag{2-15}$$

式中 γ_0——结构重要性系数:对持久设计状况和短暂设计状况,安全等级为一级的结构构件不应小于 1.1,安全等级为二级的结构构件不应小于 1.0,安全等级为三级的结构构件不应小于 0.9;对偶然设计状况和地震设计状况不应小于 1.0。

S_d——荷载组合的效应设计值。

R_d——结构构件抗力设计值。

结构构件抗力设计值在后续的相关章节分别涉及,荷载组合的效应设计值是荷载组合中的最不利值,下面介绍荷载组合的效应。持久设计状况和短暂设计状况承载能力极限状态计算时采用基本组合,基本组合就是永久荷载和可变荷载组合;偶然设计状况承载力极限状态计算时采用偶然组合,偶然组合就是永久荷载、可变荷载及一个偶然荷载的组合;地震设计状况承载力极限状态计算时采用地震组合,地震组合就是地震作用和其他作用(荷载)的组合。

本书后面将 $\gamma_0 S_d$ 作为一个整体,称为相应内力设计值,分别用轴力设计值 N、弯矩设计值 M、剪力设计值 V 和扭矩设计值 T 取而代之:$N=\gamma_0 S_d$,$M=\gamma_0 S_d$,$V=\gamma_0 S_d$,$T=\gamma_0 S_d$。

2.5.1.1 基本组合

(1) 荷载组合

各个荷载组合后称为荷载设计值。基本组合的荷载设计值,应按下式计算:

$$G+Q=\sum_{j=1}^{m}\gamma_{Gj}G_{jk}+\gamma_{Q1}\gamma_{L1}Q_{1k}+\sum_{i=2}^{n}\gamma_{Qi}\gamma_{Li}\psi_{ci}Q_{ik} \tag{2-16}$$

式中 γ_{Gj}——第 j 个永久荷载分项系数,当其荷载对结构不利时应取 1.3;对结构有利时,一般情况下应取 1.0,对结构的倾覆、滑移或漂浮验算应取 0.9。

γ_{Qi}——第 i 个可变荷载分项系数,其中 γ_{Q_1} 为主导可变荷载 Q_1 的分项系数,一般情况下取 1.5,对于标准值大于 4 kN/m^2 的工业房屋楼面结构的活荷载应取 1.3。

γ_{Li}——第 i 个可变荷载考虑结构设计使用年限的荷载调整系数,其中 γ_{L1} 为主导可变荷载 Q_1 考虑设计使用年限的调整系数,楼面和屋面活荷载的取值为:使用年限 5 年取 0.9,使用年限 50 年取 1.0,使用年限 100 年取 1.1。

G_{jk}——第 j 个永久荷载标准值。

Q_{1k}——起控制作用的一个可变荷载(主导可变荷载)标准值。*

Q_{ik}——第 i 个可变荷载标准值。

ψ_{ci}——可变荷载 Q_i(或 q_i)的组合值系数,取值参见《建筑结构荷载规范》(GB 50009—2012)。

m——参与组合的永久荷载数。

n——参与组合的可变荷载数。

当为均匀分布的线荷载时,公式中的 G、Q 应改为 g、q。由组合后的荷载(荷载设计值)根据力学关系计算相应效应,就是荷载组合的效应设计值,其公式形式为:

$$\gamma_0 S_d=\gamma_0 S_d(G+Q) \tag{2-17}$$

式中 $S_d(G+Q)$——荷载组合的效应函数。

* 当无法明显判断哪一个可变荷载起控制作用时,可将各可变荷载依次取为 Q_{1k} 进行组合,选最不利的组合用于设计计算。

(2) 荷载效应组合

对于线弹性结构，荷载和效应成比例，荷载组合的效应和荷载效应组合两者相等。所以，可以先分别计算荷载效应，然后按下列公式进行荷载效应组合。

由可变荷载(效应)控制的组合如下：

$$\gamma_0 S_d = \gamma_0 \left(\sum_{j=1}^{m} \gamma_{Gj} S_{Gjk} + \gamma_{Q1} \gamma_{L1} S_{Q1k} + \sum_{i=2}^{n} \gamma_{Qi} \psi_{ci} \gamma_{Li} S_{Qik} \right) \tag{2-18}$$

式中 γ_{Gj}——第 j 个永久荷载分项系数，对结构不利时应取 1.3；

S_{Gjk}——第 j 个永久荷载标准值的效应；

S_{Q1k}——起控制作用的一个可变荷载(主导可变荷载)标准值的效应；

S_{Qik}——第 i 个可变荷载标准值的效应。

2.5.1.2 偶然组合

对于偶然组合，荷载效应组合的设计值宜按下列规定确定：偶然荷载的代表值不乘分项系数；与偶然荷载同时出现的其他荷载可根据观测资料和工程经验采用适当的代表值。各种情况下荷载效应的设计值公式，可由有关规范另行规定。

2.5.1.3 地震组合

地震组合是由水平地震作用、竖向地震作用、重力荷载和风荷载进行组合，同时还要考虑承载力抗震调整系数。地震组合的效应设计值，宜根据重现期为 475 年的地震作用(基本烈度)确定，详见《建筑抗震设计规范(2016 年版)》(GB 50011—2010)。

【例 2-2】 某砖混住宅楼，采用简支空心楼板，板宽 0.9 m，计算跨度 3.3 m，包括板间灌缝在内的板自重产生的恒载标准值为 1.6 kN/m^2。板顶采用 20 mm 厚水泥砂浆抹面，板底采用 20 mm 厚纸筋石灰泥粉刷。楼面活荷载标准值为 2.0 kN/m^2，组合值系数 $\psi_c=0.7$。结构安全等级为二级，设计使用年限为 50 年，试计算板跨中弯矩设计值。

【解】 计算沿板长方向均匀分布的线荷载标准值。

20 mm 厚水泥砂浆面层：$20.0\times0.02\times0.9=0.36$(kN/m)。

板自重(含板缝)：$1.6\times0.9=1.44$(kN/m)。

20 mm 厚纸筋石灰泥粉刷：$16.0\times0.02\times0.9=0.288$(kN/m)。

恒载标准值：$g_k=0.36+1.44+0.288=2.088$(kN/m)。

活载标准值：$q_k=2.0\times0.9=1.8$(kN/m)。

解法一：先将荷载组合，然后计算效应。

荷载组合设计值：

$$\begin{aligned} g+q &= \gamma_G g_k + \gamma_Q \gamma_L q_k \\ &= 1.3\times2.088+1.5\times1.0\times1.8=5.4144(\text{kN/m}) \end{aligned}$$

跨中截面弯矩

$$M=\gamma_0 S_d=\gamma_0 \frac{1}{8}(g+q)l_0^2=1.0\times\frac{1}{8}\times5.4144\times3.3^2=7.37(\text{kN}\cdot\text{m})$$

解法二:先计算荷载标准值产生的效应,然后进行效应组合。

$$M_{Gk}=\frac{1}{8}g_k l_0^2=\frac{1}{8}\times 2.088\times 3.3^2=2.84(\text{kN}\cdot\text{m})$$

$$M_{Qk}=\frac{1}{8}q_k l_0^2=\frac{1}{8}\times 1.8\times 3.3^2=2.45\ (\text{kN}\cdot\text{m})$$

$$\begin{aligned}M&=\gamma_0 S_d=\gamma_0(\gamma_G M_{Gk}+\gamma_Q\gamma_L M_{Qk})\\&=1.0\times(1.3\times 2.84+1.5\times 1.0\times 2.45)=7.37(\text{kN}\cdot\text{m})\end{aligned}$$

【例 2-3】 在恒载、活载和风载标准值作用下,某框架柱底截面的弯矩值分别为29.60 kN·m、5.42 kN·m和6.85 kN·m,已知活载组合值系数为0.7、风载组合值系数为0.6,结构安全等级为一级,设计使用年限50年,试求柱底截面弯矩设计值(最大值)。

【解】 有"恒""活""风"三种荷载,且三种荷载引起的弯矩都是正值,说明三种荷载同时出现才是危险状况。在组合公式中:

$$\gamma_0 S_d=\gamma_0(\gamma_G S_{Gk}+\gamma_{Q1}\gamma_{L1}S_{Q1k}+\sum_{i=2}^{n}\gamma_{Qi}\psi_{ci}\gamma_{Li}S_{Qik})$$

风荷载是第1可变荷载(主导可变荷载),活荷载为第2可变荷载,所以

$$\begin{aligned}M&=\gamma_0 S_d=\gamma_0(\gamma_G M_{Gk}+\gamma_{Q1}\gamma_{L1}M_{Q1k}+\gamma_{Q2}\psi_{c2}\gamma_{L2}M_{Q2k})\\&=1.1\times(1.3\times 29.60+1.5\times 1.0\times 6.85+1.5\times 0.7\times 1.0\times 5.42)\\&=59.89(\text{kN}\cdot\text{m})\end{aligned}$$

2.5.2 正常使用极限状态验算

混凝土结构构件应根据其使用功能及外观要求,按下列规定进行正常使用极限状态验算:

① 对需要控制变形的构件,应进行变形验算;

② 对不允许出现裂缝的构件,应进行混凝土拉应力验算;

③ 对允许出现裂缝的构件,应进行受力裂缝宽度验算;

④ 对舒适度有要求的楼盖结构,应进行竖向自振频率验算。

对于正常使用极限状态,钢筋混凝土构件、预应力混凝土构件应分别按荷载的准永久组合并考虑长期作用的影响或标准组合并考虑长期作用的影响,采用下列极限状态设计表达式进行验算:

$$S_d\leqslant C \tag{2-19}$$

式中 S_d——正常使用极限状态荷载组合的效应设计值;

C——结构或结构构件达到正常使用要求的规定限值,如变形、应力、裂缝宽度、振幅、加速度、自振频率等的限值。

2.5.2.1 标准组合

① 标准组合的效应设计值可按下式确定:

$$S_d=S_d\left(\sum_{j=1}^{m}G_{jk}+Q_{1k}+\sum_{i=2}^{n}\psi_{ci}Q_{ik}\right) \tag{2-20}$$

② 当作用与作用效应按线性关系考虑时,标准组合的效应设计值可按下式计算:

$$S_d=\sum_{j=1}^{m}S_{Gjk}+S_{Q1k}+\sum_{i=2}^{n}\psi_{ci}S_{Qik} \tag{2-21}$$

2.5.2.2　准永久组合

① 准永久组合的效应设计值可按下式确定：

$$S_d = S_d\left(\sum_{j=1}^{m} G_{jk} + \sum_{i=1}^{n} \psi_{qi} Q_{ik}\right) \tag{2-22}$$

②当作用与作用效应按线性关系考虑时，准永久组合的效应设计值可按下式计算：

$$S_d = \sum_{j=1}^{m} S_{Gjk} + \sum_{i=1}^{n} \psi_{qi} S_{Qik} \tag{2-23}$$

本章小结

根据结构破坏后果的严重程度，建筑结构的安全等级分为一级、二级和三级，不同的安全等级，设计中采用重要性系数来区分；为确定可变作用而选取的时间参数，称为结构的设计基准期，建筑结构设计基准期为50年；设计规定的结构或构件不需要进行大修即可按其预定目的使用的年限，称为结构的设计使用年限，建筑结构的设计使用年限分为5年、25年、50年和100年四个档次；混凝土结构所处环境类别，可分为一类、二a类、二b类、三a类、三b类、四类和五类共七个类别，它是混凝土劣化、钢筋锈蚀、引起性能衰退的外因。

使结构或构件产生效应的各种原因称为作用。直接施加于结构上的集中力、分布力为直接作用(直接作用通常称为荷载)，引起结构外加变形或约束变形的原因为间接作用。作用可分为永久作用、可变作用和偶然作用三类。建筑结构上的永久荷载，主要是指结构自重(恒载)，以标准值为代表；可变荷载主要有楼面(屋面)活荷载(活载)、风荷载、雪荷载等，它们的代表值可以是标准值、也可以是组合值、频遇值、准永久值。

结构的功能要求可以概括为安全性、适用性和耐久性。整个结构或结构的一部分超过某一特定状态就不能满足设计规定的某一功能要求，此特定状态称为该功能的极限状态。极限状态分为承载能力极限状态和正常使用极限状态，不同设计状况下极限状态计算要求不同。

结构在规定时间内，在规定的条件下，完成预定功能的概率称为结构的可靠度或可靠概率 P_s，不能完成预定功能的概率称为失效概率 P_f，可靠概率和失效概率之和为1。失效概率为单边概率，由可靠指标 β 查正态分布概率积分表计算：$P_f = \Phi(-\beta)$。可靠指标和失效概率一一对应，可靠指标大则失效概率小，对应的可靠概率就高。不同的破坏形式和安全等级，规范规定的可靠指标取值不同，对应的分项系数不同。

极限状态设计方法分承载能力极限状态设计和正常使用极限状态验算。承载能力极限状态设计要求内力设计值不超过相应的抗力设计值，而内力设计值可能是基本组合，也可能是偶然组合、地震组合，其中基本组合就是永久荷载和可变荷载的组合，偶然组合则是永久荷载、可变荷载及一个偶然荷载的组合，地震组合则是地震作用和其他作用(荷载)的组合。正常使用极限状态验算要求效应设计值不超过规定的限值，其中效应设计值可能是标准组合，也可能是准永久组合。

习题与思考题

2-1　下列(　　)项房屋结构的设计使用年限为100年。

A. 标志性建筑　　B. 大型商场　　C. 高层住宅楼　　D. 教学楼

2-2 下列荷载中,属于静力荷载的是(   )。

A. 撞击力　　B. 吊车荷载　　C. 雪荷载　　D. 风荷载

2-3 对于土压力Ⅰ、风荷载Ⅱ、检修荷载Ⅲ、结构自重Ⅳ,属于可变荷载的是(   )。

A. Ⅰ、Ⅱ　　B. Ⅲ、Ⅳ　　C. Ⅰ、Ⅳ　　D. Ⅱ、Ⅲ

2-4 教学楼中楼盖结构的钢筋混凝土梁、板的环境类别为(   )。

A. 一类　　B. 二a类　　C. 三b类　　D. 四类

2-5 按随时间的变异,作用可分为永久作用、可变作用和(   )三类。

A. 地震作用　　B. 爆炸作用　　C. 温度作用　　D. 偶然作用

2-6 安全等级为一级的房屋结构,其重要性系数 γ_0 不应(   )。

A. 大于1.1　　B. 小于1.1　　C. 大于1.0　　D. 小于1.0

2-7 下列情况下,构件超过承载能力极限状态的是(   )。

A. 在荷载作用下产生较大的变形而影响使用

B. 构件在动力荷载作用下产生较大的振动

C. 构件受拉区混凝土出现裂缝

D. 构件因过度变形而不适于继续承载

2-8 下列情况中,构件超过正常使用极限状态的是(   )。

A. 构件因过度变形而不适于继续承载

B. 构件丧失稳定

C. 构件在荷载作用下产生较大的变形而影响使用

D. 构件因超过材料强度而破坏

2-9 设计使用年限为100年的建筑结构,考虑结构使用年限的荷载调整系数,取值应为(   )。

A. 0.8　　B. 0.9　　C. 1.0　　D. 1.1

2-10 基本风压是按(   )一遇的最大风速确定的。

A. 100年　　B. 50年　　C. 150年　　D. 25年

2-11 计算基本组合的荷载效应时,由可变荷载效应控制的组合中,永久荷载分项系数 γ_G 取1.3的情况是(   )。

A. 任何情况下　　B. 其效应对结构不利时

C. 其效应对结构有利时　　D. 验算抗倾覆和滑移时

2-12 荷载效应的基本组合是指(   )。

A. 永久荷载效应与可变荷载效应组合

B. 永久荷载效应与可变荷载效应、偶然荷载效应的组合

C. 仅考虑永久荷载效应的组合

D. 永久荷载效应与偶然荷载效应组合

2-13 工业房屋楼面活荷载为4.5 kN/m^2,则其分项系数 γ_Q 应为(   )。

A. 1.5　　B. 1.2　　C. 1.3　　D. 1.1

2-14 设计基准期和设计使用年限有什么区别？

2-15 结构在设计使用年限内应满足哪些功能要求？

2-16 永久荷载和可变荷载分别取什么值为代表值？

2-17 结构的功能函数如何表达？实际工程中结构功能可能会出现哪些情况？

2-18 荷载组合的效应和荷载效应的组合有什么区别？

2-19 安全等级为二级的建筑结构构件，延性破坏的目标可靠指标应为多少？

2-20 结构的可靠概率和失效概率之间有什么关系？

2-21 承载能力极限状态和正常使用极限状态的含义是什么？

2-22 永久荷载分项系数在什么情况下取 1.0？在什么情况下取 0.9？

2-23 什么是持久设计状况和短暂设计状况？

2-24 现浇钢筋混凝土楼面的做法是：20 mm 厚水泥砂浆面层，80 mm 厚钢筋混凝土现浇板，20 mm 厚石灰砂浆抹底。试计算楼板自重标准值（kN/m^2）。

2-25 钢筋混凝土楼盖中，梁的间距为 2.7 m，楼面活荷载标准值为 2.0 kN/m^2，试求梁承担的活荷载标准值 q_k。

2-26 某住宅房屋的楼面梁跨中截面，由永久荷载标准值引起的弯矩 $M_{Gk}=43.5$ kN·m，由楼面活荷载标准值引起的弯矩 $M_{Qk}=25.7$ kN·m。结构安全等级为二级，设计使用年限为 50 年，活荷载组合值系数 $\psi_c=0.7$，试求基本组合下的弯矩设计值。

2-27 钢筋混凝土矩形截面简支梁，截面尺寸为 250 mm×500 mm，计算跨度 $l_0=6.0$ m，净跨度 $l_n=5.7$ m，梁上作用有永久荷载标准值为 15.6 kN/m（不含梁自重），可变荷载标准值 $q_k=9.8$ kN/m，可变荷载组合值系数 $\psi_c=0.7$。结构的安全等级为二级，设计使用年限 50 年。按持久状况承载能力极限状态设计，试计算梁的跨中弯矩设计值和支座剪力设计值。（提示：计算跨中弯矩时，采用梁的计算跨度；计算支座剪力时，采用梁的净跨度。）

习题与
思考题答案

参考文献

[1] 中国建筑科学研究院. 工程结构可靠性设计统一标准：GB 50153—2008. 北京：中国建筑工业出版社，2009.

[2] 中国建筑科学研究院. 建筑结构荷载规范：GB 50009—2012. 北京：中国建筑工业出版社，2012.

[3] 中国建筑科学研究院. 混凝土结构设计规范（2016 年版）：GB 50010—2010. 北京：中国建筑工业出版社，2011.

[4] 李章政.建筑结构设计原理.2版.北京:化学工业出版社,2014.

[5] 熊峰,李章政,李碧雄,等.结构设计原理.北京:中国建筑工业出版社,2013.

[6] 中国建筑科学研究院.混凝土结构设计规范(2015年版):GB 50010—2010.北京:中国建筑工业出版社,2016.

[7] 中国建筑科学研究院.建筑结构可靠性设计统一标准:GB 50086—2018.北京:中国建筑工业出版社,2018.

3 混凝土结构材料的性能

【内容提要】

本章主要内容包括混凝土的力学性能，钢筋的种类及其性能，混凝土和钢筋强度取值，钢筋与混凝土之间的黏结以及钢筋代换等。

【能力要求】

通过本章的学习，学生应了解混凝土强度的试验方法、变形性能，熟悉钢筋的种类、强度等级及其表示符号；掌握材料选用原则和要求、强度取值方法，会查表确定材料的强度标准值、设计值和弹性模量；了解钢筋与混凝土之间的黏结，熟悉提高黏结强度的各种措施；熟练掌握钢筋代换方法。

5分钟
看完本章

3.1 混凝土的力学性能

3.1.1 混凝土的强度

混凝土是由水泥、粗细集料(砂、碎石)、水和掺和料，经搅拌、浇筑、成型制成的人工石材——“砼”。水泥和水组成的水泥浆，结硬后形成水泥石，它将集料黏结起来形成一个整体。集料和水泥石中的水泥结晶体作为骨架，用以承受外荷载。

3.1.1.1 混凝土的强度等级

混凝土在成型过程中，由于水泥石的收缩作用，在集料和水泥石的黏结处以及水泥石内部都不可避免地存在着微细裂缝。混凝土试样受压破坏的根本原因是：在外加压力作用下，试样纵向缩短的同时，横向发生膨胀变形，引起部分微细裂缝扩展与贯通。其破坏模式，与试样的尺寸、端面条件及应力状态等因素有关。

立方体抗压
强度视频

图 3-1 所示为受压破坏前后的混凝土立方体试块。试验机压板与试块端面之间存在摩擦力，该摩擦力约束了试块的横向变形，起“箍”的作用。试件中部，“箍”的效应降低，随着压力的增大，试样中部外围混凝土不断剥落，形成两个相连的截锥体。

在压板和混凝土端面之间抹上润滑剂时，摩擦力减小甚至趋于零，试样横向变形自由。当横向拉应变达到极限拉应变时，混凝土纵向开裂。此时抗压强度小于压板与混凝土之间不加润滑剂时混凝土的抗压强度值。

图 3-1　混凝土立方体试块

试验还发现,立方体尺寸越小,抗压强度越高。有人认为,试样尺寸越小,混凝土内部缺陷(微细裂缝)越少,内部与表面硬化的差异也小,故小试样强度大于大试样;也有人认为是试验方法上的影响,认为试样尺寸小,端部"箍"的作用强,抗压强度高。

为了便于比较,须统一试样尺寸和试验方法。我国混凝土材料试验中,国家标准规定以150 mm×150 mm×150 mm 立方体在温度为(20±2)℃、相对湿度大于 95%的环境下养护 28 天,端面不加润滑剂的抗压试验作为参照标准。取具有 95%保证率的立方体抗压强度作为立方抗压强度标准值 $f_{cu,k}$,以此作为确定混凝土强度等级的依据。

依据立方抗压强度标准值,将混凝土的强度等级分为 C15、C20、C25、C30、C35、C40、C45、C50、C55、C60、C65、C70、C75 和 C80,共十四级,其中 C 代表混凝土,C 后数值为立方抗压强度标准值 $f_{cu,k}$。C50 及其以下的混凝土称为普通混凝土,C55 及其以上的混凝土为高强度混凝土。

3.1.1.2　混凝土轴心抗压强度

混凝土轴心抗压强度视频

实际工程中的混凝土受压构件,并不是立方体,而是棱柱体(高度 h 大于边长 b),且端面并不存在约束侧向变形的摩擦力。图 3-2 所示为混凝土棱柱体抗压试验简图。根据圣维南原理,要消除试样端部摩擦力的影响,试样就必须具有一定高度 h,才能保证中部处于纯受压应力状态;但若 h 过大,在试样破坏前又会产生附加偏心(纵向弯曲)而使抗压强度降低。因此,取试样高度为边长的 2～4 倍[$h=(2\sim4)b$]时最适宜。我国《混凝土物理力学性能试验方法标准》(GB/T 50081—2019)规定以 150 mm×150 mm×300 mm 的棱柱体作为混凝土轴心抗压强度试验的标准试样。棱柱体破坏时,中部处于纯压应力状态,故中部出现数条纵向裂缝,或独立存在,或与端部附近的斜裂缝连通,使混凝土彼此分离。

混凝土棱柱体抗压试验强度值称为轴心抗压强度 f_c,它与混凝土的立方抗压强度大致呈线性关系。混凝土轴心抗压强度很少直接测试,而是利用其与立方抗压强度的关系通过计算确定。

国内进行了大量的相同强度等级的混凝土棱柱体试样与立方体试样的抗压强度的对比试验,得到抗压强度平均值之间的关系曲线如图 3-3 所示。

由图 3-3 可知，两者之间大致呈直线关系，统计平均值之间可回归成如下的经验公式：

$$\mu_{f_c} = 0.76\mu_{f_{cu}} \tag{3-1}$$

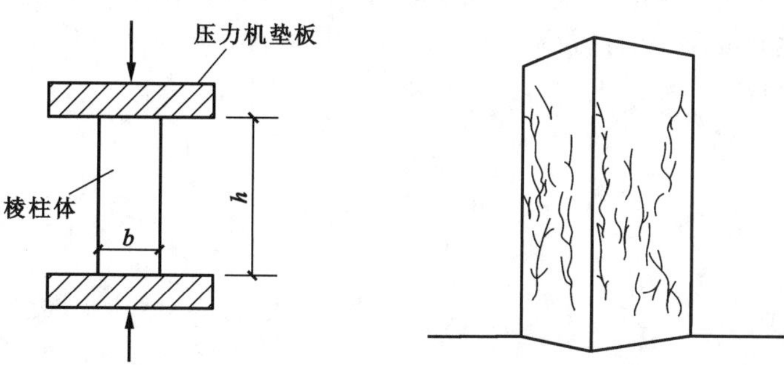

图 3-2 混凝土棱柱体抗压试验

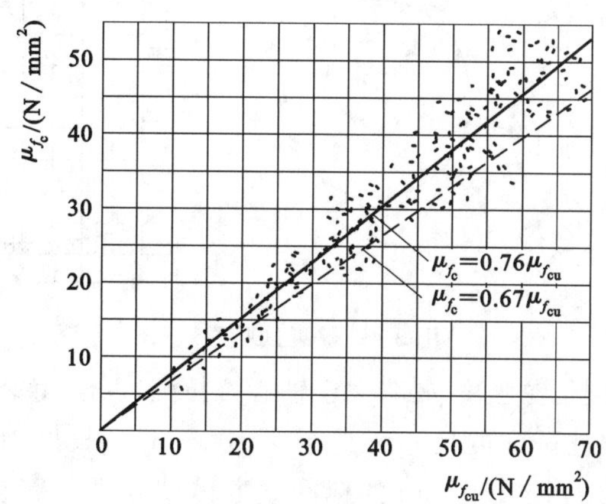

图 3-3 混凝土轴心抗压强度平均值与立方抗压强度平均值的关系

考虑到实际构件制作、养护、受力等情况与实验室中试样的差异，并根据多年的工程经验，《混凝土结构设计规范（2015 年版）》(GB 50010—2010)中实际采用式(3-1)计算结果的 88%(图 3-3 中的虚直线)。

3.1.1.3 混凝土轴心抗拉强度

轴心抗拉强度是混凝土的基本力学性能指标，可采用直接拉伸试验法和劈裂试验法来测定，也可根据与立方抗压强度的关系进行计算。

(1) 直接拉伸试验法

直接拉伸试验的混凝土标准试样尺寸为 100 mm×100 mm×500 mm，两端各预埋一根直径为 16 mm 的钢筋，埋入混凝土内深度为 150 mm，并置于试样轴线上。试验机的夹具夹紧钢筋后，缓慢对钢筋施加拉力，破坏时试样在没有钢筋的中部截面被拉断。拉断时截面上的平均应力即为混凝土的轴心抗拉强度 f_t。该拉伸试验的缺点在于预埋钢筋位置存在误差，难以保证试样真正轴心受力。拉力偏心对结果将会产生较大影响。所以，混凝土的直接拉伸试验已较少采用。

(2) 劈裂试验法

目前,国内外都广泛采用劈裂试验法来测定混凝土的抗拉强度,试验原理如图 3-4 所示。在圆柱体试样上通过弧形垫条及垫层施加压力线荷载,在中间垂直截面上中部产生均匀的水平向拉应力 σ_1。当该拉应力达到混凝土的抗拉强度时,试样沿中间垂直截面劈裂拉断。根据弹性理论分析结果,劈裂抗拉强度为:

$$f_{ts} = \sigma_1 = \frac{2F}{\pi dl} \tag{3-2}$$

式中 F——劈裂破坏荷载;

d——圆柱直径;

l——圆柱长度。

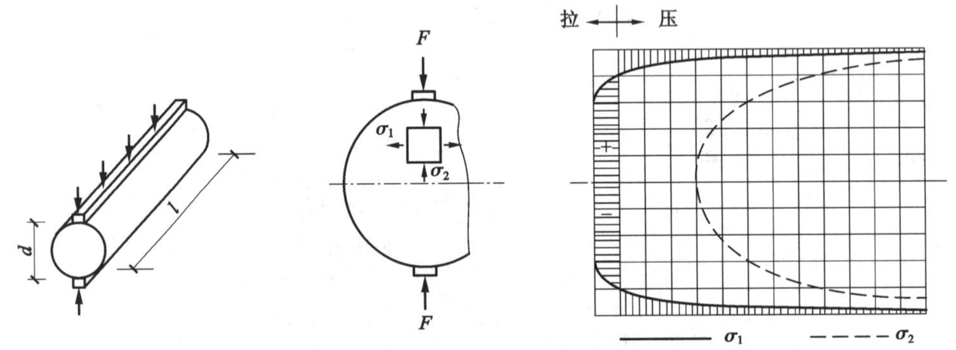

图 3-4 劈裂试验原理

试验表明:混凝土的劈裂抗拉强度 f_{ts}略大于轴心抗拉强度 f_t,劈裂抗拉试样的尺寸大小对试验结果有一定影响。标准圆柱试样的尺寸为直径 $d=150$ mm,长度 $l=150$ mm。除了圆柱试样外,还可采用 150 mm×150 mm×150 mm 的标准立方体试样进行劈裂试验。若采用 100 mm×100 mm×100 mm 的试样,测得的劈裂抗拉强度值应乘以尺寸换算系数 0.85。

3.1.1.4 混凝土复合受力时的强度

混凝土结构构件除单向受拉或受压以外,还有可能承受轴力、弯矩、剪力和扭矩的共同作用,形成二向或三向受力。单向应力状态称为简单应力状态,二向应力状态(或平面应力状态)和三向应力状态(或空间应力状态)称为复合(或复杂)应力状态。复合应力状态下混凝土的强度有明显变化。

(1) 二向应力状态

对于由两个主应力 σ_1、σ_2 表示的二向应力状态,混凝土强度试验曲线如图 3-5 所示。从图 3-5 中可以看出强度变化的特点为:二向受压(第Ⅲ象限)时,一向的混凝土抗压强度随另一向压应力的增加而增加;二向受拉(第Ⅰ象限)时,一向的抗拉强度与另一向的拉应力无关,混凝土抗拉强度接近于单向抗拉强度;一向受拉、一向受压(第Ⅱ、Ⅳ象限)时,混凝土的强度均低于单向受力时的强度。

对于由法向正应力 σ 和切向剪应力 τ 表示的拉剪(压剪)复合受力,是二向应力状态的一种特例,其强度曲线如图 3-6 所示。图 3-6 中曲线表明,由于剪应力的存在,混凝土的抗压强度、抗拉强度下降;当 $\sigma/f_c<0.6$ 时,抗剪强度随压应力的增大而增大;而当 $\sigma/f_c>0.6$ 时,抗剪强度随压应力的增大而减小;抗剪强度总是随拉应力的增大而减小。

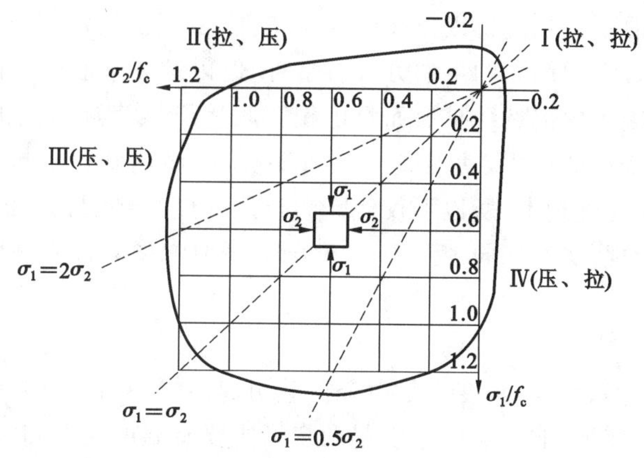

图 3-5　二向应力状态下混凝土强度试验曲线

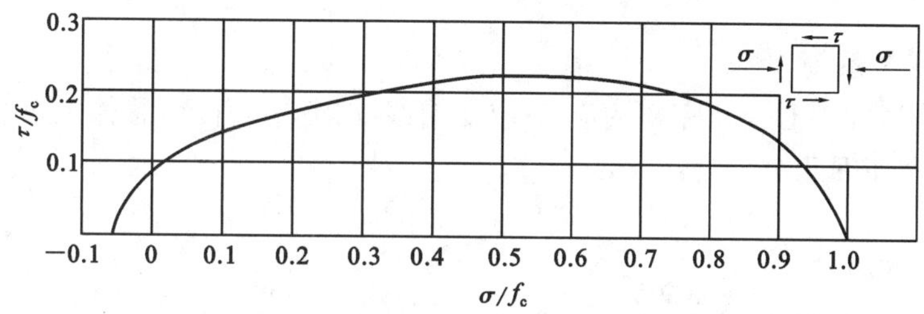

图 3-6　拉剪(压剪)复合受力时混凝土强度曲线

(2) 三向应力状态

三向应力状态下混凝土的强度比二向应力状态时更加复杂，这里不作一般讨论。考虑混凝土圆柱体三向受压的情况，轴向压应力 $\sigma_1=\sigma$，另外两个方向的侧向压应力相等，设为 σ_2。有侧向压力约束的混凝土的轴心抗压强度 $f_{cc}=\sigma_1=\sigma$，它随另外两个方向的压应力 σ_2 的增加而增加，如图 3-7 所示。试验表明，在一定范围内，三向受压时混凝土轴心抗压强度提高值与 σ_2 成正比：

$$f_{cc}=f_c+k\sigma_2 \tag{3-3}$$

式中　f_{cc}——有侧向压应力约束的试样的轴心抗压强度；

f_c——无侧向压应力约束的试样的轴心抗压强度；

σ_2——侧向约束压应力；

k——侧向应力系数，为 4.5～7.0。

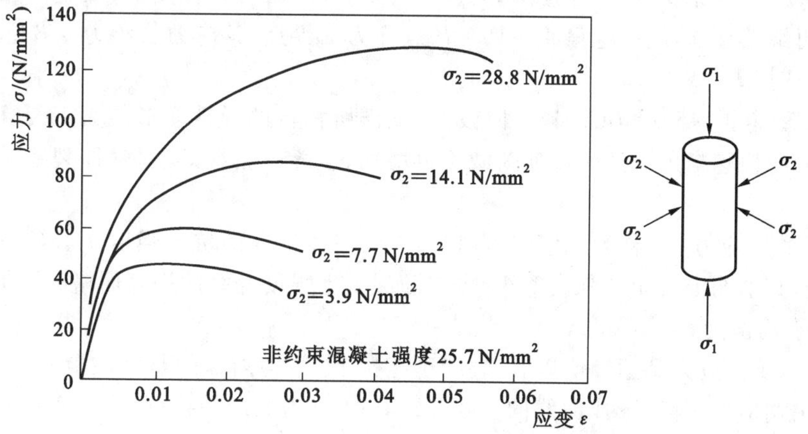

图 3-7　三向受压时混凝土的强度随侧向应力的变化

利用三向受压可使混凝土强度得以提高的这一特性,工程上的混凝土受压构件可做成侧向受限的所谓“约束混凝土”。实现侧向约束的方式有多种,但以螺旋箍筋柱和钢管混凝土柱最为常见。当柱内压应力达到使混凝土内部裂缝扩展而致体积膨胀挤压螺旋箍筋或钢管壁时,螺旋箍筋或钢管便起限制混凝土横向变形的作用,使混凝土三向受压,从而达到提高抗压强度的目的。因为 σ_2 的存在,构件的横向变形受到约束,所以不仅使竖向抗压强度得到提高,而且纵向变形的能力也增大了。《混凝土结构设计规范(2015 年版)》(GB 50010—2010)中对螺旋箍筋柱,取 $k=4.0$。

3.1.2 混凝土的变形

混凝土的变形可分为两种:一种变形是由外荷载引起的,另一种变形则由非外力因素引起。荷载可产生短期变形、长期变形,非荷载因素引起的变形主要有温度变形和收缩变形。

3.1.2.1 荷载产生的短期变形

(1) 应力-应变关系

混凝土棱柱体试样轴心受压完整的应力-应变曲线如图 3-8 所示,总体上可分成上升 OC 和下降 CF 两部分,包含如下几个阶段:

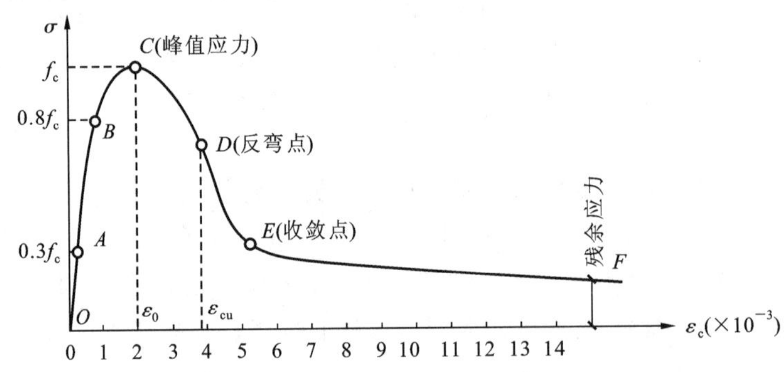

图 3-8 混凝土压应力-压应变曲线

① 线弹性阶段 OA。当压应力较小时,混凝土的变形主要是由集料和水泥石中的水泥结晶体在压力作用下产生的弹性变形,水泥石中水泥胶凝体的塑性变形和初始微裂缝变化的影响都很小,材料表现出弹性性质。OA 段近似为直线。A 点的应力称为比例极限,其值为 $(0.3\sim0.4)f_c$。

② 裂缝稳定扩展阶段 AB。当应力超过 A 点以后,便出现塑性变形,裂缝开始缓慢发展。此时,若应力不再继续增加,则裂缝停止扩展。B 点称为临界点,其应力值约为 $0.8f_c$,它是混凝土长期抗压强度的依据。

③ 裂缝不稳定扩展阶段 BC。这一阶段内,试样所积蓄的弹性变形能大于裂缝发展所需要的能量,造成裂缝的快速扩展。这时即使荷载不再增加,裂缝也会继续发展,即裂缝扩展已处于不稳定状态。

最高点 C 的压应力 σ_{max} 称为峰值应力,它作为棱柱体试样的抗压强度 f_c。C 点对应的应变 ε_0 称为峰值应变,其值与混凝土的强度等级有关(随混凝土强度等级的提高而略有增加),在 0.0015～0.0025 波动,平均值为 $\varepsilon_0=0.002$。

④ 下降段 CF。应力到达峰值以后,裂缝迅速扩展,结构内部的整体性遭到严重破坏,传力路径不断减少,平均应力下降,形成曲线的下降段。其中 D 为曲线的拐点(或反弯点),此时试样在宏观上已完全破碎,压应变 ε_{cu} 为 0.003～0.005,称为混凝土的极限压应变,其值与混凝土的强度等级

有关(随混凝土强度等级的提高而略有下降),是混凝土非均匀受压时设计压应变的限值。E 处曲率最大,称为收敛点。从收敛点开始以后的曲线(EF)称为收敛段,变形到此时,贯通的主裂缝已经很宽,对无侧向约束的混凝土已失去结构意义。

混凝土轴心受拉时的应力-应变曲线与轴心受压的曲线相似,拉应力愈大,弹塑性性质愈明显。峰值应力为抗拉强度 f_t,此时对应的应变 $\varepsilon_{t,max}$ 在 0.005%~0.027%波动。

(2) 混凝土的模量

混凝土的应力-应变关系为曲线关系,不能像材料力学那样简单地定义为弹性模量或杨氏模量 E。弹性模量是直线的斜率,可以用斜率来定义混凝土的模量,有切线模量和割线模量之分,如图 3-9 所示。

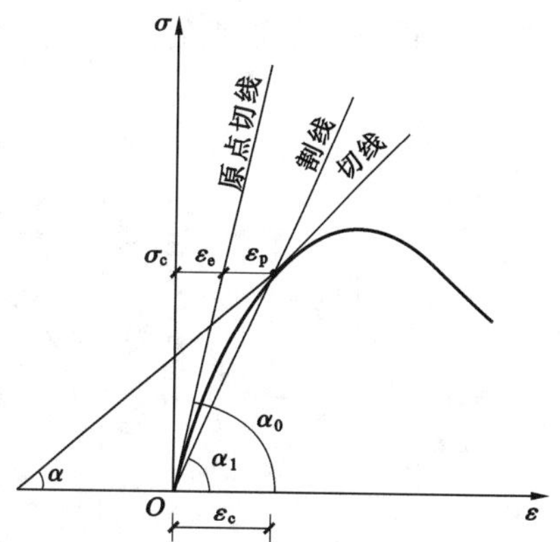

图 3-9 混凝土模量定义

① 弹性模量 E_c。将混凝土受压时 σ-ε 曲线的切线斜率 $\tan\alpha$ 定义为混凝土的切线模量,它和应力水平有关,不同的应力点上切线模量不同,不便于应用。人们将原点的切线斜率定义为混凝土的初始弹性模量,简称弹性模量,用 E_c 表示,即:

$$E_c = \left.\frac{d\sigma}{d\varepsilon}\right|_{\varepsilon=0} = \tan\alpha_0 \tag{3-4}$$

原点切线斜率不易准确测定,《混凝土物理力学性能试验方法标准》(GB/T 50081—2019)规定 E_c 用下述方法测定:棱柱体试样,应力上限为 $0.5f_c$,下限为 0,反复加载、卸载 5~10 次,应力-应变曲线接近于直线,取该直线的斜率为弹性模量 E_c。

混凝土的弹性模量即原点切线模量,与混凝土强度等级有关,强度等级越高,弹性模量越大。根据大量的试验结果,拟合得到由立方抗压强度标准值 $f_{cu,k}$ 计算 E_c(N/mm^2)的经验公式,作为设计时的采用值:

$$E_c = \frac{10^5}{2.2 + 34.7/f_{cu,k}} \tag{3-5}$$

式(3-5)计算的结果修约到 0.05×10^4 N/mm^2。也可根据混凝土的强度等级,由附表 3 取值。

② 变形模量 E_c'。当应力较大时,作为原点切线斜率的弹性模量不能准确反映混凝土的实际情况。为此,将任一点的割线斜率(即割线模量)定义为变形模量,用 E_c' 表示。设任意点的应力为 σ_c,应变 ε_c 由弹性应变 ε_e 和塑性应变 ε_p 组成,如图 3-9 所示。按定义有:

$$E_c' = \tan\alpha_1 = \frac{\sigma_c}{\varepsilon_c} = \frac{\varepsilon_e}{\varepsilon_c}\frac{\sigma_c}{\varepsilon_e} = \nu\cdot\tan\alpha_0 = \nu E_c \tag{3-6}$$

式中,$\nu=\varepsilon_e/\varepsilon_c$ 是混凝土受压时的弹性应变和总压应变的比值,称为混凝土的弹性系数,它与压应力水平有关。当 $\sigma_c\leqslant0.3f_c$ 时,$\nu=1$;ν 随着应力的增大而减小,当应力接近 f_c 时,$\nu=0.4\sim0.7$。

混凝土受拉时的弹性模量与受压弹性模量取值相同;受拉变形模量可按式(3-6)计算,此时取 $\nu=0.5$。

混凝土的剪切变形模量 G_c 可按相应弹性模量的 40%采用;混凝土的泊松比可取 0.2。

3.1.2.2 荷载产生的长期变形

荷载产生的变形随时间的增长而增长,称为徐变。徐变是混凝土黏弹性、黏塑性特性的表现,也是材料在长期荷载作用下的变形性能。

(1) 徐变曲线

棱柱体受压时典型的徐变曲线如图3-10所示,它具有以下特点:

① 加载的特点。在荷载作用期间,应变由两部分构成,即加载瞬时产生的瞬时弹性应变和随时间增长的徐变应变。徐变应变开始增加较快,以后逐渐减小并趋于稳定。徐变应变值为瞬时弹性应变的1~4倍。

② 卸载的特点。卸载后,弹性应变的大部分瞬时恢复,另一部分为弹性后效,经历一段时间得以恢复;剩下不能恢复的部分为遗留在混凝土中的残余应变。

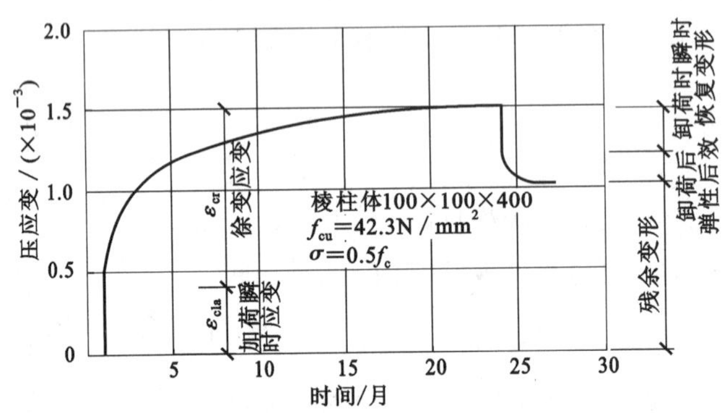

图3-10 混凝土受压的徐变曲线

(2) 影响徐变的主要因素

① 应力水平。应力越大,徐变越大。当$\sigma_c<0.5f_c$时,徐变与应力成比例,称为线性徐变。线性徐变一年后趋于稳定,一般经历三年左右终止。当$\sigma_c>0.5f_c$时,徐变增长大于应力增长,出现非线性徐变。当应力过高时,非线性徐变将会不收敛,它可直接引起构件破坏。

② 混凝土龄期。施加荷载时混凝土龄期愈小,徐变愈大;反之,混凝土龄期愈大,徐变愈小。

③ 材料配比。水泥用量越多,徐变越大;水灰比越大,徐变也越大;而集料的强度、弹性模量越高,则徐变越小。

④ 温度、湿度。养护温度高、湿度大,水泥水化作用充分,徐变就小。构件工作温度越高,湿度越低,徐变就越大。

(3) 徐变对结构的影响

混凝土的徐变可使构件的变形增加,对结构有不利的影响,主要表现在:它使受弯构件挠度增大、柱的附加偏心距增大,引起预应力混凝土的预应力损失,还可使截面上的应力重分布等。

3.1.2.3 非荷载引起的变形

(1) 温度变形

物体受热膨胀、受冷收缩,混凝土也如此。当温度上升时,混凝土膨胀,体积增大,产生拉应变;当温度下降时,混凝土收缩,体积减小,产生压应变。温度变形的大小与温度变化、混凝土的线膨胀系数有关,还与构件的尺寸有关。

没有约束的自由膨胀与收缩,对结构没有影响。当构件的温度变形受到其他构件约束时,膨胀与收缩受到限制,于是在构件内产生拉应力或压应力,即温度应力。当收缩受限制时,产生的温度应力为拉应力,该应力一旦超过材料的抗拉能力,就会出现裂缝,即温度裂缝。

(2) 收缩变形

混凝土在结硬过程中,体积会发生变化。当在水中结硬时,体积要增大(即膨胀);当在空气中结硬时,体积要缩小(即收缩)。混凝土的收缩应变比膨胀应变大得多,有试验数据说明收缩应变可达$(0.2\sim0.5)\times10^{-3}$。收缩变形可分为凝缩变形和干缩变形两部分:前一部分是水泥胶凝体在结硬过程中本身的体积收缩,后一部分是自由水分蒸发引起的收缩。

混凝土的收缩对构件有害。它可使构件产生裂缝,影响正常使用;在预应力混凝土结构中,混凝土收缩可引起预应力损失。工程中应设法减小混凝土的收缩,避免它对结构或构件的不利影响。

试验表明,混凝土的收缩与很多因素有关,如水泥用量愈多,水灰比愈大,收缩愈大;强度等级高的水泥制成的试样,收缩量大;养护条件好,收缩量小;集料弹性模量大,收缩量小;振捣密实,收缩量小;使用环境湿度大,收缩量小;构件体积与表面积之比大,收缩量小。

3.1.3　混凝土的选用

为了充分利用混凝土的抗压性能,提高材料的利用率,应采用较高强度等级的混凝土。混凝土结构中混凝土的最低强度等级为C15,各类结构混凝土的选用要求如下:

① 素混凝土结构的混凝土强度等级不应低于C15;钢筋混凝土结构的混凝土强度等级不应低于C20;采用强度等级不低于400 MPa及以上的钢筋时,混凝土强度等级不宜低于C25。

② 预应力混凝土结构的混凝土强度等级不宜低于C40,且不应低于C30。

③ 承受重复荷载的钢筋混凝土构件,混凝土强度等级不应低于C30。

建筑结构中的预应力混凝土管桩(PC)和预应力混凝土空心方桩(PS)采用C60混凝土,而预应力高强度混凝土管桩(PHC)和预应力高强度混凝土空心方桩(PHS)则采用C80混凝土。

3.2　钢筋的种类及其性能

所谓钢筋,就是加固混凝土所用的钢条,由碳素钢和合金钢加工制作而成。一般将直径$d\geqslant6$ mm的钢条称为钢筋,而将直径$d<6$ mm的钢条称为钢丝。供货形式可以是由一条或两条钢筋盘卷而成的盘条,也可以是长度为6～12 m的直条。

3.2.1　钢筋的种类

钢筋的种类
及性能

钢筋的外形有光圆、螺纹、人字纹及月牙纹等形式,如图3-11所示。除了光圆钢筋以外,其他形式的钢筋统称为变形钢筋或带肋钢筋。带肋钢筋俗称"螺纹钢筋或螺纹钢",其表面有两条与钢筋轴线平行的均匀纵肋和沿长度方向均匀分布的横肋,横肋的肋纹形式过去主要为螺纹和人字纹,近几年来出现了月牙纹。月牙纹钢筋的横肋呈月牙形且不与纵肋相交,可以避免两肋相交处的应力集中,改善了钢筋的疲劳和冷弯性能,而且轧制方便。

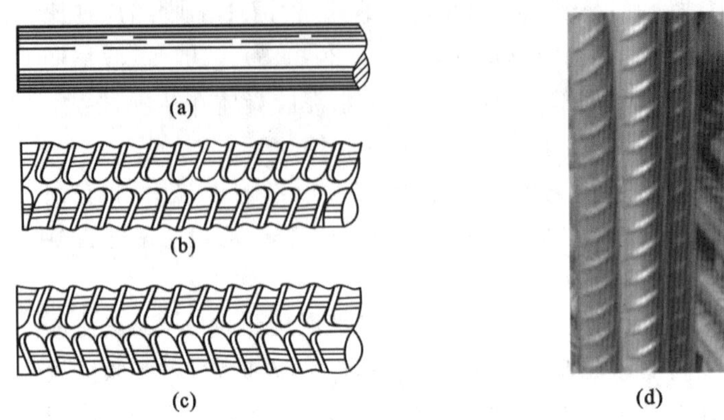

图 3-11 钢筋的外形

(a) 光圆钢筋;(b) 螺纹钢筋;(c) 人字纹钢筋;(d) 月牙纹钢筋

光圆钢筋表面光滑,横截面面积就是圆截面面积。带肋钢筋是在基圆的基础上附加了突起的肋,表面凹凸不平,横截面面积并不是圆的面积,而是基圆的面积加上纵肋和横肋的截面面积。将钢筋的横截面换算成一个圆截面,使两者面积相等,该换算圆的直径称为带肋钢筋的公称直径。显而易见,光圆钢筋的公称直径 d 就等于钢筋直径,而带肋钢筋的公称直径 d 小于钢筋表面外接圆的直径(外径)d_e,大于基圆直径(内径)d_i。带肋钢筋公称直径、内径、横肋高度和外径的对应关系见表 3-1。

表 3-1 带肋钢筋公称直径 d 与内径 d_i、横肋高 h 和外径 d_e 之间的对应关系 (单位:mm)

d	6	8	10	12	14	16	18	20	22	25	28	32	36	40	50
d_i	5.8	7.7	9.6	11.5	13.4	15.4	17.3	19.3	21.3	24.2	27.2	31.0	35.0	38.7	48.5
h	0.6	0.8	1.0	1.2	1.4	1.5	1.6	1.7	1.9	2.1	2.2	2.4	2.6	2.9	3.2
d_e	7.0	9.3	11.6	13.9	16.2	18.4	20.5	22.7	25.1	28.4	31.6	35.8	40.2	44.5	54.9

为了解决粗钢筋及配筋密集引起设计、施工的困难,构件中的钢筋可以采用并筋(钢筋束)的配置形式。直径 28 mm 及以下的钢筋并筋数量不应超过 3 根;直径 32 mm 的钢筋并筋数量宜为 2 根;直径 36 mm 以上的钢筋不应采用并筋。并筋应按单根等效钢筋进行计算,等效钢筋的直径应按截面面积相等的原则换算确定。相同直径的二并筋等效直径可取为 1.41 倍单根钢筋直径;三并筋等效直径可取为 1.73 倍单根钢筋直径。二并筋可按纵向或横向的方式布置;三并筋宜按品字形布置,并均按并筋的截面形心作为等效钢筋的形心。

钢筋根据使用上的不同,可分为普通钢筋和预应力筋两类。

3.2.1.1 普通钢筋

用于钢筋混凝土结构中的钢筋和预应力混凝土结构中的非预应力钢筋,称为普通钢筋。普通钢筋由碳素钢、低合金钢热轧而成,又称热轧钢筋。经热轧成型并自然冷却的成品钢筋称为普通热轧钢筋,在轧制过程中通过控轧控冷工艺形成的细晶粒钢筋称为细晶粒热轧钢筋,轧制成型后经高温淬火再余热处理的钢筋称为余热处理钢筋。

(1) 普通热轧钢筋

建筑结构中采用的普通热轧钢筋，按屈服强度标准值大小分为以下四个级别。

HPB300 级(符号Φ)热轧光圆钢筋，由碳素钢经热轧而成，公称直径为 6～22 mm，《钢筋混凝土用钢　第 1 部分：热轧光圆钢筋》(GB 1499.1—2017)推荐直径为(mm)：6、8、10、12、16、20。

HRB335 级(符号Φ)、HRB400 级(符号Φ)、HRB500 级(符号Φ)热轧带肋钢筋，由低合金钢经热轧而成，公称直径为 6～50 mm，推荐直径为(mm)：6、8、10、12、16、20、25、32、40、50。

HRB400 级、HRB500 级钢筋强度高、延性好、锚固性能好，混凝土结构中纵向受力钢筋宜优先采用，作为纵向受力的主导钢筋；HRB335 级钢筋虽然延性和锚固性能均较好，但强度较低，故限制其应用(直径须不超过 14 mm)，并逐步被淘汰；* HPB300 级钢筋强度低、锚固性能差，只用作板、基础和荷载不大的梁、柱受力钢筋，可用作箍筋和其他构造钢筋，而且可选用直径为 6 mm、8 mm、10 mm、12 mm 和 14 mm。

(2) 细晶粒热轧钢筋

细晶粒热轧带肋钢筋按强度大小分成两个级别，即 HRBF400 级(符号Φ^{F})和 HRBF500 级(符号Φ^{F})，公称直径为 6～50 mm。该系列的钢筋在结构中应用不多，积累的经验有限，一般用于承受静力荷载的构件，经过试验验证后，方可用于疲劳荷载作用的构件。

(3) 余热处理钢筋

余热处理带肋钢筋的强度级别为 RRB400 级(符号Φ^{R})，公称直径为 6～50 mm。其强度虽然较高，但延性、可焊性、机械连接性能及施工适应性较低，其应用受到一定限制。RRB400 级钢筋一般可用于对变形性能及加工性能要求不高的构件中，如基础、大体积混凝土、楼板、墙体以及次要的中小结构构件。这种钢筋不宜用于直接承受疲劳荷载的构件。

3.2.1.2　预应力筋

预应力混凝土结构或构件中的预应力筋包括钢绞线、钢丝和预应力螺纹钢筋等种类。

(1) 钢绞线(符号Φ^{S})

钢绞线是由多根高强度钢丝扭结而成并经消除应力(低温回火)后的盘卷状钢丝束，如图 3-12 所示。常用的钢绞线有 3 股、7 股等，截面以公称直径 d(钢绞线外接圆直径)度量。

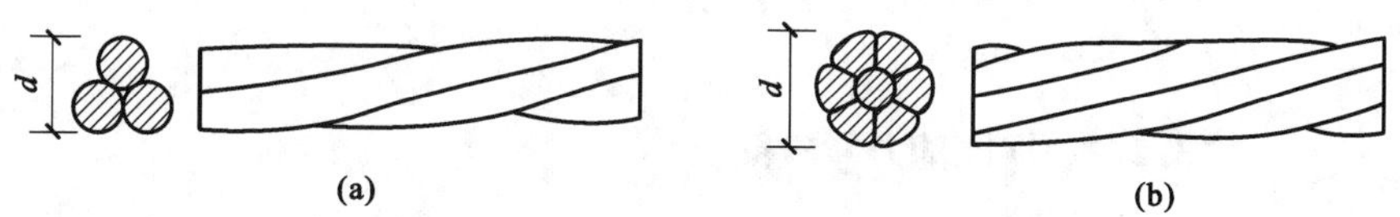

图 3-12　钢绞线

(a) 3 股钢绞线；(b) 7 股钢绞线

钢绞线具有截面集中、比较柔软、盘弯后运输方便、与混凝土黏结性能良好等特点，可大大简化现场成束工序，是一种较理想的预应力筋，广泛应用于后张法大型构件。

(2) 钢丝

根据表面不同，用作预应力筋的钢丝有光面钢丝、螺旋肋钢丝两种，如图 3-13 所示。广泛使用的预应力钢丝，其公称直径为 5 mm、7 mm、9 mm，强度高，塑性好，但光面钢丝与混凝土的黏结力

*《钢筋混凝土用钢　第 2 部分：热轧带肋钢筋》(GB 1499.2—2018)已取消了 335 MPa 级钢筋，生产厂家将淘汰该级别钢筋的生产。该标准新增加了 600 MPa 钢筋。

不如螺旋肋钢丝强。根据强度不同,预应力钢丝分中强度预应力钢丝和消除应力钢丝两类。

图 3-13 预应力钢丝

(a) 光面钢丝;(b) 螺旋肋钢丝

① 中强度预应力钢丝。抗拉强度介于800~1200 MPa的预应力钢丝称为中强度预应力钢丝,抗拉强度大于1470 MPa的预应力钢丝称为高强度预应力钢丝。光面中强度预应力钢丝用符号Φ^{PM}表示,螺旋肋中强度预应力钢丝则用符号Φ^{HM}表示。

② 消除应力钢丝。由高碳镇静钢光圆盘条钢筋经冷拔(用强力拉过比自身直径小的硬质合金拔丝模)制成的钢丝,经回火处理以消除残余应力。消除应力钢丝属于高强度预应力钢丝,其中光面消除应力钢丝用符号Φ^{P}表示,螺旋肋消除应力钢丝用符号Φ^{H}表示。

预应力筋还采用低松弛钢丝(或钢绞线)。与普通松弛钢丝不同的是,钢丝冷拔后在一定拉力条件下进行回火处理,以消除残余应力。经过这种工艺处理的钢丝,弹性极限和屈服强度提高,应力松弛率大大降低,故称为低松弛钢丝。在预应力混凝土结构中,低松弛钢丝(或钢绞线)可使预应力损失降低,提高构件的抗裂度,综合经济效益较好,目前国际上已大量采用这种钢丝(或钢绞线)。

低碳钢拉伸试验视频

(3) 预应力螺纹钢筋(符号Φ^{T})

预应力螺纹钢筋又称为精轧螺纹钢筋,是一种热轧成带有不连续的外螺纹的直条钢筋。该钢筋在任意截面处,均可用带有匹配形状内螺纹的连接器或锚具进行连接或锚固。这是一种粗的预应力钢筋,公称直径范围为18~50 mm。

3.2.2 钢筋的力学性能

将钢筋试样在材料试验机上进行拉伸试验,得到应力-应变曲线,如图3-14所示,可分成四个阶段,即弹性阶段OA、屈服阶段ABC、强化阶段CD和颈缩阶段DE。根据拉伸试验的数据,可以测定其强度和变形参数。

3.2.2.1 材料强度

材料强度保证率

(1) 比例极限f_p

在弹性阶段OA之中,应力和应变之间满足线性关系的最大应力,即图3-14中直线段的最高点P的应力,称为比例极限,用f_p表示。当应力不超过比例极限时,胡克定律成立,即$\sigma=E\varepsilon$,其中,比例系数E称为弹性模量。弹性变形的上限应力,即图中A点的应力称为弹性极限。

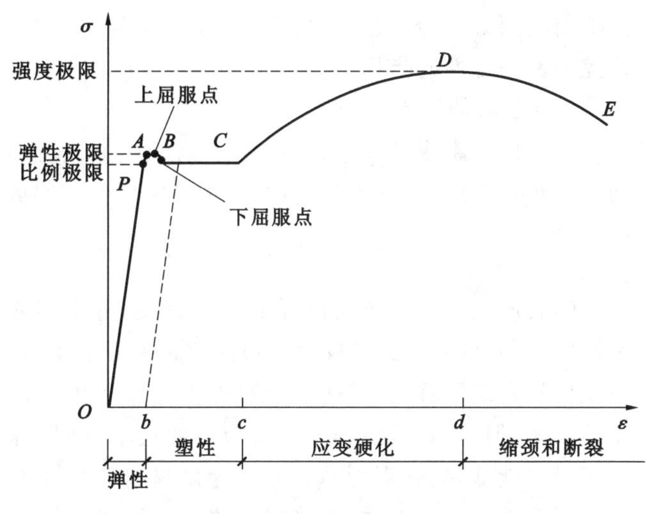

图 3-14　钢筋的应力-应变曲线

(2) 屈服点 f_y

当应力达到一定水平以后，应力不再增加或略有下降（小范围内波动）而应变急剧增大的现象，称为屈服。这一阶段 ABC 称为屈服阶段，又称流动阶段。流动阶段的最大应力称为上屈服点，最小应力称为下屈服点。大量试验证实，下屈服点比较稳定，通常以此作为材料的屈服点，又称屈服极限或屈服强度，用 f_y 表示。屈服点是钢筋重要的力学指标，因为进入屈服阶段，表明材料已失去对变形的抵抗能力，所以应力达到屈服就认为材料已破坏或失效。热轧钢筋（普通钢筋）都存在屈服现象，以屈服点作为材料强度的代表。

对于无明显屈服现象的钢筋，应力-应变曲线如图 3-15所示。对于中强度预应力钢丝、预应力螺纹钢筋，取使试样产生 0.2%残余应变所对应的应力作为名义屈服点或条件屈服点，用 $f_{0.2}$ 表示；而对消除应力钢丝、钢绞线，取条件屈服强度为极限抗拉强度的 85%。

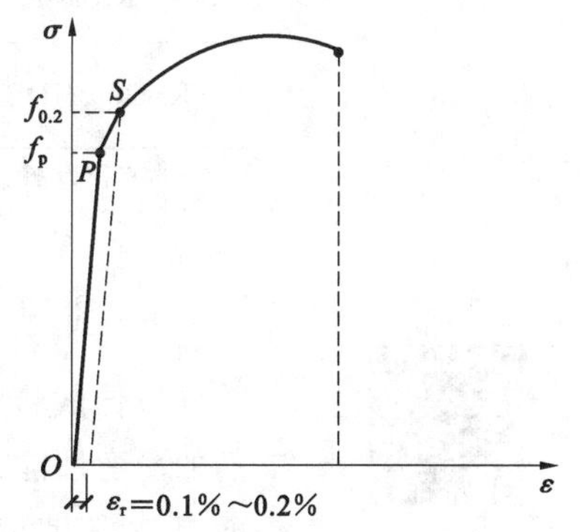

图 3-15　无明显屈服现象的钢筋应力-应变曲线

(3) 强度极限 f_u

经过屈服阶段以后，钢筋内部晶粒经调整后重新排列，抵抗外荷载的能力有所提高，CD 段称为强化阶段。试样（试件）所能承受的最大名义应力即最大拉力除以截面初始面积，定义为材料的强度极限，用 f_u 表示。强度极限之于单向拉伸，又称为抗拉强度，它就是图 3-14 中最高点 D 所对应的应力。当以屈服点作为强度计算的限值时，f_u 与 f_y 的差值可作为钢筋强度储备。强度储备的大小常用 f_y/f_u 表示，该比值称为屈强比。

3.2.2.2　伸长率

伸长率是材料变形能力或塑性好坏的指标，是决定结构或构件是否安全可靠的主要因素之一。

(1) 最大力下总伸长率

最大拉应力 f_u 所对应的应变，即图 3-14 中曲线的最高点 D 所对应的横坐标 Od 值，称为材料在最大拉力下的总伸长率,用 δ_{gt} 表示。最大拉力下的总伸长率反映了材料拉断前达到最大力(或抗拉强度)时的均匀拉应变,故又称为均匀伸长率,它是控制钢筋延性的指标。

(2) 断后伸长率

断后伸长率或延伸率是以拉断试样后的残余变形量来定义的。设试样初始标距长 l_0、断后标距长 l_1,则可定义断后伸长率或延伸率 δ 为:

$$\delta = \frac{l_1 - l_0}{l_0} \times 100\% \tag{3-7}$$

断后伸长率的大小与试样的长短有关,分别用 δ_{10} 和 δ_5 表示用标准长试样($l_0 = 10d$)和短试样($l_0 = 5d$)测定的断后伸长率。塑性变形主要发生于试样的颈缩区域,而其他部位的塑性变形较小,拉断后试样总的塑性变形相差不大,但原始长度不同,所以断后伸长率不同。标距长度越大,塑性变形相对值越低,故表现为 $\delta_5 > \delta_{10}$。金属材料通常以 δ_5 作为出厂参数。

断后伸长率愈大,标志着钢筋的塑性性能愈好。这样的钢筋不致突然发生危险的脆性破坏,因为断裂前钢筋有相当大的变形,所以它是有预兆的破坏,损失较小。强度和塑性这两个方面对钢筋都有要求。热轧钢筋的强度指标和塑性指标取值,详见表 3-2。

表 3-2　**热轧钢筋的强度指标和塑性指标**

<table>
<tr><th>强度等级</th><th>屈服极限/(N/mm²)</th><th>抗拉强度/(N/mm²)</th><th>断后伸长率/%</th><th>最大力下总伸长率/%</th></tr>
<tr><td>HPB300</td><td>300</td><td>420</td><td>25</td><td>10.0</td></tr>
<tr><td>HRB400、HRBF400、RRB400</td><td>400</td><td>540</td><td>16</td><td rowspan="2">7.5</td></tr>
<tr><td>HRB500、HRBF500</td><td>500</td><td>630</td><td>15</td></tr>
</table>

注:直径为 28~40 mm 的钢筋断后伸长率可降低 1%,直径大于 40 mm 的钢筋断后伸长率可降低 2%;RRB400 钢筋的最大力下总伸长率可降低 2.5%。

3.2.2.3　冷弯性能

钢筋冷弯试验视频

拉伸试验所得到的力学性能指标是单一的指标,而且还是静力指标;钢筋的冷弯性能是综合指标。冷弯性能由冷弯试验确定,如图 3-16 所示。钢筋绕直径为 D(弯芯直径)的辊轴弯曲 180°,用放大镜检查钢筋表面,若无裂纹、脱皮、分层等现象出现,则认为钢筋的冷弯性能合格。弯芯直径 D 与钢筋级别和钢筋的公称直径 d 有关:对于 HPB300 级钢筋,$D = d$;对于 HRB400 级钢筋,$d = 6 \sim 25$ mm 时 $D = 4d$,$d = 28 \sim$

图 3-16　钢筋的冷弯试验

40 mm时 $D=5d$，$d>40$ mm时 $D=6d$；对于 HRB500 级钢筋，$d=6\sim25$ mm时 $D=6d$，$d=28\sim40$ mm时 $D=7d$，$d>40$ mm时 $D=8d$。

冷弯性能合格，表明钢筋末端锚固时的弯折加工性能好。

冷弯试验不仅能直接检验钢筋的弯曲变形能力或塑性性能，而且能暴露钢筋内部的冶金缺陷，如硫、磷偏析及硫化物与氧化物的掺杂情况。这些内部冶金缺陷，将降低冷弯性能。所以，冷弯性能合格是鉴定钢筋在弯曲状态下的塑性应变能力和钢筋（钢材）质量的综合指标。

3.2.3　钢筋的选用

用于混凝土结构的钢筋应具有适当的屈强比，足够的塑性、可焊性，与混凝土良好的黏结力，抗低温性能，设计时应按下列规定选用：

① 纵向受力普通钢筋宜采用 HRB400、HRB500、HRBF400、HRBF500 钢筋，也可采用 HPB300、RRB400 钢筋；

② 梁、柱纵向受力普通钢筋应采用 HRB400、HRB500、HRBF400、HRBF500 钢筋；

③ 箍筋宜采用 HRB400、HRBF400、HPB300、HRB500、HRBF500 钢筋；

④ 预应力筋宜采用预应力钢丝、钢绞线和预应力螺纹钢筋。

3.3　材料强度取值

3.3.1　材料强度取值方法

材料强度属于随机变量，通常按正态分布对待。若取材料强度以“某值”为标准值，则实际强度值不低于“某值”的概率，称为“某值”具有的保证率。保证率为单边概率，由单边概率的计算公式有：

$$P(X\geqslant\mu_{f}-\alpha\sigma_{f})=1-P(X<\mu_{f}-\alpha\sigma_{f})=1-F(\mu_{f}-\alpha\sigma_{f})=1-\Phi(-\alpha) \tag{3-8}$$

其中，μ_f、σ_f 分别为材料强度的平均值和标准差，α 为参数。当 $\alpha=1.645$ 时，由式(3-8)计算的概率为 95%，说明实际材料强度不低于平均值减 1.645 倍标准差的概率为 95%。若以“平均值减1.645倍标准差”作为材料强度的标准取值，则保证率为 95%。换言之，实际工程中材料强度低于这个值的概率仅为 5%，这就是风险。

混凝土材料强度应具有 95%的保证率，材料强度标准值为：

$$f_{k}=\mu_{f}-1.645\sigma_{f}=\mu_{f}(1-1.645\delta_{f}) \tag{3-9}$$

式中　δ_f——材料强度变异系数。

钢筋强度保证率不低于 95%。冶金废品限值为平均值减去大于或等于 1.645 倍标准差，强度低于这个值则作为废品不予出厂。

材料强度设计值 f_d 为材料强度标准值 f_k 除以材料分项系数 γ_M 而得：

$$f_{d}=\frac{f_{k}}{\gamma_{M}} \tag{3-10}$$

3.3.2　混凝土的强度取值

混凝土的强度指轴心抗压强度和轴心抗拉强度，这里介绍标准值和设计值的取值方法。

3.3.2.1 混凝土强度标准值

(1) 混凝土的轴心抗压强度标准值

混凝土棱柱体抗压强度称为混凝土的轴心抗压强度,它是混凝土最基本的强度指标。工程上很少直接测定混凝土轴心抗压强度,而是通过立方抗压强度进行换算。《混凝土结构设计规范(2015年版)》(GB 50010—2010)采用的混凝土轴心抗压强度标准值是由如下公式计算得到的:

$$f_{ck}=0.88\alpha_{c1}\alpha_{c2}f_{cu,k} \tag{3-11}$$

式中 α_{c1}——混凝土棱柱强度与立方强度之比,对C50及以下取 $\alpha_{c1}=0.76$,对C80取 $\alpha_{c1}=0.82$,中间按线性规律变化;

α_{c2}——对C40以上混凝土考虑脆性折减系数,对C40取 $\alpha_{c2}=1.0$,对C80取 $\alpha_{c2}=0.87$,中间按线性规律变化;

$f_{cu,k}$——立方抗压强度标准值,N/mm^2。

考虑到结构中混凝土强度与试样混凝土强度之间的差异,根据实践经验并结合统计数据分析,对试样混凝土的结果予以修正,取修正系数为0.88。

按式(3-11)计算的结果,修约到0.1 N/mm^2,详见附表1。

(2) 混凝土的轴心抗拉强度标准值

混凝土是典型的脆性材料,其抗拉性能很差。其轴心抗拉强度标准值 f_{tk} 大约是轴心抗压强度标准值 f_{ck} 的1/10~1/6,强度等级越高,这种差别就越大。设计中 f_{tk} 按下式计算:

$$f_{tk}=0.88\times0.395\alpha_{c2}f_{cu,k}^{0.55}(1-1.645\delta)^{0.45} \tag{3-12}$$

式中 δ——混凝土立方强度变异系数,按表3-3取值。

由式(3-12)计算得到的抗拉强度标准值,修约到0.01 N/mm^2,详见附表1。

表3-3 **混凝土立方强度变异系数**

$f_{cu,k}$	C15	C20	C25	C30	C35	C40	C45	C50	C55	C60~C80
δ	0.21	0.18	0.16	0.14	0.13	0.12	0.12	0.11	0.11	0.10

【例3-1】 求C30混凝土的轴心抗压强度标准值,C75混凝土的轴心抗拉强度标准值。

【解】 ① C30混凝土的轴心抗压强度标准值。

将 $\alpha_{c1}=0.76$、$\alpha_{c2}=1.0$ 和 $f_{cu,k}=30\text{N/mm}^2$ 代入式(3-11),得:

$$f_{ck}=0.88\alpha_{c1}\alpha_{c2}f_{cu,k}=0.88\times0.76\times1.0\times30=20.1(\text{N/mm}^2)$$

② C75混凝土的轴心抗拉强度标准值。

$$\alpha_{c2}=1.0-\frac{1.0-0.87}{8}\times7=0.886$$

$$\delta=0.10,\quad f_{cu,k}=75\ \text{N/mm}^2$$

代入式(3-12)得:

$$\begin{aligned}f_{tk}&=0.88\times0.395\alpha_{c2}f_{cu,k}^{0.55}(1-1.645\delta)^{0.45}\\&=0.88\times0.395\times0.886\times75^{0.55}\times(1-1.645\times0.10)^{0.45}\\&=3.05(\text{N/mm}^2)\end{aligned}$$

3.3.2.2　混凝土强度设计值

材料强度属于结构抗力的组成部分，材料强度设计值由式(3-10)计算。按可靠指标要求，混凝土材料分项系数取 $\gamma_c=1.40$，所以混凝土轴心抗压强度设计值 f_c、轴心抗拉强度设计值 f_t 分别为：

$$f_c = \frac{f_{ck}}{\gamma_c} = \frac{f_{ck}}{1.40} \tag{3-13}$$

$$f_t = \frac{f_{tk}}{\gamma_c} = \frac{f_{tk}}{1.40} \tag{3-14}$$

其中，f_c 值修约到 0.1 N/mm^2，f_t 值修约到 0.01 N/mm^2。计算得到的不同强度等级混凝土的强度设计值，见附表 2。

【例 3-2】 由附表 1 已知 C50 混凝土的轴心抗压强度、抗拉强度标准值分别为 32.4 N/mm^2 和 2.64 N/mm^2，试确定强度设计值。

【解】 由式(3-13)、式(3-14)计算可得抗压强度、抗拉强度设计值。

$$f_c=\frac{f_{ck}}{1.40}=\frac{32.4}{1.40}=23.1(N/mm^2)$$

$$f_t=\frac{f_{tk}}{1.40}=\frac{2.64}{1.40}=1.89(N/mm^2)$$

3.3.3　钢筋的强度取值

钢筋的强度即抗拉强度和抗压强度，理论上两者相等，但对于强度很高的钢筋，混凝土压碎时，钢筋应力并未到达抗压强度理论值，所以对钢筋的抗压强度取值应有一定的限制。

3.3.3.1　钢筋强度标准值

因为普通钢筋(热轧钢筋)受力时有明显的屈服现象，所以强度标准值直接根据屈服强度确定，用 f_{yk} 表示。钢筋级别后面的数值就是强度标准值(N/mm^2)，如 HRB400 级钢筋，抗拉强度标准值为 400 N/mm^2，见附表 4。

消除应力钢丝、钢绞线受拉时没有明显屈服现象出现，强度标准值由极限抗拉强度确定；中强度预应力钢丝和螺纹钢筋，受拉时可测定条件屈服。预应力筋强度标准值的取值见附表 5。

3.3.3.2　钢筋强度设计值

(1) 普通钢筋强度设计值

对强度等级为 400 MPa 及其以下的普通钢筋，材料分项系数 $\gamma_s=1.10$，抗拉强度设计值 f_y 和抗压强度设计值 f_y' 取值相同，即：

$$f_y = f_y' = \frac{f_{yk}}{\gamma_s} = \frac{f_{yk}}{1.10} \tag{3-15}$$

按式(3-15)计算得到的结果修约到 10 N/mm^2。对于 HPB300 级钢筋，就有：

$$f_y=f_y'=\frac{300}{1.10}=272.7(N/mm^2)$$

修约为 270 N/mm^2。

对 HRB400、HRBF400 级钢筋和 RRB400 级钢筋，应用式(3-15)得：

$$f_y = f_y' = \frac{400}{1.10} = 363.6(\text{N/mm}^2)$$

修约为 360 N/mm²。

但对于强度 500 MPa 级钢筋，即 HRB500、HRBF500 级钢筋，γ_s 取值为 1.15，且计算结果修约到 5 N/mm²，所以：

$$f_y = f_y' = \frac{500}{1.15} = 434.8(\text{N/mm}^2)$$

修约为 435 N/mm²。对轴心受压构件，500 MPa 级钢筋取 $f_y' = 400$ N/mm²。

以上结果列于附表 6，可直接查用。当构件中配有不同种类的钢筋时，每种钢筋应采用各自的强度设计值。横向钢筋的抗拉强度设计值 f_{yv} 应按附表 6 中 f_y 的数值采用；当用作受剪、受扭、受冲切承载力计算时，其数值大于 360 N/mm² 时应取 360 N/mm²。

(2) 预应力筋强度设计值

消除应力钢丝、钢绞线取条件屈服强度 f_{pyk} 为极限抗拉强度 f_{ptk} 的 85%，预应力筋的材料分项系数 γ_s 取为 1.20，抗拉强度设计值的计算公式为：

$$f_{py} = \frac{0.85 f_{ptk}}{\gamma_s} = \frac{0.85 f_{ptk}}{1.20} \tag{3-16}$$

将计算所得数值修约到 10 N/mm² 作为最后结果。但对于中强度预应力钢丝和螺纹钢筋，除按条件屈服强度除以材料分项系数计算外，还考虑到工程经验，对抗拉强度设计值进行了适当调整。

虽然说钢筋的抗拉性能和抗压性能相同，但预应力筋的抗拉强度很高，当用于受压时抗压强度达不到这个数值。构件受压过程中，混凝土达到最大压应力时，高强度钢筋的应力并没有达到屈服或条件屈服，工程设计以构件压应变 $\varepsilon_s' = 0.002$(普通混凝土的峰值应变)作为钢筋抗压强度设计值的限制条件。所以，确定预应力筋抗压强度设计值的公式为：

$$f_{py}' = f_{py} \tag{3-17}$$

$$f_{py}' \leqslant E_s \varepsilon_s' = 0.002E_s \tag{3-18}$$

式中 E_s——预应力筋的弹性模量，按附表 8 取值。

预应力筋的强度设计值详见附表 7。

3.4 钢筋与混凝土的黏结

在钢筋混凝土结构构件中，钢筋受力后会产生与混凝土之间的相对滑动趋势，这将导致在钢筋与混凝土接触界面上产生沿钢筋纵向方向的分布应力，以阻止滑动。这种纵向分布力的集度(即剪应力)称为黏结应力，纵向分布力的合力称为黏结力。黏结力简称黏结，它是钢筋和混凝土这两种材料共同工作的基础。

3.4.1 黏结力与黏结强度

钢筋和混凝土之间的黏结力主要由以下几部分组成：

① 混凝土凝结时，水泥胶凝体的化学作用使钢筋和混凝土在接触面上产生的胶结力；

② 混凝土凝结收缩将钢筋紧紧握裹，形成法向压力，在发生相对滑移趋势时产生的摩擦力；

③ 钢筋表面粗糙不平或变形钢筋表面凸起的肋与混凝土之间的机械咬合力；

④ 当采用锚固措施后所造成的机械锚固力。

锚固是通过在钢筋一定长度上黏结应力的积累或某种构造措施，将钢筋“固定”在混凝土中，以保证钢筋和混凝土共同工作，使两种材料各自正常、充分地发挥作用。

黏结强度就是钢筋单位表面面积所能承担的最大纵向剪应力，可通过拔出试验测定。如图 3-17所示为拔出试验示意图。试验时将钢筋的一端埋置在混凝土中，在伸出的一端施加拉拔力 F 将钢筋拔出。黏结应力沿钢筋长度方向呈曲线形分布，应力不容易精确计算，一般按下式计算平均黏结应力：

$$\tau = \frac{F}{\pi d l} \tag{3-19}$$

式中　d——钢筋公称直径；

l——钢筋埋置长度。

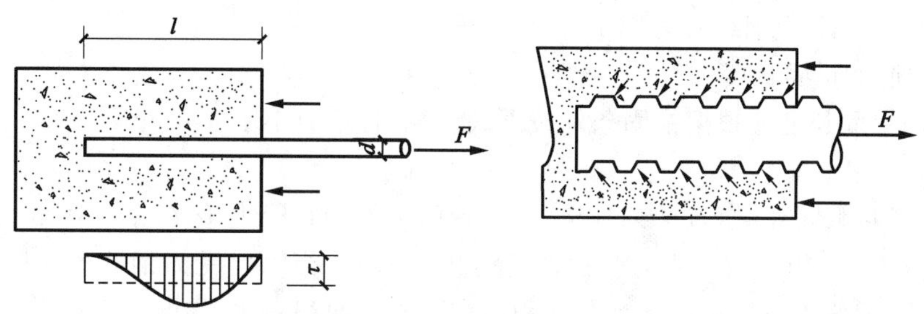

图 3-17　光圆钢筋和变形钢筋拔出试验示意图

试验中，以钢筋拔出或混凝土劈裂作为黏结破坏的标志，此时的平均黏结应力代表钢筋与混凝土的黏结强度 τ_u。

由拔出试验可得到如下所述的几点结论：

① 最大黏结应力在离开混凝土端面某一位置出现，且随拔出力的大小而变化，黏结应力沿钢筋长度是曲线分布的。

② 钢筋埋入长度越长，拔出力越大；但埋入长度过长时，则其尾部的黏结应力很小，基本上不起作用。

③ 黏结强度随混凝土强度等级的提高而增大。

④ 带肋钢筋（变形钢筋）的黏结强度高于光圆钢筋。

⑤ 钢筋末端做弯钩可大大提高拔出力。

3.4.2　保证黏结强度的措施

影响钢筋与混凝土之间黏结强度的因素很多，其中主要有钢筋表面形状、埋置长度、混凝土强度、浇筑位置、保护层厚度及钢筋净间距等，提高黏结力或黏结强度的措施就是从这些因素入手的。工程设计和施工中有以下措施可提高黏结力或黏结强度。

3.4.2.1　足够的锚固长度

受拉钢筋必须在支座内有足够的锚固长度，以便通过该长度上黏结应力的积累，使钢筋在靠近支座处能够充分发挥作用。

(1) 基本锚固长度 l_{ab}

受拉普通钢筋的基本锚固长度:

$$l_{ab} = \alpha \frac{f_y}{f_t} d \tag{3-20}$$

预应力筋的基本锚固长度:

$$l_{ab} = \alpha \frac{f_{py}}{f_t} d \tag{3-21}$$

式中 f_y,f_{py}——普通钢筋、预应力筋的抗拉强度设计值;

f_t——混凝土轴心抗拉强度设计值,当混凝土的强度等级高于C60时,按C60取值;

d——锚固钢筋的直径;

α——钢筋的外形系数,光圆钢筋为0.16,带肋钢筋为0.14,螺旋肋钢丝为0.13,3股钢绞线为0.16,7股钢绞线为0.17。

(2) 受拉钢筋的锚固长度 l_a

受拉钢筋的锚固长度应根据锚固条件按下式计算,且不应小于200 mm:

$$l_a = \zeta_a l_{ab} \tag{3-22}$$

其中,ζ_a 为锚固长度修正系数,按下列规定采用:带肋钢筋的直径大于25 mm时取1.10;环氧树脂涂层带肋钢筋取1.25;施工过程中易受扰动的钢筋取1.10;当纵向受力钢筋的实际配筋面积大于其设计计算面积时,修正系数取设计计算面积与实际配筋面积的比值,但对有抗震设防要求及直接承受动力荷载的结构构件,不应考虑此项修正;锚固钢筋的保护层厚度为 $3d$ 时修正系数可取0.80,保护层厚度为 $5d$ 时修正系数可取0.70,中间按内插取值,此处 d 为锚固钢筋的直径;同时满足多项时,锚固长度修正系数应连乘,但不应小于0.6;对预应力筋,可取 $\zeta_a = 1.0$。

纵向受拉普通钢筋可采用末端弯钩和机械锚固,如图3-18所示。包括弯钩或锚固端头在内的锚固长度(投影长度)可取为基本锚固长度 l_{ab} 的60%。

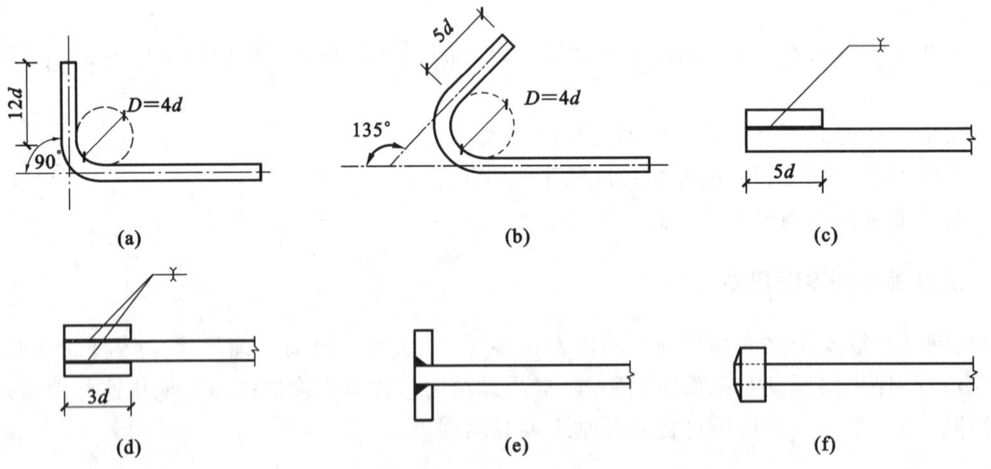

图3-18 钢筋弯钩和机械锚固的形式和技术要求

(a) 90°弯钩;(b) 135°弯钩;(c) 一侧贴焊锚筋;(d) 两侧贴焊锚筋;(e) 穿孔塞焊锚板;(f) 螺栓锚头

(3) 受压钢筋锚固长度

混凝土结构构件中的纵向受压钢筋,当计算中充分利用其抗压强度时,锚固长度不应小于相应受拉锚固长度的70%。

受压钢筋不应采用末端弯钩和一侧贴焊锚筋的锚固措施。

3.4.2.2 一定的搭接长度

受力钢筋绑扎搭接时，通过钢筋与混凝土之间的黏结应力来传递钢筋与钢筋之间的内力，如图3-19所示。必须有一定的搭接长度，才能保证内力的传递和钢筋强度的充分利用。

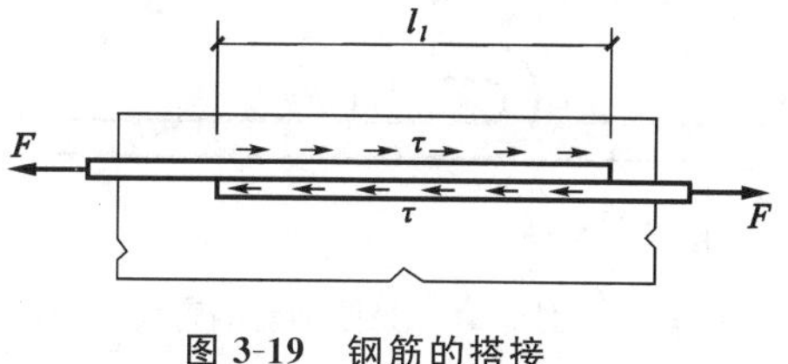

图 3-19 钢筋的搭接

同一构件中相邻纵向受力钢筋的绑扎搭接接头宜相互错开。钢筋绑扎搭接接头连接区段的长度为 1.3 倍的搭接长度，凡搭接接头中点位于该连接区段长度内的搭接接头均属于同一连接区段，如图 3-20 所示。同一连接区段内纵向受力钢筋搭接接头面积百分率为该区段内有搭接接头的纵向受力钢筋与全部纵向受力钢筋截面面积的比值。当直径不同的钢筋搭接时，按直径较小的钢筋计算。

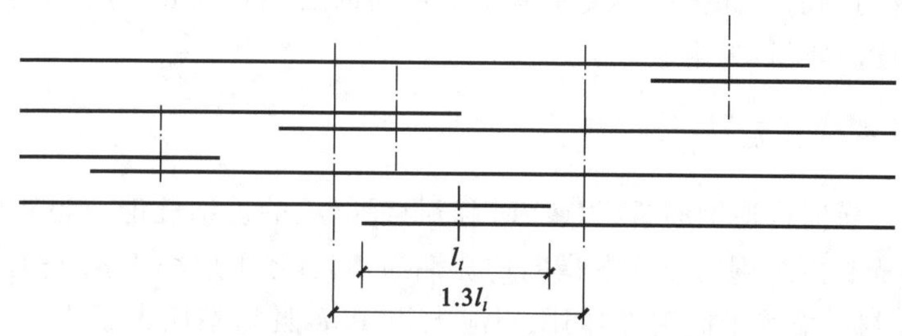

图 3-20 同一连接区段内纵向受拉钢筋的绑扎搭接接头

位于同一连接区段内的受拉钢筋搭接接头面积百分率：对梁类、板类构件，不宜大于 25%；对柱类构件，不宜大于 50%。当工程中确有必要增大受拉钢筋搭接接头面积百分率时，对梁类构件，不宜大于 50%；对板、墙、柱及预制构件的拼接处，可根据实际情况放宽。

并筋采用绑扎连接时，应按每根单筋错开搭接的方式连接。接头面积百分率按同一连接区段内所有的单根钢筋计算。并筋中钢筋的搭接长度应按单筋分别计算。

纵向受拉钢筋绑扎搭接接头的搭接长度 l_l 按下式计算，且不应小于 300 mm：

$$l_l = \zeta_l l_a \tag{3-23}$$

式中 ζ_l——纵向受拉钢筋搭接长度修正系数，按表 3-4 取值；当纵向搭接钢筋接头面积百分率为表的中间值时，修正系数可按内插取值。

表 3-4 纵向受拉钢筋搭接长度修正系数

纵向搭接钢筋接头面积百分率/%	≤25	50	100
ζ_l	1.2	1.4	1.6

构件中纵向受压钢筋当采用搭接连接时，其受压搭接长度不应小于纵向受拉钢筋搭接长度的 70%，且不应小于 200 mm。

轴心受拉、小偏心受拉构件的纵向受力钢筋不得采用绑扎搭接接头；其他构件中的钢筋采用绑扎搭接时，受拉钢筋直径不宜大于 25 mm，受压钢筋直径不宜大于 28 mm。

钢筋连接除绑扎搭接以外,还可以采用机械连接和焊接。钢筋接头的传力性能不如直接传力的整根钢筋,因此应在受力较小处接头,避开关键受力部位,并需限制接头面积百分率。

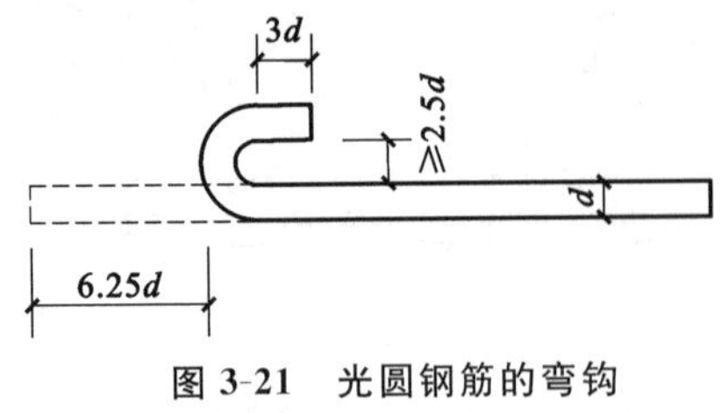

图 3-21 光圆钢筋的弯钩

3.4.2.3 光圆钢筋末端应做弯钩

光圆钢筋的黏结性能较差,故除轴心受压构件中的光圆钢筋及焊接钢筋网、焊接骨架中的光圆钢筋外,其余光圆钢筋的末端应做 180°标准弯钩,弯后平直段长度不小于 $3d$,如图 3-21 所示。

3.4.2.4 钢筋周围混凝土应有足够的厚度

钢筋周围的混凝土应有足够的厚度(混凝土保护层厚度和钢筋间的净距),以保证黏结力的传递;同时为了减小使用时的裂缝宽度,在钢筋截面面积不变的前提下,尽量选择直径较小的钢筋以及带肋钢筋。混凝土保护层定义为结构构件中钢筋外边缘至构件表面范围用于保护钢筋的混凝土,简称保护层。受力钢筋的保护层厚度不应小于钢筋的公称直径 d,不应小于最小厚度 c。混凝土保护层的最小厚度的取值,见附表 9。

3.4.2.5 配置横向钢筋

钢筋锚固区配置横向构造钢筋,可以改善钢筋与混凝土的黏结性能。当锚固钢筋的保护层厚度不大于 $5d$ 时,锚固长度范围内应配置横向构造钢筋,其直径不应小于 $d/4$;对梁、柱、斜撑等构件间距不应大于 $5d$,对板、墙等平面构件,间距不应大于 $10d$,且均不应大于 100 mm,此处 d 为锚固钢筋的直径。

3.4.2.6 注意浇筑混凝土时钢筋的位置

黏结强度与浇筑混凝土时的钢筋位置有关。在浇筑深度超过 300 mm 以上的上部水平钢筋底面,由于混凝土的泌水使集料下沉和水分气泡的逸出,形成一层强度较低的混凝土层,它将削弱钢筋与混凝土的黏结作用。所以,对高度较大的梁应分层浇筑和采用二次振捣工艺。

3.5 钢筋代换

工地上往往需要进行钢筋代换。受力钢筋代换的基本原则是代换前后强度相等,即等强度代换,要求代换前后钢筋承担的极限拉力或极限压力相等。

假设原设计钢筋的抗拉强度设计值为 f_{y1},公称直径为 d_1,根数为 n_1,代换钢筋的抗拉强度设计值为 f_{y2},公称直径为 d_2,根数为 n_2。根据抗拉承载力相等要求:

$$f_{y1} n_1 \frac{\pi d_1^2}{4} = f_{y2} n_2 \frac{\pi d_2^2}{4}$$

所以

$$n_2 = \frac{n_1 f_{y1} d_1^2}{f_{y2} d_2^2} \tag{3-24}$$

式(3-24)计算结果采用收尾法取整。

对于受压钢筋,同样可以得到代换根数为:

$$n_2 = \frac{n_1 f'_{y1} d_1^2}{f'_{y2} d_2^2} \tag{3-25}$$

钢筋代换后，除满足承载力以外，尚应满足最大力下的总伸长率、裂缝宽度验算以及抗震规定，同时还需满足最小配筋率、钢筋间距、保护层厚度、钢筋锚固长度、接头面积百分率及搭接长度等构造要求。

设计图纸上的各种构造钢筋如需代换，应按面积相等的原则进行代换。

【例 3-3】 某钢筋混凝土构件，原设计配有 3 根公称直径为 22 mm 的 HRB500 级纵向受拉钢筋，现拟改用公称直径为 20 mm 的 HRB400 级钢筋，求所需钢筋根数。

【解】

$$n_2 = \frac{n_1 f_{y1} d_1^2}{f_{y2} d_2^2} = \frac{3 \times 435 \times 22^2}{360 \times 20^2} = 4.4$$

取整为 5。

即需要 5 根公称直径为 20 mm 的 HRB400 级钢筋。

本章小结

混凝土的立方抗压强度标准值 $f_{cu,k}$ 具有 95% 保证率，是一个基本力学性能指标，据此可以确定混凝土的强度等级，也可以确定轴心抗压强度、抗拉强度和弹性模量等设计参数；由荷载引起的混凝土变形分短期变形和长期变形(徐变)，而由非荷载原因引起的变形主要是温度变形和收缩变形。素混凝土结构的混凝土强度等级不应低于 C15；钢筋混凝土结构的混凝土强度等级不应低于 C20，当采用强度为 400 MPa 及以上的钢筋时，混凝土强度等级不宜低于 C25，承受重复荷载作用时，不应低于 C30；预应力混凝土结构的混凝土强度等级不宜低于 C40，且不应低于 C30。

加固混凝土用的钢条称为钢筋，常用的普通热轧钢筋为 HPB300、HRB400、HRB500，预应力筋有消除应力钢丝、钢绞线、中强度预应力钢丝和预应力螺纹钢筋等种类，工程上还可能用到细晶粒热轧钢筋、余热处理带肋钢筋以及冷拉钢筋等。钢筋的力学性能指标有屈服强度或条件屈服强度、抗拉强度、最大力下的伸长率、断后伸长率、弹性模量等，除此之外，钢筋还需要满足冷弯性能要求以及可焊性的要求。

材料强度设计值为材料强度标准值除以材料分项系数而得，混凝土材料的分项系数取为 1.40，普通钢筋材料分项系数一般为 1.10，500 MPa 级钢筋取值 1.15，预应力筋材料分项系数通常取 1.20。钢筋代换的原则是受拉钢筋代换前后承受的拉力相等，受压钢筋代换前后承受的压力相等，构造钢筋按面积相等进行代换。

钢筋和混凝土之间依靠黏结传力，这是钢筋和混凝土共同工作的基础。黏结力主要有胶结力、摩擦力、机械咬合力、机械锚固力，保证黏结的措施归纳起来有以下几点：足够的锚固长度，一定的搭接长度，光圆钢筋末端做弯钩，钢筋周围混凝土应有足够的厚度，配置横向钢筋，注意浇筑混凝土时钢筋的位置。

习题与思考题

3-1　混凝土立方抗压强度标准值是由混凝土立方体试块测得的具有一定保证率的统计值。该保证率为(　　)。

A. 95%　　B. 97%　　C. 90%　　D. 99%

3-2　为减小混凝土徐变对结构的不利影响,以下措施哪种正确?(　　)

A. 提早对结构施加荷载　　B. 提高混凝土的密实度和养护湿度

C. 采用强度等级高的水泥　　D. 加大水灰比

3-3　同一强度等级的混凝土,各种力学指标的关系为(　　)。

A. $f_{cu} \leqslant f_c \leqslant f_t$　　B. $f_{cu} > f_c > f_t$　　C. $f_{cu} < f_c < f_t$　　D. $f_{cu} > f_t > f_c$

3-4　配有螺旋筋的混凝土柱体,螺旋筋内混凝土的抗压强度 f_{cc} 高于 f_c,是因为螺旋筋(　　)。

A. 参与受压　　B. 使混凝土密实

C. 使混凝土中不出现微裂缝　　D. 约束了混凝土的横向变形

3-5　混凝土的水灰比增大、水泥用量增多,则混凝土的徐变及收缩值将(　　)。

A. 基本不变　　B. 难以确定　　C. 增大　　D. 减小

3-6　混凝土的材料分项系数 γ_c 的取值为(　　)。

A. 1.10　　B. 1.20　　C. 1.30　　D. 1.40

3-7　在下列钢筋中,具有明显屈服点的钢筋是(　　)。

A. 热轧钢筋　　B. 光面钢丝

C. 钢绞线　　D. 螺旋肋钢丝

3-8　对于无明显流幅的钢筋,其强度标准值取值的依据是(　　)。

A. 90%的极限强度　　B. 20%的极限强度

C. 残余应变为 0.2%时的应力　　D. 极限抗拉强度

3-9　钢筋混凝土构件的混凝土强度等级不应低于(　　)。

A. C20　　B. C15　　C. C25　　D. C30

3-10　预应力混凝土结构构件的混凝土强度等级不宜低于(　　)。

A. C20　　B. C30　　C. C35　　D. C40

3-11　HRB400 钢筋的材料分项系数 γ_s 的取值为(　　)。

A. 1.10　　B. 1.20　　C. 1.30　　D. 1.40

3-12　钢筋表面涂上环氧树脂,可提高抗锈蚀的能力,从而提高钢筋混凝土结构的耐久性能。对于环氧树脂涂层的带肋钢筋,其锚固长度修正系数应取(　　)。

A. 1.10　　B. 1.25　　C. 1.30　　D. 1.40

3-13　混凝土的基本强度指标有哪些?各用什么符号表示?它们之间有什么关系?混凝土的受压变形模量有几种表达方式?混凝土的受压弹性模量如何测定?如何根据立方抗压强度标准值进行计算?

3-14　什么是约束混凝土?处于三向受压的混凝土,其变形特点如何?

3-15　混凝土的收缩和徐变有什么不同?是由什么原因引起的?变形特点是什么?混凝土的收缩和徐变对钢筋混凝土结构各有什么影响?减少收缩和徐变的措施有哪些?

3-16　我国混凝土结构中使用的钢筋有几种?普通热轧钢筋的强度分哪几个等级?分别用什么符号表示?细晶粒热轧钢筋的强度分哪几个等级?分别用什么符号表示?

3-17　为使钢筋在混凝土中有可靠的锚固,可采取哪些措施?

3-18　如何确定钢筋绑扎接头的接头面积百分率?如果接头面积百分率为 30%,则搭接长度修正系数取值应为多少?

3-19　试计算C35和C60混凝土的轴心抗压强度标准值和设计值、轴心抗拉强度标准值和设计值以及弹性模量。

3-20　公称直径为20 mm的HRB400级受拉钢筋在C40混凝土中的基本锚固长度 l_{ab} 应为多少？

3-21　某钢筋混凝土结构设计的纵向受拉钢筋为6根直径25 mm的HRB500级热轧带肋钢筋。① 假设工地上仅有直径为20 mm的HRB400级热轧带肋钢筋，需要几根方能满足要求？② 如果钢筋级别不变，工地上只有直径18 mm的钢筋，试确定代用钢筋根数。

习题与
思考题答案

参考文献

[1]　中国建筑科学研究院.混凝土结构设计规范(2015年版):GB 50010—2010.北京:中国建筑工业出版社,2016.

[2]　中国建筑科学研究院.工程结构可靠性设计统一标准:GB 50153—2008.北京:中国建筑工业出版社,2009.

[3]　中国建筑科学研究院.建筑桩基技术规范:JGJ 94—2008.北京:中国建筑工业出版社,2008.

[4]　李章政.建筑结构设计原理.2版.北京:化学工业出版社,2014.

4　钢筋混凝土受弯构件承载力

【内容提要】

本章主要内容包括钢筋混凝土受弯构件的一般构造规定，受弯构件正截面受力特点和破坏类型，矩形截面、T形截面正截面受弯承载力计算，斜截面受力特点及受剪承载力计算，斜截面受弯承载力构造措施等。

【能力要求】

通过本章的学习，学生应了解受弯构件的截面尺寸模数、配筋构造，熟悉正截面和斜截面的破坏模式，掌握承载力计算公式及适用条件，熟练掌握矩形截面和T形截面受弯构件配筋计算及承载力验算的方法和步骤。

5分钟
看完本章

4.1　钢筋混凝土受弯构件的一般构造规定

4.1.1　受弯构件的截面形式和尺寸

梁和板是典型的受弯构件，常用矩形、T形、I形、槽形、空心的和倒L形的对称和不对称截面形式，如图4-1所示。

现浇梁、板的截面尺寸宜按下述要求采用：

① 矩形截面梁的高宽比 h/b 一般取2.0～3.5；T形截面梁的 h/b 一般取2.5～4.0(此处 b 为梁肋宽)。矩形截面的宽度或T形截面的肋宽 b 一般取为100 mm、120 mm、150 mm、200 mm、250 mm和300 mm，300 mm以上的级差为50 mm。

② 采用梁高 h 取250 mm，300 mm，350 mm，…，750 mm，800 mm，900 mm，1000 mm等尺寸。800 mm以下的级差为50 mm，800 mm以上的级差为100 mm。

③ 现浇板的宽度一般较大，设计时可取单位宽度(b=1000 mm)进行计算。现浇钢筋混凝土板的厚度除应满足各项功能要求外，尚应满足表4-1的要求。

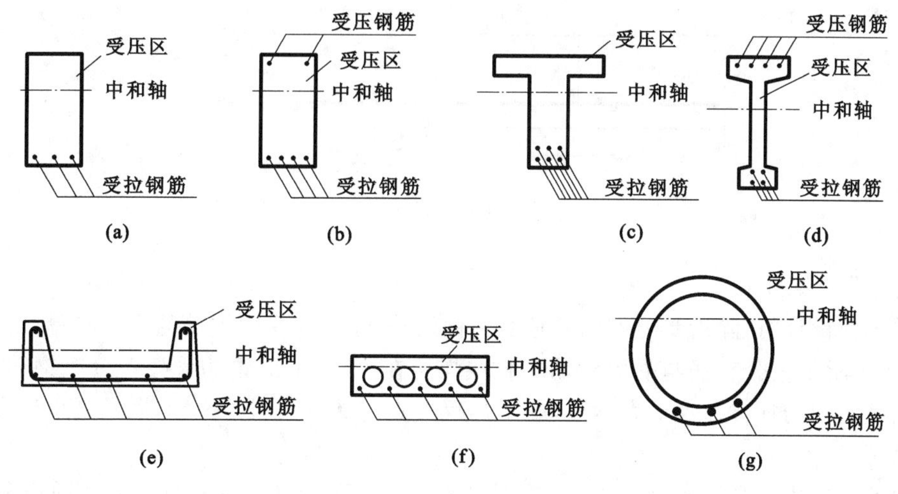

图 4-1　常用梁、板截面形式

(a) 单筋矩形梁;(b) 双筋矩形梁;(c) T 形梁;(d) I 形梁;(e) 槽形梁;(f) 空心板;(g) 环形梁

表 4-1　**现浇钢筋混凝土板的最小厚度**　(单位:mm)

板的类别		最小厚度
单向板	屋面板	60
	民用建筑楼板	60
	工业建筑楼板	70
	行车道下的楼板	80
双向板		80
密肋楼盖	面板	50
	肋高	250
悬臂板(根部)	悬臂长度不大于 500 mm	60
	悬臂长度 1200 mm	100
无梁楼板		150
现浇空心楼盖		200

4.1.2　板的配筋构造

板内钢筋一般有受力钢筋与分布钢筋两种。

(1) 板的受力钢筋

板的受力钢筋常用 HRB400 级和 HRB500 级钢筋,常用直径是 6 mm、8 mm、10 mm 和 12 mm,如图 4-2 所示。为了防止施工时钢筋被踩下,现浇板的板面钢筋直径不宜小于 8 mm。

为了便于浇筑混凝土,保证钢筋周围混凝土的密实性,板内钢筋间距不宜太密;为了正常地分担内力,也不宜过稀。板中受力钢筋的间距一般为 70～200 mm;当板厚不大于 150 mm 时,不宜大于 200 mm;当板厚大于 150 mm 时,不宜大于板厚的 1.5 倍,且不宜大于 250 mm。

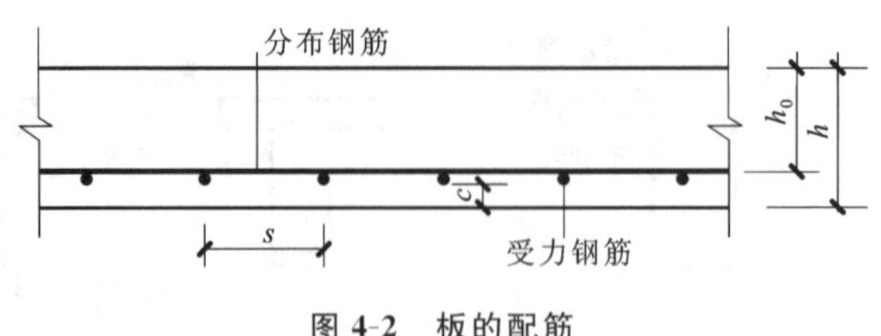

图 4-2　板的配筋

(2) 板的分布钢筋

当按单向板设计时,除沿受力方向布置受力钢筋外,还应在受力钢筋的内侧布置与其垂直的分布筋,如图 4-2 所示。分布筋与受力钢筋绑扎或焊接在一起,形成钢筋骨架。分布钢筋的作用是:将板面的荷载更均匀地传递给受力钢筋,施工过程中固定受力钢筋的位置,以及抵抗温度和混凝土的收缩应力等。

分布钢筋宜采用 HRB400 级,常用直径是 6 mm。单位宽度上的分布钢筋截面面积不宜小于单位宽度上的受力钢筋的 15%,且配筋率不宜小于 0.15%;分布钢筋直径不宜小于 6 mm,间距不宜大于 250 mm;当集中荷载较大时,分布钢筋的配筋面积尚应增加,且间距不宜大于 200 mm。

4.1.3　梁的配筋构造

4.1.3.1　梁的钢筋强度等级及常用直径

(1) 梁内纵向受力钢筋

梁内纵向受力钢筋宜采用 HRB400 级和 HRB500 级,常用直径为 12 mm、14 mm、16 mm、18 mm、20 mm、22 mm 和 25 mm。

纵向受力钢筋的直径,当梁高不小于 300 mm 时,不应小于 10 mm;当梁高小于 300 mm 时,不应小于 8 mm。

为了便于浇筑混凝土以保证钢筋周围混凝土的密实性,纵筋的净间距应满足图 4-3 所示的要求:梁上部钢筋水平方向的净间距(钢筋外边缘之间的最小距离)不应小于 30 mm 和 1.5d(d 为钢筋的最大直径);梁下部钢筋水平方向的净间距不应小于 25 mm 和 d。当下部钢筋多于 2 层时,2 层以上钢筋水平方向的中距应比下面 2 层的中距增大 1 倍;上部钢筋与下部钢筋中,各层钢筋之间的净间距不应小于 25 mm 和 d。上、下层钢筋应对齐,不应错列,以方便混凝土的浇捣。

(2) 梁的纵向构造钢筋

对于单筋矩形截面梁,应在梁的上部沿纵向配置架立钢筋。当梁的跨度小于 4 m 时,架立钢筋的直径不宜小于 8 mm;当梁的跨度为 4～6 m 时,架立钢筋的直径不应小于 10 mm;当梁的跨度大于 6 m 时,架立钢筋的直径不宜小于 12 mm。

当梁截面较高时,需在梁高的两个侧面沿高度配置纵向构造钢筋(腰筋)。当梁的腹板高度 $h_w \geq 450$ mm 时,每侧纵向构造钢筋的截面面积不应小于 0.1%bh_w,且其间距不宜大于 200 mm。矩形截面的腹板高度 h_w 取有效高度 h_0。

(3) 梁的箍筋

梁的箍筋宜采用 HRB400 级、HPB300 级钢筋,常用直径是 6 mm 和 10 mm。

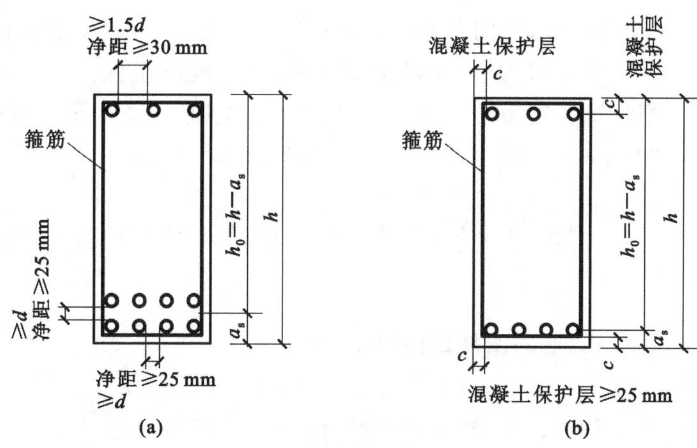

图 4-3　梁截面内纵向钢筋布置及截面有效高度 h_0

当梁中配有按计算需要的纵向受压钢筋时，箍筋应符合以下规定：

① 箍筋应做成封闭式，且弯钩直线段长度不应小于 $5d$（d 为箍筋直径）。

② 箍筋的间距不应大于 $15d$，并不应大于 400 mm。当一层内的纵向受压钢筋多于 5 根且直径大于 18 mm 时，箍筋间距不应大于 $10d$。（d 为纵向受压钢筋的最小直径）

③ 当梁的宽度大于 400 mm 且一层内的纵向受压钢筋多于 3 根时，或当梁的宽度不大于400 mm但一层内的纵向受压钢筋多于 4 根时，应设置复合箍筋。

4.1.3.2　纵向受拉钢筋的配筋率

设正截面上所有下部纵向受拉钢筋的合力点至截面受拉边缘的竖向距离为 a_s，则合力点至截面受压区边缘的竖向距离 $h_0=h-a_s$，如图 4-2 和图 4-3 所示。这里，h 是截面高度，h_0 是截面的有效高度。

受弯构件配筋率

纵向受拉钢筋总截面面积 A_s 与正截面的全部面积扣除受压翼缘面积的比值，定义为纵向受拉钢筋的配筋率，用 ρ 表示。对于矩形截面和 T 形截面，应有：

$$\rho=\frac{A_s}{bh} \tag{4-1}$$

纵向受拉钢筋的配筋率 ρ 在一定程度上标志了正截面上纵向受拉钢筋与混凝土之间的面积比率，它是对梁的受力性能有很大影响的一个重要指标。

4.1.3.3　混凝土保护层厚度

从最外层钢筋的外表面到截面边缘的垂直距离，称为混凝土保护层厚度，最外层钢筋包括箍筋、构造筋、分布筋等。该保护层厚度应大于或等于最小厚度 c，且大于或等于纵向钢筋的公称直径 d。

混凝土保护层作用是：① 防止钢筋锈蚀；② 在火灾等情况下，使钢筋的温度上升缓慢；③ 使纵向钢筋与混凝土有较好的黏结。

梁、板、柱的混凝土保护层厚度与环境类别和混凝土强度等级有关,设计使用年限为50年的混凝土结构,其混凝土保护层最小厚度 c 见附表9。当环境类别为一类,C30及其以上的混凝土,梁的最小混凝土保护层厚度是20 mm,板的最小混凝土保护层厚度是15 mm。

4.2 钢筋混凝土受弯构件正截面受力特点

4.2.1 适筋梁纯弯曲试验分析

4.2.1.1 适筋梁正截面受弯承载力的实验

适筋梁破坏试验视频

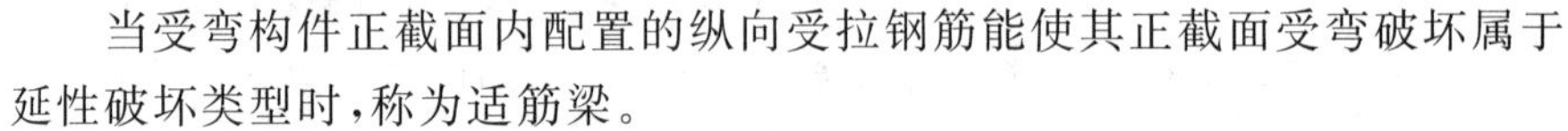

当受弯构件正截面内配置的纵向受拉钢筋能使其正截面受弯破坏属于延性破坏类型时,称为适筋梁。

图4-4为一简支的钢筋混凝土适筋梁,其设计的混凝土强度等级为C25。为消除剪力对正截面受弯的影响,采用两点对称加载方式,使两个对称集中力之间的截面在忽略自重的情况下只受纯弯矩而无剪力,称之为纯弯区段。

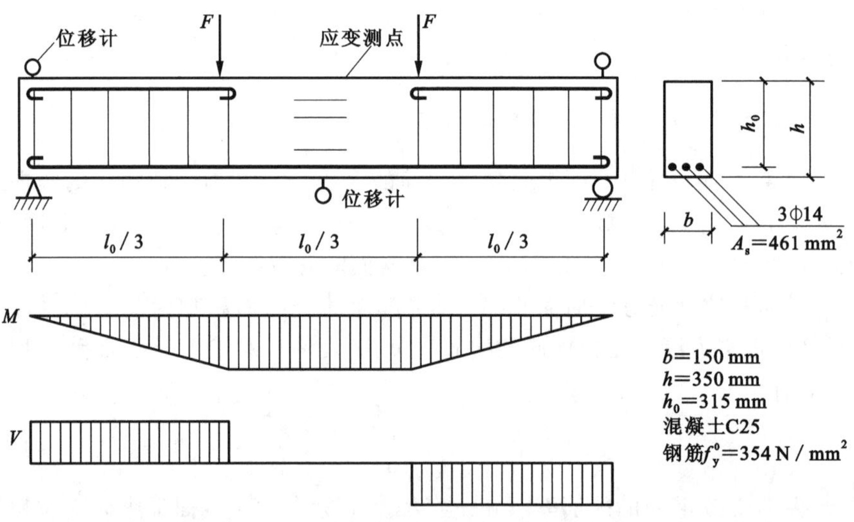

图4-4 试验梁

荷载是逐级施加的,由零开始直至梁正截面受弯破坏。为了研究在加载过程中试验梁正截面受力的全过程,在纯弯段内,沿梁高两侧布置测点,用仪表量测梁的纵向变形。为此,在浇筑混凝土前,在梁跨中附近的钢筋表面贴电阻片,用以量测钢筋的应变。在跨中和支座处分别安装百(千)分表(或挠度计)以量测跨中的挠度,有时还要安装倾角仪以量测梁的转角。

在纯弯区段内,弯矩将使正截面转动。在梁的单位长度上,正截面的转角称为截面曲率,用 φ 表示,它是度量正截面弯曲变形的标志,单位为 mm^{-1}。

图 4-5 为中国建筑科学研究院做钢筋混凝土试验梁的弯矩与截面曲率关系曲线的实测结果。纵坐标为梁跨中截面的弯矩实验值 M^0，横坐标为梁跨中截面曲率实验值 φ^0。这里的上标“0”表示实验值，下同。

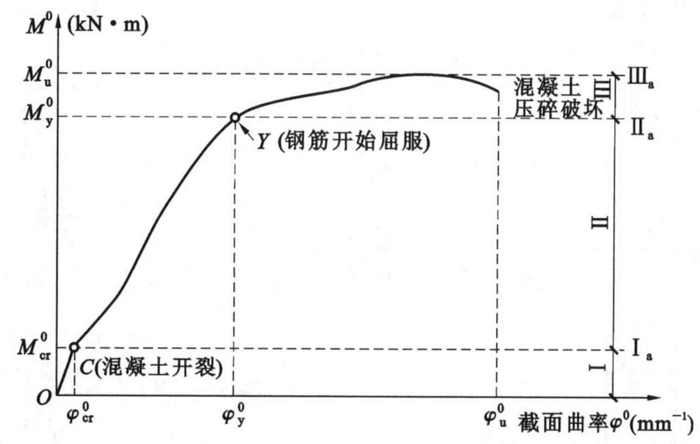

图 4-5　弯矩-曲率曲线

在 M^0-φ^0 关系曲线上有两个明显的转折点 C 和 Y，它们把适筋梁正截面受弯的全过程划分为未裂阶段、裂缝阶段和破坏阶段三个阶段。

4.2.1.2　适筋梁的三个受力阶段

(1) 第Ⅰ阶段：混凝土开裂前的未裂阶段

刚开始加载时，梁的受力情况与匀质弹性体梁相似，应力与应变成正比，受压区和受拉区混凝土应力分布图形为三角形，如图 4-6(a)所示。

由于混凝土抗拉能力弱，故弯矩在增大时，在受拉区边缘处混凝土首先表现出应变较应力增长速度快的塑性特征。受拉区应力图形开始偏离直线而逐渐弯曲。弯矩继续增大，受拉区应力图形中曲线部分的范围不断向中和轴发展、扩大。在弯矩增加到 M_{cr}^0(下标 cr 表示裂缝 crack)，受拉区边缘纤维的应变值即将到达混凝土受弯时的极限拉应变实验值 ε_{tu}^0，截面遂处于即将开裂状态，称为第Ⅰ阶段末，用Ⅰ$_a$ 表示，如图 4-6(b)所示。这时受压区边缘纤维应变量测值还很小，故受压区混凝土基本上处于弹性工作阶段，受压区应力图形接近三角形。而受拉区应力图形则呈曲线分布。在Ⅰ$_a$ 阶段时，由于黏结力的存在，受拉钢筋的应变与周围同一水平处混凝土拉应变相等，故这时钢筋应变接近 ε_{tu}^0 值，相应的应力较低，为 20～30 N/mm^2。由于受拉区混凝土塑性的发展，故Ⅰ$_a$ 阶段时中和轴的位置比第Ⅰ阶段初期略有上升。第Ⅰ阶段的特点是：① 混凝土没有开裂；② 受压区混凝土的应力图形是直线，受拉区混凝土的应力图形在第Ⅰ阶段前期是直线，后期是曲线；③ 弯矩与截面曲率基本上是直线关系。第Ⅰ$_a$ 阶段可作为受弯构件抗裂度的验算依据。

(2) 第Ⅱ阶段：混凝土开裂后至受拉钢筋屈服前的裂缝阶段

$M^0=M_{cr}^0$时，在纯弯段抗拉能力最薄弱的某一截面处，当受拉区边缘纤维的拉应变值到达混凝土的极限拉应变实验值 ε_{tu}^0时，将出现第一条裂缝，一旦开裂，梁即由第Ⅰ阶段转入第Ⅱ阶段工作。

在裂缝截面处，混凝土一经开裂，就把原先由它承担的那一部分拉力转移给钢筋，使钢筋应力突然增大许多，故裂缝出现时梁的挠度和截面曲率都突然增大。裂缝截面处的中和轴位置也将随之上移，在中和轴以下裂缝尚未延伸到的部位，混凝土虽然仍可承受一小部分拉力，但受拉区的拉力主要由钢筋承担。

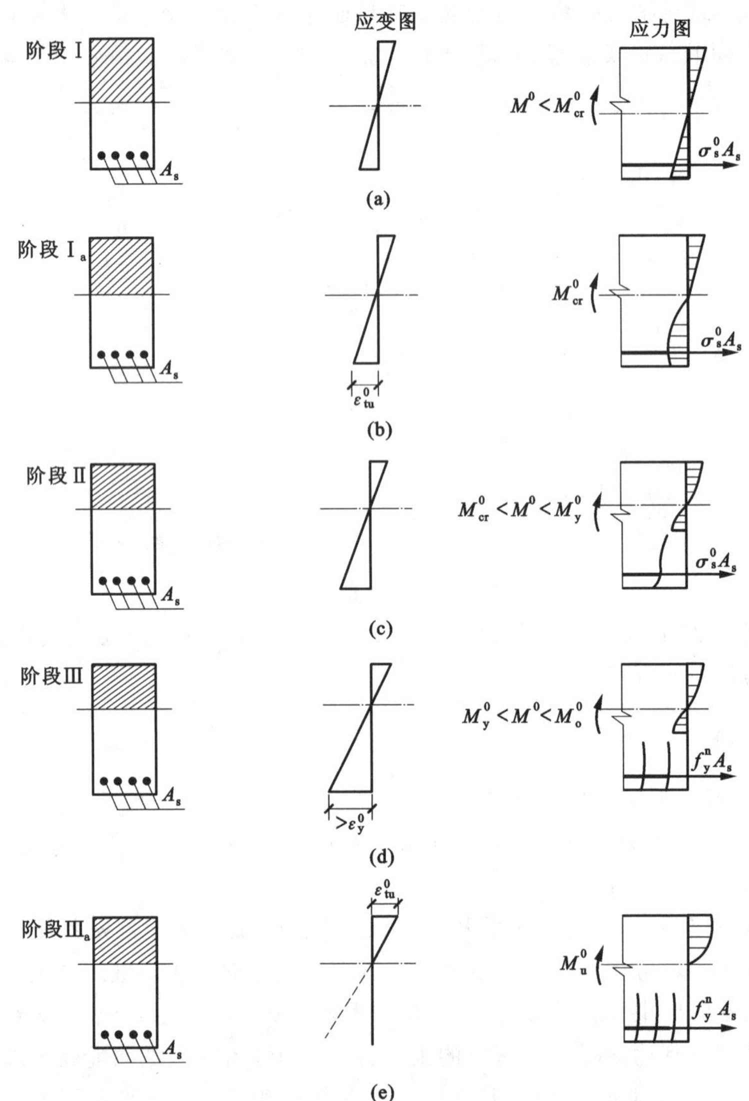

图 4-6　钢筋混凝土梁工作的三个阶段

随着弯矩继续增大,受压区混凝土压应变与受拉钢筋的拉应变的实测值都不断增长,当应变的量测标距较大,跨越几条裂缝时,测得的应变沿截面高度的变化规律仍能符合平截面假定。

弯矩继续增大,截面曲率加大,裂缝开展越来越宽。由于受压区混凝土应变不断增大,受压区混凝土应变增长速度比应力增长速度快,塑性特征表现得越来越明显,受压区应力图形呈曲线变化,如图 4-6(c)所示。

第Ⅱ阶段是裂缝发生、开展的阶段,在此阶段中梁是带裂缝工作的,其受力特点是:① 在裂缝截面处,受拉区的大部分混凝土退出工作,拉力主要由纵向受拉钢筋承担,但钢筋没有屈服;② 受压区混凝土已有塑性变形,但不充分,压应力图形为只有上升段的曲线;③ 弯矩与截面曲率是曲线关系,截面曲率与挠度的增长加快。

第Ⅱ阶段相当于梁正常使用时的受力状态,受拉钢筋应力即将屈服的状态,称为第Ⅱ阶段末,用$Ⅱ_a$表示,它可作为正常使用阶段验算变形和裂缝开展宽度的依据。

(3) 第Ⅲ阶段:钢筋开始屈服至截面破坏的破坏阶段

纵向受拉钢筋屈服后,正截面就进入第Ⅲ阶段工作。

钢筋屈服时,截面曲率和梁的挠度也突然增大,裂缝宽度随之扩展并沿梁高向上延伸,中和轴继续上移,受压区高度进一步减小,如图 4-6(d)所示。这时受压区混凝土边缘纤维应变也迅速增长,塑性特征表现得更为充分,受压区压应力图形更趋丰满。

首先,弯矩再增大直至峰值,即达到截面的受弯承载力极限值 M_u^0。此时,边缘纤维压应变到达(或接近)混凝土受弯时的极限压应变实验值 ε_{cu}^0,标志着截面已开始破坏。其后,在实验室条件下的一般试验梁虽仍可继续变形,但所承受的弯矩将有所降低,如图 4-5 所示。最后,在破坏区段内受压区混凝土被压碎甚至剥落,梁丧失承载能力而破坏。破坏时的截面弯矩约为 M_u^0 的 85%,此时称为第Ⅲ阶段末Ⅲ$_a$,如图 4-6(e)所示。

在第Ⅲ阶段整个过程中,钢筋所承受的总拉力大致保持不变,但由于中和轴逐步上移,内力臂 z 略有增加,故截面受弯承载力实验值 M_u^0 略大于屈服弯矩 M_y^0。可见截面破坏的过程是始于纵向受拉钢筋屈服,终结于受压区边缘混凝土压碎。其特点是:① 纵向受拉钢筋屈服,拉力保持为常值;裂缝截面处,受拉区大部分混凝土已退出工作,受压区混凝土压应力曲线图形比较丰满,有上升段曲线,也有下降段曲线;② 由于受压区混凝土压应力合力作用点外移时内力臂增大,故弯矩还略有增加;③ 受压区边缘混凝土压应变达到其极限压应变实验值 ε_{cu}^0时,混凝土被压碎,截面破坏;④ 弯矩-曲率关系为接近水平的曲线。

第Ⅲ阶段末Ⅲ$_a$ 是正截面受弯承载力计算的依据。

4.2.1.3 适筋梁受力全过程的特点

试验梁从加载到破坏的全过程有以下几个特点:

① 第Ⅰ阶段梁的截面曲率或挠度增长速度较慢;第Ⅱ阶段由于梁带裂缝工作,它们的增长速度较前为快;第Ⅲ阶段由于钢筋屈服,故截面曲率和梁的挠度急剧增加。

② 随着弯矩的增大,中和轴不断上移,受压区高度实验值 x_c^0 逐渐缩小,混凝土边缘纤维压应变随之加大,受拉钢筋的拉应变也随弯矩的增长而加大,但平均应变仍符合平截面假定。即开裂时受拉区混凝土的拉应力图形大致与混凝土单轴受拉时的应力全曲线相对应;达到Ⅲ$_a$ 状态时,受压区混凝土的压应力图形也大致与其单轴向受压时的应力全曲线相对应。

③ 第Ⅰ阶段钢筋应力 σ_s^0 增长速度较慢;当 $M^0=M_{cr}^0$时,开裂前、后的钢筋应力发生突变,第Ⅱ阶段 σ_s^0 较第Ⅰ阶段增长速度快;当 $M^0=M_y^0$ 时,钢筋应力到达屈服强度 f_y^0。

实验和研究表明,钢筋混凝土结构和构件的受力全过程也分为上述的三个受力阶段,所以三个受力阶段是钢筋混凝土结构的基本属性。

注意,以下三种认识是错误的:① 称第Ⅰ阶段为弹性阶段;② 混凝土达到抗拉强度就开裂;③ 混凝土达到抗压强度就压碎。

4.2.2 梁的正截面破坏类型和特征

结构、构件和截面的破坏有脆性破坏和延性破坏两种类型。破坏前,变形很小,没有明显的破坏预兆,突然破坏的,属于脆性破坏类型;破坏前,变形较大,有明显的破坏预兆,不是突然破坏的,属于延性破坏类型。

实验表明,由于纵向受拉钢筋配筋率 ρ 的不同,受弯构件正截面受弯破坏形态有适筋破坏、超筋破坏、少筋破坏三种,如图 4-7 所示。这三种破坏形态的 M^0-φ^0 曲线如图 4-8 所示。

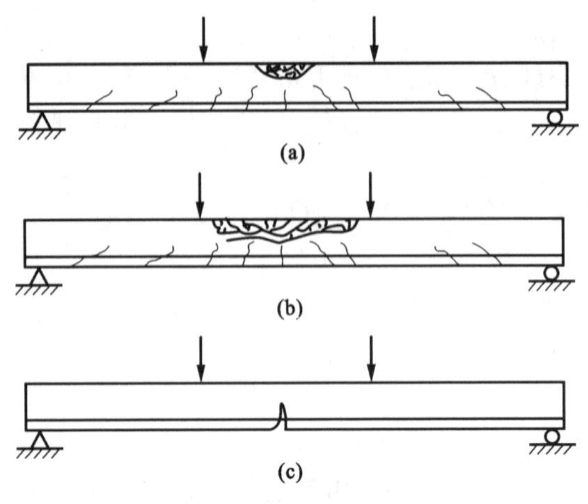

图 4-7　梁的三种破坏形态

(a) 适筋破坏;(b) 超筋破坏;(c) 少筋破坏

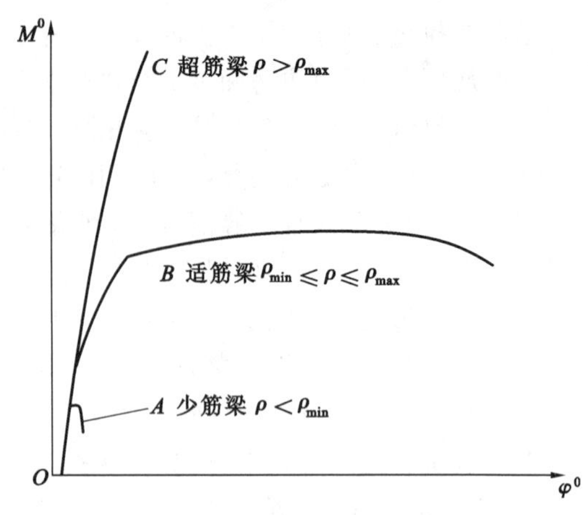

图 4-8　M^0-φ^0 曲线示意图

4.2.2.1　适筋破坏形态

当 $\rho_{min} \leqslant \rho \leqslant \rho_{max}$ 时发生适筋破坏,其特点是纵向受拉钢筋先屈服,受压区边缘混凝土随后压碎时,截面才破坏,属于延性破坏类型。这里 ρ_{min}、ρ_{max} 分别为纵向受拉钢筋的最小配筋率、最大配筋率(或界限配筋率)。

适筋梁的破坏特点是破坏始自受拉区受拉钢筋的屈服。在钢筋应力到达屈服强度之初,受压区边缘纤维的应变尚小于受弯时混凝土极限压应变值。从钢筋屈服到受压区边缘混凝土压碎的过程中,钢筋要经历较大的塑性变形,随之引起裂缝急剧开展和梁挠度的激增,它将给人以明显的破坏预兆,如图 4-7(a)所示,属于延性破坏类型。

4.2.2.2　超筋破坏形态

超筋梁的受弯破坏过程视频

当 $\rho > \rho_{max}$ 时发生超筋破坏,其特点是混凝土受压区边缘先压碎,纵向受拉钢筋不屈服,在没有明显预兆的情况下由于受压区混凝土被压碎而突然破坏,属于脆性破坏类型。实验表明,受拉钢筋在梁破坏时没有屈服,裂缝开展不宽,延伸不高,截面曲率和梁的挠度都不大,如图 4-8 所示。

超筋梁因配置了过多的受拉钢筋,在梁破坏时钢筋应力低于屈服强度,不仅不经济,且破坏前基本没有预兆,属于受压脆性破坏类型,故设计中不允许采用超筋梁。

4.2.2.3　少筋破坏形态

少筋梁破坏试验视频

当 $\rho < \rho_{min}$ 时发生少筋破坏,构件不但承载能力很低,而且只要受拉区混凝土一开裂,裂缝就急速开展,裂缝截面处的拉力全部由钢筋承受,钢筋由于突然增大的应力而屈服,构件立即发生破坏,这种破坏称为少筋破坏。从单纯满足承载力需要出发,少筋梁的截面尺寸过大,故不经济;同时它的承载力取决于混凝土的抗拉强度,属于受拉脆性破坏

类型，故在建筑工程中不允许采用。水利工程中，往往截面尺寸很大，为了经济，有时也允许采用少筋构件。

比较适筋梁和超筋梁的破坏，可以发现，两者的差异在于：前者受拉钢筋先屈服；后者受压区边缘混凝土先压碎。显然，总会有一个界限配筋率，这时钢筋应力到达屈服强度的同时受压区边缘纤维应变也恰好达到混凝土受弯时极限压应变值。这种破坏形态称为“界限破坏”，即适筋梁与超筋梁的界限，在国外多称之为“平衡配筋梁”。这个特定的配筋率实质上就限制了适筋梁的最大配筋率。故当截面的实际配筋率 $\rho<\rho_{max}$ 时，破坏始自钢筋的屈服；$\rho>\rho_{max}$ 时，破坏始自受压区混凝土的压碎；$\rho=\rho_{max}$ 时，受拉钢筋应力到达屈服强度的同时受压区边缘混凝土也被压碎，使截面受到破坏。界限破坏也属于延性破坏类型，所以界限配筋的梁也属于适筋梁的范围。可见，梁的配筋率应满足 $\rho_{min}\leqslant\rho\leqslant\rho_{max}$ 的要求。

4.2.3 受弯构件正截面承载力的简化计算

4.2.3.1 正截面承载力计算的基本假定

《混凝土结构设计规范（2015 年版）》（GB 50010—2010）规定，包括受弯构件在内的各种混凝土构件的正截面承载力应按下列五个基本假定进行计算：

① 截面应变保持平面。

② 不考虑混凝土的抗拉强度。

③ 混凝土受压的应力与压应变关系曲线按下列规定采用。

当 $\varepsilon_c\leqslant\varepsilon_0$ 时（上升段）：

$$\sigma_c = f_c\left[1-\left(1-\frac{\varepsilon_c}{\varepsilon_0}\right)^n\right] \tag{4-2}$$

当 $\varepsilon_0<\varepsilon_c\leqslant\varepsilon_{cu}$ 时（水平段）：

$$\sigma_c = f_c \tag{4-3}$$

式中，参数 n、ε_0 和 ε_{cu} 的取值如下：

$$n = 2-\frac{1}{60}(f_{cu,k}-50) \leqslant 2.0 \tag{4-4}$$

$$\varepsilon_0 = 0.002+0.5\times(f_{cu,k}-50)\times10^{-5} \geqslant 0.002 \tag{4-5}$$

$$\varepsilon_{cu} = 0.0033-(f_{cu,k}-50)\times10^{-5} \leqslant 0.0033 \tag{4-6}$$

④ 纵向受拉钢筋的极限拉应变取为 0.01。

⑤ 纵向钢筋的应力取钢筋应变与其弹性模量的乘积，但其值应符合下列要求：

$$-f_y' \leqslant \sigma_{si} \leqslant f_y \tag{4-7}$$

式中 σ_c——混凝土压应变为 ε_c 时的混凝土压应力；

f_c——混凝土轴心抗压强度设计值；

ε_0——混凝土压应力达到 f_c 时的混凝土压应变，当计算的 $\varepsilon_0<0.002$ 时，取 0.002；

ε_{cu}——正截面的混凝土极限压应变，当处于非均匀受压时计算的 $\varepsilon_{cu}>0.0033$ 时，取 0.0033；

$f_{cu,k}$——混凝土立方体抗压强度标准值；

n——系数，当计算的 n 值大于 2.0 时，取 2.0；

σ_{si}——第 i 层纵向普通钢筋的应力，正值代表拉应力，负值代表压应力。

基本假定 1:截面应变保持平面是指在荷载作用下,梁的变形规律符合平均应变平截面假定,简称平截面假定。

国内外大量实验发现,矩形、T 形、I 形和环形截面的钢筋混凝土构件受力以后,截面各点的混凝土和钢筋纵向应变沿截面的高度方向呈直线变化。该假定说明了在一定标距内,即跨越若干条裂缝后,钢筋和混凝土的变形是协调的。

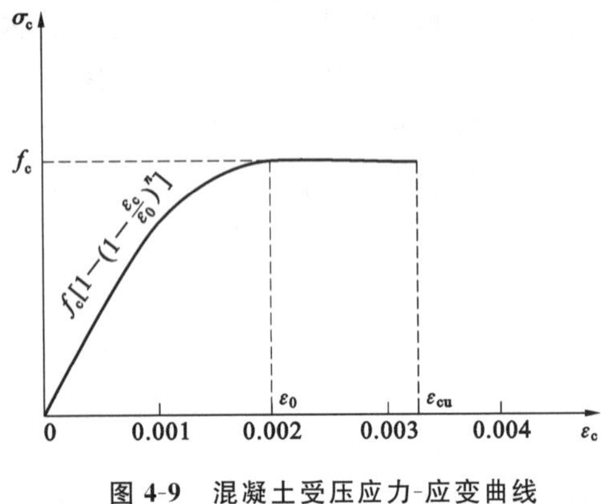

图 4-9 混凝土受压应力-应变曲线

基本假定 2:忽略中和轴以下混凝土的抗拉作用主要是混凝土的抗拉强度很小,且其合力作用点离中和轴较近,内力矩的力臂很小的缘故。

基本假定 3:采用抛物线上升段和水平段的混凝土受压应力-应变关系曲线,如图 4-9 所示。但曲线方程随着混凝土强度等级的不同而有所变化,压应力达到峰值时的应变 ε_0 和极限压应变 ε_{cu} 的取值随着混凝土强度等级的不同而不同。对于正截面处于非均匀受压时的混凝土,极限压应变的取值最大不超过 0.0033。规定极限压应变值,实际是给定了混凝土单轴受压情况下的破坏准则。

按图 4-9 中所示,设 C_{cu} 为混凝土压应力-应变曲线所围的面积,y_{cu} 为此面积的形心到坐标原点 O 的距离,则有:

$$C_{cu}=\int_0^{\varepsilon_{cu}}\sigma_c \mathrm{d}\varepsilon_c \tag{4-8}$$

$$y_{cu}=\frac{\int_0^{\varepsilon_{cu}}\sigma_c\varepsilon_c \mathrm{d}\varepsilon_c}{C_{cu}} \tag{4-9}$$

令 $k_1 f_c=C_{cu}/\varepsilon_{cu}$,$k_2=y_{cu}/\varepsilon_{cu}$,把基本假定 3 规定的 σ_c-ε_c 关系式(4-2)、式(4-3),以及参数 n、ε_0 和 ε_{cu} 的取值代入以上两式中,可求得系数 k_1 和 k_2,见表 4-2。系数 k_1 和 k_2 只取决于混凝土受压应力-应变曲线的形状,因此称为混凝土受压应力-应变曲线系数。

表 4-2 **混凝土受压应力-应变曲线系数 k_1 和 k_2**

强度等级	≤C50	C60	C70	C80
k_1	0.797	0.774	0.746	0.713
k_2	0.588	0.598	0.608	0.619

基本假定 4:把纵向受拉钢筋的极限拉应变规定为 0.01,实际上是给出了正截面达到承载力极限状态的另一个标志。这个规定,对有屈服点的钢筋,它相当于钢筋应变进入了屈服阶段因变形太大而不适用于继续承载;对没有屈服点的钢筋,则是限制它的强化程度。而且,这个规定也要求纵向受拉钢筋的极限拉应变不得小于 0.01,以保证结构构件具有必要的延性。

基本假定 5:规定了纵向受拉钢筋和纵向受压钢筋的应力都不大于其抗拉强度设计值和抗压强度设计值,从而使得正截面承载力有可靠的储备。所以基本假定 5 实际上是一种设计规定。

4.2.3.2 等效矩形应力图

图 4-10 为一单筋矩形截面适筋梁的应力图形。由于采用了平截面假定以及基本假定 3,其受

压区混凝土的压应力图形符合图4-9所示曲线的变化规律，即符合式(4-2)和式(4-3)，此图形可称为理论应力图形。

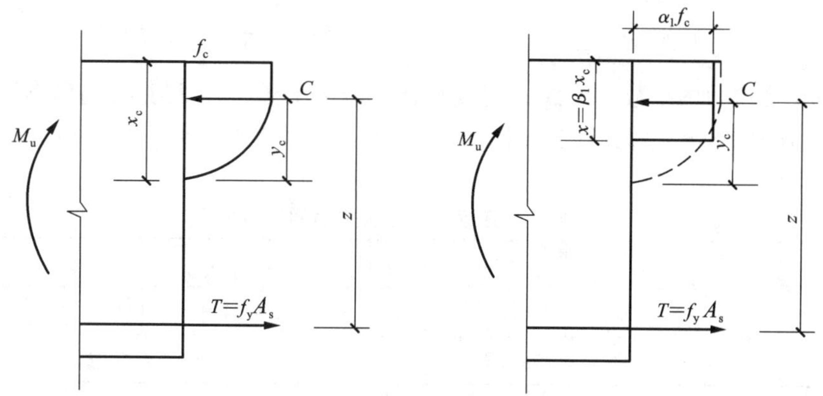

图4-10　等效矩形应力图

需要注意的是，受压区压应力的理论应力图形与图4-9所示的应力-应变曲线图形的变量是不同的，前者的变量是任一纤维到中和轴的距离 y，$y=0\sim x_c$，而后者的变量是 ε_c，$\varepsilon_c=0\sim\varepsilon_{cu}$。

故受压区混凝土压应力的合力为：

$$C=\int_0^{x_c}\sigma_c\cdot b\mathrm{d}y \tag{4-10}$$

合力 C 到中和轴的距离为：

$$y_c=\frac{\int_0^{x_c}\sigma_c\cdot y\cdot b\cdot\mathrm{d}y}{C}=\frac{\int_0^{x_c}\sigma_c y\mathrm{d}y}{\int_0^{x_c}\sigma_c\mathrm{d}y} \tag{4-11}$$

式中　x_c——中和轴高度，即受压区的理论高度。

下面研究变量 y 与 ε_c 的关系。因为中和轴高度为 x_c，则由平截面假定可得距中和轴 y 处的压应变为：

$$\varepsilon_c=\frac{\varepsilon_{cu}}{x_c}\cdot y \tag{4-12}$$

由此，取 $y=\frac{x_c}{\varepsilon_{cu}}\cdot\varepsilon_c$，$\mathrm{d}y=\frac{x_c}{\varepsilon_{cu}}\cdot\mathrm{d}\varepsilon_c$，代入式(4-10)和式(4-11)，可得：

$$C=\int_0^{\varepsilon_{cu}}\sigma_c\cdot b\cdot\frac{x_c}{\varepsilon_{cu}}\mathrm{d}\varepsilon_c=x_c\cdot b\cdot\frac{C_{cu}}{\varepsilon_{cu}}=k_1 f_c b x_c \tag{4-13}$$

$$y_c=\frac{\int_0^{\varepsilon_{cu}}\sigma_c\cdot b\cdot\left(\frac{x_c}{\varepsilon_{cu}}\right)^2\cdot\varepsilon_c\cdot\mathrm{d}\varepsilon}{\frac{x_c\cdot b\cdot C_{cu}}{\varepsilon_{cu}}}=x_c\cdot\frac{y_{cu}}{\varepsilon_{cu}}=k_2 x_c \tag{4-14}$$

由式(4-13)、式(4-14)可知，合力 C 和作用位置 y_c 仅与混凝土应力-应变曲线系数 k_1、k_2 及受压区高度 x_c 有关，而在 M_u 的计算中也仅需知道 C 的大小和作用位置 y_c。因此，为了简化计算，可取等效矩形应力图形来代换理论应力图形，如图4-10所示。两个图形的等效条件是：

① 混凝土压应力的合力 C 大小相等；

② 两图形中受压区合力 C 的作用点不变。

设等效矩形应力图形的应力值为 $\alpha_1 f_c$,高度为 x,则按等效条件,由式(4-13)、式(4-14)可得:

$$\left.\begin{aligned} \alpha_1 f_c bx &= k_1 f_c bx_c \\ x &= 2(x_c - y_c) = 2(1-k_2)x_c \end{aligned}\right\} \tag{4-15}$$

令 $\beta_1 = \dfrac{x}{x_c} = 2(1-k_2)$,则 $\alpha_1 = \dfrac{k_1}{\beta_1} = \dfrac{k_1}{2(1-k_2)}$。可见系数 α_1 和 β_1 也仅与混凝土应力-应变曲线有关,称为等效矩形应力图系数。系数 α_1 是受压区混凝土矩形应力图的应力值与混凝土轴心抗压强度设计值的比值;系数 β_1 是矩形应力图受压区高度 x 与中和轴高度 x_c 的比值。系数 α_1、β_1 的取值见表 4-3。

表 4-3 **混凝土受压区等效矩形应力图系数**

混凝土等级	≤C50	C55	C60	C65	C70	C75	C80
α_1	1.0	0.99	0.98	0.97	0.96	0.95	0.94
β_1	0.8	0.79	0.78	0.77	0.76	0.75	0.74

由表 4-3 可知,混凝土强度等级不大于 C50 时,$\alpha_1 = 1.0$,$\beta_1 = 0.8$。

4.2.3.3 适筋梁与超筋梁的界限

如前所述,适筋梁与超筋梁的界限破坏为在受拉纵筋屈服的同时,混凝土受压边缘纤维也达到其极限压应变值 ε_{cu},截面破坏。如图 4-11 所示,设受拉钢筋开始屈服时的应变为 ε_y,且有 $\varepsilon_y = f_y/E_s$(此处 E_s 为钢筋的弹性模量);再设界限破坏时中和轴高度为 x_{cb},则有:

$$\frac{x_{cb}}{h_0} = \frac{\varepsilon_{cu}}{\varepsilon_{cu} + \varepsilon_y} \tag{4-16}$$

把 $x_b = \beta_1 x_{cb}$ 代入式(4-16),得:

$$\frac{x_b}{\beta_1 h_0} = \frac{\varepsilon_{cu}}{\varepsilon_{cu} + \varepsilon_y} \tag{4-17}$$

设 $\xi_b = x_b/h_0$,称为相对界限受压区高度,则:

$$\xi_b = \frac{\beta_1}{1 + \dfrac{f_y}{E_s \cdot \varepsilon_{cu}}} \tag{4-18}$$

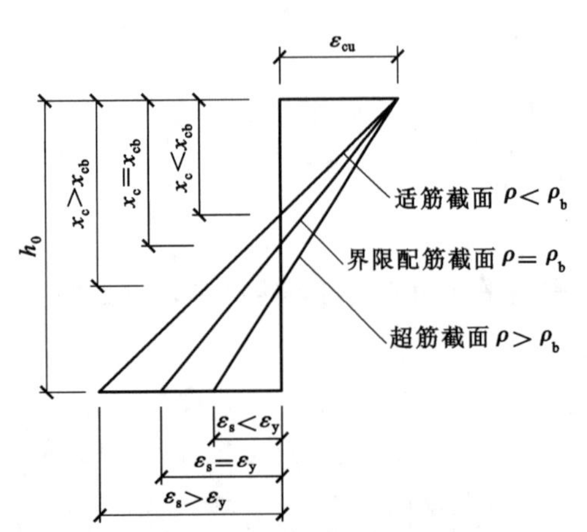

图 4-11 适筋梁、超筋梁、界限配筋梁破坏时的正截面平均应变图

式中 h_0——截面有效高度;

x_b——界限受压区高度;

f_y——纵向钢筋的抗拉强度设计值;

ε_{cu}——非均匀受压时混凝土极限压应变值,按式(4-6)计算,混凝土强度等级不大于 C50 时,$\varepsilon_{cu} = 0.0033$。

由式(4-18)算得的 ξ_b 值见表 4-4。

表 4-4 **相对界限受压区高度 ξ_b**

混凝土强度等级	≤C50				C60			
钢筋强度	300 MPa	335 MPa	400 MPa	500 MPa	300 MPa	335 MPa	400 MPa	500 MPa
ξ_b	0.576	0.550	0.518	0.482	0.557	0.531	0.499	0.464

续表

混凝土强度等级	C70				C80			
钢筋强度	300 MPa	335 MPa	400 MPa	500 MPa	300 MPa	335Pa	400 MPa	500 MPa
ξ_b	0.537	0.512	0.481	0.447	0.518	0.493	0.463	0.429

当相对受压区高度 $\xi>\xi_b$(或 $x>\xi_b h_0$)时,属于超筋梁。

当 $\xi=\xi_b$(或 $x=\xi_b h_0$)时,属于界限情况,与此对应的纵向受拉钢筋的配筋率称为界限配筋率,即适筋梁的最大配筋率,记作 ρ_{max},此时考虑截面上力的平衡条件,有:

$$\alpha_1 f_c bx=f_y A_s$$

故

$$\rho_{max}=\frac{A_s}{bh}=\alpha_1\xi_b\frac{f_c}{f_y}\cdot\frac{h_0}{h} \tag{4-19}$$

它和混凝土及钢筋的强度等级有关,还与截面的有效高度、截面的总高度有关,应用起来不方便。所以不超筋的条件通常采用 $\xi\leqslant\xi_b$ 或 $x\leqslant\xi_b h_0$,而不采用 $\rho\leqslant\rho_{max}$。

4.2.3.4 最小配筋率 ρ_{min}

少筋破坏的特点是一裂就坏,所以从理论上讲,纵向受拉钢筋最小配筋率 ρ_{min} 应是这样确定的:按第Ⅲ$_a$ 阶段计算钢筋混凝土受弯构件正截面受弯承载力与由素混凝土受弯构件计算得到的正截面受弯承载力两者相等。考虑到混凝土抗拉强度的离散性,以及收缩等因素的影响,所以在实用上,最小配筋率 ρ_{min} 往往是根据传统经验得出的。为了防止梁“一裂就坏”,适筋梁的配筋率应不小于最小配筋率 ρ_{min}。规范规定的纵向受力钢筋最小配筋率见附表 10。

受弯构件、偏心受拉、轴心受拉构件,其一侧纵向受拉钢筋的配筋率不小于0.20%和 $0.45f_t/f_y$ 中的较大值。

卧置于地基上的混凝土板,板中受拉钢筋的最小配筋率可适当降低,但不应小于0.15%。

4.3 钢筋混凝土受弯构件正截面承载力计算

4.3.1 单筋矩形截面正截面承载力计算

4.3.1.1 基本计算公式及适用条件

(1) 基本计算公式

单筋矩形截面受弯构件的正截面受弯承载力计算简图如图 4-12 所示,图中的 x 称为混凝土受压区高度,z 称为内力臂。

由力的平衡条件,得:

$$\alpha_1 f_c bx = f_y A_s \tag{4-20}$$

由力矩平衡条件,得:

$$M_u = f_y A_s(h_0 - 0.5x) \tag{4-21}$$

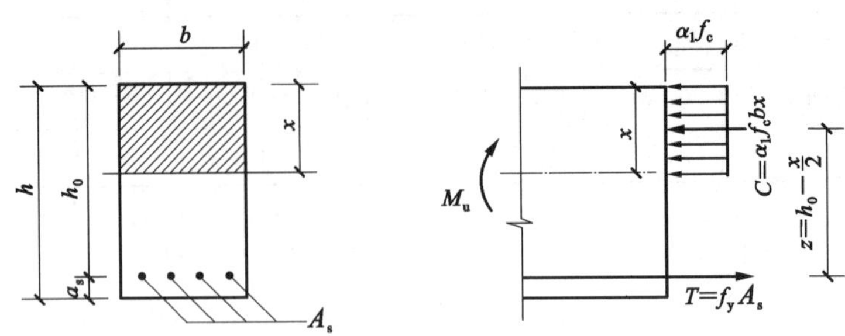

图 4-12 单筋矩形截面受弯构件正截面受弯承载力计算简图

或

$$M_u = \alpha_1 f_c bx(h_0 - 0.5x) \tag{4-22}$$

(2) 适用条件

① 不超筋(适用条件一):

$$\xi \leqslant \xi_b \quad 或 \quad x \leqslant \xi_b h_0 \quad 或 \quad \rho \leqslant \rho_{max} \tag{4-23}$$

② 不少筋(适用条件二):

$$\rho \geqslant \rho_{min} \quad 或 \quad A_s \geqslant A_{s,min} = \rho_{min} bh \tag{4-24}$$

从式(4-21)及式(4-22)可知,当弯矩设计值 M 确定以后,我们可以设计出不同截面尺寸的梁。当配筋率 ρ 取得小些,梁截面就要大些;ρ 取得大些,梁截面就可小些。为了保证总造价低廉,必须根据钢材、水泥、砂石等材料价格及施工费用(包括模板费用)确定出不同 ρ 值时的造价,从中可以得出一个理论上最经济的配筋率。

按照多年的工程经验,板的经济配筋率为 0.3%~0.8%,单筋矩形梁的经济配筋率为 0.6%~1.5%。

梁正截面配筋计算的不同算法

4.3.1.2 截面设计(配筋计算)

已知弯矩设计值 M、混凝土强度等级和钢筋种类、构件截面尺寸 b 及 h 等,要求确定所需的受拉钢筋截面面积 A_s。主要计算步骤如下:

(1) 确定基本数据

根据已知条件查表得出 α_1、ξ_b、f_t、f_c、f_y,确定混凝土的保护层厚度,并假定 a_s;计算截面有效高度 $h_0 = h - a_s$。通常假定布置一排钢筋计算 h_0,若 M 较大,而截面宽度 b 较窄,则可假定钢筋布置为两排。

(2) 计算受压区高度 x

$$x = h_0 - \sqrt{h_0^2 - \frac{2M}{\alpha_1 f_c b}} \tag{4-25}$$

(3) 验算适用条件一

若 $x \leqslant \xi_b h_0$,则说明计算的 x 满足适用条件一的要求(不会超筋),可继续下一步计算;若 $x > \xi_b h_0$,则说明计算的 x 不满足适用条件一的要求,这时,可采取加大截面尺寸或提高混凝土的强度等级或采用双筋截面再进行截面设计。

(4) 计算所需的钢筋截面面积 A_s 并选配钢筋直径及根数

$$A_s=\frac{\alpha_1 f_c bx}{f_y} \tag{4-26}$$

根据计算所需钢筋截面面积 A_s，查附表 13 或附表 14 确定出实际配筋面积。

(5) 用实际配置的钢筋截面面积验算适用条件二

若条件二满足，则说明实际配置的钢筋截面面积满足要求；若条件二不满足，则说明实际配置的钢筋截面面积不满足要求，这时，应取 $A_s=A_{s,\min}$，重新选配钢筋。

(6) 根据实际选配钢筋根数、直径及截面宽度 b 验算实际的 a_s 与假设的 a_s 是否一致

若实际的 a_s 小于或等于假设值，则截面设计结束；否则，需要验算截面承载力或需重新假定 a_s，并重新计算钢筋面积。

4.3.1.3　截面复核(正截面承载力验算)

已知材料强度等级、构件截面尺寸、纵向受拉钢筋面积 A_s，求该截面所能承担的极限弯矩 M_u。主要计算步骤如下：

(1) 确定基本数据

根据已知条件查表得出 α_1、ξ_b、f_t、f_c、f_y、A_s，确定混凝土的保护层厚度，计算 a_s；计算截面有效高度 $h_0=h-a_s$。

(2) 验算适用条件二

$$A_{s,\min}=\rho_{\min}bh$$

若 $A_s\geqslant A_{s,\min}$，则说明满足最小配筋要求，可继续下一步计算；若 $A_s<A_{s,\min}$，则说明截面少筋，截面需要进行加固处理。

(3) 计算 x 并验算适用条件一

$$x=\frac{f_y A_s}{\alpha_1 f_c b}$$

若 $x\leqslant\xi_b h_0$，说明截面没有超筋，可继续下一步计算；若 $x>\xi_b h_0$，说明截面超筋，要限制使用，可取 $x=\xi_b h_0$ 计算截面所能承受的极限弯矩。

(4) 计算截面所能承担的极限弯矩 M_u

$$M_u=\alpha_1 f_c bx(h_0-0.5x)$$

对于适筋梁，也可按下式计算极限弯矩

$$M_u=f_y A_s(h_0-0.5x)$$

【例 4-1】 已知：梁的截面尺寸为 $b\times h=250\ \text{mm}\times 500\ \text{mm}$，混凝土强度等级为 C30，纵向受拉钢筋采用 HRB400 级钢筋，弯矩设计值为 $M=150\ \text{kN}\cdot\text{m}$，环境类别为一类，安全等级为二级。求：截面所需的受拉钢筋截面面积。

【解】 (1) 确定基本数据

查表得：$\alpha_1=1.0$，$\xi_b=0.518$，$f_c=14.3\ \text{N/mm}^2$，$f_t=1.43\ \text{N/mm}^2$，$f_y=360\ \text{N/mm}^2$，$c=20\ \text{mm}$，若设箍筋直径为 10 mm，则 $a_s=40$ mm；那么

$$h_0=h-a_s=500-40=460(\text{mm})$$

(2) 计算 x

$$x=h_0-\sqrt{h_0^2-2\frac{M}{\alpha_1 f_c b}}=460-\sqrt{460^2-2\times\frac{150\times10^6}{1.0\times14.3\times250}}=102.67(\text{mm})$$

(3) 验算适用条件一

$$x=102.67(\mathrm{mm})<\xi_b h_0=0.518\times 460=238.28(\mathrm{mm})$$

满足条件一要求。

(4) 计算 A_s 并配置钢筋

$$A_s=\frac{\alpha_1 f_c bx}{f_y}=\frac{1.0\times 14.3\times 250\times 102.67}{360}=1020(\mathrm{mm}^2)$$

选用 4Φ20,$A_s=1256\ \mathrm{mm}^2$,带肋钢筋外径 $d_e=22.7\mathrm{mm}$。

验算在 $b=250$ mm 宽度内能否放下:

$$4\times 22.7+3\times 25+2\times(20+10)=225.8(\mathrm{mm})<250(\mathrm{mm})$$

故可以放下。

(5) 验算适用条件二

因为

$$45\frac{f_t}{f_y}\%=45\times\frac{1.43}{360}\%=0.18\%<0.20\%$$

所以

$$\rho_{\min}=0.20\%$$

$$A_{s,\min}=\rho_{\min}bh=0.20\%\times 250\times 500=250(\mathrm{mm}^2)$$

$$A_s=1256\ \mathrm{mm}^2>A_{s,\min}=250\ \mathrm{mm}^2$$

满足条件二要求。

配筋后,实际的 $a_s=20+10+22.7/2=41.4(\mathrm{mm})$,与假设的 $a_s=40$ mm 相差很小,说明实际与假设相比略大,即 h_0 略小于假定值,但实配钢筋面积大于计算值,所以承载力能满足要求。

【例 4-2】 已知:梁的截面尺寸为 $b\times h=200\ \mathrm{mm}\times 500\ \mathrm{mm}$,混凝土强度等级为C30,纵向受拉钢筋为3Φ20,环境类别为一类,安全等级为二级。求:此梁所能承受的最大弯矩设计值。

【解】 (1) 确定基本数据

查表得:$\alpha_1=1.0$,$\xi_b=0.518$,$f_c=14.3\ \mathrm{N/mm}^2$,$f_t=1.43\ \mathrm{N/mm}^2$,$f_y=360\ \mathrm{N/mm}^2$,$A_s=942\ \mathrm{mm}^2$,$c=20$ mm。

设箍筋直径为 10 mm,则 $a_s=20+10+22.7/2=41.4(\mathrm{mm})$,那么:

$$h_0=h-a_s=500-41.4=458.6(\mathrm{mm})$$

(2) 验算最小配筋率

因为

$$45\frac{f_t}{f_y}\%=45\times\frac{1.43}{360}\%=0.18\%<0.20\%$$

所以

$$\rho_{\min}=0.20\%$$

$$A_{s,\min}=\rho_{\min}bh=0.20\%\times 200\times 500=200(\mathrm{mm}^2)$$

$$A_s=942\ \mathrm{mm}^2>A_{s,\min}=200\ \mathrm{mm}^2$$

满足最小配筋率要求。

(3) 验算截面是否超筋

$$x=\frac{f_y A_s}{\alpha_1 f_c b}=\frac{360\times 942}{1.0\times 14.3\times 200}=118.57(\mathrm{mm})<\xi_b h_0=0.518\times 458.6=237.6(\mathrm{mm})$$

满足要求。

(4) 计算截面所能承受的最大弯矩设计值

$$
\begin{aligned}
M_{max}=M_u &=\alpha_1 f_c bx(h_0-0.5x)\\
&=1.0\times 14.3\times 200\times 118.57\times(458.6-0.5\times 118.57)\times 10^{-6}\\
&=135.4(\mathrm{kN\cdot m})
\end{aligned}
$$

4.3.2　单筋T形截面正截面承载力计算

4.3.2.1　概述

在矩形截面受弯构件的承载力计算中，没有考虑混凝土的抗拉强度。其实受弯构件在破坏时，大部分受拉区混凝土早已退出工作，故从正截面受弯承载力的观点来看，可将受拉区的一部分混凝土挖去，如图4-13(a)所示。只要把原有的纵向受拉钢筋集中布置在梁肋中，截面的承载力计算值就与原矩形截面完全相同，这样做不仅可以节约混凝土，还可以减轻自重。剩下的梁就成为由梁肋($b\times h$)及挑出翼缘$[(b_f'-b)\times h_f']$两部分所组成的T形截面。

T形截面梁在工程中应用广泛，例如在现浇肋梁楼盖中，楼板与肋梁浇筑在一起形成T形截面梁。在预制构件中，有时由于构造要求做成独立的T形梁，如T形檩条及T形吊车梁等。Π形、箱形、I形(便于布置纵向受拉钢筋)等截面，在承载力计算时均可按T形截面考虑。但是，若翼缘在梁的受拉区，即如图4-13(b)所示的倒T形截面梁，当受拉区的混凝土开裂后，翼缘对承载力就不再起作用了。对于这种梁应按肋宽为b的矩形截面计算受弯承载力。又如现浇肋梁楼盖连续梁支座附近的截面，如图4-14所示，由于承受负弯矩，翼缘(板)受拉，故仍应按肋宽为b的矩形截面计算。对于现浇肋梁楼盖中连续梁承受正弯矩的跨中截面，就应按T形截面计算。

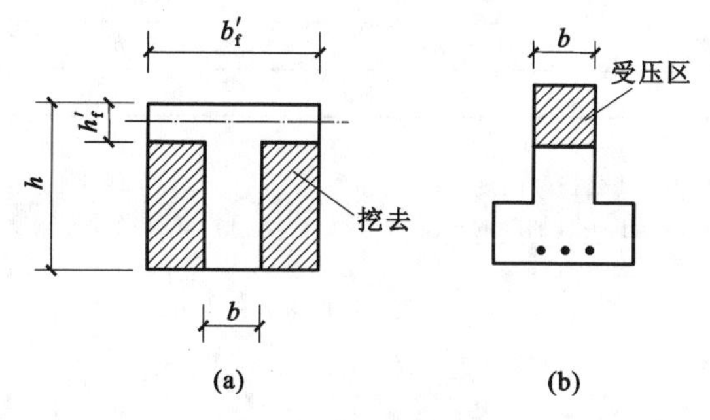

图4-13　T形截面与倒T形截面

(a) T形截面；(b) 倒T形截面

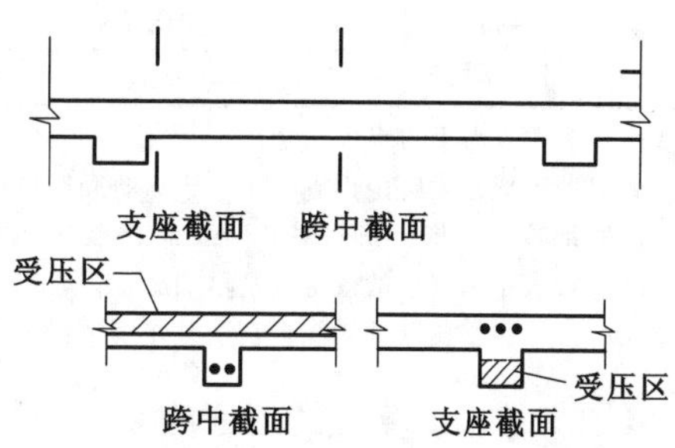

图4-14　连续梁跨中与支座截面

理论上，T形截面翼缘宽度b_f'越大，截面受力性能越好。因为在弯矩M作用下，b_f'越大则受压区高度x就越小，内力臂增大，因而可减小受拉钢筋截面面积。但实验与理论研究证明，T形截面梁受力后，T形截面受弯构件翼缘的纵向压应力沿翼缘宽度方向分布不均匀，离梁肋越远压应力越小。但构件到达破坏时，由于塑性变形的发展，实际压应力分布要比按弹性分析的更均匀些，如图4-15(a)、(c)所示。

在工程中，对于现浇T形截面梁，即如图4-14所示的肋形梁，有时翼缘很宽，考虑到远离梁肋处的压应力很小，故在设计中把翼缘限制在一定范围内，称为翼缘的计算宽度b_f'，并假定在b_f'范围内压应力是均匀分布的，如图4-15(b)、(d)所示。对于T形截面独立梁，设计时应使其实际翼缘宽度不超过b_f'。对于现浇楼盖和装配整体式楼盖，宜考虑楼板作为翼缘对梁刚度和承载力的影响。

表4-5中列有《混凝土结构设计规范(2015年版)》(GB 50010—2010)规定的翼缘计算宽度 b_f'，计算T形梁翼缘宽度 b_f' 时应取表中有关各项中的最小值。

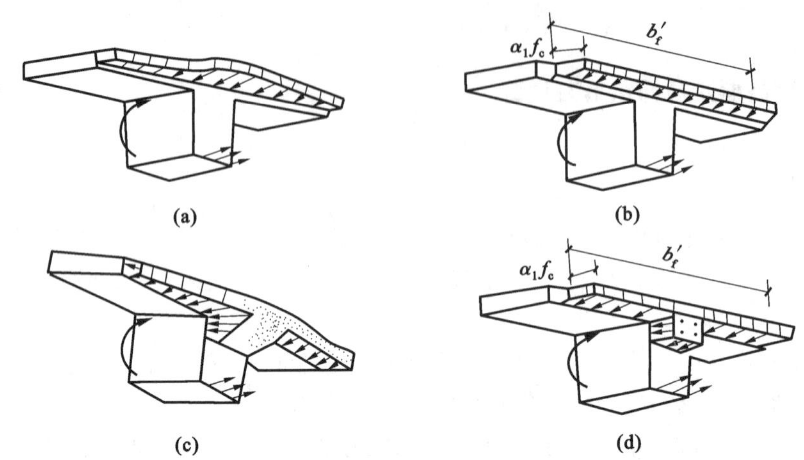

图4-15　T形截面梁受压区实际应力和计算应力图

(a)、(c) 实际应力图；(b)、(d) 计算应力图

表4-5　**受弯构件受压区有效翼缘计算宽度 b_f'**

情况			T形、I形截面		倒L形截面
			肋形梁(板)	独立梁	肋形梁(板)
①	按计算跨度 l_0 考虑		$l_0/3$	$l_0/3$	$l_0/6$
②	按梁(肋)净距 s_n 考虑		$b+s_n$	—	$b+s_n/2$
③	按翼缘高度 h_f' 考虑	$h_f'/h_0 \geqslant 0.1$	—	$b+12h_f'$	—
		$0.1>h_f'/h_0 \geqslant 0.05$	$b+12h_f'$	$b+6h_f'$	$b+5h_f'$
		$h_f'/h_0<0.05$	$b+12h_f'$	b	$b+5h_f'$

注：1. 表中 b 为梁的腹板宽度；

2. 肋形梁在梁跨内设有间距小于纵肋间距的横肋时，可不考虑表中情况③的规定；

3. 加腋的T形、I形和倒L形截面，当受压区加腋的高度 h_h 不小于 h_f' 且加腋的长度 b_h 不大于 $3h_h$ 时，其翼缘计算宽度可按表中情况③的规定分别增加 $2b_h$(T形、I形截面)和 b_h(倒L形截面)；

4. 独立梁受压区的翼缘板在荷载作用下经验算沿纵肋方向可能产生裂缝时，其计算宽度应取腹板宽度 b。

4.3.2.2　计算公式及适用条件

T形截面受弯构件按受压区的高度不同进行分类，具体为按中和轴位置不同分为两种类型：第一类T形截面中和轴在翼缘内，即 $x \leqslant h_f'$；第二类T形截面中和轴在梁肋内，即 $x>h_f'$。

为了鉴别T形截面属于哪一种类型，首先分析一下如图4-16所示 $x=h_f'$ 的特殊情况。

由力的平衡条件，可得：

$$\alpha_1 f_c b_f' h_f' = f_y A_s \tag{4-27}$$

由力矩的平衡条件，可得：

$$M_u = \alpha_1 f_c b_f' h_f' (h_0 - 0.5h_f') \tag{4-28}$$

式中　b_f'——T形截面受弯构件受压区的翼缘宽度；

h_f'——T形截面受弯构件受压区的翼缘高度。

显然，若

$$f_y A_s \leqslant \alpha_1 f_c b_f' h_f' \tag{4-29}$$

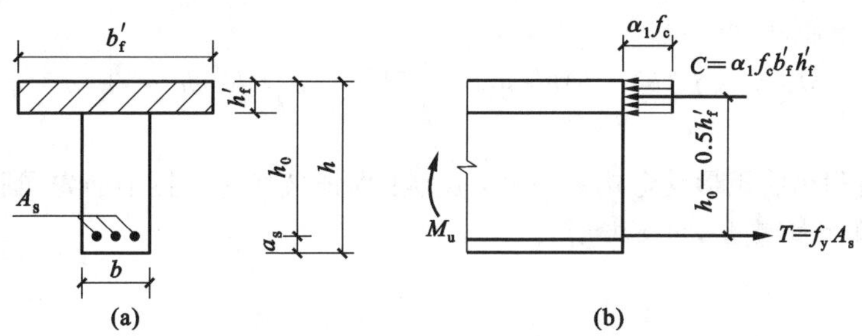

图 4-16　$x=h_f'$时的 T 形梁

或

$$M \leqslant \alpha_1 f_c b_f' h_f' (h_0 - 0.5h_f') \tag{4-30}$$

则 $x \leqslant h_f'$，即属于第一类 T 形截面；$x > h_f'$，即属于第二类 T 形截面。

式(4-30)适用于设计题的鉴别(此时 A_s 未知)，而式(4-29)和式(4-30)适用于复核题的鉴别(此时 A_s 已知)。

(1) 第一类 T 形截面基本计算公式及适用条件

在计算正截面承载力时，不考虑受拉区混凝土参加受力。由图 4-17 可见，这种类型与梁宽为 b_f'的矩形截面梁完全相同。故计算公式为：

$$\alpha_1 f_c b_f' x = f_y A_s \tag{4-31}$$

$$M_u = \alpha_1 f_c b_f' x (h_0 - 0.5x) \tag{4-32}$$

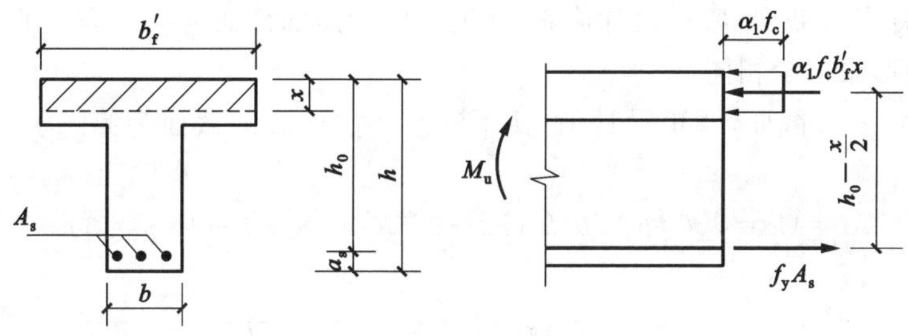

图 4-17　第一类 T 形截面梁的计算简图

适用条件如下：

① $x \leqslant \xi_b h_0$。因为 $\xi = x/h_0 \leqslant h_f'/h_0$，而 h_f'/h_0 一般较小，故通常均可满足不超筋的条件，不必验算。

② $\rho \geqslant \rho_{min}$。必须注意，此处 ρ 是对梁的肋部计算的，即 $\rho = A_s/(bh)$。如前所述，在理论上 ρ_{min} 是根据钢筋混凝土梁的受弯承载力与同样截面素混凝土梁受弯承载力相等的条件得出的，而 T 形截面素混凝土梁(肋宽为 b，梁高为 h)的受弯承载力比矩形截面素混凝土梁($b \times h$)的提高不多，为简化计算并考虑以往设计经验，此处 ρ_{min} 仍按矩形截面的数值采用。

因此，从正截面受弯承载力的观点来看，第一类 T 形截面就相当于宽度为 b_f'的矩形截面，不过它的配筋率 ρ 仍应按肋部宽度 b 来计算。

(2) 第二类 T 形截面基本计算公式及适用条件

第二类 T 形截面的计算简图如图 4-18 所示。由力的平衡条件，可得：

$$\alpha_1 f_c(b_f' - b)h_f' + \alpha_1 f_c bx = f_y A_s \tag{4-33}$$

由力矩的平衡条件,可得:

$$M_u = \alpha_1 f_c(b_f' - b)h_f'(h_0 - 0.5h_f') + \alpha_1 f_c bx(h_0 - 0.5x) \tag{4-34}$$

适用条件如下:

① $x \leqslant \xi_b h_0$,这和单筋矩形受弯构件一样,是为了保证破坏时受拉钢筋先屈服;

② $\rho \geqslant \rho_{min}$,一般均能满足,可不验算。

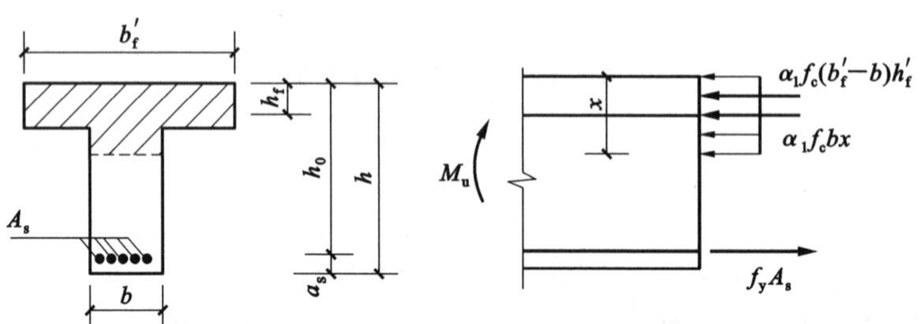

图 4-18 第二类 T 形截面梁的计算简图

4.3.2.3 计算方法

(1) 截面设计

已知材料的强度等级、截面尺寸及弯矩设计值 M,求所需的受拉钢筋截面面积 A_s,可按下述步骤进行:

① 确定翼缘计算宽度 b_f'。

② 对于第一类 T 形截面,弯矩设计值 M 满足式(4-30)的截面为第一类 T 形截面,其计算方法与 $b_f' \times h$ 的单筋矩形梁完全相同。

③ 对于第二类 T 形截面,弯矩设计值 M 不满足式(4-30)的截面为第二类 T 形截面,取 $M = M_u$,式(4-34)成为:

$$M = M_u = \alpha_1 f_c(b_f' - b)h_f'(h_0 - 0.5h_f') + \alpha_1 f_c bx(h_0 - 0.5x)$$

由此解得:

$$x = h_0 - \sqrt{h_0^2 - 2\frac{M - \alpha_1 f_c(b_f' - b)h_f'(h_0 - 0.5h_f')}{\alpha_1 f_c b}} \tag{4-35}$$

验算条件 $x \leqslant \xi_b h_0$,若满足,则由式(4-33)解出钢筋面积:

$$A_s = \frac{\alpha_1 f_c bx + \alpha_1 f_c(b_f' - b)h_f'}{f_y} \tag{4-36}$$

(2) 截面复核

已知材料强度等级、构件截面尺寸、纵向受拉钢筋面积 A_s,求该截面所能承担的极限弯矩 M_u。

当满足式(4-29)时,为第一类 T 形截面梁,可按截面为 $b_f'h$ 的矩形梁的计算方法求 M_u;当不满足式(4-29)时,为第二类 T 形截面梁,可按以下步骤计算极限承载力:

① 计算 x。

$$x = \frac{f_y A_s - \alpha_1 f_c(b_f' - b)h_f'}{\alpha_1 f_c b} \tag{4-37}$$

若 $x \leqslant \xi_b h_0$,可继续第②步计算;若 $x > \xi_b h_0$ 说明截面超筋,应限制使用,并取 $x = \xi_b h_0$,进入第②步。

② 计算截面所能承担的极限弯矩 M_u。

$$M_u = \alpha_1 f_c (b_f' - b) h_f' (h_0 - 0.5h_f') + \alpha_1 f_c bx (h_0 - 0.5x) \tag{4-38}$$

【例 4-3】 已知：梁的截面尺寸为 $b\times h=200\ \text{mm}\times 600\ \text{mm}$，$b_f'=1000\ \text{mm}$，$h_f'=100\ \text{mm}$，弯矩设计值 $M=500\ \text{kN}\cdot\text{m}$，混凝土强度等级为 C30，纵向受拉钢筋采用 HRB400，环境类别为一类，安全等级为二级。求：梁截面所需的受拉钢筋截面面积 A_s。

【解】 (1) 确定基本数据

查表得：$\alpha_1=1.0$，$\xi_b=0.518$，$f_c=14.3\ \text{N/mm}^2$，$f_t=1.43\ \text{N/mm}^2$，$f_y=360\ \text{N/mm}^2$，$c=20\ \text{mm}$，因弯矩比较大，截面宽度 b 比较窄，预计受拉钢筋放两排，设 $a_s=65\ \text{mm}$，那么：

$$h_0=h-a_s=600-65=535(\text{mm})$$

(2) 判断类型

$$\begin{aligned}\alpha_1 f_c b_f' h_f'(h_0-0.5\times h_f') &= 1.0\times 14.3\times 1000\times 100\times(535-0.5\times 100)\times 10^{-6}\\ &=693.55(\text{kN}\cdot\text{m})>M=500(\text{kN}\cdot\text{m})\end{aligned}$$

属于第一类 T 形截面梁，以 b_f' 代替 b。

(3) 计算 x

$$\begin{aligned}x &= h_0-\sqrt{h_0^2-\frac{2M}{\alpha_1 f_c b_f'}}=535-\sqrt{535^2-\frac{2\times 500\times 10^6}{1.0\times 14.3\times 1000}}\\ &=69.92(\text{mm})<\xi_b h_0=0.518\times 535=277.13(\text{mm})\end{aligned}$$

满足要求。

(4) 计算 A_s

$$A_s=\frac{\alpha_1 f_c b_f' x}{f_y}=\frac{1.0\times 14.3\times 1000\times 69.92}{360}=2777(\text{mm}^2)$$

(5) 实配纵筋

受拉钢筋采用 6Φ25($A_s=2945\ \text{mm}^2$)。

(6) 验算最小配筋面积

因为

$$45\frac{f_t}{f_y}\%=45\times\frac{1.43}{360}\%=0.18\%<0.20\%$$

所以

$$\rho_{min}=0.20\%$$

$$A_{s,min}=\rho_{min}bh=0.20\%\times 200\times 600=240(\text{mm}^2)$$

$$A_s=2945\ \text{mm}^2>A_{s,min}=240\ \text{mm}^2$$

满足要求。

【例 4-4】 已知：梁的截面尺寸为 $b\times h=300\ \text{mm}\times 700\ \text{mm}$，$b_f'=600\ \text{mm}$，$h_f'=120\ \text{mm}$，弯矩设计值 $M=650\ \text{kN}\cdot\text{m}$，混凝土强度等级为 C30，纵向受拉钢筋采用 HRB400，环境类别为一类，安全等级为二级。求：梁截面所需的受拉钢筋截面面积 A_s。

【解】 (1) 确定基本数据

查表得：$\alpha_1=1.0$，$\xi_b=0.518$，$f_c=14.3\ \text{N/mm}^2$，$f_t=1.43\ \text{N/mm}^2$，$f_y=360\ \text{N/mm}^2$，$c=20\ \text{mm}$。因弯矩比较大，预计受拉钢筋放两排，设 $a_s=65\ \text{mm}$，则有：

$$h_0=h-a_s=700-65=635(\text{mm})$$

(2) 判断类型

$$\alpha_1 f_c b_f' h_f'(h_0-0.5\times h_f')=1.0\times14.3\times600\times120\times(635-0.5\times120)\times10^{-6}$$
$$=592.0(\mathrm{kN\cdot m})<M=650(\mathrm{kN\cdot m})$$

属于第二类T形截面梁。

(3) 计算 x

$$x=h_0-\sqrt{h_0^2-2\frac{M-\alpha_1 f_c(b_f'-b)h_f'(h_0-0.5h_f')}{\alpha_1 f_c b}}$$
$$=635-\sqrt{635^2-2\times\frac{650\times10^6-1.0\times14.3\times(600-300)\times120\times(635-0.5\times120)}{1.0\times14.3\times300}}$$
$$=146.95(\mathrm{mm})<\xi_b h_0=0.518\times635=328.93(\mathrm{mm})$$

满足要求。

(4) 计算 A_s

$$A_s=\frac{\alpha_1 f_c bx+\alpha_1 f_c(b_f'-b)h_f'}{f_y}$$
$$=\frac{1.0\times14.3\times300\times146.95}{360}+\frac{1.0\times14.3\times(600-300)\times120}{360}$$
$$=3181(\mathrm{mm^2})$$

(5) 实配纵向受拉钢筋

受拉钢筋选用 8 Φ 25 (A_s = 3927 mm^2) 或 4 Φ 22 + 4 Φ 25 (A_s = 3484 mm^2)。

4.3.3 双筋矩形截面正截面承载力计算

4.3.3.1 概述

梁所能承担的外荷载例题

单筋矩形截面梁通常是在正截面的受拉区配置纵向受拉钢筋,在受压区配置纵向架立筋,再用箍筋把它们一起绑扎成钢筋骨架。架立钢筋虽然受压,但对正截面受弯承载力的贡献很小,所以只在构造上起架立钢筋的作用,在计算中是不考虑的。如果在受压区配置的纵向受压钢筋数量比较多,不仅起架立钢筋的作用,而且在正截面受弯承载力的计算中必须考虑这种钢筋的受压作用,这样配筋的截面称为双筋截面。然而,采用纵向受压钢筋协助混凝土承受压力是不经济的,所以从承载力计算角度出发,双筋矩形截面只适用于以下情况:

① 截面承受的弯矩设计值大于单筋截面所能承受的最大弯矩设计值,而梁截面尺寸增加受到限制,材料强度又不能提高时;

② 梁的同一截面在不同荷载组合情况下承受异号弯矩时。

4.3.3.2 计算公式与适用条件

(1) 纵向受压钢筋抗压强度的取值

由平截面假定可得受压钢筋的压应变值为:

$$\varepsilon_s'=\frac{x_c-a_s'}{x_c}\varepsilon_{cu}=\left(1-\frac{a_s'}{x/\beta_1}\right)\varepsilon_{cu}=\left(1-\frac{\beta_1 a_s'}{x}\right)\varepsilon_{cu}$$

若取 $a_s'=0.5x$，则 $\varepsilon_s'=(1-0.5\beta_1)\varepsilon_{cu}$。当 $f_{cu,k}=80\ \text{N/mm}^2$ 时，有 $\varepsilon_{cu}=0.003$，$\beta_1=0.74$，得 $\varepsilon_s'=0.00189$，相应的压应力 $\sigma_s'=\varepsilon_s'E_s=378\ \text{N/mm}^2$。由附表 6 可知，对于 300 MPa 级、335 MPa 级和 400 MPa 级钢筋，此时 σ_s'值已达到 f_y'，故纵向受压钢筋的抗压强度采用 f_y'的条件是：

$$x\geqslant 2a_s' \quad \text{或} \quad z\leqslant h_0-a_s' \tag{4-39}$$

其含义为受压钢筋位置不低于矩形受压应力图形的形心。当不满足式(4-39)的规定时，则表明受压钢筋的位置离中和轴太近，受压钢筋的应变太小，以致其应力达不到抗压强度设计值。

对于500 MPa 级钢筋，抗压强度设计值 $f_y'=435\ \text{N/mm}^2$，因为双筋梁配有箍筋和受压钢筋，混凝土的峰值应变和极限压应变均有所增大，试验研究表明，当 $x\geqslant 2a_s'$时，500 MPa 级钢筋也可达到其抗压强度设计值。

(2) 计算公式及适用条件

双筋矩形截面受弯构件正截面受弯的截面计算图形如图 4-19 所示。

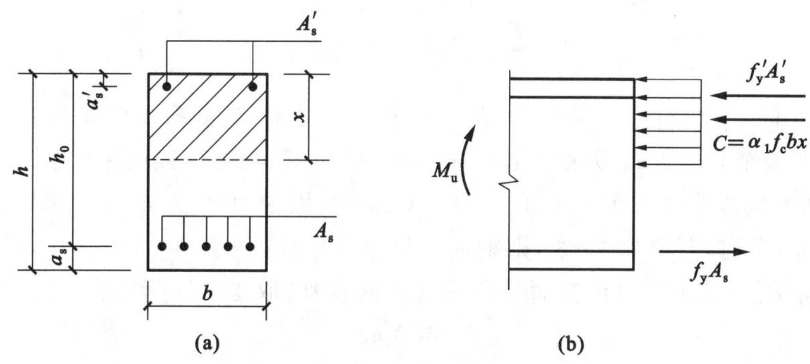

图 4-19 双筋矩形截面受弯构件正截面受弯承载力计算简图

由力的平衡条件，可得：

$$\alpha_1 f_c bx+f_y'A_s'=f_yA_s \tag{4-40}$$

由对受拉钢筋合力点取矩的力矩平衡条件，可得：

$$M_u=\alpha_1 f_c bx(h_0-0.5x)+f_y'A_s'(h_0-a_s') \tag{4-41}$$

适用条件为：

$$2a_s'\leqslant x\leqslant \xi_b h_0$$

对于双筋截面，一般不需要验算配筋率，因为双筋截面中的纵向受拉钢筋面积通常较大，一般都能满足最小配筋率的要求。

当 $x<2a_s'$时，受压钢筋不屈服，近似取 $x=2a_s'$，并对受压钢筋合力点取矩，正截面受弯承载力按下式计算：

$$M_u=f_yA_s(h_0-a_s') \tag{4-42}$$

4.3.3.3 矩形截面双筋梁截面设计方法

双筋梁的截面设计，一般是已知截面尺寸等，求受压钢筋和受拉钢筋。有时基于构造要求等原因，受压钢筋已知，求受拉钢筋。已如前述，截面设计时，令 $M=M_u$。

① 情况1:已知截面尺寸 $b\times h$,混凝土强度等级及钢筋等级,弯矩设计值 M,求受压钢筋面积 A_s' 和受拉钢筋面积 A_s。

在两个基本计算公式[式(4-40)、式(4-41)]中含有 x、A_s'、A_s 三个未知数,其解是不确定的,需补充一个条件才能求解。显然,在截面尺寸及材料强度已知的情况下,只有引入($A_s'+A_s$)之和最小为其最优解。对于强度为500 MPa及以下的钢筋 $f_y=f_y'$,由式(4-41)得:

$$A_s' = \frac{M-\alpha_1 f_c bx(h_0-0.5x)}{f_y'(h_0-a_s')} \tag{4-43}$$

再由式(4-40),可得:

$$A_s = A_s' + \frac{\alpha_1 f_c bx}{f_y} \tag{4-44}$$

式(4-43)与式(4-44)相加,化简可得:

$$A_s+A_s' = \frac{\alpha_1 f_c bx}{f_y} + 2\,\frac{M-\alpha_1 f_c bx(h_0-0.5x)}{f_y'(h_0-a_s')}$$

将上式对 x 求导,令 $\dfrac{\mathrm{d}(A_s+A_s')}{\mathrm{d}x}=0$,可得:

$$\frac{x}{h_0}=\xi=0.5\left(1+\frac{a_s'}{h_0}\right)\approx 0.55$$

为满足适用条件,当 $\xi>\xi_b$ 时,应取 $\xi=\xi_b$。由表4-4可知,当混凝土强度等级小于或等于C50时,对于335 MPa级至500 MPa级钢筋,$\xi_b=0.550\sim0.482$,故可直接取 $\xi=\xi_b$。对于300 MPa级钢筋,在混凝土强度等级小于或等于C50及等于C60时,因 ξ_b 为0.576和0.557,都大于0.55,故宜取 $\xi=0.55$ 计算,此时,若仍取 $\xi=\xi_b$,则钢筋用量略有增加。

为充分利用混凝土受压区对正截面受弯承载力的贡献,取受压区高度:

$$x = \xi_b h_0 \tag{4-45}$$

令 $M=M_u$,由式(4-41),可得:

$$A_s' = \frac{M-\alpha_1 f_c bx(h_0-0.5x)}{f_y'(h_0-a_s')} \tag{4-46}$$

再由式(4-40),可得:

$$A_s = A_s'\frac{f_y'}{f_y} + \frac{\alpha_1 f_c bx}{f_y} \tag{4-47}$$

当 $f_y=f_y'$ 时,可得:

$$A_s = A_s' + \frac{\alpha_1 f_c bx}{f_y} \tag{4-48}$$

② 情况2:已知截面尺寸 $b\times h$,混凝土强度等级、钢筋等级,弯矩设计值 M 及受压钢筋面积 A_s',求受拉钢筋面积 A_s。

由于 A_s' 已知,所以只有充分利用 A_s' 才能使内力臂最大,算出的 A_s 才会最小。在两个基本公式[式(4-40)及式(4-41)]中,仅有 x 及 A_s 为未知数,可直接联立求解。取 $M=M_u$,由式(4-41)解得受压区高度 x:

$$x = h_0 - \sqrt{h_0^2 - 2\,\frac{M-f_y'A_s'(h_0-a_s')}{\alpha_1 f_c b}} \tag{4-49}$$

若 $2a_s'\leqslant x\leqslant\xi_b h_0$,则由式(4-47)或式(4-48)计算受拉钢筋;若 $x>\xi_b h_0$,则表明原有的 A_s' 不足,可按 A_s' 未知的情况1计算纵向受力钢筋;若 $x<2a_s'$ 时,表明 A_s' 不能到达其抗压强度设计值,应按式(4-42)解出受拉钢筋截面面积,即:

$$A_s = \frac{M}{f_y(h_0 - a_s')} \tag{4-50}$$

4.3.3.4　矩形截面双筋梁截面复核

已知截面尺寸 $b\times h$，混凝土强度等级、钢筋等级、受压钢筋面积 A_s' 和受拉钢筋面积 A_s，求正截面受弯承载力 M_u。

由式(4-40)求出 x：

$$x = \frac{f_y A_s - f_y' A_s'}{\alpha_1 f_c b} \tag{4-51}$$

若 $2a_s' \leqslant x \leqslant \xi_b h_0$，则由式(4-41)求 M_u；若 $x < 2a_s'$，可利用式(4-42)求 M_u；若 $x > \xi_b h_0$，则取 $x = \xi_b h_0$，由式(4-41)求 M_u。

【例 4-5】 已知：梁截面尺寸为 $b\times h = 250\ \text{mm}\times 550\ \text{mm}$，混凝土强度等级为 C30，纵向受力钢筋采用 HRB400，截面所承受的弯矩设计值为 $M = 400\ \text{kN}\cdot\text{m}$，环境类别为一类。求：截面所需受压和受拉钢筋的截面面积 A_s' 和 A_s。

【解】 (1) 确定基本数据

查表得：$\alpha_1 = 1.0$，$\xi_b = 0.518$，$f_c = 14.3\ \text{N/mm}^2$，$f_y = f_y' = 360\ \text{N/mm}^2$，$c = 20\ \text{mm}$；因弯矩设计值较大，预计受拉钢筋需设成两排，故取 $a_s = 65\ \text{mm}$，那么：

$$h_0 = h - a_s = 550 - 65 = 485(\text{mm})$$

(2) 判断是否需要双筋截面

单筋截面的最大承载力：

$$x_{max} = \xi_b h_0 = 0.518 \times 485 = 251.2(\text{mm})$$

$$\begin{aligned} M_{u,max} &= \alpha_1 f_c b x_{max}(h_0 - 0.5x_{max}) \\ &= 1.0 \times 14.3 \times 250 \times 251.2 \times (485 - 0.5 \times 251.2) \times 10^{-6} \\ &= 322.8(\text{kN}\cdot\text{m}) < M = 400(\text{kN}\cdot\text{m}) \end{aligned}$$

说明单筋截面的承载力不够，需采用双筋截面。

(3) 计算受压钢筋截面面积

设 $a_s = 65\ \text{mm}$，$a_s' = 40\ \text{mm}$，为充分利用材料性能，取：

$$x = \xi_b h_0 = 0.518 \times 485 = 251.2(\text{mm})$$

则受压钢筋面积为：

$$\begin{aligned} A_s' &= \frac{M - \alpha_1 f_c b x(h_0 - 0.5x)}{f_y'(h_0 - a_s')} \\ &= \frac{400 \times 10^6 - 1.0 \times 14.3 \times 250 \times 251.2 \times (485 - 0.5 \times 251.2)}{360 \times (485 - 40)} \\ &= 482\ (\text{mm}^2) \end{aligned}$$

(4) 计算受拉钢筋截面面积

$$A_s = A_s' + \frac{\alpha_1 f_c b x}{f_y} = 482 + \frac{1.0 \times 14.3 \times 250 \times 251.2}{360} = 2977(\text{mm}^2)$$

(5) 配筋

受压钢筋选用 2Φ16+1Φ14($A_s' = 556\ \text{mm}^2$)；

受拉钢筋选用 8Φ22($A_s = 3041\ \text{mm}^2$)。

【例4-6】 已知:梁截面尺寸为 $b\times h=250\ \text{mm}\times 550\ \text{mm}$,混凝土强度等级为C30,纵向受拉钢筋采用HRB400,截面所承受的弯矩设计值为 $M=400\ \text{kN}\cdot\text{m}$,截面受压区已配置3Φ22的受压钢筋。环境类别为一类,安全等级为二级。求:截面所需的受拉钢筋的截面面积 A_s。

【解】 (1) 确定基本数据

查表得:$\alpha_1=1.0$,$\xi_b=0.518$,$f_c=14.3\ \text{N/mm}^2$,$f_y=f_y'=360\ \text{N/mm}^2$,$c=20\ \text{mm}$;因弯矩设计值较大,预计受拉钢筋需设成两排,故取 $a_s=65\ \text{mm}$,那么:

$$h_0=h-a_s=550-65=485(\text{mm})$$

已知 $A_s'=1140\ \text{mm}^2$,设 $a_s'=40\ \text{mm}$。

(2) 计算 x

$$\begin{aligned}x&=h_0-\sqrt{h_0^2-2\frac{M-f_y'A_s'(h_0-a_s')}{\alpha_1 f_c b}}\\&=485-\sqrt{485^2-2\times\frac{400\times10^6-360\times1140\times(485-40)}{1.0\times14.3\times250}}\\&=147.93(\text{mm})<\xi_b h_0=0.518\times485=251.23(\text{mm})\end{aligned}$$

且

$$x=147.93(\text{mm})>2a_s'=2\times40=80(\text{mm})$$

不超筋,且受压钢筋可屈服。

(3) 计算 A_s

$$\begin{aligned}A_s&=A_s'+\frac{\alpha_1 f_c bx}{f_y}=1140+\frac{1.0\times14.3\times250\times147.93}{360}\\&=2609\ (\text{mm}^2)\end{aligned}$$

(4) 选配钢筋

受拉钢筋选用3Φ25+3Φ22($A_s=2613\ \text{mm}^2$)。

【例4-7】 已知:梁截面尺寸为 $b\times h=250\ \text{mm}\times 550\ \text{mm}$,混凝土强度等级为C30,纵向受拉钢筋采用HRB400,截面所承受的弯矩设计值为 $M=400\ \text{kN}\cdot\text{m}$,截面受压区已配置2Φ14的受压钢筋。环境类别为一类,安全等级为二级。求:截面所需的纵向钢筋的截面面积 A_s。

【解】 (1) 确定基本数据

查表得:$\alpha_1=1.0$,$\xi_b=0.518$,$f_c=14.3\ \text{N/mm}^2$,$f_y=f_y'=360\ \text{N/mm}^2$,$c=20\ \text{mm}$;因弯矩设计值较大,预计受拉钢筋需设成两排,故取 $a_s=65\ \text{mm}$,那么:

$$h_0=h-a_s=550-65=485(\text{mm})$$

已知 $A_s'=308\ \text{mm}^2$,设 $a_s'=40\ \text{mm}^2$。

(2) 计算 x

$$\begin{aligned}x&=h_0-\sqrt{h_0^2-2\frac{M-f_y'A_s'(h_0-a_s')}{\alpha_1 f_c b}}\\&=485-\sqrt{485^2-2\times\frac{400\times10^6-360\times308\times(485-40)}{1.0\times14.3\times250}}\\&=287.38(\text{mm})>\xi_b h_0=0.518\times485=251.23(\text{mm})\end{aligned}$$

说明原有的 A_s' 不够,需要按照 A_s' 和 A_s 未知的情况重新计算,计算过程同例4-5。

注意:最后的受压钢筋要按照重新计算的面积配筋。

【例4-8】 已知:梁截面尺寸为 $b\times h=300\ \text{mm}\times 600\ \text{mm}$,混凝土强度等级为C30,纵向受拉钢

筋采用 HRB400，截面受压区已配置 2Φ16 的受压钢筋，受拉区已配置 4Φ25 的受拉钢筋。环境类别为一类，安全等级为二级。求：梁截面所能承受的最大弯矩设计值 M。

【解】 (1) 确定基本数据

查表得：$\alpha_1=1.0$，$\xi_b=0.518$，$f_c=14.3\ \text{N/mm}^2$，$f_y=f_y'=360\ \text{N/mm}^2$，$c=20$ mm；截面宽度 $b=300$ mm，设箍筋直径 d 为 10 mm，则 $a_s=20+10+28.4/2=44.2(\text{mm})$，方便计算可取 $a_s=45$ mm，设 $a_s'=40$ mm，截面有效高度为：

$$h_0=h-a_s=600-45=555(\text{mm})$$

纵向钢筋的截面面积为 $A_s'=402\ \text{mm}^2$，$A_s=1964\ \text{mm}^2$。

(2) 计算 x

$$x=\frac{f_yA_s-f_y'A_s'}{\alpha_1 f_c b}=\frac{360\times(1964-402)}{1.0\times14.3\times300}=131.08(\text{mm})<\xi_b h_0=0.518\times555=287.49(\text{mm})$$

且

$$x=131.08(\text{mm})>2a_s'=2\times40=80(\text{mm})$$

不超筋，受压钢筋可屈服。

(3) 计算截面的弯矩承载力 M_u

$$\begin{aligned}M_u&=\alpha_1 f_c bx(h_0-0.5x)+f_y'A_s'(h_0-a_s')\\&=1.0\times14.3\times300\times131.08\times(555-0.5\times131.08)\times10^{-6}+360\times402\times(555-40)\times10^{-6}\\&=349.77(\text{kN}\cdot\text{m})\end{aligned}$$

(4) 确定截面所能承受的最大弯矩设计值 M

$$M=M_u=349.77\ \text{kN}\cdot\text{m}$$

注意：凡是正截面承载力复核题，都必须求出混凝土受压区高度 x。

4.4 钢筋混凝土受弯构件斜截面受剪承载力计算

钢筋混凝土受弯构件在主要承受弯矩的区段内，会产生垂直裂缝，如果正截面受弯承载力不够，将沿垂直裂缝发生正截面受弯破坏。钢筋混凝土受弯构件在弯矩和剪力共同作用下，当正截面受弯承载力得到保证时，还有可能产生斜截面破坏。因此，在保证受弯构件正截面受弯承载力的同时，还要保证斜截面承载力，它包括斜截面受剪承载力和斜截面受弯承载力。工程设计中，斜截面受剪承载力是由计算和构造来满足的，斜截面受弯承载力则是通过对纵向钢筋的构造要求来满足的。

剪弯区段内，弯矩产生正应力 σ，剪力引起剪应力 τ，属于二向应力状态；而在纯弯区段内，正截面上只有正应力，为单向应力状态。图 4-20 为一无腹筋梁在对称集中荷载作用下的主应力轨迹线图形，实线是主拉应力轨迹线，虚线为主压应力轨迹线。

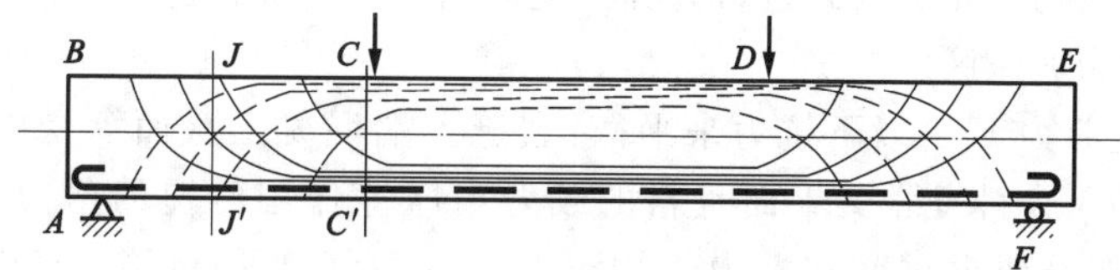

图 4-20 主应力轨迹线

剪弯区段内，在中和轴附近，正应力小，剪应力大，主拉应力方向大致为 45°。当荷载增大，拉应变达到混凝土的极限拉应变值时,混凝土开裂,沿主压应力轨迹线产生腹部的斜裂缝,称为腹剪斜裂缝。腹剪斜裂缝中间宽两头细,呈枣核形,常见于薄腹梁中,如图4-21(a)所示。另外,从主应力轨迹线图上可以看出,在剪弯区段截面的下边缘,主拉应力还是水平的。所以,在这些区段仍可能首先出现一些较短的垂直裂缝,然后延伸成斜裂缝,向集中荷载作用点发展。这种由垂直裂缝发展而成的斜裂缝,称为弯剪斜裂缝,这种裂缝下宽上细,是最常见的,如图4-21(b)所示。

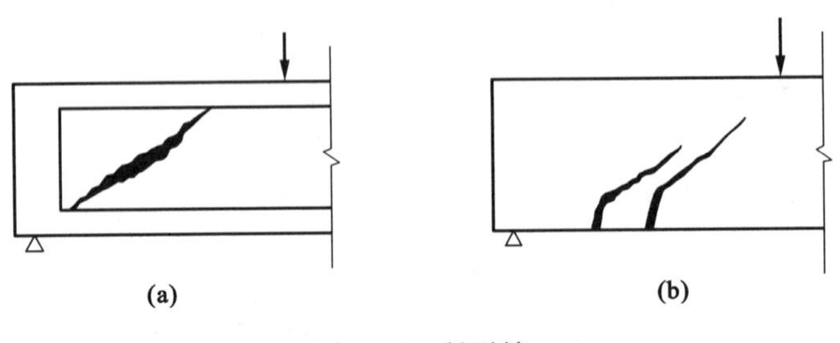

图4-21 斜裂缝

(a) 腹剪斜裂缝;(b) 弯剪斜裂缝

为了防止梁沿斜裂缝破坏,应使梁具有一个合理的截面尺寸,并配置必要的箍筋,如图4-22所示。当梁承受的剪力较大时,可再补充设置斜钢筋。斜钢筋一般由梁内的纵筋弯起而形成,称为弯起钢筋。箍筋、弯起钢筋(或斜筋)统称为腹筋。它们与纵筋、架立钢筋绑扎(或焊接)在一起,形成梁的钢筋骨架,使各种钢筋在施工时能维持正确的位置。仅配有纵向钢筋而无箍筋和弯起钢筋的梁,称为无腹筋梁。

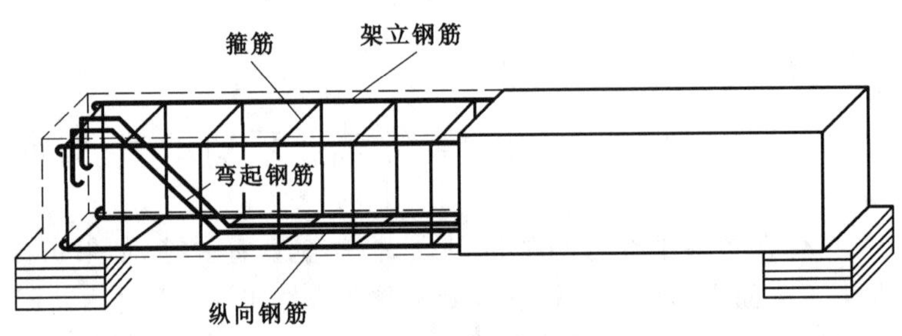

图4-22 箍筋和弯起钢筋

4.4.1 受弯构件斜截面受力特点

4.4.1.1 无腹筋梁斜截面的受力特点

无腹筋梁出现斜裂缝后,其应力状态发生了显著变化,这时不能再将其视为匀质弹性梁,截面上的应力亦不能用材料力学中的公式进行计算。现以图4-23中的斜裂缝CB为界取出隔离体,斜裂缝上端截面AB称为剪压区。

在这个隔离体上剪力V由以下抗力来平衡:裂缝上端混凝土截面承受的剪力V_c,纵向钢筋销栓作用传递的剪力V_d,斜裂缝交界面骨料的咬合与摩擦作用传递的剪力V_a。由于混凝土保护层厚度不大,难以阻止纵向钢筋在剪力作用下产生的剪切变形,故纵向钢筋联系斜裂缝两侧混凝土的销栓作用是很脆弱的;斜裂缝交界面上骨料的咬合作用及摩擦作用将随着裂缝的开展而逐渐减小。

由于斜裂缝的出现，梁在剪弯段内的应力状态将发生很大变化，主要表现在：

① 开裂前的剪力是由全截面承担的，开裂后则主要由剪压区混凝土承担，应力的分布规律不同于斜裂缝出现前的情形。

② 混凝土剪压区面积因斜裂缝的出现和发展而逐渐减小，剪压区内的混凝土压应力将大大增加。

③ 与斜裂缝相交处的纵向钢筋应力，由于斜裂缝的出现而突然增大。因为该处的纵向钢筋拉力 T 在斜裂缝出现前是由截面 C 处的弯矩 M_C 决定的，如图 4-23 所示，而在斜裂缝出现后，根据力矩平衡的概念，纵向钢筋的拉力 T 则是由斜裂缝端点处截面 AB 的弯矩 M_B 决定的，而 M_B 比 M_C 大很多。

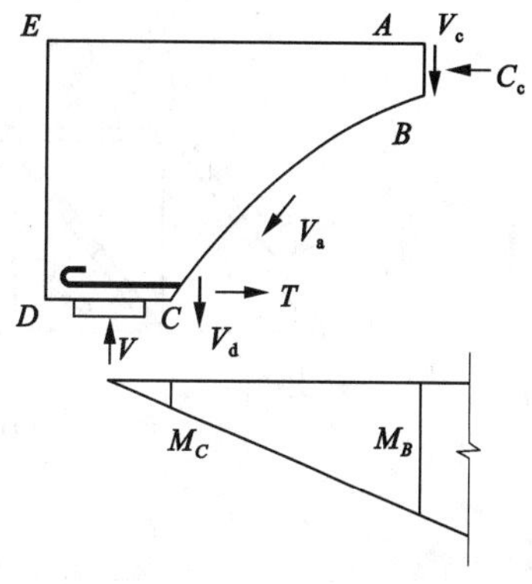

图 4-23　隔离体受力图

当荷载继续增加，随着斜裂缝数量的增多和裂缝宽度增大，骨料咬合力下降；沿纵向钢筋的混凝土保护层也有可能被撕裂，钢筋的销栓力也逐渐减弱；斜裂缝中的一条发展成为主要斜裂缝，称为临界斜裂缝，无腹筋梁此时如同拱结构，如图 4-24 所示，纵向钢筋成为拱的拉杆，承担水平推力。较常见的破坏情形是：临界斜裂缝的发展导致混凝土剪压区高度的不断减小，最后在剪应力和压应力的共同作用下，梁因剪压区混凝土被压碎（拱顶破坏）而发生破坏。

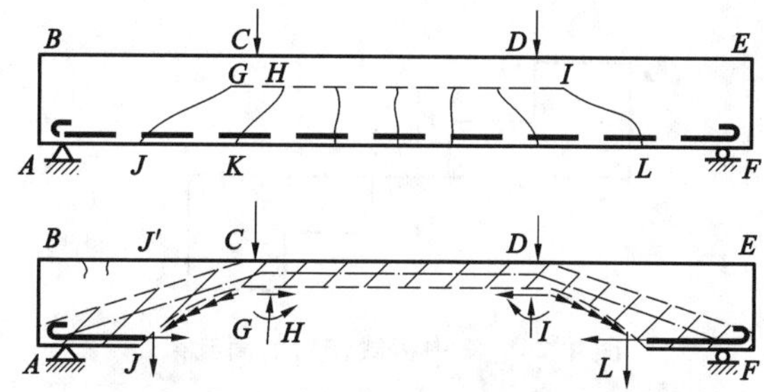

图 4-24　无腹筋梁的拱体受力机制

4.4.1.2　有腹筋梁斜截面的受力特点

有腹筋梁在荷载较小，斜裂缝出现之前，腹筋的应力很小，腹筋作用不大，对斜裂缝出现的荷载影响很小，其受力性能与无腹筋梁相近。然而，在斜裂缝出现后，有腹筋梁的受力性能与无腹筋梁相比，将有显著不同。

斜裂缝出现后，与斜裂缝相交的箍筋的应力增大。此时，有腹筋梁比拟为一个铰接桁架，压区混凝土为上弦杆，受拉钢筋为下弦杆，腹筋为竖向拉杆，斜裂缝间的混凝土则为斜压杆。

最初桁架模型假定斜腹杆倾角为 45°，称为 45°桁架模型，如图 4-25(a)所示。后来又提出斜压杆倾角不一定是 45°，而是在一定范围内变化的，故称为变角桁架模型，如图 4-25(b)所示。

4.4.1.3　剪跨比

在如图 4-26 所示的承受集中荷载的简支梁中，最外侧的集中力到临近支座的距离 a 称为剪跨，剪跨 a 与梁截面有效高度 h_0 的比值，称为计算截面的剪跨比，简称剪跨比，用 λ 表示，$\lambda=a/h_0$。

对矩形截面梁，剪跨段内截面上的正应力 σ 和剪应力 τ 可表示为：

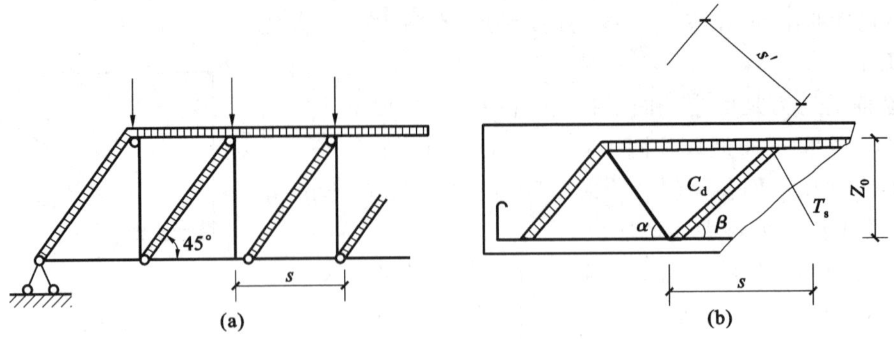

图 4-25　桁架模型

(a) 45°桁架模型;(b) 变角桁架模型

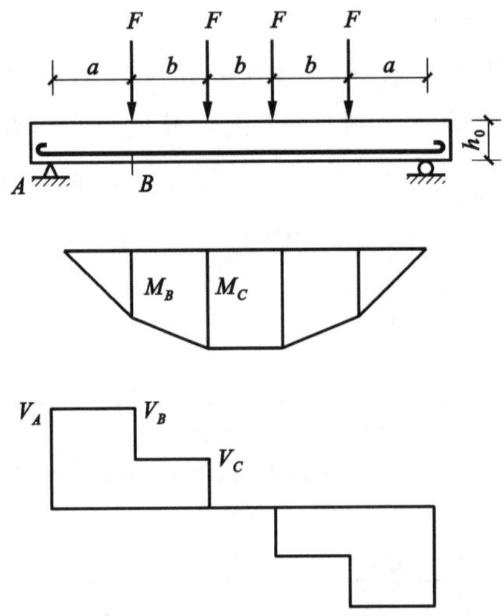

图 4-26　集中荷载作用的简支梁

$$\sigma = \alpha_1 \frac{M}{bh_0^2}, \quad \tau = \alpha_2 \frac{V}{bh_0}$$

故

$$\frac{\sigma}{\tau} = \frac{\alpha_1}{\alpha_2} \cdot \frac{M}{Vh_0} = \frac{\alpha_1}{\alpha_2} \cdot \lambda \tag{4-52}$$

式中　α_1, α_2——与梁支座形式、计算截面位置有关的系数;

λ——广义剪跨比,$\lambda = M/(Vh_0)$,M、V 为计算截面承受的弯矩、剪力设计值。

剪跨比 λ 反映了截面上正应力 σ 和剪应力 τ 的相对比值,在一定程度上也反映了截面上弯矩与剪力的相对比值。它对无腹筋梁的斜截面受剪破坏形态有着决定性的影响,对斜截面受剪承载力也有着极为重要的影响。

4.4.1.4　斜截面受剪破坏的三种主要形态

(1) 无腹筋梁的斜截面受剪破坏形态

大量实验表明,无腹筋梁斜截面受剪破坏形态与剪跨比 λ 有决定性的关系,主要有斜压破坏、剪压破坏、斜拉破坏三种破坏形态。

① 斜压破坏[图 4-27(a)]。当 $\lambda<1$ 时,发生斜压破坏。这种破坏多数发生在剪力大而弯矩小的区段,以及梁腹板很薄的 T 形截面或Ⅰ形截面梁内。破坏时,混凝土被腹剪斜裂缝分割成若干个斜向短柱而压坏,因此受剪承载力取决于混凝土的抗压强度。

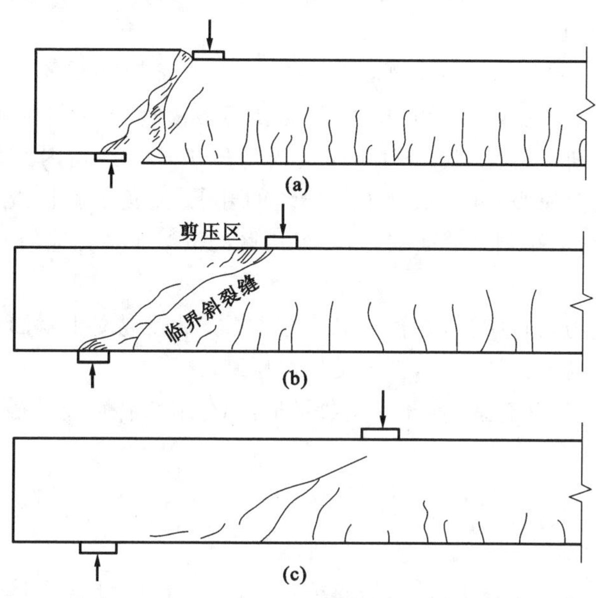

图 4-27　无腹筋梁斜截面破坏形态

(a) 斜压破坏;(b) 剪压破坏;(c) 斜拉破坏

无腹筋梁剪压破坏试验视频

② 剪压破坏[图 4-27(b)]。当 $1\leqslant\lambda\leqslant3$ 时,常发生剪压破坏。其破坏特征通常是,在弯剪区段的受拉区边缘先出现一些竖向裂缝,它们沿竖向延伸一小段长度后,就斜向延伸形成一些斜裂缝,而后又产生一条贯穿的较宽的主要斜裂缝,称为临界斜裂缝,临界斜裂缝出现后迅速延伸,使斜截面剪压区的高度缩小,最后导致剪压区的混凝土破坏,使斜截面丧失承载力。

③ 斜拉破坏[图 4-27(c)]。当 $\lambda>3$ 时,常发生斜拉破坏。其特点是当竖向裂缝一出现,就迅速向受压区斜向伸展,斜截面承载力随之丧失。破坏荷载与出现斜裂缝时的荷载很接近,破坏过程急骤,破坏前梁变形很小。

无腹筋梁斜拉破坏试验视频

图 4-28 为三种破坏形态的荷载-挠度(F-f)曲线图。可见,三种破坏形态的斜截面受剪承载力是不同的,斜压破坏时最大,其次为剪压,斜拉最小。它们在达到峰值荷载时,跨中挠度都不大,破坏时荷载都会迅速下降,表明它们都属脆性破坏类型,是工程中应尽量避免的,尤其是应避免斜拉破坏。另外,这三种破坏形态虽然都是属于脆性破坏类型,但脆性程度是不同的。混凝土的极限拉应变值比极限压应变值小得多,所以斜拉破坏最

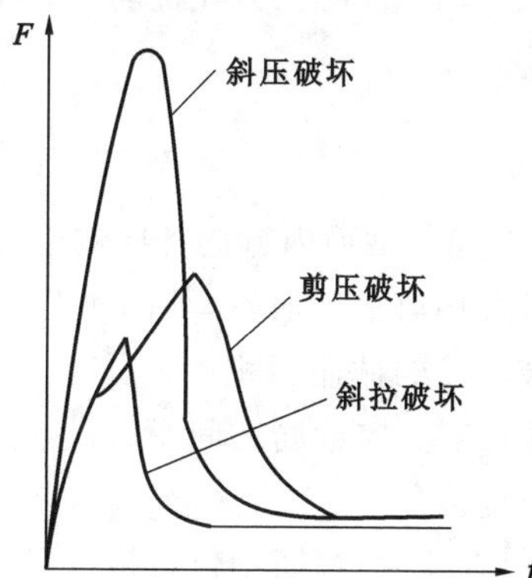

图 4-28　无腹筋梁斜截面破坏的 F-f 曲线

脆,斜压破坏次之。为此,相关规范规定用构造措施,强制性地来防止斜拉、斜压破坏,而对剪压破坏,因其承载力变化幅度相对较大,所以是通过计算来防止的。

(2) 有腹筋梁的斜截面受剪破坏形态

配置箍筋的有腹筋梁,它的斜截面受剪破坏形态是以无腹筋梁为基础的,也分为斜压破坏、剪压破坏和斜拉破坏三种破坏形态。这时,除了剪跨比对斜截面破坏形态有决定性的影响以外,箍筋的配置数量对破坏形态也有很大的影响。

当$\lambda>3$,且箍筋配置数量过少时,斜裂缝一旦出现,与斜裂缝相交的箍筋承受不了原来由混凝土所负担的拉力,箍筋立即屈服而不能限制斜裂缝的开展,与无腹筋梁相似,发生斜拉破坏。

如果$\lambda>3$,箍筋配置数量适当,则可避免斜拉破坏,而转为剪压破坏。这是因为斜裂缝产生后,与斜裂缝相交的箍筋不会立即受拉屈服,箍筋限制了斜裂缝的开展,避免了斜拉破坏。箍筋屈服后,斜裂缝迅速向上发展,使斜裂缝上端剩余截面缩小,使剪压区的混凝土在正应力σ和剪应力τ共同作用下产生剪压破坏。

如果箍筋配置数量过多,箍筋应力增长缓慢,在箍筋尚未屈服时,梁腹混凝土就因抗压能力不足而发生斜压破坏。在薄腹梁中,即使剪跨比较大,也会发生斜压破坏。

所以,对有腹筋梁来说,只要截面尺寸合适,箍筋配置数量适当,使其斜截面受剪破坏成为剪压破坏形态是可能的。

4.4.2 仅配箍筋时斜截面受剪承载力计算

4.4.2.1 影响受弯构件斜截面受剪承载力的主要因素

(1) 剪跨比

随着剪跨比λ的增加,梁的破坏形态按斜压($\lambda<1$)、剪压($1\leqslant\lambda\leqslant3$)和斜拉($\lambda>3$)的顺序演变,其受剪承载力则逐步减弱。当$\lambda>3$时,剪跨比的影响将不明显。

(2) 混凝土强度

斜截面破坏是由混凝土到达极限强度而发生的,故混凝土的强度对梁的受剪承载力影响很大。梁斜压破坏时,受剪承载力取决于混凝土的抗压强度;斜拉破坏时,受剪承载力取决于混凝土的抗拉强度,而抗拉强度的增加较抗压强度来得缓慢,故混凝土强度的影响就略小;剪压破坏,混凝土强度的影响则居于上述两者之间。

(3) 箍筋的配筋率

梁内箍筋的配筋率是指沿梁长,在箍筋的一个间距范围内,箍筋各肢的全部截面面积与混凝土水平截面面积的比值,即:

$$\rho_{sv}=\frac{A_{sv}}{bs}=\frac{n\cdot A_{sv1}}{bs} \tag{4-53}$$

式中 A_{sv}——配置在同一截面内箍筋各肢的全部截面面积;

n——同一截面内箍筋的肢数,如图4-29所示;

A_{sv1}——单肢箍筋的截面面积;

s——沿构件长度方向箍筋的间距;

b——梁的宽度。

有腹筋梁出现斜裂缝后,箍筋不仅直接承受相当部分的剪力,而且有效地抑制了斜裂缝的开展和延伸,对提高剪压区混凝土的抗剪能力和纵向钢筋的销栓作用有着积极的影响。梁的斜截面受

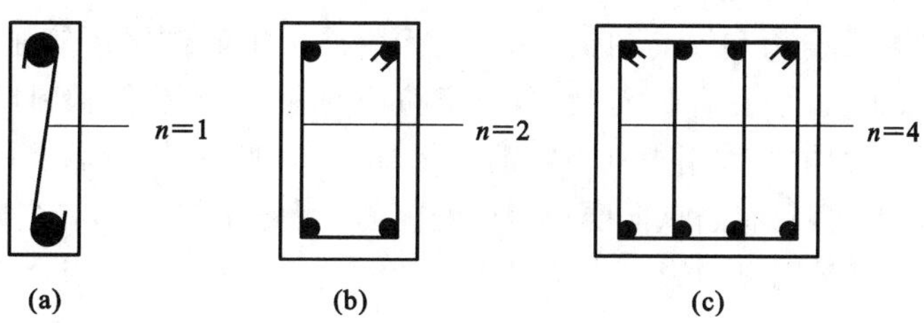

图 4-29 箍筋的肢数

(a)单肢箍;(b)双肢箍;(c)四肢箍

剪承载力随箍筋的配筋率增大而提高,两者呈线性关系。

(4) 纵筋配筋率

纵筋的受剪产生了销栓力,它能限制斜裂缝的伸展,从而使剪压区的高度增大。所以,纵筋的配筋率增大,梁的受剪承载力也就提高。

(5) 斜截面上的骨料咬合力

斜裂缝处的骨料咬合力对无腹筋梁的斜截面受剪承载力影响较大。

(6) 截面尺寸和形状

截面尺寸对无腹筋梁的受剪承载力有较大的影响,尺寸大的构件,破坏时的平均剪应力比尺寸小的构件要低。有试验表明,在其他参数(混凝土强度、纵筋配筋率、剪跨比)保持不变时,梁高扩大4倍,破坏时的平均剪应力可下降25%~30%。对于有腹筋梁,截面尺寸的影响将减小。

截面形状的影响主要是指T形梁,其翼缘大小对受剪承载力有影响。适当增加翼缘宽度,可提高受剪承载力25%,但翼缘过大,增大作用就趋于平缓。另外,加大梁宽也可提高受剪承载力。

4.4.2.2 斜截面受剪承载力的计算公式

(1) 基本假设

对于斜压破坏,通常用控制截面的最小尺寸来防止;对于斜拉破坏,则用满足箍筋的最小配筋率条件及构造要求来防止;对于剪压破坏,因其承载力变化幅度较大,必须通过计算,使构件满足一定的斜截面受剪承载力,从而防止剪压破坏。《混凝土结构设计规范(2015年版)》(GB 50010—2010)的基本计算公式就是根据剪压破坏形态的受力特征而建立的。其基本假定如下:

① 梁发生剪压破坏时,斜截面所承受的剪力设计值由三部分组成,如图4-30所示,即:

$$V_u = V_c + V_s + V_{sb} \tag{4-54}$$

式中 V_u——梁斜截面受剪承载力设计值;

V_c——混凝土剪压区受剪承载力设计值;

V_s——与斜裂缝相交的箍筋的受剪承载力设计值;

V_{sb}——与斜裂缝相交的弯起钢筋的受剪承载力设计值。

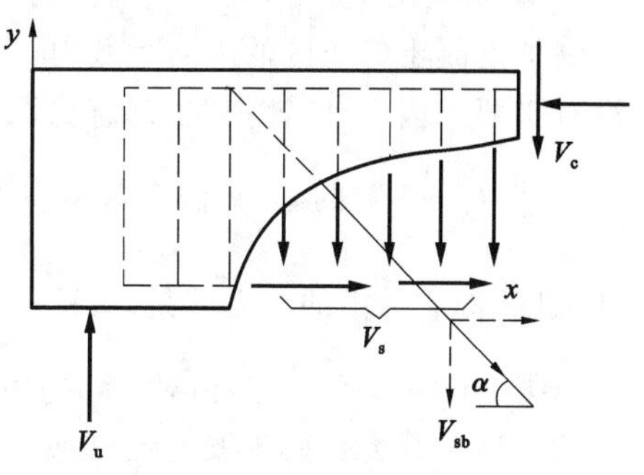

图 4-30 受剪承载力的组成

② 梁剪压破坏时,与斜裂缝相交的箍筋和弯起钢筋的拉应力都达到其屈服强度,但要考虑拉应力可能不均

匀,特别是靠近剪压区的弯起钢筋有可能达不到屈服强度。

③ 斜裂缝处的骨料咬合力和纵筋的销栓力,在无腹筋梁中的作用还较显著,两者承受的剪力可达总剪力的50%~90%。但在有腹筋梁中,由于箍筋的存在,虽然使骨料咬合力和销栓力都有一定程度的提高,但它们的抗剪作用大都被箍筋代替,试验表明,它们所承受的剪力仅占总剪力的20%左右。另外,研究表明,只有当纵向受拉钢筋的配筋率大于1.5%时,骨料咬合力和销栓力才对无腹筋梁的受剪承载力有较明显的影响。所以为了计算简便,将不计入咬合力和销栓力对受剪承载力的贡献。

④ 截面尺寸的影响主要对无腹筋的受弯构件,故仅在不配箍筋和弯起钢筋的厚板计算时才予以考虑。

⑤ 剪跨比是影响斜截面承载力的重要因素之一,但为了计算公式应用简便,仅在计算受集中荷载为主的独立梁时才考虑λ的影响。

(2) 仅配置箍筋的截面受剪承载力计算公式

仅配置箍筋的矩形、T形、I形截面受弯构件的斜截面受剪承载力的计算公式为:

$$V_u = V_{cs} \tag{4-55}$$

$$V_{cs} = \alpha_{cv} f_t b h_0 + f_{yv} \frac{A_{sv}}{s} h_0 \tag{4-56}$$

式中 V_{cs}——构件斜截面上混凝土和箍筋的受剪承载力设计值。

α_{cv}——斜截面上受剪承载力系数,对于一般受弯构件取0.7;对集中荷载作用下(包括作用有多种荷载,其中集中荷载对支座截面或节点边缘所产生的剪力值占总剪力的75%以上的情况)的独立梁,$\alpha_{cv}=1.75/(\lambda+1)$;$\lambda$为计算截面的剪跨比,可取$\lambda=a/h_0$,当$\lambda<1.5$时,取1.5,当$\lambda>3$时,取3;$a$取集中荷载作用点至支座截面或节点边缘的距离。

A_{sv}——配置在同一截面内箍筋各肢的全部截面面积,即nA_{sv1},此处,n为在同一个截面内箍筋的肢数,A_{sv1}为单肢箍筋的截面面积。

s——沿构件长度方向箍筋的间距。

f_{yv}——箍筋的抗拉强度设计值,按附表6采用。

(3) 对计算公式的说明

① V_{cs}由两项组成,前一项$\alpha_{cv} f_t b h_0$是由混凝土剪压区承担的剪力,后一项$f_{yv}\frac{A_{sv}}{s}h_0$中大部分是由箍筋承担的剪力,但有小部分属于混凝土的,因为配置箍筋后,箍筋将抑制斜裂缝的开展,从而提高了混凝土剪压区的受剪承载力,但是究竟提高了多少,很难把它从第二项中分离出来,并且也没有必要。因此,应该把V_{cs}理解为混凝土剪压区与箍筋共同承担的剪力。

② $f_{yv}\frac{A_{sv}}{s}h_0$的来历:假定弯剪斜裂缝的水平投影长度是$h_0$,且此范围内的箍筋都达到抗拉设计强度,则它承担的剪力就是$f_{yv}\frac{A_{sv}}{s}h_0$。如前所述,其中一小部分是属于混凝土的贡献。

③ 与$\lambda=1.5\sim3.0$相对应,$\alpha_{cv}=0.7\sim0.44$,这说明当$\lambda>1.5$时,集中荷载作用下的独立梁,它的受剪承载力比其他梁的低,λ愈大,降低愈多。

④ 现浇混凝土楼盖和装配整体式混凝土楼盖中的主梁虽然主要承受集中荷载,但不是独立梁,所以除吊车梁和试验梁以外,建筑工程中的独立梁是很少见的。

⑤ 式(4-56)适用于矩形、T 形和 I 形截面，并不说明截面形状对受剪承载力没有影响，只是影响不大。

对于厚腹的 T 形梁，其抗剪性能与矩形梁相似，但受剪承载力略高。这是因为受压翼缘使剪压区混凝土的压应力和剪应力减小，但翼缘的这一有效作用是有限的，且翼缘超过肋宽 2 倍时，受剪承载力基本上不再提高。

对于薄腹的 T 形梁，腹板中有较大的剪应力，在剪跨区段内常有均匀的腹剪裂缝出现，当裂缝间斜向受压混凝土被压碎时，梁受斜压破坏，受剪承载力要比厚腹梁低，此时翼缘不能提高梁的受剪承载力。

(4) 计算公式的适用范围

梁的斜截面受剪承载力计算公式，仅适用于剪压破坏情况，为了防止斜压和斜拉破坏，还应规定其上、下限值。

① 截面的最小尺寸(箍筋的上限值)。

当梁截面尺寸过小，而剪力较大时，梁往往发生斜压破坏，这时，即使多配箍筋，也无济于事。因而，为避免斜压破坏，梁截面尺寸不宜过小，这是主要的原因，其次也为了防止梁在使用阶段斜裂缝过宽(主要是薄腹梁)。对矩形、T 形和 I 形截面梁的截面尺寸应符合如下规定。

当 $h_w/b \leqslant 4$ 时(厚腹梁，也即一般梁)，应满足：

$$V \leqslant 0.25\beta_c f_c b h_0 \tag{4-57}$$

当时 $h_w/b \geqslant 6$(薄腹梁)，应满足：

$$V \leqslant 0.20\beta_c f_c b h_0 \tag{4-58}$$

当 $4 < h_w/b < 6$ 时，按直线内插法取用，即：

$$V \leqslant 0.025(14 - h_w/b)\beta_c f_c b h_0 \tag{4-59}$$

式中 V——剪力设计值；

β_c——混凝土强度影响系数，当混凝土强度等级不超过 C50 时，取 $\beta_c=1.0$，当混凝土强度等级为 C80 时，取 $\beta_c=0.8$，其间按直线内插法确定；

f_c——混凝土抗压强度设计值；

b——矩形截面的宽度，T 形或 I 形截面的腹板宽度；

h_w——截面的腹板高度，矩形截面取有效高度 h_0，T 形截面取有效高度减去翼缘高度，I 形截面取腹板净高。

② 箍筋的最小含量(箍筋的下限值)。

箍筋配置过少，一旦斜裂缝出现，箍筋中突然增大的拉应力很可能达到屈服强度，造成裂缝的加速开展，甚至箍筋被拉断，而导致斜拉破坏。为了避免这类破坏，应规定梁内箍筋配筋率的下限值，当 $V > 0.7 f_t b h_0$ 时，箍筋的配筋率 ρ_{sv} 应不小于其最小配筋率 $\rho_{sv,min}$：

$$\rho_{sv} = \frac{A_{sv}}{bs} \geqslant \rho_{sv,min} = 0.24\frac{f_t}{f_{yv}} \tag{4-60}$$

4.4.2.3 斜截面受剪承载力的计算方法和步骤

(1) 计算截面

① 支座边缘处的截面，即图 4-31(a)中的截面 1—1；

② 受拉区弯起钢筋弯起点处的斜截面，即图 4-31(a)中截面 2—2；

③ 箍筋截面面积或间距改变处的斜截面，即图 4-31(a)中的截面 3—3；

④ 腹板宽度改变处的斜截面,例如薄腹梁在支座附近的截面变化处,即图 4-31(b)中的截面 4—4,由于腹板宽度变小,必然使梁的受剪承载力受到影响。

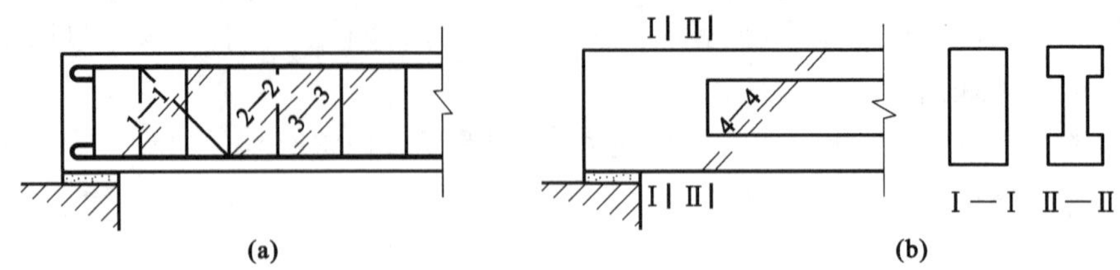

图 4-31　斜截面受剪承载力的计算截面位置

(a) 1—1、2—2、3—3 截面位置;(b) 4—4 截面位置

计算截面处的剪力设计值按下述方法采用:计算支座边缘处的截面时,取该处的剪力值;计算箍筋数量改变处的截面时,取箍筋数量开始改变处的剪力值;计算第一排(从支座算起)弯起钢筋时,取支座边缘处的剪力值;计算以后每一排弯起钢筋时,取前一排弯起钢筋弯起点处的剪力值。

(2) 计算步骤

钢筋混凝土梁的设计,应从控制梁的正截面破坏和斜截面破坏两个方面考虑。一般先进行正截面承载力设计,确定截面尺寸和纵向钢筋等后,对上述各计算截面,再根据剪力设计值 V 进行斜截面受剪承载力的设计计算。斜截面受剪承载力的计算按下列步骤进行设计:

① 求内力,绘制剪力图,确定计算截面剪力设计值。

② 按式(4-57)、式(4-58)或式(4-59)验算是否满足截面限制条件,如不满足,则应加大截面尺寸或提高混凝土的强度等级。

③ 验算是否需要计算配置腹筋。如果计算截面的剪力设计值满足式(4-61)的要求,梁内可不按计算配置腹筋,可按构造要求配置;否则,应按计算配置腹筋。

$$V \leqslant \alpha_{cv} f_t b h_0 \tag{4-61}$$

④ 计算配置腹筋。

对仅配置箍筋的梁,可按下式计算:

$$\frac{nA_{sv1}}{s} \geqslant \frac{V - \alpha_{cv} f_t b h_0}{f_{yv} h_0} \tag{4-62}$$

式(4-62)中含有箍筋肢数 n、单肢箍筋截面面积 A_{sv1}、箍筋间距 s 三个未知量,设计时一般先假定箍筋直径 d 和箍筋的肢数 n,然后计算箍筋间距 s。箍筋间距 s 应不超过表 4-6 规定的最大值 s_{max},同时应满足最小配箍率。

【例 4-9】 已知:钢筋混凝土矩形截面简支梁,如图 4-32 所示。梁的截面尺寸为 $b \times h =$ 200 mm×500 mm,该梁承受均布荷载设计值为 $g+q=96$ kN/m,混凝土强度等级为 C30,箍筋采用 HRB400 级钢筋(梁底纵筋排一排),环境类别为一类,安全等级为二级。求:配置箍筋。

【解】 (1) 确定基本数据

查表得:$\beta_c=1.0$,$f_c=14.3\ \text{N/mm}^2$,$f_t=1.43\ \text{N/mm}^2$,$f_{yv}=300\ \text{N/mm}^2$,$a_s=40$ mm,则 $h_0=h-a_s=500-40=460(\text{mm})$,$h_w=h_0=460$ mm。

(2) 求剪力设计值

支座边缘处截面的剪力值最大,即:

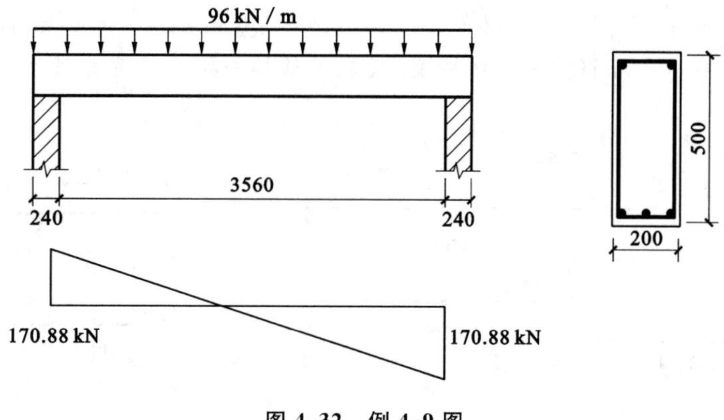

图 4-32 例 4-9 图

$$V_{max}=\gamma_0 \cdot \frac{1}{2}(g+q)l_n=1.0\times\frac{1}{2}\times 96\times 3.56=170.88(\text{kN})$$

(3) 验算截面尺寸

$$\frac{h_w}{b}=\frac{460}{200}=2.3<4$$

$$\begin{aligned}0.25\beta_c f_c b h_0 &=0.25\times 1.0\times 14.3\times 200\times 460\times 10^{-3}\\ &=328.9(\text{kN})>V_{max}=170.88(\text{kN})\end{aligned}$$

截面符合要求。

(4) 验算是否需要计算配箍

$$\begin{aligned}\alpha_{cv} f_t b h_0 &=0.7\times 1.43\times 200\times 460\times 10^{-3}\\ &=92.092(\text{kN})<V_{max}=170.88(\text{kN})\end{aligned}$$

需要计算配箍。

(5) 计算所需箍筋

$$V_{max}\leqslant\alpha_{cv} f_t b h_0+f_{yv}\frac{A_{sv}}{s}h_0$$

从而

$$\frac{A_{sv}}{s}\geqslant\frac{V_{max}-\alpha_{cv} f_t b h_0}{f_{yv} h_0}=\frac{170.88\times 10^3-92.092\times 10^3}{300\times 460}=0.571(\text{mm}^2/\text{mm})$$

(6) 配置箍筋

选用双肢箍 $n=2$，选用直径 8 的箍筋，$A_{sv1}=50.3\ \text{mm}^2$，则间距 s 要满足下式：

$$s\leqslant\frac{2\times 50.3}{0.571}=176(\text{mm})$$

取 $s=150\ \text{mm}<s_{max}=200\ \text{mm}$，满足要求。

(7) 验算最小配箍率

$$\rho_{sv,min}=0.24\frac{f_t}{f_{yv}}=0.24\times\frac{1.43}{300}=0.114\%$$

$$\rho_{sv}=\frac{n\cdot A_{sv1}}{bs}=\frac{2\times 50.3}{200\times 150}=0.335\%>\rho_{sv,min}=0.114\%$$

满足要求。

【例 4-10】 已知:某 T 形截面简支梁,如图 4-33 所示,承受一个集中荷载作用,其设计值为 $P=400$ kN(忽略梁自重),截面尺寸为 $b\times h=250$ mm×600 mm,$b'_f=600$ mm,$h'_f=200$ mm,混凝土强度等级为 C30,箍筋采用 HRB400 级钢筋(梁底纵筋排一排),环境类别为一类。求:配置箍筋。

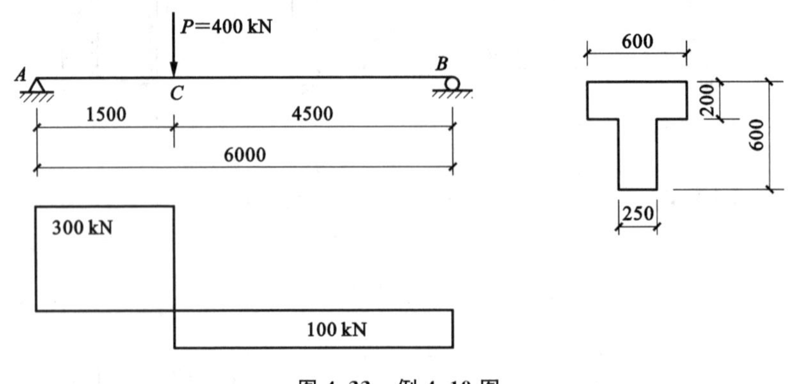

图 4-33 例 4-10 图

【解】 (1) 确定基本数据

查表得:$\beta_c=1.0$,$f_c=14.3$ N/mm²,$f_t=1.43$ N/mm²,$f_{yv}=300$ N/mm²,$a_s=40$ mm。

$$h_0=h-a_s=600-40=560(\text{mm})$$

$$h_w=h_0-h'_f=560-200=360(\text{mm})$$

(2) 求剪力设计值

$$V_{AC}=300\ \text{kN},\quad V_{BC}=100\ \text{kN}$$

(3) 验算截面尺寸

$$\frac{h_w}{b}=\frac{360}{250}=1.44<4$$

$$0.25\beta_c f_c bh_0=0.25\times1.0\times14.3\times250\times560\times10^{-3}=500.5(\text{kN})>V_{AC}=300(\text{kN})$$

且 500.5 kN$>V_{BC}=100$ kN,截面符合要求。

(4) AC 段的箍筋配置

① 验算是否需要计算配箍。

$$\lambda=\frac{a}{h_0}=\frac{1500}{560}=2.68<3$$

且 $\lambda>1.5$,则:

$$\alpha_{cv}f_tbh_0=\frac{1.75}{\lambda+1}f_tbh_0=\frac{1.75}{2.68+1}\times1.43\times250\times560\times10^{-3}$$

$$=95.204(\text{kN})<V_{AC}=300(\text{kN})$$

需要计算配箍。

② 计算所需箍筋。

$$V_{AC}\leqslant\alpha_{cv}f_tbh_0+f_{yv}\frac{A_{sv}}{s}h_0$$

从而

$$\frac{A_{sv}}{s}\geqslant\frac{V_{AC}-\alpha_{cv}f_tbh_0}{f_{yv}h_0}=\frac{300\times10^3-95.204\times10^3}{300\times560}=1.219(\text{mm}^2/\text{mm})$$

③ 配置箍筋。

采用双肢箍 $n=2$，直径 10 mm 的箍筋，$A_{sv1}=78.5\ \mathrm{mm}^2$，则间距 s 要满足下式：

$$s \leqslant \frac{2\times 78.5}{1.219}=128(\mathrm{mm})$$

取 $s=120\ \mathrm{mm}<s_{max}=250\ \mathrm{mm}$。

④ 验算最小配箍率。

$$\rho_{sv,min}=0.24\frac{f_t}{f_{yv}}=0.24\times\frac{1.43}{300}=0.114\%$$

$$\rho_{sv}=\frac{n\cdot A_{sv1}}{bs}=\frac{2\times 78.5}{250\times 120}=0.523\%>\rho_{sv,min}=0.114\%$$

满足要求。

(5) BC 段的箍筋配置

① 验算是否需要计算配箍。

$$\lambda=\frac{a}{h_0}=\frac{4500}{560}=8.04>3$$

取 $\lambda=3$，则：

$$\alpha_{cv}f_tbh_0=\frac{1.75}{3+1}\times 1.43\times 250\times 560\times 10^{-3}=87.588(\mathrm{kN})<V_{BC}=100(\mathrm{kN})$$

需要计算配箍。

② 计算所需箍筋。

$$V_{BC}\leqslant \alpha_{cv}f_tbh_0+f_{yv}\frac{A_{sv}}{s}h_0$$

从而

$$\frac{A_{sv}}{s}\geqslant\frac{V_{BC}-\alpha_{cv}f_tbh_0}{f_{yv}h_0}=\frac{100\times 10^3-87.588\times 10^3}{300\times 560}=0.074(\mathrm{mm^2/mm})$$

③ 配置箍筋。

选用双肢箍 $n=2$，选用直径 8 mm 的箍筋，$A_{sv1}=50.3\ \mathrm{mm}^2$，则间距 s 要满足下式：

$$s\leqslant\frac{2\times 50.3}{0.074}=1359(\mathrm{mm})$$

取 $s=s_{max}=250\ \mathrm{mm}$，可满足要求。

④ 验算最小配箍率。

$$\rho_{sv,min}=0.24\frac{f_t}{f_{yv}}=0.24\times\frac{1.43}{300}=0.114\%$$

$$\rho_{sv}=\frac{n\cdot A_{sv1}}{bs}=\frac{2\times 50.3}{250\times 250}=0.161\%>\rho_{sv,min}=0.141\%$$

满足要求。

【例 4-11】　已知：某承受均布荷载的矩形截面简支梁，梁的截面尺寸为 $b=200\ \mathrm{mm}$，$h=400\ \mathrm{mm}$，混凝土强度等级为 C30，箍筋采用 HPB300 级钢筋（梁底纵筋排一排），已配置双肢箍 Φ8@200的箍筋，环境类别为一类，安全等级为二级。

求：① 该梁所能承受的最大剪力设计值 V；

② 若梁净跨 $l_n=4.26$ m，按受剪承载力计算的梁所能承受的最大均布荷载设计值。

【解】 (1) 确定基本数据

查表得：$\beta_c=1.0$，$f_c=14.3\ \text{N/mm}^2$，$f_t=1.43\ \text{N/mm}^2$，$f_{yv}=270\ \text{N/mm}^2$，$a_s=40\ \text{mm}$。

$$h_w=h_0=h-a_s=400-40=360(\text{mm})$$

$$A_{sv1}=50.3\ \text{mm}^2$$

(2) 验算最小配箍率

$$\rho_{sv,\min}=0.24\frac{f_t}{f_{yv}}=0.24\times\frac{1.43}{270}=0.127\%$$

$$\rho_{sv}=\frac{n\cdot A_{sv1}}{bs}=\frac{2\times 50.3}{200\times 200}=0.252\%>\rho_{sv,\min}=0.127\%$$

满足要求。

(3) 计算 V_{cs}

$$V_{cs}=\alpha_{cv}f_tbh_0+f_{yv}\frac{A_{sv}}{s}h_0=0.7\times 1.43\times 200\times 360+270\times\frac{2\times 50.3}{200}\times 360$$

$$=120.96\times 10^3(\text{N})=120.96(\text{kN})$$

(4) 复核截面尺寸

$$\frac{h_w}{b}=\frac{360}{200}=1.8<4$$

$$0.25\beta_cf_cbh_0=0.25\times 1.0\times 14.3\times 200\times 360\times 10^{-3}=257.4(\text{kN})>V_{cs}=120.96(\text{kN})$$

满足截面尺寸要求。

(5) 确定梁所能承受的最大剪力设计值 V

$$V=V_{cs}=120.96\ \text{kN}$$

(6) 按受剪承载力计算的梁所能承受的最大均布荷载设计值

因为

$$V=\gamma_0\frac{1}{2}(g+q)l_n$$

所以

$$g+q=\frac{2V}{\gamma_0 l_n}=\frac{2\times 120.96}{1.0\times 4.26}=56.79(\text{kN/m})$$

4.4.3 同时配置箍筋和弯起钢筋斜截面受剪承载力计算

梁同时配置箍筋和弯起钢筋算例

4.4.3.1 计算公式

当配置箍筋和弯起钢筋时，矩形、T形、I形截面受弯构件的斜截面受剪承载力的计算公式：

$$V_u=V_{cs}+V_{sb} \tag{4-63}$$

$$V_{sb}=0.8f_yA_{sb}\sin\alpha_s \tag{4-64}$$

故

$$V_u = \alpha_{cv} f_t b h_0 + f_{yv} \frac{A_{sv}}{s} h_0 + 0.8 f_y A_{sb} \sin\alpha_s \tag{4-65}$$

式中 V_{sb}——弯起钢筋承担的剪力设计值，等于弯起钢筋的拉力在垂直于梁纵轴线方向的分力值，如图 4-34 所示；

f_y——弯起钢筋的抗拉强度设计值；

A_{sb}——同一平面内弯起钢筋的截面面积；

α_s——斜截面上弯起钢筋与构件纵轴线的夹角，一般取 45°，当梁截面高度超过 800 mm 时，通常取 60°。

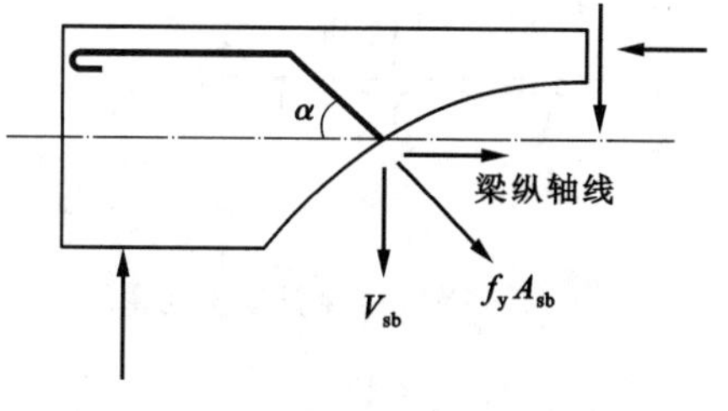

图 4-34 弯起钢筋承担的剪力

式(4-65)中的系数 0.8 是对弯起钢筋受剪承载力的折减。这是因为考虑到弯起钢筋与斜裂缝相交时，有可能已接近剪压区，在斜截面受剪破坏时达不到屈服强度的缘故。

试验研究表明，箍筋对受弯构件抗剪性能的提高优于弯起钢筋，故相关规范规定：混凝土梁宜采用箍筋作为承受剪力的钢筋。同时考虑到设计与施工的方便，现今建筑工程中的一般梁(除悬臂梁外)、板都已经基本上不再采用弯起钢筋了，但在桥梁工程中，弯起钢筋还是常用到的。

4.4.3.2 计算公式适用范围

梁的斜截面受剪承载力计算公式，仅适用于剪压破坏情况。因此要防止发生斜压和斜拉破坏。满足截面的最小尺寸可防止发生斜压破坏，满足最小配箍率可防止斜拉破坏。

4.4.3.3 计算步骤

① 求内力，绘制剪力图，确定计算截面剪力设计值。

② 按式(4-57)、式(4-58)或式(4-59)验算是否满足截面限制条件，如不满足，则应加大截面尺寸或提高混凝土的强度等级。

③ 验算是否需要计算配置腹筋。如果计算截面的剪力设计值满足式(4-61)的要求，梁内可不按计算配置腹筋，可按构造要求配置；否则，应按计算配置腹筋。

④ 计算配置腹筋。对同时配置箍筋和弯起箍筋的梁有两种计算方法：

第一种方法，先选定箍筋用量，按式(4-56)确定 V_{cs}，由式(4-63)及 $V \leqslant V_u$ 求出 V_{sb}，再根据式(4-64)求 A_{sb}。注意箍筋用量不能太大。

第二种方法，先根据已配弯起纵筋确定 A_{sb}，由式(4-64)求出 V_{sb}，再根据式(4-63)及 $V \leqslant V_u$ 求出 V_{cs}，从而确定箍筋用量。

4.5 钢筋混凝土受弯构件斜截面受弯承载力计算

4.5.1 斜截面受弯承载力计算公式

在剪力和弯矩共同作用下产生的斜裂缝，还会导致与其相交的纵向钢筋拉力增加，引起沿斜截面受弯承载力不足及锚固不足的破坏。因此，在设计中，除了保证梁的正截面受弯承载力和斜截面

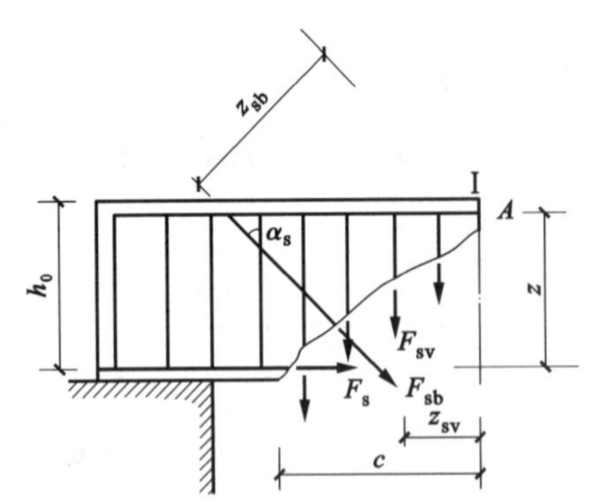

图 4-35　受弯构件斜截面受弯承载力计算

受剪承载力外，还要保证梁的斜截面受弯承载力。梁的斜截面受弯承载力是指斜截面上的纵向受拉钢筋、弯起钢筋、箍筋等在斜截面破坏时，它们各自所提供的拉力对剪压区 A 的内力矩之和 M_u，如图 4-35 所示。

$$M_u = F_s \cdot z + F_{sv} \cdot z_{sv} + F_{sb} \cdot z_{sb} \tag{4-66}$$

但是，通常斜截面受弯承载力是不进行计算的，而是用梁内纵向钢筋的弯起、截断、锚固及箍筋的间距等构造措施来保证的。

4.5.2　受弯构件正截面抵抗矩图

由荷载对梁的各个正截面产生的弯矩设计值 M 所绘制的图形，称为弯矩图，即 M 图。由钢筋和混凝土共同工作，对梁各个正截面产生的受弯承载力设计值 M_u 所绘制的图形，称为正截面受弯承载力图，因 M_u 是由材料提供的，所以也称 M_u 图为材料图。当梁的截面尺寸、材料强度及钢筋截面面积确定后，其抵抗弯矩值，可由下式确定：

$$M_u = f_y A_s \left(h_0 - \frac{f_y A_s}{2\alpha_1 f_c b} \right) \tag{4-67}$$

任意一根纵向受拉钢筋所提供的受弯承载力 M_{ui}，可近似按该钢筋的截面面积 A_{si} 与总的钢筋截面面积 A_s 的比值乘以 M_u 求得，即：

$$M_{ui} = M_u \frac{A_{si}}{A_s} \tag{4-68}$$

如图 4-36 所示为一承受均布荷载简支梁的配筋图、M 图和 M_u 图。该梁配置的纵筋为 2Φ22+1Φ20。如果纵筋的总面积等于跨中截面所需要的计算面积，则 M_u 图的外围水平线恰好与 M 图上最大弯矩点相切，若钢筋的总面积略大于计算面积，则可根据实际配筋量 A_s，利用式(4-67)计算 M_u 图外围水平线的位置。

在设计时，当所选定的纵向钢筋若沿梁长直通至两端放置时，因 A_s 值不变，则其 M_u 图为图 4-36 中的 $abdc$。每根钢筋所提供的弯矩 M_{ui} 分别用水平线示于图上。由图 4-36 可见，除跨中外，其他正截面处的 M_u 都比 M 大得多，临近支座处正截面受弯承载力大大富余。

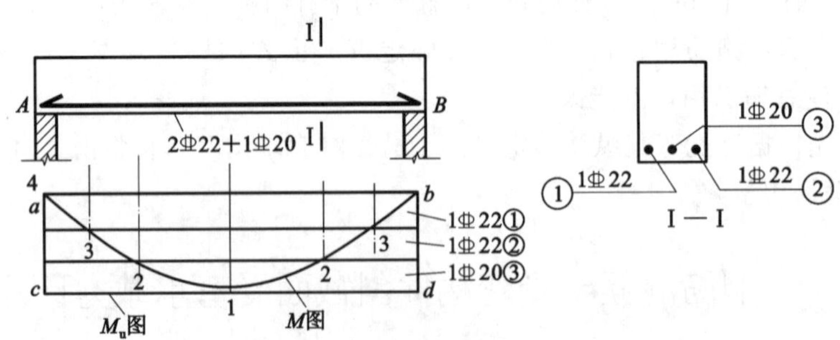

图 4-36　配通长纵筋简支梁的正截面受弯承载力图

由图 4-36 可知，1 截面处③号钢筋强度充分利用；2 截面处②号钢筋强度充分利用；3 截面处①号钢筋充分利用。而③号钢筋在 2 截面以外(向支座方向)就不再需要，②号钢筋在 3 截面以外也不再需要。因而，可以把 1、2、3 三个截面分别称为③、②、①号钢筋的充分利用截面，而把 2、3、4

三个截面分别称为③、②、①号钢筋的不需要截面。

如果将③号钢筋在临近支座附近弯起，如图 4-37所示，弯起点 e、f 必须在截面 2 的外侧。可近似认为，当弯起钢筋在与梁截面高度的中心线相交处时，不再提供受弯承载力，故该处的 M_u 图即为 $aigefhjb$。图中 e、f 点分别垂直对应于弯起点 E、F，而 g、h 点分别垂直对应于弯起钢筋与梁高度中心线的交点 G、H。由于弯起钢筋的正截面受弯内力臂逐渐减小，其承担的正截面受弯承载力相应减小，所以反映在 M_u 图上 eg 和 fh 呈斜线。这里的 g、h 点都不能落在 M 图以内，也即纵筋弯起后的 M_u 图应能完全包住 M 图。

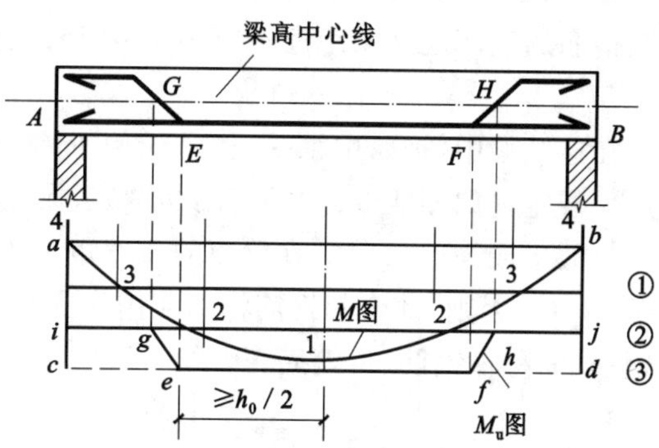

图 4-37 配弯起钢筋简支梁的正截面受弯承载力图

4.5.3 保证斜截面受弯承载力的构造措施

对于斜截面受弯承载力，一般不需计算而是通过下述构造要求，使其斜截面的受弯承载力不低于相应的正截面受弯承载力。

4.5.3.1 纵向钢筋的弯起

钢筋弯起只是从正截面受弯承载力出发是不全面的。下面讲述纵向受拉钢筋应在其充分利用截面以外多大距离后才能弯起，以保证斜截面受弯承载力。现在研究③号钢筋的弯起点 e、f 离充分利用截面 1 的距离。

(1) 弯起点的位置

图 4-38 中，设要弯起的纵向受拉钢筋截面面积为 A_{sb}，弯起前，它在被充分利用的正截面Ⅰ—Ⅰ处提供的受弯承载力：

$$M_{u,\mathrm{I}} = f_y A_{sb} z \tag{4-69}$$

弯起后，它在斜截面Ⅱ—Ⅱ处提供的受弯承载力：

$$M_{u,\mathrm{II}} = f_y A_{sb} z_b \tag{4-70}$$

斜截面Ⅱ—Ⅱ所承担的弯矩设计值就是斜截面末端剪压区处正截面Ⅰ—Ⅰ所承担的弯矩设计值，所以不能因为纵向钢筋弯起而使斜截面Ⅱ—Ⅱ受弯承载力降低，也就是说为了保证斜截面的受弯承载力，至少要求斜截面受弯承载力与正截面受弯承载力相等，即 $M_{u,\mathrm{II}} = M_{u,\mathrm{I}}$，$z_b = z$。

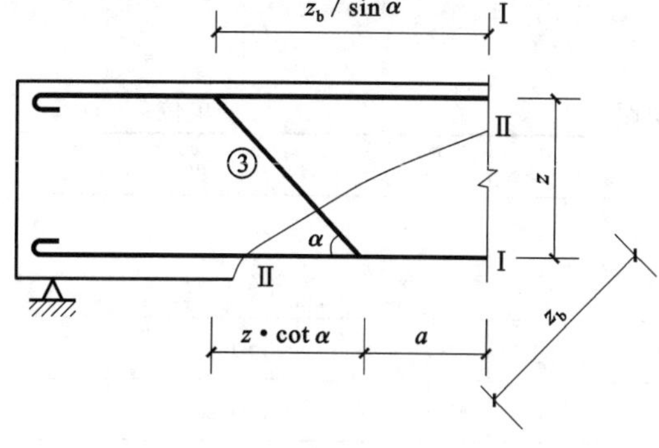

图 4-38 弯起钢筋弯起点位置

设弯起点离弯筋充分利用的截面Ⅰ—Ⅰ的距离为 a，从图 4-38 可知：

$$\frac{z_b}{\sin\alpha} = z\cot\alpha + a \tag{4-71}$$

所以

$$a = \frac{z_b}{\sin\alpha} - z\cot\alpha = \frac{z(1-\cos\alpha)}{\sin\alpha} \tag{4-72}$$

通常，$\alpha = 45°$ 或 $\alpha = 60°$，近似取 $z = 0.9h_0$，则：

$$a = (0.373 \sim 0.52)h_0 \tag{4-73}$$

方便起见,《混凝土结构设计规范(2015 年版)》(GB 50010—2010)规定弯起点与按计算充分利用该钢筋的截面之间的距离不应小于 $0.5h_0$,也即弯起点应在该钢筋充分利用截面以外大于或等于 $0.5h_0$。

在连续梁中,把跨中承受正弯矩的纵向钢筋弯起,并把它作为承担支座弯矩的钢筋时也必须遵循这一规定。如图 4-39 中的钢筋"a""b",在梁底的正弯矩区段弯起时,"a"的弯起点离充分利用截面 4 应大于或等于 $0.5h_0$,在梁顶的负弯矩区段中,"b"的弯起点离充分利用截面 4 的距离应大于或等于 $0.5h_0$,否则,此弯起钢筋将不能用作支座截面的负钢筋(工程界常把承受正、负弯矩的纵向受拉钢筋,简称正钢筋、负钢筋。)

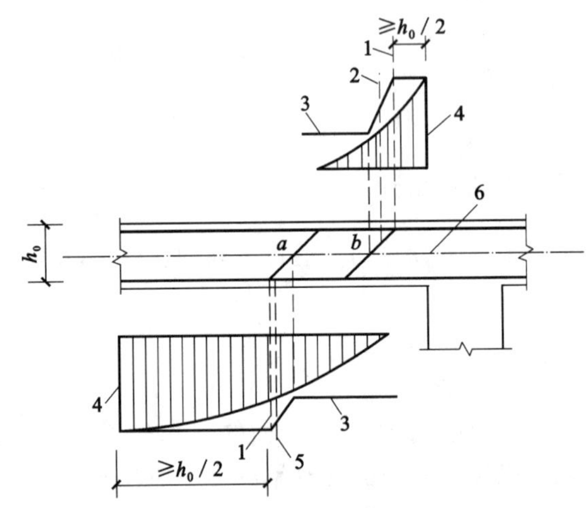

图 4-39 弯起钢筋弯起点与弯矩图形的关系

1—在受拉区中的弯起截面;2—按计算不需要钢筋"b"的截面;3—正截面受弯承载力图;4—按计算充分利用钢筋"a"或"b"的强度的截面;5—按计算不需要钢筋"a"的截面;6—梁中心线

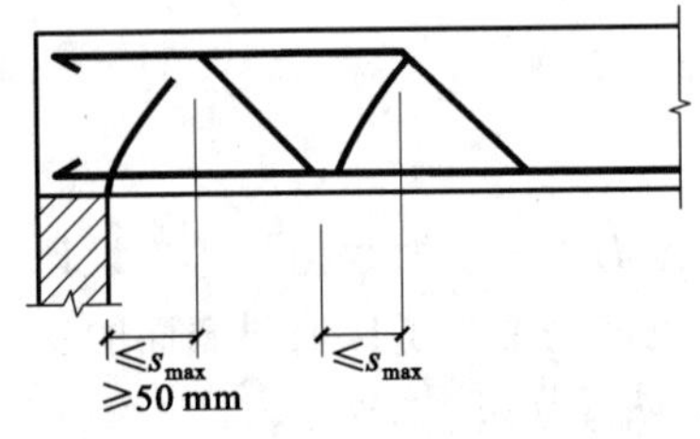

图 4-40 弯终点位置

(2) 弯终点的位置

如图 4-40 所示,弯起钢筋的弯终点到支座边或到前一排弯起钢筋弯起点之间的距离,都不应大于箍筋的最大间距,其值见表 4-6 内 $V>0.7f_tbh_0$ 一栏的规定。同时第一排弯起钢筋的弯终点至支座边的距离应大于或等于 50 mm。这一要求是为了使每根弯起钢筋都能与斜裂缝相交,以保证斜截面的受剪和受弯承载力。

表 4-6 **梁中箍筋的最大间距** (单位:mm)

梁高 h	$V>0.7f_tbh_0$	$V\leqslant 0.7f_tbh_0$
$150<h\leqslant 300$	150	200
$300<h\leqslant 500$	200	300
$500<h\leqslant 800$	250	350
$h>800$	300	400

(3) 弯起钢筋的锚固

弯起钢筋的端部，也应留有一定的锚固长度：在受拉区不应小于 $20d$，在受压区不应小于 $10d$，对于光圆弯起钢筋，在末端还应设置弯钩，如图 4-41 所示。

位于梁底或梁顶的角筋以及梁截面两侧的钢筋不宜弯起。

弯起钢筋除利用纵向筋弯起外，还可单独设置，如图 4-42(a)所示，称为鸭筋。由于弯筋的作用是将斜裂缝之间的混凝土斜压力传递给受压区混凝土，以加强混凝土块体之间的共同工作，形成一拱形桁架，因而不允许设置如图 4-42(b)所示的浮筋。

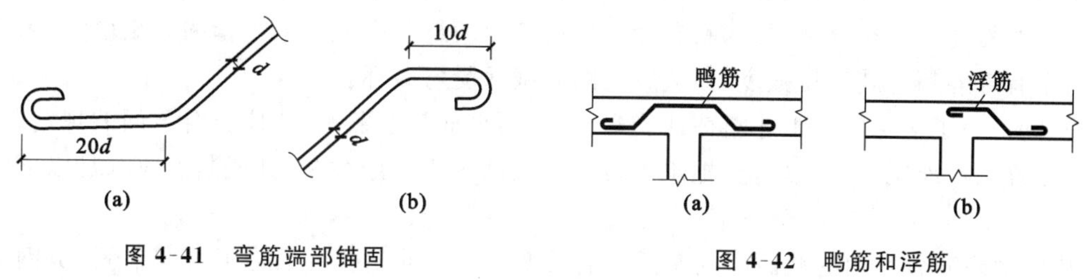

图 4-41 弯筋端部锚固

图 4-42 鸭筋和浮筋

4.5.3.2 纵向钢筋在支座处的锚固

(1) 板内纵筋在支座处的锚固

简支板或连续板下部纵向受力钢筋伸入支座的锚固长度 l_{as} 不应小于 $5d$(d 为纵向钢筋直径)，且宜伸过支座中心线。当连续板内温度、收缩应力较大时，伸入支座的长度宜适当增加。

(2) 梁内纵筋在支座处的锚固

简支梁在支座处出现斜裂缝后，纵向钢筋应力将增加，这时，梁的抗弯能力还取决于纵向钢筋在支座处的锚固。如锚固长度不足，将使纵筋滑移，甚至被从混凝土中拔出引起锚固破坏。

为了防止这种破坏，简支梁和连续梁简支端的下部纵向受力钢筋，应伸入支座并有一定的锚固长度。钢筋混凝土简支梁和连续梁简支端的下部纵向受力钢筋，从支座边缘算起伸入支座内的锚固长度 l_{as} 如图 4-43 所示，应符合以下规定：当 $V \leqslant 0.7 f_t bh_0$ 时，$l_{as} \geqslant 5d$；当 $V > 0.7 f_t bh_0$ 时，带肋钢筋 $l_{as} \geqslant 12d$，光圆钢筋 $l_{as} \geqslant 15d$。

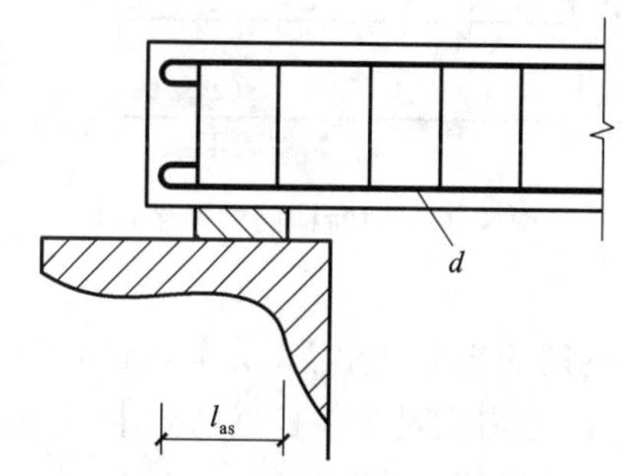

图 4-43 支座钢筋的锚固

当 l_{as} 不能符合上述规定时，可采取弯钩或机械锚固措施。

支承在砌体结构上的钢筋混凝土独立梁，在纵向受力钢筋的锚固长度 l_{as} 范围内应配置不少于 2 个箍筋，其直径不宜小于纵向受力钢筋最大直径的 25%；间距不宜大于纵向受力钢筋的最小直径的 10 倍，当采取机械锚固措施时，箍筋间距尚不宜大于纵向受力钢筋的最小直径的 5 倍。

混凝土强度等级小于或等于 C25 的简支梁和连续梁的简支端，当距支座边 $1.5h$ 范围内，作用有集中荷载，且 $V > 0.7 f_t bh_0$ 时，对带肋钢筋宜采取有效的锚固措施，或取锚固长度大于或等于 $15d$(d 为锚固钢筋的直径)。

梁简支端支座截面上部应配负弯矩钢筋，其数量不小于下部纵向受力钢筋的 1/4，且不少于 2 根。

4.5.3.3 纵向钢筋的截断

通常,对于梁底部承受正弯矩的钢筋,往往将计算上不需要的钢筋可以弯起作为抗剪钢筋或作为承受支座负弯矩的钢筋,而不采用将钢筋截断的方式,因为梁的正弯矩图形范围比较大,受拉区几乎覆盖整个跨度,故梁底纵筋不宜截断。对于在支座附近的负弯矩区段内梁顶的纵向受拉钢筋,因为负弯矩区段的范围不大,故往往采用截断的方式来减少纵筋的数量,但不宜在受拉区截断。

从理论上讲,某一纵筋在其不需要点(称为理论断点)处截断是可以的。但事实上,当在理论断点处截断钢筋后,相应于该处的混凝土拉应力会突增,有可能在截断处过早地出现斜裂缝,但该处未截断纵筋的强度是被充分利用的,斜裂缝的出现使斜裂缝顶端截面处承担的弯矩增大,未截断纵筋的应力就有可能超过其抗拉强度,而造成梁的斜截面受弯破坏。

在设计时,为了避免发生上述斜截面受弯破坏,当纵筋需要截断时,应符合下面的规定。

在连续梁和框架梁的跨度内,要把承担负弯矩的部分负钢筋截断,其截断点应满足以下两个控制条件:

① 从该钢筋充分利用的截面起到截断点的长度,称为"伸出长度",为了可靠锚固,负钢筋截断时必须满足"伸出长度"的要求。

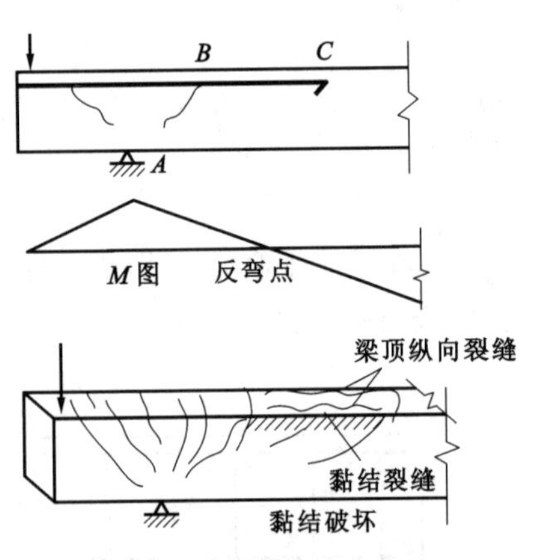

图 4-44 截断钢筋的黏结锚固

在支座的负弯矩区段内,裂缝情况很复杂,既有垂直裂缝、斜裂缝,还有黏结裂缝等,如图 4-44 所示。在这种特定的锚固条件下,必须保证要截断的负筋有足够的锚固长度。

② 从不需要该钢筋的截面起到截断点的长度,称为"延伸长度",为了保证斜截面受弯承载力,负钢筋截断时还必须满足"延伸长度"的要求。

这是因为部分负钢筋截断后,必须保证剩下的负钢筋在截断点处的斜截面受弯承载力不低于该处正截面的受弯承载力的要求。

鉴于上述原因,当梁支座截面承受负弯矩的纵向受拉钢筋必须截断时,应符合伸出长度和延伸长度两个条件的要求,如图 4-45 所示,并分为以下三种情况。

情况 1:当 $V \leqslant 0.7 f_t b h_0$ 时,如图 4-45(a)所示,a 点是①号钢筋的充分利用点,从 a 点到截断点 d 的距离 ad 称为伸出长度。截断时,除了要满足伸出长度外,还需满足延伸长度的要求,即 b 点是①号钢筋的不需要截面,从 b 点到截断点 d 的距离 bd 称为延伸长度。规范规定,当 $V \leqslant 0.7 f_t b h_0$ 时,要求:①伸出长度不小于 $1.2 l_a$;②延伸长度不小于 $20d$。

情况 2:当 $V > 0.7 f_t b h_0$ 时,要求:①伸出长度不小于 $1.2 l_a + h_0$;②延伸长度不小于 h_0,且不小于 $20d$。

情况 3:当 $V > 0.7 f_t b h_0$ 且按情况 2 截断时,截断点仍位于负弯矩受拉区内,这时要求:①伸出长度不小于 $1.2 l_a + 1.7 h_0$;②延伸长度不小于 $1.3 h_0$,且不小于 $20d$,如图 4-45(b)所示。

在钢筋混凝土悬臂梁中,应有不少于两根上部钢筋伸至悬臂梁外端,并向下弯折不小于 $12d$;其余钢筋不应在梁的上部截断,而应按规定的弯起点位置向下弯折,并在梁的下边锚固,弯终点外的锚固长度在受压区不应小于 $10d$,在受拉区不应小于 $20d$。

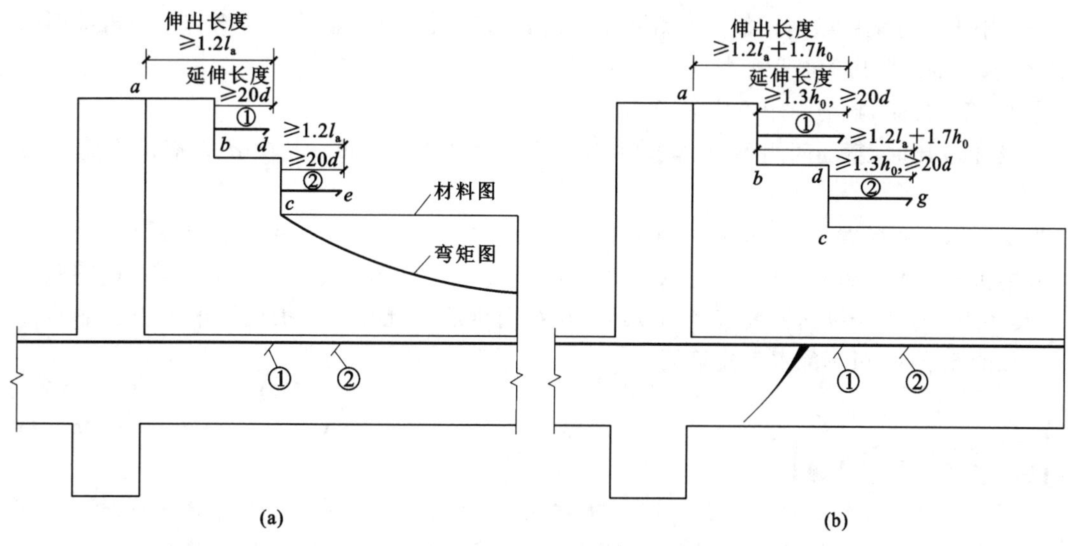

图 4-45 负弯矩区段纵向受拉钢筋的截断

(a) $V \leqslant 0.7f_tbh_0$;(b) $V > 0.7f_tbh_0$,且截断点位于负弯矩受拉区

4.5.3.4 箍筋的设置及间距

梁内箍筋的主要作用是:① 提供斜截面受剪承载力和斜截面受弯承载力,抑制斜裂缝的开展;② 连系梁的受压区和受拉区,构成整体;③ 防止纵向受压钢筋的压屈;④ 与纵向钢筋构成钢筋骨架。梁内箍筋的直径和设置应符合以下规定。

(1) 直径

箍筋的最小直径有如下规定:当梁高大于 800 mm 时,直径不宜小于 8 mm;当梁高小于或等于 800 mm 时,直径不宜小于 6 mm。

当梁中配有计算需要的纵向受压钢筋时,箍筋直径尚不应小于 $d/4$(d 为纵向受压钢筋的最大直径)。

(2) 箍筋的设置

对于计算不需要箍筋的梁:当梁高大于 300 mm 时,仍应沿梁全长设置箍筋;当梁高为 150~300 mm 时,可仅在构件端部各 $l_0/4$ 范围内设置箍筋,l_0 为梁的跨度。但当在构件中部 $l_0/2$ 范围内有集中荷载时,则应沿梁全长设置箍筋;当梁的高度在 150 mm 以下时,可不设置箍筋。

箍筋的间距除按计算要求确定外,其最大的间距还应满足表 4-6 的规定。当 $V > 0.7f_tbh_0$ 时,箍筋的配筋率还应不小于 $0.24f_t/f_{yv}$。

箍筋的间距在绑扎骨架中不应大于 $15d$,同时不应大于 400 mm,d 为纵向受压钢筋中的最小直径。这是为了使箍筋的设置与受压钢筋协调,以防止受压筋的压曲。因此,当梁中配有计算需要的纵向受压钢筋时,箍筋还必须做成封闭式,如图 4-46(a)所示。当梁宽大于 400 mm,且一层内的纵向受压钢筋多于 3 根时,或当梁宽不大于 400 mm,但纵向钢筋一层内多于 4 根时还应设置复合箍筋,当一层内的纵向受压钢筋多于 5 根且直径大于 18 mm

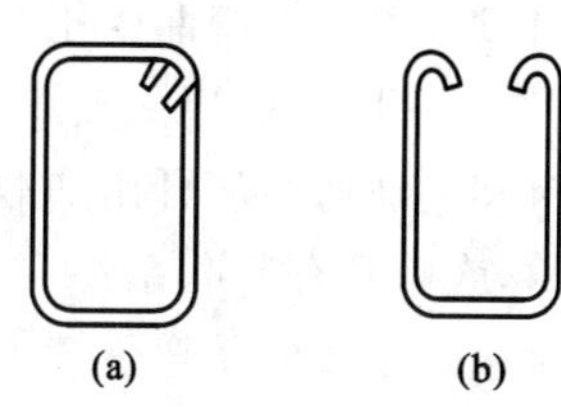

图 4-46 双肢箍筋的形式

(a) 封闭式;(b) 开口式

时箍筋的间距必须小于或等于 $10d$,d 为纵筋直径。

当梁中绑扎骨架内纵向钢筋为非焊接搭接时,在搭接长度内,箍筋直径不宜小于搭接钢筋直径的25%,箍筋的间距应符合以下规定:

① 纵筋受拉时,箍筋间距不应大于 $5d$,且不应大于 100 mm。

② 纵筋受压时,箍筋间距不应大于 $10d$,且不应大于 200 mm。其中 d 为搭接钢筋中的最小直径。

当受压钢筋直径大于 25 mm 时,应在搭接接头两个端面外 100 mm 范围内各设置两个箍筋。

采用机械锚固措施时,锚固长度范围内的箍筋不应小于3个,其直径不应小于纵向钢筋直径的25%,其间距不应大于纵向钢筋直径的5倍。当纵向钢筋的混凝土保护层厚度不小于钢筋直径或等效直径的5倍时,可不配置上述箍筋。

本章小结

受弯构件的常用截面形式是矩形截面,其次是T形截面、I形截面、倒L形截面、槽形截面、箱形截面。板厚由跨度计算确定,以10 mm为模数,但应满足最小尺寸的要求;梁的截面高度应由梁的跨度计算确定,800 mm及以下取50 mm为模数,800 mm以上取100 mm为模数;梁的截面宽度通常取高度的1/3.5~1/2。单向板传力方向的钢筋为受力钢筋,另一个方向的钢筋为分布钢筋,受力钢筋位于外侧,分布钢筋位于内侧;双向板的两个方向都是受力钢筋,短跨方向的钢筋位于外侧,长跨方向的钢筋位于内侧。梁的钢筋有纵向受力钢筋、箍筋、架立钢筋,还可能有弯起钢筋、纵向构造钢筋(腰筋),应满足间距、最小配筋率、保护层厚度等方面的要求。

受弯构件的正截面受弯破坏可分为适筋破坏、少筋破坏和超筋破坏,其中适筋破坏属于延性破坏,设计计算以此为依据。极限状态下,纵筋屈服,曲线分布的混凝土压应力等效为均布分布(矩形分布),由平衡关系不仅能得到单筋矩形、T形单截面的受弯承载力计算公式,而且能得到双筋矩形截面的受弯承载力计算公式,学习时应注意公式的适用条件,方能正确进行截面设计或承载力验算。

受弯构件斜截面上存在剪力引起的剪应力,弯矩引起的正应力,它们之间比值的不同,会导致斜截面破坏模式不同,剪应力和正应力的不同比值可用剪跨比 λ 表征。根据剪跨比和腹筋的配置情况,受弯构件斜截面的破坏可能出现斜拉破坏、剪压破坏和斜压破坏,它们都属于脆性破坏。剪压破坏相对而言,具有一定的延性,故设计时以剪压破坏为目标,斜截面受剪承载力计算公式是由大量试验总结得到的经验公式。受弯构件斜截面受弯承载力,通常规定纵向受力钢筋的截断位置、弯起位置等构造要求来保证。

习题与思考题

4-1 混凝土弯曲受压时的极限压应变 ε_{cu} 取为多少?

4-2 什么是"界限破坏"?"界限破坏"时的 ε_s 和 ε_c 各等于多少?

4-3 适筋梁从开始加载到正截面受弯破坏经历了哪几个阶段?各阶段的主要特点是什么?与计算或验算有何联系?

4-4 正截面受弯承载力计算的基本假定有哪些?

4-5 单筋矩形截面梁受弯承载力计算公式是如何建立的?为什么要规定适用条件?

4-6 什么是少筋梁、适筋梁、超筋梁?

4-7　在什么情况下采用双筋截面？双筋梁中的纵向受压钢筋与单筋梁中的架立钢筋有何区别？

4-8　T形截面梁的受弯承载力计算公式与单筋矩形截面及双筋矩形截面梁的受弯承载力计算公式有何异同点？

4-9　剪跨比的概念是什么？它对无腹筋梁斜截面受剪破坏形态有什么影响？

4-10　斜截面破坏的主要形态有哪几种？其破坏特征如何？

4-11　影响斜截面受剪性能的主要因素有哪些？

4-12　在设计中采取什么措施来防止梁发生斜压破坏、斜拉破坏？

4-13　计算梁斜截面受剪承载力时应取哪些计算截面？

4-14　梁中正钢筋为什么不能截断而只能弯起？负钢筋截断时为什么要满足伸出长度和延伸长度的要求？

4-15　已知：矩形梁截面尺寸为 $b \times h = 250\ \text{mm} \times 500\ \text{mm}$，弯矩设计值 $M = 180\ \text{kN} \cdot \text{m}$，混凝土强度等级为C30，纵向受拉钢筋采用HRB400级钢筋，环境类别为一类，安全等级为二级。求：所需纵向受拉钢筋的截面面积并配筋。

4-16　已知：一单跨简支板，板厚 $h = 100\ \text{mm}$，计算宽度 $b = 1000\ \text{mm}$，跨中正截面承受弯矩设计值 $M = 14.5\ \text{kN} \cdot \text{m}$，混凝土强度等级为C30，纵向受拉钢筋采用HRB400级钢筋，环境类别为一类，安全等级为二级。求：所需纵向受拉钢筋和分布筋。

4-17　已知：一肋梁楼盖的次梁，承受弯矩设计值 $M = 520\ \text{kN} \cdot \text{m}$，梁的截面尺寸为 $b \times h = 250\ \text{mm} \times 500\ \text{mm}$，$b_f' = 1700\ \text{mm}$，$h_f' = 100\ \text{mm}$，混凝土强度等级为C30，纵向受拉钢筋采用HRB400级钢筋，环境类别为一类。求：所需纵向受拉钢筋的截面面积并配筋。

4-18　已知：T形梁截面尺寸为 $b \times h = 300\ \text{mm} \times 700\ \text{mm}$，$b_f' = 600\ \text{mm}$，$h_f' = 120\ \text{mm}$，弯矩设计值 $M = 650\ \text{kN} \cdot \text{m}$，混凝土强度等级为C30，纵向受拉钢筋采用HRB400级钢筋，环境类别为一类，安全等级为二级。求：所需纵向受拉钢筋的截面面积并配筋。

4-19　已知：T形梁截面尺寸为 $b \times h = 250\ \text{mm} \times 800\ \text{mm}$，$b_f' = 600\ \text{mm}$，$h_f' = 100\ \text{mm}$，混凝土强度等级为C30，纵向受拉钢筋采用HRB400级钢筋，已配置纵向受拉钢筋8⌀20，环境类别为一类，安全等级为二级。求：该梁截面所能承受的极限弯矩设计值 M。

4-20　已知：矩形梁截面尺寸为 $b \times h = 250\ \text{mm} \times 500\ \text{mm}$，弯矩设计值 $M = 330\ \text{kN} \cdot \text{m}$，混凝土强度等级为C30，纵向受拉钢筋采用HRB400级钢筋，截面受压区已配置3⌀20的受压钢筋。环境类别为一类，安全等级为二级。求：所需纵向受拉钢筋的截面面积并配筋。

4-21　已知：钢筋混凝土简支梁，截面尺寸为 $b \times h = 200\ \text{mm} \times 500\ \text{mm}$，$a_s = 40\ \text{mm}$，混凝土强度等级为C30，承受均布荷载，剪力设计值 $V = 140\ \text{kN}$，箍筋采用HPB300级钢筋，环境类别为一类，安全等级为二级。求：所需受剪箍筋。

4-22　已知：钢筋混凝土简支梁，截面尺寸为 $b \times h = 200\ \text{mm} \times 400\ \text{mm}$，荷载设计值为两个集中力 $F = 100\ \text{kN}$，如图4-47所示，忽略梁自重的影响，纵向受拉钢筋采用HRB400级钢筋，箍筋采用HRB400级钢筋，环境类别为一类，安全等级为二级。求：

① 截面所需纵向受拉钢筋截面面积并配筋；

② 仅配置受剪箍筋；

③ 利用受拉钢筋为弯起钢筋时，求所需箍筋。

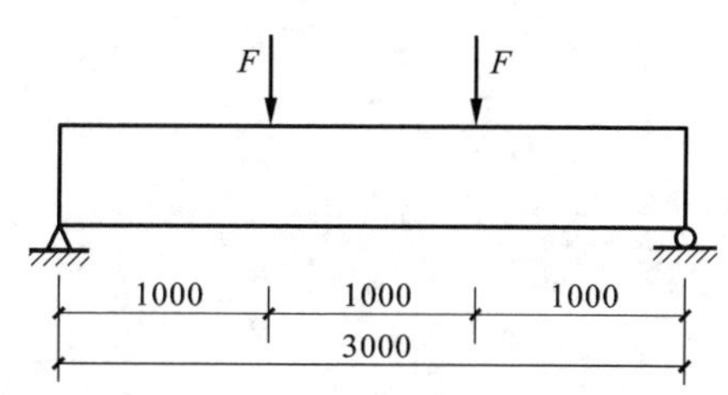

图4-47　习题与思考题4-22图

习题与
思考题答案

4-23　已知:一承受集中荷载的矩形截面钢筋混凝土简支梁,如图4-48所示。梁的截面尺寸为$b \times h = 200\ \mathrm{mm} \times 500\ \mathrm{mm}$,混凝土强度等级为C30,箍筋采用HPB300级钢筋(梁底纵筋排一排),已配置双肢Φ8@150的箍筋,环境类别为一类,安全等级为二级。求:由受剪承载力计算梁所能承受的最大荷载设计值P(应考虑梁自重,取可变荷载控制的基本组合)。

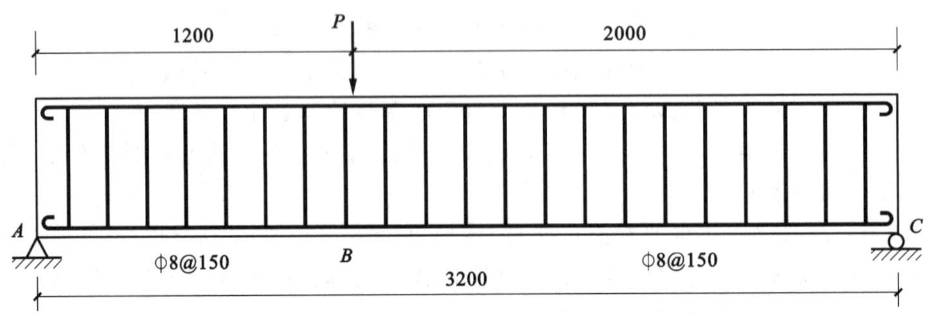

图4-48　习题与思考题4-23图

参考文献

[1]　中国建筑科学研究院.建筑结构可靠度设计统一标准:GB 50153—2008.北京:中国建筑工业出版社,2009.

[2]　中国建筑科学研究院.建筑结构荷载规范:GB 50009—2012.北京:中国建筑工业出版社,2012.

[3]　中国建筑科学研究院.混凝土结构设计规范(2015年版):GB 50010—2010.北京:中国建筑工业出版社,2016.

[4]　东南大学,天津大学,同济大学.混凝土结构　上册　混凝土结构设计原理.5版.北京:中国建筑工业出版社,2012.

[5]　马芹永,程文瀼.混凝土结构基本原理.北京:机械工业出版社,2008.

5 钢筋混凝土受压构件承载力

【内容提要】

本章主要内容包括钢筋混凝土受压构件及其构造，轴心受压构件承载力计算，钢筋混凝土矩形偏心受压构件正截面承载力计算和斜截面承载力计算。本章的重点为偏心受压构件的破坏形态和矩形截面受压承载力的计算简图和基本计算公式，对称配筋偏心受压构件的受压承载力计算。

【能力要求】

通过本章的学习，学生应能够熟悉钢筋混凝土受压构件的变形及破坏的特征，掌握受压构件的材料选择、截面选型、截面配筋等，能够对已有受力构件进行截面的复核。

5 分钟
看完本章

5.1 钢筋混凝土受压构件及其构造要求

以承受轴向压力为主的构件称为受压构件。它是工程结构中最基本和最常见的构件之一。例如，多层和高层建筑中的框架柱、剪力墙、核心筒体墙，单层厂房柱、拱、屋架上弦杆，地下结构中的桩等均属于受压构件，如图 5-1 所示。

5.1.1 受压构件分类

根据轴向压力作用点与截面形心的相对位置不同，受压构件可分为轴心受压构件、偏心受压构件两种类型，如图 5-2 所示。对于单一匀质材料的构件，当轴向压力作用线与构件截面形心相重合的构件称为轴心受压构件，不重合时为偏心受压构件。如果轴向压力只在一个方向偏心，称为单向偏心受压构件；如果轴向压力在两个方向偏心，称为双向偏心受压构件。

5.1.2 受压构件的材料和截面

5.1.2.1 材料

混凝土强度等级对受压构件承载能力影响较大，故宜采用较高强度等级混凝土，以减小截面尺寸，节省钢材。一般采用 C30、C35、C40 等。对于高层建筑底层柱，必要时可采用更高强度等级的混凝土。

纵向钢筋一般采用 HRB400 级、RRB400 级和 HRB500 级钢筋，箍筋一般采用 HRB400 级，也可采用 HPB300 级钢筋。

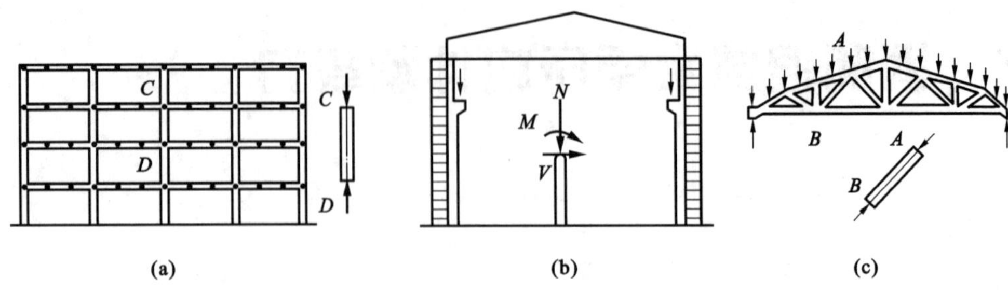

图 5-1　常见的受压构件

(a) 框架结构房屋柱;(b) 单层厂房柱;(c) 屋架的受压腹杆

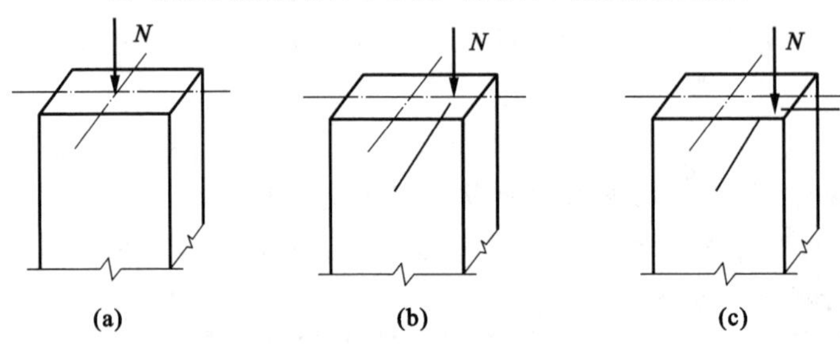

图 5-2　受压构件类型

(a) 轴心受压;(b) 单向偏心受压;(c) 双向偏心受压

5.1.2.2　截面形式

钢筋混凝土受压构件截面一般采用方形或矩形,有时也采用圆形或多边形。

偏心受压构件一般采用矩形截面,但为了节约混凝土和减轻柱的自重,较大尺寸的柱常常采用I形截面。拱结构的肋常做成T形截面。采用离心法制造的柱、桩、电杆以及烟囱、水塔支筒等常用环形截面。

5.1.2.3　截面尺寸

(1) 方形或矩形截面柱

方形或矩形截面柱的截面不宜小于250 mm×250 mm。为了避免矩形截面轴心受压构件长细比过大,承载力降低过多,常取$l_0/b \leqslant 30$,$l_0/h \leqslant 25$。此处,l_0为柱的计算长度,b为矩形截面短边边长,h为长边边长。

为了施工支模方便,柱截面尺寸宜使用整数,当截面尺寸小于或等于800 mm时,以50 mm为模数;截面尺寸大于800 mm时,以100 mm为模数。

(2) I形截面柱

翼缘厚度不小于120 mm,腹板厚度不小于100 mm。

5.1.3　受压构件的配筋构造

5.1.3.1　纵筋的构造要求

(1) 纵筋的配筋率

轴心受压构件、偏心受压构件全部纵筋的配筋率不小于0.50%～0.60%(与钢筋的强度等级有关,详见附表 10);同时,一侧纵向钢筋的配筋率不小于 0.20%。

(2) 轴心受压构件的纵向受力钢筋

沿截面的四周均匀放置,根数不得少于 4 根;直径不宜小于 12 mm,通常为 16～32 mm。宜采用较粗的钢筋;全部纵筋配筋率不大于 5%。

(3) 偏心受压构件的纵向受力钢筋

放置在偏心方向截面的两边;当截面高度 $h \geqslant 600$ mm 时,在侧面应设置直径为 10～16 mm 的纵向构造钢筋,并相应地设置附加箍筋或拉筋。

(4) 钢筋间距

受压构件中钢筋的净距不小于 50 mm;中距不大于 300 mm。

(5) 纵筋的连接

纵筋的连接接头宜设置在受力较小处;可采用机械连接,也可采用焊接和搭接;对于直径大于 28 mm 的受拉钢筋和直径大于 32 mm 的受压钢筋,不宜采用绑扎的搭接接头。

5.1.3.2 箍筋的构造要求

(1) 箍筋形式

为了能箍住纵筋,防止纵筋压曲,柱中箍筋应做成封闭式。

(2) 箍筋间距

受压构件的箍筋间距,在绑扎骨架中不大于 $15d$,在焊接骨架中不大于 $20d$(d 为纵筋最小直径),且不大于 400 mm,同时不大于截面的短边尺寸。

(3) 箍筋直径

箍筋直径不小于 $d/4$(d 为纵筋的最大直径),且不小于 6 mm;当纵筋配筋率超过 3%时,箍筋直径不小于 8 mm,其间距不大于 $10d$(d 为纵筋最小直径),且不大于 200 mm。

(4) 复合箍筋

当截面短边大于 400 mm,截面各边纵筋多于 3 根时,应设置复合箍筋,如图 5-3 所示;当截面短边不大于 400 mm,且纵筋不多于 4 根时,可不设置复合箍筋。

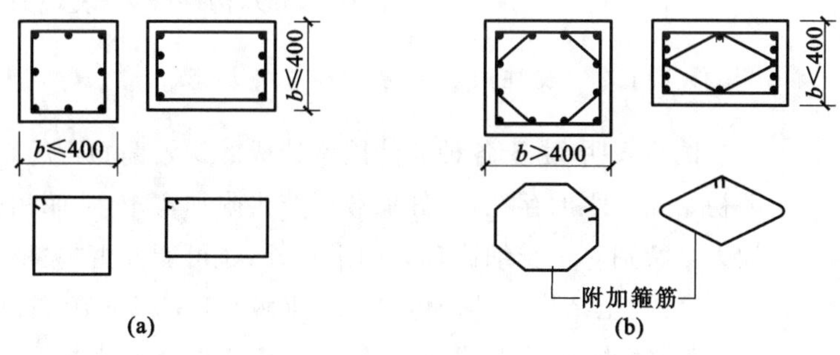

图 5-3 方形、矩形截面箍筋形式

5.2 钢筋混凝土轴心受压构件正截面承载力计算

在实际工程结构中,真正的轴心受压构件几乎不存在。但是,为计算方便,在工程结构设计中以承受恒荷载为主的多层房屋的内柱及桁架的受压腹杆等构件,可近似地按轴心受压构件计算。

一般把钢筋混凝土柱按照箍筋的作用及配置方式的不同分为两种:

① 配有纵向钢筋和普通箍筋的柱,简称普通箍筋柱;

② 配有纵筋和螺旋式(或焊接环式)箍筋的柱,简称螺旋箍筋柱。

5.2.1 轴心受压构件的受力特性

按照构件的长细比不同,轴心受压构件可分为短柱和长柱两种,它们的受力变形和破坏形态各不相同。

5.2.1.1 短柱的受力分析和破坏形态

轴心受压柱破坏形态图

开始施加荷载时,荷载量值比较小,混凝土和钢筋都处于弹性阶段,纵筋和混凝土的压应力与荷载成正比,但钢筋的压应力比混凝土的压应力增加得快,随着荷载的继续增加,柱中开始出现微细裂缝,在临近破坏荷载时,柱四周出现明显的纵向裂缝,箍筋间的纵筋发生压曲,向外凸出,混凝土被压碎,柱子即告破坏,如图 5-4 所示。

图 5-4 短柱的破坏

试验表明,素混凝土棱柱体构件达到最大压应力值时的压应变值为 0.0015~0.002,而钢筋混凝土短柱达到应力峰值时的压应变一般为 0.0025~0.0035。其主要原因是纵向钢筋起到了调整混凝土应力的作用,使混凝土的塑性性质得到了较好的发挥,改善了受压破坏的脆性性质。

短柱破坏时,一般是纵筋先达到屈服强度($\varepsilon_y'=0.002$),此时可继续增加一些荷载。最后混凝土达到极限压应变值(一般为0.0025~0.0035),构件破坏,表现为“材料破坏”。

5.2.1.2 长柱的受力分析和破坏形态

试验表明,由于各种偶然因素造成的初始偏心距的影响是不可忽略的。因初始偏心距的存在,构件加载后产生附加弯矩,从而相应的侧向挠度也会加大。特别对于长细比较大的细长柱,还可能发生“失稳现象”。

《混凝土结构设计规范(2015 年版)》(GB 50010—2010)采用稳定系数 φ 来表示长柱承载力的降低程度。稳定系数 φ 值主要和构件的长细比有关。长细比是指构件的计算长度 l_0 与其截面的惯性半径 i 之比;对于矩形截面,因为 $l_0/i\approx3.5l_0/b$(b 为截面的短边尺寸),所以 φ 值直接与 l_0/b 挂钩。l_0/b 越大,φ 值越小,当 $l_0/b\leqslant8$ 时,柱的承载力没有降低,φ 值可取为 1.0。构件计算所采用的 φ 值见表 5-1。

表 5-1 **钢筋混凝土轴心受压构件稳定系数**

l_0/b	≤8	10	12	14	16	18	20	22	24	26	28
l_0/d	≤7	8.5	10.5	12	14	15.5	17	19	21	22.5	24
l_0/i	≤28	25	42	48	55	62	69	76	83	90	97
φ	1.0	0.98	0.95	0.92	0.87	0.81	0.75	0.70	0.65	0.60	0.56
l_0/b	30	32	34	36	38	40	42	44	46	48	50
l_0/d	26	28	29.5	31	33	34.5	36.5	38	40	41.5	43
l_0/i	104	111	118	125	132	139	146	153	160	167	174
φ	0.52	0.48	0.44	0.40	0.36	0.32	0.29	0.26	0.23	0.21	0.19

注：i 为截面的最小惯性半径。

5.2.2 普通箍筋受压构件承载力计算

(1) 基本公式

根据以上分析，普通箍筋的轴心受压短柱破坏时的计算应力图形如图 5-5 所示。在考虑长柱承载力的降低和可靠度的调整因素后，相关规范给出的轴心受压构件承载力计算公式如下：

$$N \leqslant N_u = 0.9\varphi(f_c A + f_y' A_s') \tag{5-1}$$

式中 N_u——轴向压力承载力设计值；

0.9——可靠度调整系数；

φ——钢筋混凝土轴心受压构件的稳定系数；

f_c——混凝土的轴心抗压强度设计值；

f_y'——纵向钢筋的抗压强度设计值；

A_s'——全部纵向钢筋的截面面积；

A——构件截面面积，当纵向钢筋配筋率 $\rho>3.0\%$ 时，式中 A 改用 $(A-A_s')$。

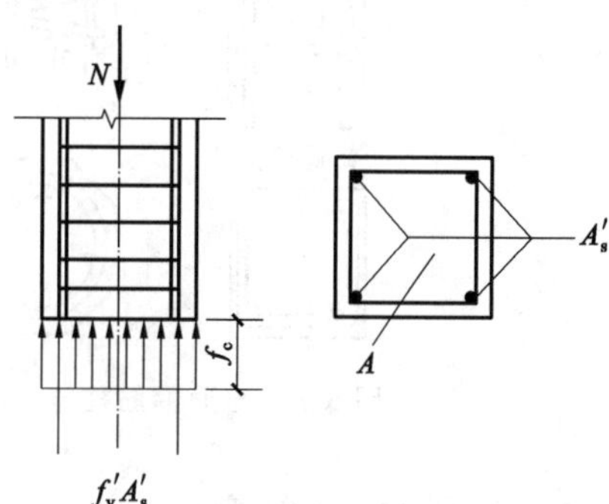

图 5-5 轴心受压短柱计算简图

注意：构件计算长度与构件两端支承情况有关。

理想支承构件的计算长度，由材料力学可知：两端铰支 $l_0=1.0l$，两端固定 $l_0=0.5l$，一端固定一端铰支 $l_0=0.7l$，一端固定一端自由 $l_0=2.0l$。

在实际工程中，构件的支承情况并不是理想的，一般多层现浇钢筋混凝土框架柱的计算长度取值为：底层柱 $l_0=1.0H$，其余各层柱 $l_0=1.25H$。其中 H 为层高，对底层柱取基础顶面到一层楼板顶面之间的距离，对其余楼层柱取上下两层楼盖顶面之间的距离。

(2) 截面设计

已知轴心压力设计值(N)，材料强度设计值(f_c、f_y')，构件的计算长度，求构件截面面积(A)及纵向受压钢筋面积(A_s')。

(3) 截面复核

截面复核比较简单，只需将有关数据代入式(5-1)，如果不等式成立，则满足承载力要求，否则不满足承载力要求。

5.2.3 螺旋箍筋受压构件承载力计算

(1) 受力特点及破坏特征

当柱承受很大轴心压力，并且柱截面尺寸由于建筑上及使用上的要求受到限制，若设计成普通箍筋的柱,即使提高了混凝土强度等级和增加了纵筋配筋量也不足以承受该轴心压力时,可考虑采用螺旋筋或焊接环筋以提高承载力。这种柱的截面形状一般为圆形或正多边形,如图 5-6 所示为普通箍筋柱和螺旋箍筋柱的构造型式。

螺旋箍筋柱或焊接环筋柱的配箍率高,而且不会像普通箍筋那样容易“崩出”,因而能约束核心混凝土在纵向受压时产生的横向变形,从而提高了混凝土抗压强度和变形能力。同时,在螺旋箍筋或焊接环筋中产生了拉应力,如图 5-7 所示。随着荷载不断加大,箍筋的环向拉应力达到抗拉屈服强度时,若继续加荷载就不再能有效地约束混凝土的横向变形,混凝土的抗压强度也不能再提高,这时构件破坏。可见,在柱的横向采用螺旋箍筋或焊接环筋也能像直接配置纵向钢筋那样起到提高承载力和变形能力的作用,故把这种配筋方式称为“间接配筋”。试验发现,间接配筋柱核心区混凝土抗压强度提高值与箍筋的侧向压力成正比。

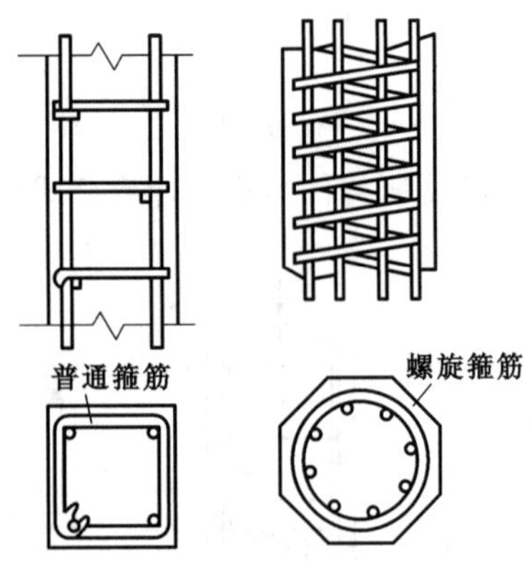

图 5-6 普通箍筋柱与螺旋箍筋柱

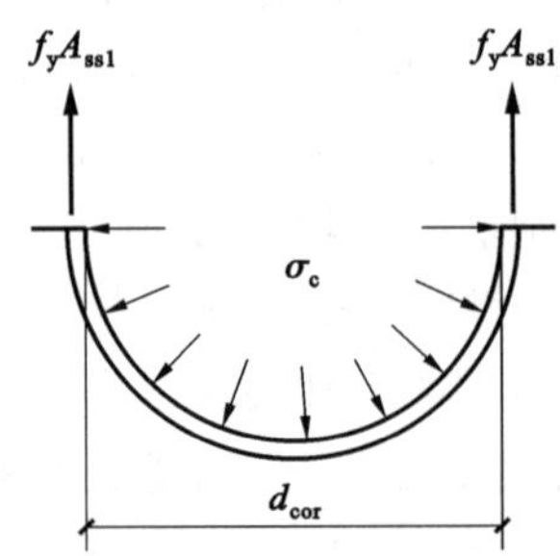

图 5-7 间接钢筋受力示意图

(2) 承载能力计算

根据试验结果和理论推导,螺旋式间接钢筋柱的承载力计算公式为:

$$N \leqslant N_u = 0.9(f_c A_{cor} + 2\alpha f_y A_{ss0} + f_y' A_s') \tag{5-2}$$

$$A_{cor} = \frac{\pi d_{cor}^2}{4} \tag{5-3}$$

$$A_{ss0} = \frac{\pi d_{cor} A_{ss1}}{s} \tag{5-4}$$

式中 A_{ss1}——单根间接钢筋的截面面积;

f_y——间接钢筋的抗拉强度设计值;

s——沿构件轴线方向间接钢筋的间距;

d_{cor}——构件的核心直径,按间接钢筋内表面确定;

A_{cor}——构件的核心截面面积;

A_{ss0}——间接钢筋的换算截面面积;

α——间接钢筋对混凝土约束的折减系数,当混凝土强度等级小于或等于 C50 时,$\alpha=1.0$;当混凝土强度等级为 C80 时,$\alpha=0.85$;当混凝土强度等级在 C50～C80 时,按直线内插法确定。

按式(5-2)计算所得 N_u 不应大于式(5-1)计算所得 N_u 的 1.5 倍。凡属下列情况之一者,不考虑间接钢筋的影响,而按普通箍筋柱计算构件的承载力:

① 当 $l_0/d>12$ 时，因长细比较大，有可能因纵向弯曲引起螺旋筋不起作用；

② 当按式(5-2)算得受压承载力小于按式(5-1)算得的受压承载力时；

③ 当间接钢筋换算面积 $A_{ss0}<25\%A_s'$ 时，则认为间接钢筋配置过少，套箍的作用效果不明显。

如考虑间接钢筋的作用时，间接钢筋间距不大于 80 mm 及 $d_{cor}/5$ 也不小于 40 mm。间接钢筋的直径按箍筋有关规定采用。

【例 5-1】 已知：圆形截面现浇钢筋混凝土柱，直径为 350 mm，承受轴心压力设计值 $N=2600$ kN，计算长度 $l_0=4$ m，混凝土强度等级为 C40，柱中纵筋采用 HRB400 级钢筋，螺旋箍筋采用 HPB300 级钢筋，试设计该柱截面配筋。

【解】 按配有普通纵筋和箍筋柱进行计算：

柱截面直径 $d=350$ mm。

(1) 求稳定系数 φ

$l_0/d=4000/350=11.43$，查表 5-1 得 $\varphi=0.931$。

(2) 求纵筋 A_s'

$$A=\frac{\pi d^2}{4}=\frac{3.14\times 350^2}{4}=9.62\times 10^4(\text{mm}^2)$$

$$A_s'=\frac{1}{f_y'}\left(\frac{N}{0.9\varphi}-f_cA\right)=\frac{1}{360}\times\left(\frac{2600\times 10^3}{0.9\times 0.931}-19.1\times 9.62\times 10^4\right)$$
$$=3515(\text{mm}^2)$$

(3) 求配筋率

$$\rho'=\frac{A_s'}{A}=\frac{3515}{9.62\times 10^4}=3.65\%$$

满足 $0.55\%<\rho'<5\%$(可以)。

选用 10Φ22 mm 纵筋，$A_s'=3801$ mm^2。由此可见，按普通箍筋柱进行设计已满足要求。

假设按螺旋箍筋柱进行计算：

(1) 假定纵筋

取配筋率 $\rho'=0.02$，则得 $A_s'=\rho'A=1924$ mm^2。选用 10Φ16 mm 的纵筋，$A_s'=2011$ mm^2。混凝土的保护层取用 20 mm，箍筋直径 10 mm，则 $c_s=20+10=30$(mm)，所以：

$$d_{cor}=d-c_s\times 2=350-30\times 2=290(\text{mm})$$

$$A_{cor}=\frac{\pi d_{cor}^2}{4}=\frac{3.14\times 290^2}{4}=6.602\times 10^4(\text{mm}^2)$$

(2) 螺旋箍筋的换算截面面积

混凝土强度等级小于 C50，$\alpha=1.0$。

$$A_{ss0}=\frac{N/0.9-(f_cA_{cor}+f_y'A_s')}{2f_y}=\frac{2600\times 10^3/0.9-(19.1\times 6.602\times 10^4+360\times 2011)}{2\times 270}$$
$$=1674(\text{mm}^2)>0.25A_s'=503(\text{mm}^2)$$

满足构造要求。

(3) 螺旋箍筋间距

假定螺旋箍筋的直径 $d=10$ mm，则 $A_{ss1}=78.5$ mm^2。

$$s=\frac{\pi d_{cor}A_{ss1}}{A_{ss0}}=\frac{3.14\times 290\times 78.5}{1674}=42.7(\text{mm})$$

取 $s=40$ mm。

(4) 承载力验算

根据所配置的螺旋箍筋 $d=10$ mm, $s=40$ mm，求得间接配筋柱的轴向力设计值 N_u 如下：

$$A_{ss0}=\frac{\pi d_{cor}A_{ss1}}{s}=\frac{3.14\times290\times78.5}{40}=1787(\mathrm{mm}^2)$$

$$N_u=0.9(f_cA_{cor}+2\alpha f_yA_{ss0}+f_y'A_s')$$

$$=0.9\times(19.1\times6.602\times10^4+2\times1.0\times270\times1787+360\times2011)(\mathrm{N})$$

$$=2650(\mathrm{kN})>N=2600(\mathrm{kN})$$

按轴心受压普通箍筋柱的承载力计算公式得：

$$N_u=0.9\varphi(f_cA+f_y'A_s')=0.9\times0.931\times(19.1\times9.62\times10^4+360\times2011)(\mathrm{N})=2146(\mathrm{kN})$$

$$1.5\times2146=3219(\mathrm{kN})>2650(\mathrm{kN})$$

满足要求。

5.3 钢筋混凝土偏心受压构件正截面受力特点

5.3.1 偏心受压构件的破坏形态和特征

偏心受压构件的破坏特征主要与荷载的偏心距及纵向受力钢筋的数量有关。根据偏心距和受力钢筋数量的不同，可将偏心受压构件的破坏特征分为受拉破坏和受压破坏两种。

5.3.1.1 受拉破坏形态

偏心受压构件中几个问题说明

受拉破坏又称大偏心受压破坏，它发生于轴向力 N 的相对偏心距 e_0/h 较大，且受拉钢筋配置得不太多时。在靠近轴向力作用的一侧受压，另一侧受拉。首先在受拉区产生横向裂缝，随之不断地开展，在破坏前主裂缝逐渐明显，受拉钢筋的应力达到屈服强度，中和轴上升，使混凝土受压区高度迅速减小，最后受压区混凝土被压碎，构件破坏，如图 5-8 所示。

总之，受拉破坏形态的特点是受拉钢筋先达到屈服强度，导致受压区混凝土压碎，是与适筋梁破坏形态相似的延性破坏类型。

5.3.1.2 受压破坏形态

受压破坏形态又称小偏心受压破坏，截面破坏是从受压区开始的，发生于以下两种情况。

① 当轴向力 N 的相对偏心距 e_0/h 较小时，构件截面全部受压或大部分受压。破坏时，受压应力较大一侧的混凝土被压坏，同侧的受压钢筋的应力也达到抗压屈服强度。而离轴向力 N 较远一侧的钢筋(以下简称“远侧

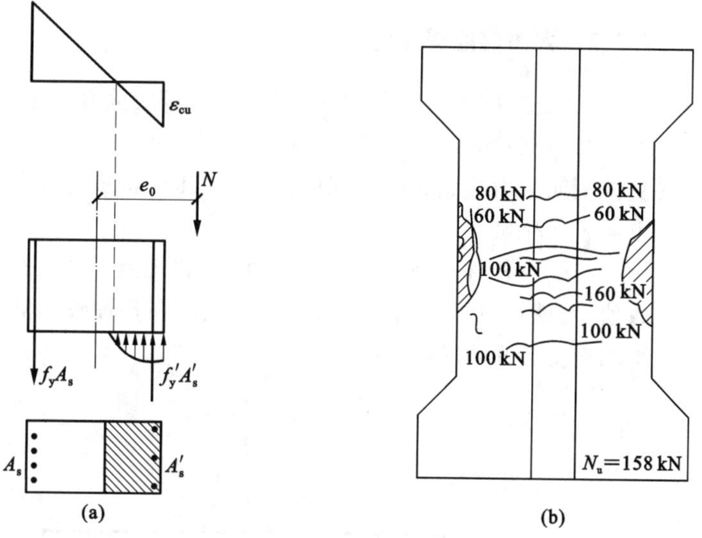

图 5-8　受拉破坏时的截面应力和受拉破坏形态

(a) 截面应力；(b) 受拉破坏形态

钢筋”)，可能受拉也可能受压，但都不屈服，如图 5-9 所示。

② 当轴向力 N 的相对偏心距 e_0/h 虽然较大，但配置了特别多的受拉钢筋，致使受拉钢筋始终不屈服。破坏时，受压区混凝土被压坏，受压钢筋应力达到抗压屈服强度，而远侧钢筋受拉而不屈服，如图 5-9(a)所示。

总之，受压破坏形态的特点是混凝土先被压碎，远侧钢筋可能受拉也可能受压，但都不屈服。构件在破坏前变形不会急剧增长，但受压区垂直裂缝不断发展，破坏时没有明显征兆，属于脆性破坏类型。

综上可知，“受拉破坏形态”与“受压破坏形态”都属于材料破坏。它们不同之处在于截面破坏的起因，即截面受拉部分和受压部分谁先发生破坏。前者是受拉钢筋先屈服而后受压混凝土被压碎；后者是截面的受压边缘混凝土先发生破坏。

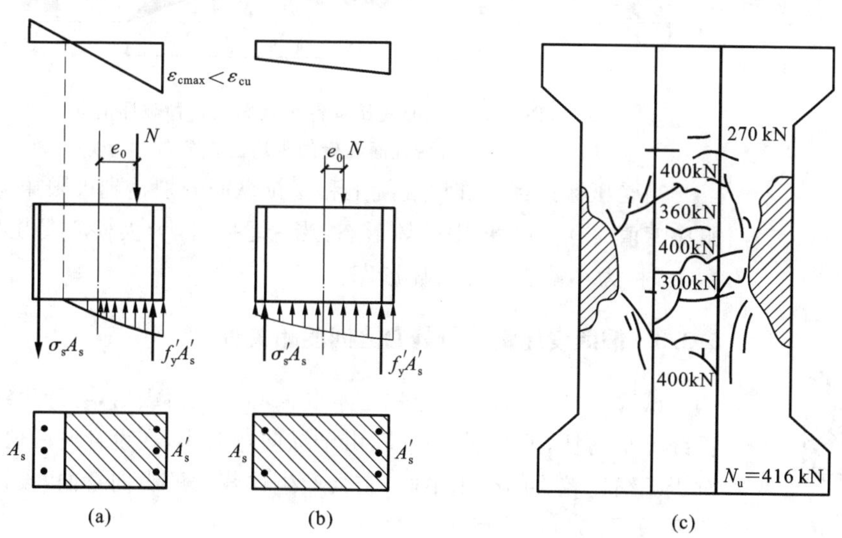

图 5-9　受压破坏时的截面应力和受压破坏形态

(a)，(b) 截面应力；(c) 受压破坏形态

5.3.2 大小偏心受压的分界

在“受拉破坏形态”与“受压破坏形态”之间存在着一种界限破坏形态，称为“界限破坏”。它不仅有横向主裂缝，而且比较明显。其主要特征是:在受拉钢筋应力达到屈服强度的同时，受压区混凝土被压碎。界限破坏形态也属于受拉破坏形态。

与受弯构件相似，利用平截面假定和规定了受压区边缘极限应变值的数值后，就可以求得偏心受压构件正截面在各种破坏情况下，沿截面高度的平均应变分布，如图 5-10 所示。

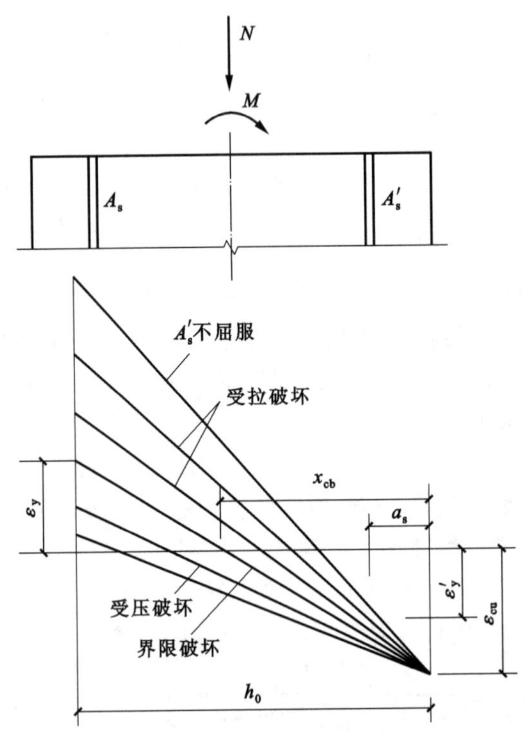

图 5-10 偏心受压构件正截面在各种破坏情况时沿截面高度的平均应变分布

当受压区达到 x_{cb} 时，混凝土和受拉纵筋分别达到极限压应变(ε_{cu})和屈服应变值(ε_y)，即为界限破坏形态:当 $\xi \leqslant \xi_b$ 时，为大偏心受压破坏形态;当 $\xi > \xi_b$ 时，为小偏心受压破坏形态。

5.3.3 偏心受压构件承载力之间的相关性

偏心受压构件承载力相关性

试验表明，钢筋混凝土柱在承受偏心受压荷载后，会产生纵向弯曲。但长细比小的柱，即所谓“短柱”，由于纵向弯曲小，在设计时一般可忽略不计。对于长细比较大的柱则不同，它会产生比较大的纵向弯曲，设计时必须予以考虑，如图 5-11 所示。

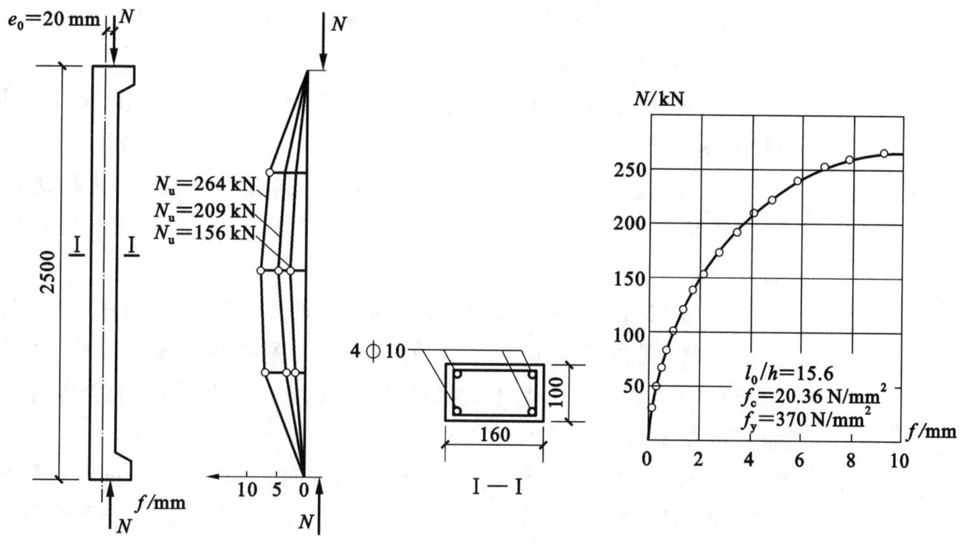

图 5-11　长柱实测 *N*-*f* 曲线

5.3.3.1　长柱的破坏形式

偏心受压长柱在纵向弯曲影响下，可能发生以下两种形式的破坏：

(1) 失稳破坏

长细比很大时，构件的破坏不是由材料引起的，而是由构件纵向弯曲失去平衡引起的，称为失稳破坏。

(2) 材料破坏

当柱长细比在一定范围内时，在承受偏心受压荷载后，虽然偏心距由 e_i 转变为 e_i+f，使柱的承载能力比同样截面的短柱减小，但就其破坏本质来讲，跟短柱破坏相同，属于材料破坏，即为截面材料强度耗尽的破坏。

5.3.3.2　不同长细比柱从加载到破坏的 *N*-*M* 关系

图 5-12 示出了截面尺寸、配筋和材料强度等完全相同，仅长细比不相同的 3 根柱，从加载到破坏的示意图。

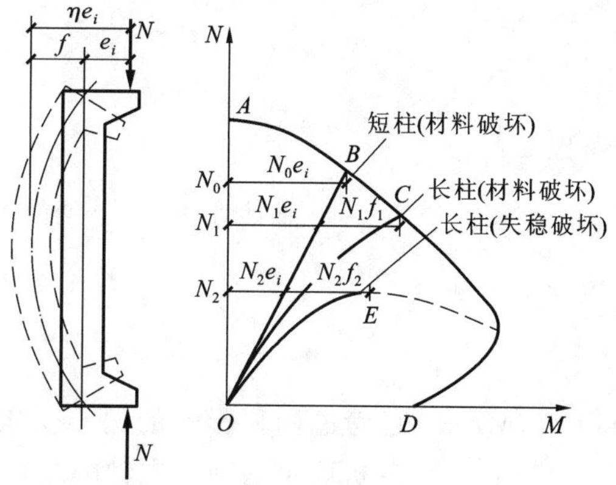

图5-12　不同长细比柱从加载到破坏的 *N*-*M* 关系

曲线 $ABCD$ 表示某钢筋混凝土偏心受压构件截面材料破坏时的承载力 M 与 N 之间的关系。

① 短柱从加载到破坏的 N-M 关系(直线 OB):其变化轨迹是直线,M/N 为常数,表示偏心距自始至终是不变的,属于材料破坏。

② 长柱从加载到破坏的 N-M 关系(曲线 OC):其变化轨迹呈曲线形状,M/N 是变数,表示偏心距是随着纵向力 N 的加大而不断非线性增加的,也属于材料破坏。

③ 长细比很大的长柱从加载到破坏的 N-M 关系(曲线 OE):柱的长细比很大时,则在没有达到 M、N 的材料破坏关系曲线 $ABCD$ 前,由于轴向力的微小增量 ΔN 可引起不收敛的弯矩 M 增加而破坏,即失稳破坏。此时钢筋和混凝土材料强度均未得到充分发挥。

在图 5-12 中还能看出,这三根柱的轴向力偏心距 e_i 值虽然相同,但其承受纵向力 N 值的能力是不同的,分别为 $N_0>N_1>N_2$。这表明构件长细比的加大会降低构件的正截面受压承载力。产生这一现象的原因是:当长细比较大时,偏心受压构件的纵向弯曲引起了不可忽略的二阶弯矩或称附加弯矩。

5.3.4 大偏心受压构件的压弯效应

轴向压力对偏心受压构件的侧移和挠曲产生附加弯矩和附加曲率的荷载效应称为偏心受压构件的二阶荷载效应,简称二阶效应。其中,由侧移产生的二阶效应,习称 P-Δ 效应;由挠曲产生的二阶效应,习称 P-δ 效应。

纵向弯曲引起的二阶弯矩随着构件两端弯矩的不同而不同,可分为以下两种情况。

5.3.4.1 杆端弯矩同号时的 P-δ 效应

实际结构中杆端弯矩同号的情况不普遍,《混凝土结构设计规范(2015 年版)》(GB 50010—2010)规定,当只要满足下述三个条件中的一个条件时,就要考虑二阶效应。

偏心受压构件挠曲二阶效应

条件一:

$$\frac{M_1}{M_2}>0.9 \tag{5-5a}$$

条件二:

$$\text{轴压比}=\frac{N}{f_cA}>0.9 \tag{5-5b}$$

条件三:

$$\frac{l_c}{i}>34-12\frac{M_1}{M_2} \tag{5-5c}$$

式中 M_1,M_2——已考虑侧移影响的偏心受压构件两端截面按结构弹性分析确定的同一主轴的组合弯矩设计值,绝对值较大端为 M_2,绝对值较小端为 M_1,构件按单曲率弯曲时,M_1/M_2 取正值;

l_c——构件计算长度，可近似取偏心受压构件相应主轴方向上下支撑点之间的距离；

i——偏心方向的截面惯性半径，对于矩形截面 bh，$i=0.289h$；

A——偏心受压构件的截面面积。

《混凝土结构设计规范(2015 年版)》(GB 50010—2010)规定，考虑 P-δ 二阶效应后控制截面的弯矩设计值(图 5-13)，应按以下公式计算：

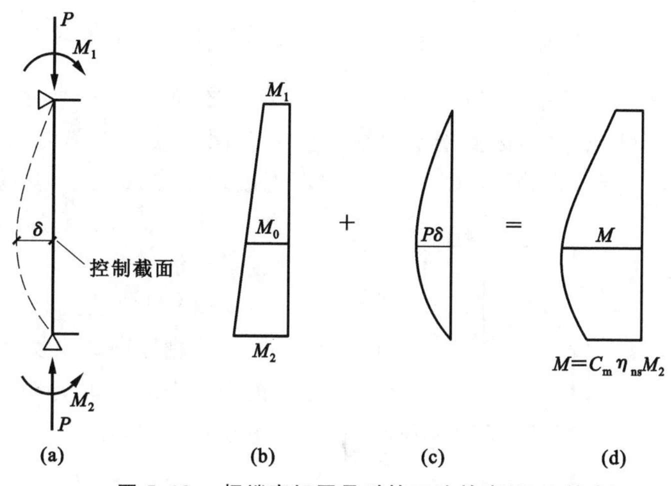

图 5-13　杆端弯矩同号时的二阶效应(P-δ 效应)

$$M = C_m \eta_{ns} M_2 \tag{5-6a}$$

$$C_m = 0.7 + 0.3\frac{M_1}{M_2} \tag{5-6b}$$

$$\eta_{ns} = 1 + \frac{1}{1300(M_2/N + e_a)/h_0}\left(\frac{l_c}{h}\right)^2 \zeta_c \tag{5-6c}$$

$$\zeta_c = \frac{0.5 f_c A}{N} \tag{5-6d}$$

式中　C_m——偏心距调节系数，当 $C_m<0.7$ 时取 0.7；

η_{ns}——弯矩增大系数，$\eta_{ns}=1+\frac{\delta}{e_i}$，$e_i=M_2/N+e_a$；

当 $C_m\eta_{ns}<1.0$ 时取 1.0；对剪力墙肢及核心筒墙肢类构件，取 1.0；

ζ_c——截面曲率修正系数，当计算值 $\zeta_c>1.0$ 时取 1.0；

h——截面高度；

A——构件截面面积。

5.3.4.2　杆端弯矩异号时的 P-δ 效应

虽然轴向压力对杆件长度中部的截面将产生附加弯矩，增大其弯矩值，但弯矩增大后还是比不过端节点截面的弯矩值，即不会发生控制截面转移的情况，故不必考虑二阶效应。

5.4 钢筋混凝土矩形截面偏心受压构件正截面承载力计算

5.4.1 基本公式及适用条件

5.4.1.1 大偏心受压构件正截面的受压承载力计算公式

I形截面偏心受压构件正截面承载力

大偏心受压破坏的截面计算简图如图5-14所示。按受弯构件的处理方法,受压区混凝土曲线压应力图用等效矩形图形来代替,其压应力值为$\alpha_1 f_c$,受压区高度为x,受拉区混凝土不参加工作,受拉钢筋应力达到抗拉强度设计值f_y,受压钢筋应力达到抗压强度设计值f_y'。

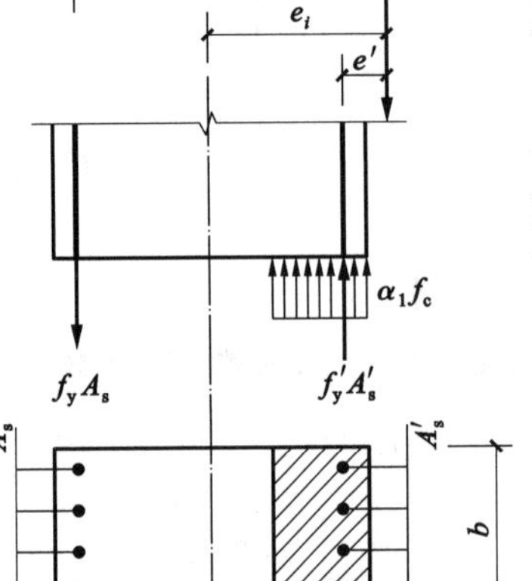

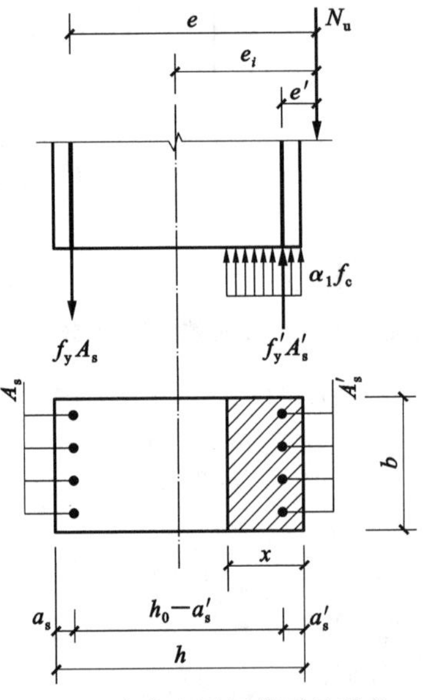

图5-14 大偏心受压截面承载力计算简图

(1) 计算公式

根据轴向力合力为零及各力对受拉钢筋合力点取矩的力矩为零的两个平衡条件可得:

$$N_u = \alpha_1 f_c bx + f_y' A_s' - f_y A_s \quad (5\text{-}7)$$

$$N_u e = \alpha_1 f_c bx \left(h_0 - \frac{x}{2}\right) + f_y' A_s' (h_0 - a_s') \quad (5\text{-}8)$$

$$e = e_i + \frac{h}{2} - a_s \quad (5\text{-}9)$$

$$e_i = e_0 + e_a \quad (5\text{-}10)$$

$$e_0 = \frac{M}{N} \quad (5\text{-}11)$$

式中 N_u——偏心受压承载力设计值;

α_1——系数,当混凝土强度等级不大于C50时,取1.0,混凝土强度等级为C80时,取0.94,其间按线性内插法确定;

e——轴向力作用点至受拉钢筋A_s合力点之间的距离;

e_i——初始偏心距;

e_0——轴向力对截面形心的偏心距;

e_a——附加偏心距,其值取偏心方向截面尺寸的1/30和20 mm中的较大者;

M——控制截面弯矩设计值,考虑P-δ效应后的值;

N——与M相应的轴向压力设计值;

x——混凝土受压区高度。

(2) 适用条件

① 为保证大偏心受压构件破坏时,受拉区钢筋应力先达到屈服强度f_y,必须要求满足$x \leqslant \xi_b h_0$或$\xi \leqslant \xi_b$。

② 为保证大偏心受压构件破坏时，受压区钢筋应力也能达到抗压屈服强度 f_y'，与双筋受弯截面一样，要求满足$x \geqslant 2a_s'$；其中 a_s'为纵向受压钢筋合力点至受压区边缘的距离。

5.4.1.2　小偏心受压构件正截面的受压承载力计算公式

小偏心受压构件破坏时截面的计算应力图形如图 5-15 所示。小偏心受压破坏时，受压区混凝土被压碎，受压钢筋 A_s'的应力达到屈服强度，而远侧钢筋 A_s 可能受拉或受压但都不屈服。在计算时，受压区的混凝土曲线压应力图仍用等效矩形图来替代。

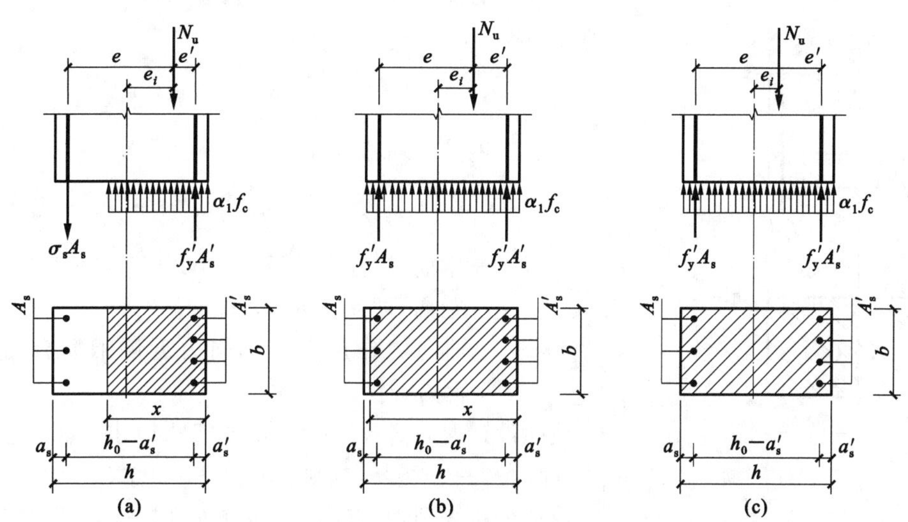

图 5-15　小偏心受压截面承载力计算简图

(a) $\xi_{cy}>\xi>\xi_b$，A_s 受拉或受压，但都不屈服；(b) $h/h_0>\xi \geqslant \xi_{cy}$，$A_s$ 受压屈服，但 $x<h$；

(c) $\xi>\xi_{cy}$，且 $\xi \geqslant h/h_0$，A_s 受压屈服，且全截面受压

根据截面应力图形，如图 5-15(a)所示，由力的平衡条件和力矩平衡条件，可得：

$$N_u = \alpha_1 f_c bx + f_y' A_s' - \sigma_s A_s \tag{5-12}$$

$$N_u e = \alpha_1 f_c bx \left(h_0 - \frac{x}{2}\right) + f_y' A_s' (h_0 - a_s') \tag{5-13}$$

或

$$N_u e' = \alpha_1 f_c bx \left(\frac{x}{2} - a_s'\right) - \sigma_s A_s (h_0 - a_s') \tag{5-14}$$

式中　x——受压区计算高度，若 $x>h$，计算时取 $x=h$；

e，e'——轴向力作用点至受拉钢筋 A_s 合力点和受压钢筋 A_s'合力点之间的距离。

$$e = e_i + \frac{h}{2} - a_s \tag{5-15}$$

$$e' = \frac{h}{2} - e_i - a_s' \tag{5-16}$$

该公式与大偏压公式不同的是，远离轴向力一侧的钢筋应力 σ_s，其大小和方向有待确定。《混凝土结构设计规范(2015 年版)》(GB 50010—2010)根据大量实验资料的分析，给出下列公式以简化计算：

$$\sigma_s = \frac{\xi - \beta_1}{\xi_b - \beta_1} f_y \tag{5-17}$$

要求满足$-f_y' \leqslant \sigma_s \leqslant f_y$,若$\xi > 2\beta_1 - \xi_b$时,取$\sigma_s = -f_y$。

式中 β_1——系数,当混凝土强度等级不超过C50时,$\beta_1 = 0.8$;当混凝土强度等级为C80时,$\beta_1 = 0.74$;其间按线性内插法取用。

5.4.1.3 小偏心受压构件反向破坏的正截面受压承载力计算

当相对偏心距e_0/h很小且A_s'比A_s大得很多时,也可能是离轴压力较远的一侧混凝土先被压坏,此时钢筋A_s受压,应力达到f_y',称为反向破坏。此时,截面承载力计算简图如图5-16所示。这时,附加偏心距e_a反向,使e_0减小,即:

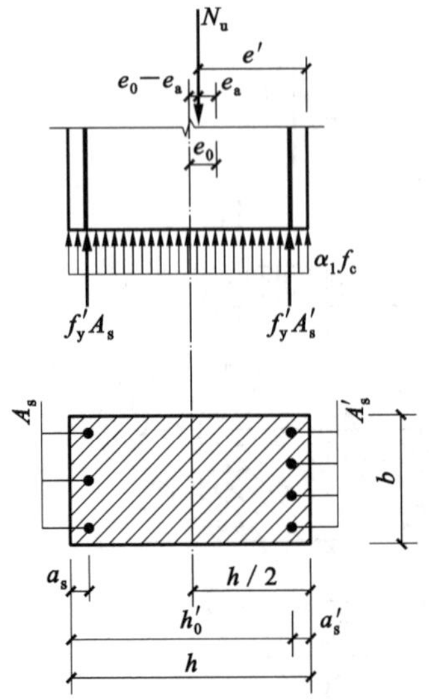

$$e' = \frac{h}{2} - a_s' - (e_0 - e_a)$$

对受压钢筋A_s'取矩,有:

$$N_u e' = f_y' A_s (h_0' - a_s) + \alpha_1 f_c bh \left(h_0' - \frac{h}{2}\right) \tag{5-18}$$

式中 h_0'——钢筋A_s'合力点至离轴压力较远一侧混凝土边缘的距离,即$h_0' = h - a_s'$;

e'——轴向力作用点至轴向力近侧钢筋合力点之间的距离。

图5-16 反向破坏时的截面承载力计算简图

截面设计时,令$N_u = N$,按式(5-18)求得的A_s应不小于$\rho_{\min} bh$,而$\rho_{\min} = 0.20\%$,否则应取$A_s = 0.002bh$。

数值分析表明,只有当$N > \alpha_1 f_c bh$时,按式(5-18)求得的A_s才有可能大于$0.002bh$;当$N \leqslant \alpha_1 f_c bh$时,求得的$A_s$总是小于$0.002bh$。所以《混凝土结构设计规范(2015年版)》(GB 50010—2010)规定,当$N > f_c bh$时,尚应验算反向破坏的承载力。

5.4.2 对称配筋承载力计算

对称配筋是在柱截面两侧配置相等的钢筋,即$A_s = A_s'$;当采用500 MPa及以下的钢筋时,$f_y = f_y'$。在实际工程中,采用对称配筋应用较多。例如,装配式柱为了保证吊装不会出错,偏心受压在不同内力组合下,可能有相反方向的弯矩出现等情况,一般均宜采用对称配筋。

与受弯构件正截面承载力计算一样,偏心受压构件正截面受压承载力的计算也可分为截面设计与截面复核。计算之前,应先判断是否考虑$P\text{-}\delta$效应。

5.4.2.1 截面设计

已知截面内力设计值M、N,截面尺寸bh,以及材料强度等级α_1、f_c、f_y、β_1,构件的计算长度,求钢筋截面面积$A_s = A_s'$。

(1) 判别大小偏心类型

对称配筋时,$A_s = A_s'$,$f_y = f_y'$,令$N = N_u$,代入式(5-7)可得:

$$x = \frac{N}{\alpha_1 f_c b} \tag{5-19}$$

当$x \leqslant \xi_b h_0$时,按大偏心受压构件计算;

当 $x>\xi_b h_0$ 时，按小偏心受压构件计算。

注意：不论是大偏心还是小偏心受压构件的设计，A_s、A_s' 都必须满足最小配筋率要求。

(2) 大偏心受压构件截面设计

若 $2a_s'\leqslant x\leqslant\xi_b h_0$，则将 x 代入式(5-8)得：

$$A_s = A_s' = \frac{Ne - \alpha_1 f_c bx\left(h_0 - \dfrac{x}{2}\right)}{f_y'(h_0 - a_s')} \tag{5-20}$$

若 $x<2a_s'$，可近似取 $x=2a_s'$，对压力合力点取矩 $Ne'=f_y A_s(h_0-a_s')$，由此解得：

$$A_s = A_s' = \frac{Ne'}{f_y(h_0 - a_s')}$$

若 $x>\xi_b h_0$，则认为受拉钢筋达不到受拉屈服强度，就不能用大偏心受压的计算公式进行配筋计算，此时要用小偏心受压公式进行计算。

【例 5-2】 已知：荷载作用下柱的轴向力设计值 $N=396$ kN，杆端弯矩设计值 $M_1=0.92M_2$，$M_2=218$ kN·m，截面尺寸为 $b=300$ mm，$h=400$ mm，$a_s=a_s'=40$ mm；混凝土强度等级为 C30，钢筋采用 HRB400 级；$l_c/h=6$。求钢筋截面积 $A_s=A_s'$。

【解】 因 $M_1/M_2=0.92>0.9$，故需考虑 P-δ 效应：

$$C_m=0.7+0.3\frac{M_1}{M_2}=0.976$$

$$\zeta_c=\frac{0.5f_cA}{N}=0.5\times\frac{14.3\times300\times400}{396\times10^3}=2.17>1，取\ \zeta_c=1。$$

$$e_a=20\ \text{mm}$$

$$h_0=400-40=360\ (\text{mm})$$

$$\eta_{ns}=1+\frac{1}{1300(M_2/N+e_a)/h_0}\left(\frac{l_c}{h}\right)^2\zeta_c=1+\frac{1}{1300\times\left(\dfrac{218\times10^6}{396\times10^3}+20\right)\Big/360}\times6^2\times1=1.017$$

$C_m\eta_{ns}=0.976\times1.017=0.993<1$，取 $C_m\eta_{ns}=1$。

$$M=C_m\eta_{ns}M_2=M_2=218\ \text{kN}\cdot\text{m}$$

则

$$e_i=\frac{M}{N}+e_a=\frac{218\times10^6}{396\times10^3}+20=571(\text{mm})>0.3h_0=0.3\times360=108(\text{mm})$$

可初判为大偏心受压。

由式(5-19)可得：

$$x=\frac{N}{\alpha_1 f_c b}=\frac{396\times10^3}{1.0\times14.3\times300}=92.3(\text{mm})>2a_s'$$

且 $x<\xi_b h_0=0.518\times360=186.5$ mm，大偏心受压。

$$e=e_i+\frac{h}{2}-a_s=571+\frac{400}{2}-40=731\ (\text{mm})$$

由式(5-20)可得：

$$A_s=A_s'=\frac{Ne-\alpha_1 f_c bx\left(h_0-\dfrac{x}{2}\right)}{f_y'(h_0-a_s')}$$

$$=\frac{396\times10^3\times731-1.0\times14.3\times300\times92.3\times\left(360-\frac{92.3}{2}\right)}{360\times(360-40)}=1434(\text{mm}^2)$$

经验算,配筋率满足要求。每边配置 3Φ20+2Φ18($A_s=A_s'=1451\ \text{mm}^2$)。

(3) 小偏心受压构件截面设计

由于对称配筋,$A_s=A_s'$,$f_y=f_y'$,令 $N=N_u$,将式(5-17)代入式(5-12)和式(5-13)得:

$$N=N_u=\alpha_1 f_c bx+f_y'A_s'-f_y\cdot\frac{\xi-\beta_1}{\xi_b-\beta_1}A_s$$

$$N\cdot e=\alpha_1 f_c bx\left(h_0-\frac{x}{2}\right)+f_y'A_s'(h_0-a_s')$$

联立两式消除 $f_y'A_s'$,并注意到 $x=\xi h_0$,即可得到:

$$Ne\cdot\frac{\xi_b-\xi}{\xi_b-\beta_1}=\alpha_1 f_c h_0^2\xi(1-0.5\xi)\frac{\xi_b-\xi}{\xi_b-\beta_1}+(N-\alpha_1 f_c b\xi h_0)(h_0-a_s') \tag{5-21}$$

式(5-21)为关于未知数 ξ 的一元三次方程,手算较麻烦。《混凝土结构设计规范(2015年版)》(GB 50010—2010)根据大量试验分析,给出 ξ 的近似公式如下:

$$\xi=\frac{N-\alpha_1\xi_b f_c bh_0}{\dfrac{Ne-0.43\alpha_1 f_c bh_0^2}{(\beta_1-\xi_b)(h_0-a_s')}+\alpha_1 f_c bh_0}+\xi_b \tag{5-22}$$

将 $x=\xi h_0$ 代入式(5-13)即可求得钢筋面积:

$$A_s'=A_s=\frac{Ne-\alpha_1 f_c bh_0^2\xi(1-0.5\xi)}{f_y'(h_0-a_s')} \tag{5-23}$$

【例5-3】 已知:轴向力设计值 $N=3500$ kN,杆端弯矩设计值 $M_1=0.88M_2$,$M_2=350$ kN·m;截面尺寸为 $b=400$ mm,$h=700$ mm,$a_s=a_s'=45$ mm;混凝土强度等级为C40,钢筋采用HRB400级;$l_c=l_0=3.3$ m。求钢筋截面积 $A_s=A_s'$。

【解】 因

$$\frac{M_1}{M_2}=0.88<0.9,\quad \frac{N}{f_cA}=\frac{3500\times10^3}{19.1\times400\times700}=0.65<0.9$$

$$\frac{l_c}{i}=\frac{3300}{0.289\times700}=16.3<34-12\frac{M_1}{M_2}=23.4$$

故不需考虑 P-δ 效应。

$$M=M_2=350\ \text{kN}\cdot\text{m}$$

$$e_a=\frac{700}{30}=23(\text{mm})>20(\text{mm})$$

$$e_0=\frac{M}{N}=\frac{350\times10^6}{3500\times10^3}=100(\text{mm})$$

$$e_i=e_0+e_a=100+23=123(\text{mm})$$

$$e=e_i+\frac{h}{2}-a_s=123+\frac{700}{2}-45=428(\text{mm})$$

$$h_0=h-a_s=700-45=655\ (\text{mm})$$

由式(5-19)可得:

$$x=\frac{N}{\alpha_1 f_c b}=\frac{350\times10^4}{1.0\times19.1\times400}=458(\text{mm})>\xi_b h_0=0.518\times655=339(\text{mm})$$

属于小偏心受压。

由式(5-22)可得：

$$\xi=\frac{N-\alpha_1\xi_b f_c bh_0}{\dfrac{Ne-0.43\alpha_1 f_c bh_0^2}{(\beta_1-\xi_b)(h_0-a_s')}+\alpha_1 f_c bh_0}+\xi_b$$

$$=\frac{3500\times10^3-0.518\times1.0\times19.1\times400\times655}{\dfrac{3500\times10^3\times428-0.43\times1.0\times19.1\times400\times655^2}{(0.8-0.518)\times(655-45)}+1.0\times19.1\times400\times655}+0.518$$

$$=0.6826$$

$$x=\xi h_0=0.6826\times655=447(\text{mm})$$

代入式(5-23)可得：

$$A_s'=A_s=\frac{Ne-\alpha_1 f_c bh_0^2\xi(1-0.5\xi)}{f_y'(h_0-a_s')}=\frac{Ne-\alpha_1 f_c bx(h_0-0.5x)}{f_y'(h_0-a_s')}$$

$$=\frac{3500\times10^3\times428-1.0\times19.1\times400\times447\times(655-447/2)}{360\times(655-45)}$$

$$=111(\text{mm}^2)<\rho_{\min}'bh=0.2\%\times400\times700=560(\text{mm}^2)$$

取 $A_s'=A_s=560\ \text{mm}^2$ 配筋。同时满足整体配筋率不小于 0.55% 的要求，每边选用 2Φ14+2Φ18($A_s'=A_s=817\ \text{mm}^2$)。

5.4.2.2 截面复核

进行承载力复核时，一般已知截面尺寸、钢筋截面面积 A_s 和 A_s'、混凝土强度等级及钢筋级别、构件长细比以及轴向压力对截面形心的偏心距 e_0，求偏心受压构件正截面承载力设计值 N_u(或已知轴力设计值 N，复核偏心受压构件正截面承载力是否安全)。

因截面配筋已知，为计算简便，先假定为大偏心受压构件，故按图 5-14 对 N 作用点取矩可得：

$$\alpha_1 f_c bx\left(e_i-\frac{h}{2}+\frac{x}{2}\right)=f_y A_s\left(e_i+\frac{h}{2}-a_s\right)-f_y'A_s'\left(e_i-\frac{h}{2}+a_s\right)$$

代入已知数据即可求出 x。当 $x\leqslant\xi_b h_0$ 时，假定正确，为大偏心受压构件，将 x 代入式(5-7)可求得轴向设计值 N；当 $x>\xi_b h_0$ 时，假定不正确，为小偏心受压构件，将数据代入式(5-12)、式(5-13)和式(5-17)联立求解，可得轴向设计值 N。

【例 5-4】 已知：某框架柱截面尺寸为 $b=500$ mm，$h=700$ mm，$a_s=a_s'=45$ mm；构件计算长度 $l_c=l_0=12.5$ m。混凝土强度等级为 C35，纵筋配置 4Φ25，截面面积 $A_s=A_s'=1964\ \text{mm}^2$，轴向力的偏心距 $e_0=600$ mm，求截面能承受的轴向力设计值 N_u。

【解】 因框架柱的反弯点在柱间，故不考虑 P-δ 效应。

$$e_a=\frac{700}{30}=23(\text{mm})>20(\text{mm}),\quad e_0=600(\text{mm})$$

$$e_i=e_0+e_a=600+23=623(\text{mm})$$

按图 5-14 对 N 作用点取矩：

$$\alpha_1 f_c bx\left(e_i-\frac{h}{2}+\frac{x}{2}\right)=f_y A_s\left(e_i+\frac{h}{2}-a_s\right)-f_y'A_s'\left(e_i-\frac{h}{2}+a_s\right)$$

代入数据,则有:

$$1.0\times16.7\times500\times(623-350+x/2)x$$
$$=360\times1964\times(623+350-45)-360\times1964\times(623-350+45)$$

整理,得关于 x 的一元二次方程:

$$x^2+546x-103304=0$$

所以

$$x=\frac{1}{2}\times(-546+\sqrt{546^2+4\times103304})=148.7(\text{mm})$$

因

$$2a_s'=2\times45=90(\text{mm})<x<\xi_b h_0=0.518\times655=339(\text{mm})$$

故假定正确为大偏心受压构件。

由式(5-7)可得该截面能承受的轴向力设计值为:

$$N_u=\alpha_1 f_c bx=1.0\times16.7\times500\times148.7\times10^{-3}=1241.6(\text{kN})$$

综上所述,偏心受压构件截面设计的一般步骤为:

① 确定是否考虑 P-δ 效应。

② 初步判别构件的偏心类型:

当 $e_i>0.3h_0$ 时,先按大偏心受压情况计算;

当 $e_i\leqslant0.3h_0$ 时,先按小偏心受压情况计算。

③ 应用有关计算公式求 A_s 和 A_s',然后选配钢筋。

④ 求出 A_s、A_s'后再计算 x,用 $x\leqslant\xi_b h_0$,$x>\xi_b h_0$ 来检查原先的假定是否正确,如果不正确需要重新计算。

⑤ 验算配筋率。

5.4.3 非对称配筋承载力计算

5.4.3.1 大偏心受压构件的截面设计

偏心受压构件非对称配筋方法

实际应用中,主要分 A_s'未知和 A_s'已知两种情况。

情况1:已知截面内力设计值 M、N,截面尺寸 bh,材料强度参数 α_1、f_c、f_y、β_1,以及构件的长细比 l_c/h,分别求钢筋截面面积 A_s 和 A_s'。

分析:令 $N=N_u$,$M=Ne_0$,从式(5-7)和式(5-8)可知,其中共有 x、A_s 和 A_s'三个未知数,而只有两个方程式。若要求解,需补充一个方程式,即 $x=\xi_b h_0$。因为与双筋受弯构件类似,当 $x=\xi_b h_0$ 时,钢筋(A_s+A_s')的总量最小。将补充方程式联立求解可得:

$$A_s'=\frac{Ne-\alpha_1 f_c bx(h_0-0.5x_b)}{f_y'(h_0-\alpha_s')}=\frac{Ne-\alpha_1 f_c bh_0^2\xi_b(1-0.5\xi_b)}{f_y'(h_0-a_s')}\tag{5-24}$$

将求得的 A_s'代入式(5-7),可得:

$$A_s=\frac{\alpha_1 f_c bh_0\xi_b-N}{f_y}+\frac{f_y'}{f_y}A_s'\tag{5-25}$$

【例 5-5】 已知：荷载作用下柱的轴向力设计值 $N=396\ \text{kN}$，杆端弯矩设计值 $M_1=0.92M_2$，$M_2=218\ \text{kN·m}$；截面尺寸为 $b=300\ \text{mm}$，$h=400\ \text{mm}$，$a_s=a_s'=40\ \text{mm}$；混凝土强度等级为 C30，钢筋采用 HRB400 级；$l_c/h=6$。求钢筋截面积 A_s 和 A_s'。

【解】 因 $M_1/M_2=0.92>0.9$，故需考虑 P-δ 效应。

$$C_m=0.7+0.3\frac{M_1}{M_2}=0.976$$

$\zeta_c=\dfrac{0.5f_cA}{N}=0.5\times\dfrac{14.3\times300\times400}{396\times10^3}=2.17>1$，取 $\zeta_c=1$。

$$e_a=20\ \text{mm}$$

$$h_0=400-40=360\ (\text{mm})$$

$$\eta_{ns}=1+\frac{1}{1300\left(\dfrac{M_2}{N}+e_a\right)\Big/h_0}\left(\frac{l_c}{h}\right)^2\zeta_c$$

$$=1+\frac{1}{1300\times\left(\dfrac{218\times10^6}{396\times10^3}+20\right)\Big/360}\times6^2\times1=1.017$$

$C_m\eta_{ns}=0.976\times1.017=0.993<1$，取 $C_m\eta_{ns}=1$。

$$M=C_m\eta_{ns}M_2=M_2=218\ \text{kN·m}$$

则

$$e_i=\frac{M}{N}+e_a=\frac{218\times10^6}{396\times10^3}+20=571(\text{mm})>0.3h_0=0.3\times360=108(\text{mm})$$

可初判为大偏心受压。

$$e=e_i+\frac{h}{2}-a_s=571+\frac{400}{2}-40=731(\text{mm})$$

由式(5-24)可得：

$$A_s'=\frac{Ne-\alpha_1f_cbh_0^2\xi_b(1-0.5\xi_b)}{f_y'(h_0-a_s')}$$

$$=\frac{396\times10^3\times731-1.0\times14.3\times300\times360^2\times0.518\times(1-0.5\times0.518)}{360\times(360-40)}$$

$$=660(\text{mm}^2)>\rho'_{\min}bh=0.002\times300\times400=240(\text{mm}^2)$$

由式(5-25)可得：

$$A_s=\frac{\alpha_1f_cbh_0\xi_b-N}{f_y}+\frac{f_y'}{f_y}A_s'=\frac{1.0\times14.3\times300\times360\times0.518-396\times10^3}{360}+660=1782(\text{mm}^2)$$

受拉钢筋选用 3 Φ 22＋2 Φ 20（$A_s=1768\ \text{mm}^2$），受压钢筋选用 2 Φ 18＋1 Φ 14（$A_s'=662.9\ \text{mm}^2$）。

由式(5-7)可得：

$$x=\frac{N-f_y'A_s'+f_yA_s}{\alpha_1f_cb}=\frac{396\times10^3-360\times662.9+360\times1768}{1.0\times14.3\times300}=185(\text{mm})<\xi_bh_0$$

故前面假定为大偏心受压是正确的。

情况 2：已知截面内力设计值 M、N，截面尺寸 bh，材料参数 α_1、f_c、f_y、β_1，构件的长细比 l_c/h，以及压筋面积 A_s'，求受拉钢筋截面面积 A_s。

分析:令 $N=N_u$,$M=Ne_0$,代入式(5-7)和式(5-8)可知,其中共有 x 和 A_s 两个未知数,有两个方程式。可直接联立求解 x 和 A_s,即:

$$x=h_0-\sqrt{h_0^2-\frac{2[Ne-f_y'A_s'(h_0-a_s')]}{\alpha_1 f_c b}} \tag{5-26}$$

$$A_s=\frac{\alpha_1 f_c bx-N}{f_y}+\frac{f_y'}{f_y}A_s' \tag{5-27}$$

【例 5-6】 已知条件同例 5-5,并已知 $A_s'=942\ \text{mm}^2$,求受拉钢筋截面积 A_s。

【解】 由式(5-26)可得:

$$\begin{aligned}x&=h_0-\sqrt{h_0^2-\frac{2[Ne-f_y'A_s'(h_0-a_s')]}{\alpha_1 f_c b}}\\&=360-\sqrt{360^2-\frac{2\times[396\times10^3\times731-360\times942\times(360-40)]}{1.0\times14.3\times300}}\\&=148(\text{mm})>2a_s'=2\times40=80(\text{mm})\end{aligned}$$

且

$$x=148(\text{mm})<\xi_b h_0=0.518\times360=186.5(\text{mm})$$

故构件为大偏心受压构件,由式(5-27)可得:

$$\begin{aligned}A_s&=\frac{\alpha_1 f_c bx-N}{f_y}+\frac{f_y'}{f_y}A_s'=\frac{1\times14.3\times300\times148-396\times10^3}{360}+\frac{360\times942}{360}\\&=1606\ (\text{mm}^2)\end{aligned}$$

选用 2Φ20+2Φ25($A_s=1610\ \text{mm}^2$)。

比较例 5-5 与例 5-6 可看出,当 $\xi=\xi_b$ 时,总用钢量最少。

5.4.3.2 小偏心受压构件的截面设计

已知截面内力设计值 M、N,截面尺寸 bh,材料参数 α_1、f_c、f_y、β_1,构件的长细比 l_c/h,分别求钢筋截面面积 A_s 和 A_s'。

分析:令 $N=N_u$,$M=Ne_0$,代入式(5-12)、式(5-13)和式(5-17)可知,有 ξ、A_s 和 A_s' 三个未知数,而只有两个方程式,须补充一个。小偏心受压应满足 $\xi>\xi_b$ 及 $-f_y'\leqslant\sigma_s\leqslant f_y$ 的条件。当纵筋 A_s 的应力 σ_s 达到受压屈服($-f_y'$),根据式(5-17)可计算出其相对受压区计算高度 $\xi_{cy}=2\beta_1-\xi_b$。

① 确定 A_s,作为补充条件。

当 $\xi_b<\xi<\xi_{cy}$ 时,不论 A_s 配置的数量多少,一般总是不屈服的;为了使钢筋用量最小,故按最小配筋率配置 A_s。因此,计算时 $A_s=\rho_{min}bh=0.002bh$,同时考虑反向破坏;当 $N\leqslant f_c bh$ 时,$A_s=0.002bh$;当 $N>f_c bh$ 时,按式(5-18)反向受压破坏计算。

② 求出 ξ 值,再按三种情况求出 A_s',其中:

$$\xi=u+\sqrt{u^2+v} \tag{5-28}$$

$$u=\frac{a_s'}{h_0}+\frac{f_y A_s}{(\xi_b-\beta_1)\alpha_1 f_c bh_0}\left(1-\frac{a_s'}{h_0}\right) \tag{5-29}$$

$$v=\frac{2Ne'}{\alpha_1 f_c bh_0^2}-\frac{2\beta_1 f_y A_s}{(\xi_b-\beta_1)\alpha_1 f_c bh_0}\left(1-\frac{a_s'}{h_0}\right) \tag{5-30}$$

由上面三式可以求出ξ值。

若$\xi_b<\xi<\xi_{cy}$，将ξ代入力平衡式可得：

$$A_s'=\frac{N-\alpha_1 f_c b h_0 \xi+\dfrac{\xi-\beta_1}{\xi_b-\beta_1}f_y A_s}{f_y'} \tag{5-31}$$

若$\xi_{cy}\leqslant\xi<h/h_0$，取$\sigma_s=-f_y'$，需按下式重新求解$\xi$：

$$\xi=\frac{a_s'}{h_0}+\sqrt{\left(\frac{a_s'}{h_0}\right)^2+2\left[\frac{Ne'}{\alpha_1 f_c b h_0^2}-\frac{A_s}{bh_0}\frac{f_y'}{\alpha_1 f_c}\left(1-\frac{a_s'}{h_0}\right)\right]} \tag{5-32}$$

将ξ代入式(5-31)可得A_s'。

若$\xi\geqslant h/h_0$时，取$x=h$，由式(5-13)求得：

$$A_s'=\frac{Ne-\alpha_1 f_c bh(h_0-0.5h)}{f_y'(h_0-a_s')} \tag{5-33}$$

如果式(5-33)求得$A_s'<0.002bh$，取$A_s'=0.002bh$。

【例5-7】 已知：轴向力设计值$N=4600$ kN，杆端弯矩设计值$M_1=0.5M_2$，$M_2=130$ kN·m，截面尺寸为$b=400$ mm，$h=600$ mm，$a_s=a_s'=45$ mm；混凝土强度等级为C35，$f_c=16.7$ N/mm²，钢筋采用HRB400级；$l_c=l_0=3$ m。求钢筋截面积A_s及A_s'。

【解】 因$M_1/M_2=0.5<0.9$

$$\frac{N}{f_c A}=\frac{4600\times10^3}{16.7\times400\times600}=1.15>0.9$$

故需考虑P-δ效应。

$$\zeta_c=\frac{0.5f_c A}{N}=0.5\times\frac{16.7\times400\times600}{4600\times10^3}=0.436$$

$$e_a=20\text{ mm}$$

$$h_0=600-45=555\ (\text{mm})$$

$$C_m=0.7+0.3\frac{M_1}{M_2}=0.7+0.3\times0.5=0.85$$

$$\eta_{ns}=1+\frac{1}{1300\left(\dfrac{M_2}{N}+e_a\right)\Big/h_0}\left(\frac{l_c}{h}\right)^2\zeta_c=1+\frac{1}{1300\times\left(\dfrac{130\times10^6}{4600\times10^3}+20\right)\Big/555}\times\left(\frac{3.0}{0.6}\right)^2\times0.436$$

$$=1.096$$

$C_m\eta_{ns}=0.85\times1.096=0.932<1$，取$C_m\eta_{ns}=1$。

$$M=C_m\eta_{ns}M_2=M_2=130\text{ kN}\cdot\text{m}$$

则

$$e_i=\frac{M}{N}+e_a=\frac{130\times10^6}{4600\times10^3}+20=48.26(\text{mm})<0.3h_0=0.3\times555=166.5(\text{mm})$$

故初步判断为小偏心受压。

① 确定A_s。

$N=4600$ kN$>f_c bh=16.7\times400\times600\times10^{-3}=4048$(kN)，故按反向破坏计算，求解$A_s$。

$$e'=\frac{h}{2}-a_s'-(e_0-e_a)=\frac{600}{2}-45-(28.26-20)=246.74(\text{mm})$$

$$A_s=\frac{Ne'-\alpha_1 f_c bh\left(h_0'-\frac{h}{2}\right)}{f_y(h_0'-a_s)}=\frac{4600\times10^3\times246.74-1.0\times16.7\times400\times600\times(555-45)}{360\times(555-45)}$$

$$=615(\mathrm{mm}^2)>0.002bh=0.002\times400\times600=480(\mathrm{mm}^2)$$

因此取 $A_s=615\ \mathrm{mm}^2$ 作为补充条件。

② 按式(5-28)～式(5-30)求出 ξ 值,再按三种情况求出 A_s'。

$$\xi=u+\sqrt{u^2+v}$$

$$u=\frac{a_s'}{h_0}+\frac{f_y A_s}{(\xi_b-\beta_1)\alpha_1 f_c bh_0}\left(1-\frac{a_s'}{h_0}\right)$$

$$=\frac{45}{555}+\frac{360\times615}{(0.518-0.8)\times1\times16.7\times400\times555}\times\left(1-\frac{45}{555}\right)$$

$$=0.081-0.1946=-0.1136$$

$$v=\frac{2Ne'}{\alpha_1 f_c bh_0^2}-\frac{2\beta_1 f_y A_s}{(\xi_b-\beta_1)\alpha_1 f_c bh_0}\left(1-\frac{a_s'}{h_0}\right)$$

$$=\frac{2\times4600\times10^3\times246.74}{1\times16.7\times400\times555^2}-\frac{2\times0.8\times360\times615}{(0.518-0.8)\times1\times16.7\times400\times555^2}\times\left(1-\frac{45}{555}\right)$$

$$=1.103+0.0006=1.1036$$

$$\xi=-0.1136+\sqrt{(-0.1136)^2+1.1036}=0.9431>\xi_b=0.518$$

故确定为小偏心受压构件。

$$\xi_{cy}=2\beta_1-\xi_b=2\times0.8-0.518=1.082>\xi=0.9431$$

故属于小偏心受压的第一种情况。

$$A_s'=\frac{N-\alpha_1 f_c bh_0\xi+\frac{\xi-\beta_1}{\xi_b-\beta_1}f_y A_s}{f_y'}$$

$$=\frac{4600\times10^3-1\times16.7\times0.9431\times400\times600+\frac{0.9431-0.8}{0.518-0.8}\times360\times615}{360}=1966(\mathrm{mm}^2)$$

5.5 钢筋混凝土偏心受压构件斜截面承载力计算

5.5.1 轴向压力对斜截面受剪承载力的影响

偏心受压构件除了承受轴向压力和弯矩作用外,一般情况下还存在剪力作用,只是量值相对较小,因此,可不进行斜截面受剪承载力的计算;但对于有较大水平力作用的框架柱,有横向力作用下的桁架上弦压杆,剪力影响相对较大,必须予以考虑。

试验表明,轴向压力能推迟垂直裂缝的出现,并使裂缝宽度减小;另外,轴向压力能使斜截面受剪承载力提高,如图 5-17 所示。当轴压比 $N/(f_c bh)=0.3\sim0.5$ 时,斜截面受剪承载力达到最大值;当 $N/(f_c bh)<0.3$ 时,不同剪跨比 λ 构件的轴向压力对斜截面受剪承载力的影响相差不大。

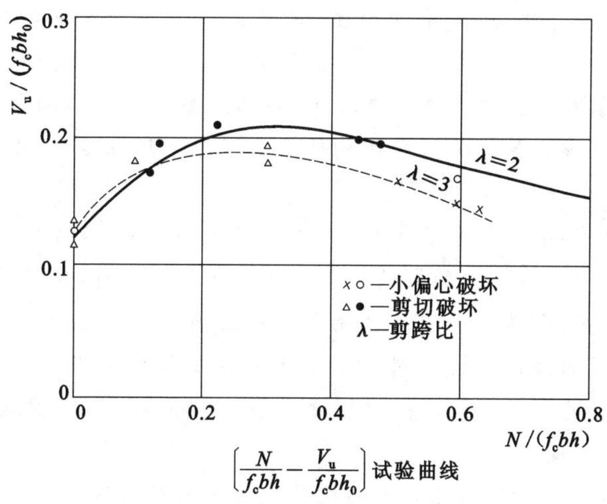

图 5-17　相对轴压力和剪力关系图

5.5.2　偏心受压构件斜截面承载力计算

对承受轴压力和横向力作用的矩形、T 形和 I 形截面偏心受压构件，其斜截面受剪承载力应按下列公式计算：

$$V \leqslant \frac{1.75}{\lambda+1} f_t b h_0 + f_{yv} \frac{A_{sv}}{s} h_0 + 0.07N \tag{5-34}$$

式中　N——与剪力设计值 V 相应的轴压力设计值，当 $N/(f_c bh)>0.3$ 时，取 $N=0.3f_cA$，A 为构件的截面面积；

λ——偏心受压构件计算截面的剪跨比，按下列规定取用。

① 对各类结构的框架柱，取 $\lambda=M/(Vh_0)$，此处，M 为计算截面上与剪力设计值 V 相应的弯矩设计值；当框架结构中柱的反弯点在层高范围内时，可取 $\lambda=H_n/(2h_0)$，H_n 为柱净高。当 $\lambda<1$ 时，取$\lambda=1$；当 $\lambda>3$ 时，取 $\lambda=3$。

② 对其他偏心受压构件，当承受均布荷载时，取 $\lambda=1.5$；当承受集中荷载时(包括作用有多种荷载，且其中集中荷载对支座截面或节点边缘所产生的剪力值占总剪力值的 75%以上的情况)，取 $\lambda=a/h_0$，a 为集中荷载作用点至支座或节点边缘的距离；当 $\lambda<1.5$ 时，取$\lambda=1.5$；当 $\lambda>3$ 时，取$\lambda=3$。

偏心受压构件
典型例题

若符合下列公式的要求时，则可不进行斜截面受剪承载力计算，而仅需根据构造要求配置箍筋：

$$V \leqslant \frac{1.75}{\lambda+1} f_t b h_0 + 0.07N \tag{5-35}$$

偏心受压构件的受剪截面尺寸尚应满足式(4-57)。

本章小结

钢筋混凝土受压构件分轴心受压构件和偏心受压构件两类，前者仅受轴心压力 N 作用，后者除受轴心压力 N 作用外，还承受弯矩 M 作用，截面上还可能有剪力 V。受压是混凝土的强项，采用较高强度等级的混凝土，可减小截面面积，常采用 C30、C35、C40 或更高强度等级的混凝土。轴心受压构件多采用正方形或圆形截面,偏心受压构件以矩形截面为主,也可采用工字形截面,异形截面较少采用。

普通箍筋轴心受压构件正截面承载力主要取决于混凝土的强度、截面面积和纵向钢筋的强度、截面面积,其次取决于构件的长细比;螺旋箍筋轴心受压构件的承载力除与混凝土、纵筋有关外,还受间接钢筋的影响。

偏心受压构件分大偏心受压构件和小偏心受压构件,两种受压构件的破坏模式不同。对大偏心受压构件,可能需要考虑压弯效应(P-δ 效应)的影响。承载能力极限状态时,受压区混凝土的压应力曲线分布,计算时等效为均匀分布,即按矩形应力图形计算。注意矩形截面大、小偏心受压正截面承载力计算简图的异同以及公式的适用条件。对称配筋方式在工程中应用广泛,应特别注意其截面设计和承载力验算的计算方法或技巧;非对称配筋方式在工程上较少见,但理论意义比较大,应注意计算方法上与对称配筋的不同。

偏心受压构件截面上一般存在剪力,斜截面混凝土的受剪承载力因轴心压力 N 而提高。与受弯构件相比,混凝土斜截面受剪承载力提高值取0.07N,且 $N\leqslant 0.3f_cA$。

习题与思考题

5-1 普通箍筋短柱与长柱轴心受压的破坏形态有何不同?轴心受压长柱的稳定系数 φ 如何确定?

5-2 轴心受压普通箍筋柱与螺旋箍筋柱的正截面受压承载力计算有何不同?

5-3 简述偏心受压短柱的破坏形态。偏心受压构件如何分类?

5-4 长柱的正截面受压破坏与短柱的破坏有何异同?什么是偏心受压长柱的二阶弯矩?

5-5 怎样区分大、小偏心受压破坏?

5-6 矩形截面大偏心受压构件正截面受压承载力如何计算?

5-7 矩形截面小偏心受压构件正截面受压承载力如何计算?

5-8 怎样进行不对称配筋矩形截面偏心受压构件正截面受压承载力的设计与计算?

5-9 对称配筋矩形截面偏心受压构件大、小偏心受压破坏的界限如何区分?

5-10 怎样进行对称配筋矩形截面偏心受压构件正截面承载力的设计与计算?

5-11 怎样计算偏心受压构件的斜截面受剪承载力?

5-12 已知:某多层四跨现浇框架结构的第二层内柱,轴心压力设计值 $N=1200$ kN,楼层高 $H=6$ m。混凝土强度等级为C40,采用HRB400级钢筋。柱截面尺寸为400 mm×400 mm,求所需纵筋面积。

5-13 已知:圆形截面现浇钢筋混凝土柱,直径为300 mm,承受轴心压力设计值 $N=2700$ kN,计算长度 $l_0=4$ m,混凝土强度等级为C35,柱中纵筋采用HRB400级钢筋,螺旋箍筋采用HPB300级钢筋,试设计该柱截面配筋。

5-14 已知:荷载作用下柱的轴向力设计值 $N=396$ kN,杆端弯矩设计值 $M_1=0.92M_2$,$M_2=236$ kN·m,截面尺寸为 $b=300$ mm,$h=450$ mm,$a_s=a_s'=40$ mm;混凝土强度等级为C35,钢筋采用HRB400级;$l_c/h=6$。求钢筋截面积 $A_s=A_s'$。

5-15 已知:轴向力设计值 $N=410$ kN,杆端弯矩设计值 $M_1=0.88M_2$,$M_2=360$ kN·m,截面尺寸为 $b=400$ mm,$h=700$ mm,$a_s=a_s'=45$ mm;混凝土强度等级为C40,采用HRB400级热轧带肋钢筋;$l_c=l_0=3.0$ m。求钢筋截面积 $A_s=A_s'$。

5-16 已知：框架柱截面尺寸为 $b=450$ mm，$h=700$ mm，$a_s=a_s'=40$ mm；构件计算长度 $l_c=l_0=13.5$ m。混凝土强度等级为C35，钢筋采用HRB400级，钢筋截面面积 $A_s=A_s'=2156$ mm²，轴向力的偏心距 $e_0=620$ mm，求截面能承受的轴向力设计值 N_u。

5-17 已知：柱的轴向力设计值 $N=410$ kN，杆端弯矩设计值 $M_1=0.92M_2$，$M_2=225$ kN·m，截面尺寸为 $b=300$ mm，$h=450$ mm，$a_s=a_s'=40$ mm；混凝土强度等级为C35，钢筋采用HRB400级；$l_c/h=8$。求钢筋截面积 A_s 和 A_s'。

5-18 已知条件同习题与思考题5-17，并已知 $A_s'=876$ mm²，求受拉钢筋截面积 A_s。

习题与思考题答案

5-19 已知：柱轴向力设计值 $N=4600$ kN，杆端弯矩设计值 $M_1=0.5M_2$，$M_2=130$ kN·m，截面尺寸为 $b=400$ mm，$h=600$ mm，$a_s=a_s'=45$ mm；混凝土强度等级为C35，钢筋采用HRB400级；$l_c=l_0=3.0$ m。求钢筋截面积 A_s 和 A_s'。

参考文献

[1] 东南大学，天津大学，同济大学. 混凝土结构 上册 混凝土结构设计原理. 5版. 北京：中国建筑工业出版社，2012.

[2] 沈蒲生. 混凝土结构(上册). 北京：中国建筑工业出版社，2011.

[3] 曾燕，曹广占. 钢筋混凝土与砌体结构. 北京：中国水利水电出版社，2007.

[4] 中国建筑科学研究院. 混凝土结构设计规范(2015年版)：GB 50010—2010. 北京：中国建筑工业出版社，2016.

6 钢筋混凝土受拉构件承载力

【内容提要】

本章主要内容包括钢筋混凝土受拉构件分类及构造要求，轴心受拉构件承载力计算、偏心受拉构件正截面承载力计算和偏心受拉构件斜截面承载力计算。

【能力要求】

通过本章的学习，学生应了解钢筋混凝土受拉构件的构造要求，熟悉大、小偏心受拉的区分和判别方法，掌握计算简图，熟练掌握轴心受拉和偏心受拉构件的正截面承载力计算方法，熟悉偏心受拉构件斜截面受力特点和受剪承载力计算公式。

5 分钟
看完本章

6.1 钢筋混凝土受拉构件分类及构造要求

6.1.1 受拉构件的分类

当构件受到纵向拉力作用时，称为受拉构件。钢筋混凝土受拉构件根据作用力位置不同，可分为轴心受拉构件与偏心受拉构件两类。当纵向拉力作用线与构件轴线重合时，称为轴心受拉构件；当纵向拉力作用线偏离构件截面形心线，或构件上既作用有轴心拉力，又作用有弯矩时，称为偏心受拉构件，如图 6-1 所示。

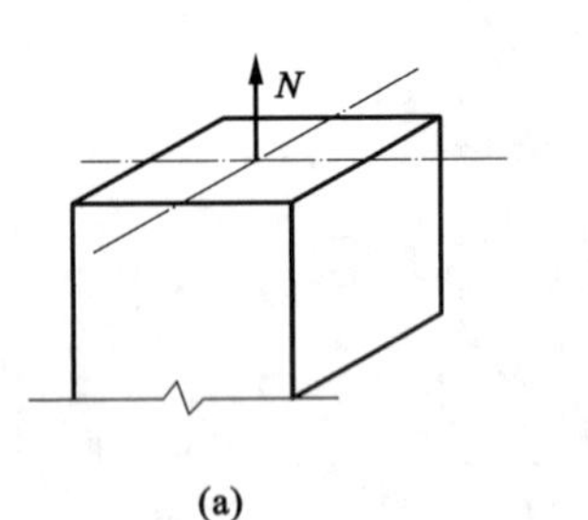

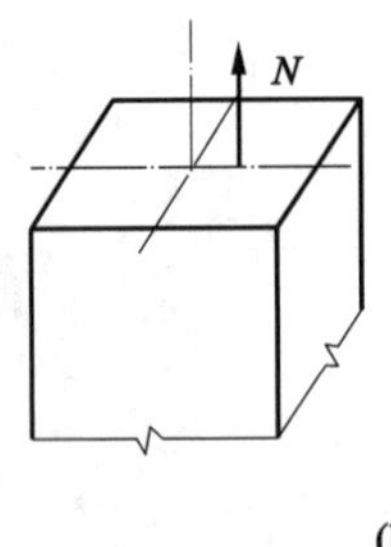

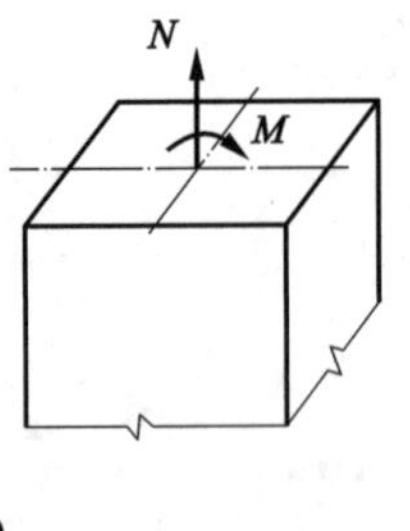

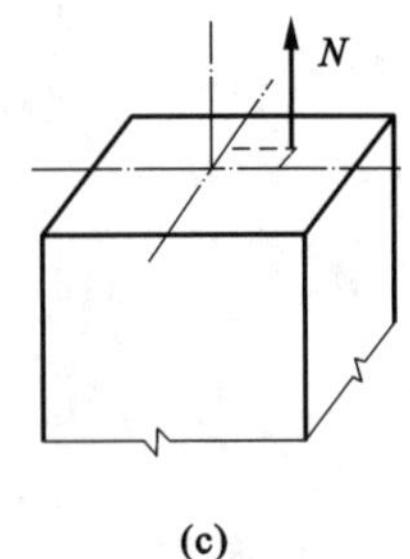

图 6-1 受拉构件的分类

(a) 轴心受拉构件；(b) 单向偏心受拉构件；(c) 双向偏心受拉构件

在实际工程中，理想的轴心受拉构件是不存在的，通常将偏心因素影响较小的构件，近似按轴心受拉构件计算。如承受节点荷载的钢筋混凝土桁架中的拉杆、受内压力作用的环形截面管壁及圆形储液池的池壁等，通常按轴心受拉构件计算，如图 6-2 所示。

悬臂式桁架承受节间竖向荷载的受拉上弦杆、矩形筒仓、斗仓和水池的壁板、埋在地下的压力水管、受地震作用的框架边柱，以及联肢剪力墙的某些墙肢、双肢柱的某些肢杆等，都可按偏心受拉构件计算，如图 6-3 所示。

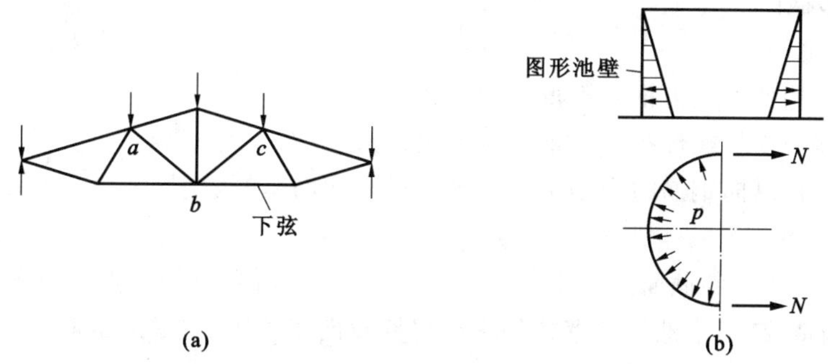

图 6-2 按轴心受拉构件计算的构件

(a) 桁架中的下弦拉杆；(b) 圆形池壁

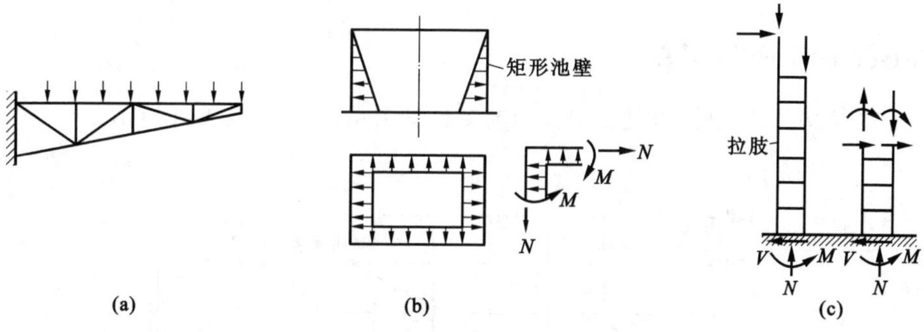

图 6-3 按偏心受拉构件计算的构件

(a) 悬臂式桁架上弦杆；(b) 矩形池壁；(c) 双肢柱受拉肢杆

6.1.2 受拉构件的构造要求

6.1.2.1 轴心受拉构件的构造要求

(1) 截面形式

钢筋混凝土轴心受拉构件的截面形式一般采用正方形、矩形或其他对称截面。

(2) 纵向受力钢筋

① 受力钢筋应沿截面周边均匀布置，并宜优先选用直径较小的钢筋。

② 轴心受拉构件的纵向受力钢筋不得采用绑扎搭接，搭接而不加焊的受拉钢筋接头仅允许用在圆形池壁或管中，且接头位置应错开，钢筋搭接长度应不小于 $1.2l_a$ 和 300 mm。

③ 轴心受拉构件的纵向受力钢筋应满足最小配筋率的要求。

(3) 箍筋

轴心受拉构件中的箍筋不参与受力，其主要作用是固定纵向受力钢筋的位置，并与纵向钢筋组成钢筋骨架。构造上要求箍筋直径 $d \geqslant 6$ mm，间距 $s \leqslant 200$ mm(屋架腹杆中的间距 $s \leqslant 150$ mm)。

6.1.2.2 偏心受拉构件的构造要求

(1) 截面形式

钢筋混凝土偏心受拉构件的截面形式多为矩形，且矩形截面的长边宜和弯矩作用平面平行，也可采用 T 形或 I 形截面。

(2) 纵向受力钢筋

① 小偏心受拉构件的受力钢筋不得采用绑扎接头；

② 矩形截面偏心受拉构件的纵向钢筋应沿短边布置；

③ 偏心受拉构件纵向钢筋的配筋率应满足其最小配筋率的要求。

(3) 箍筋

偏心受拉构件要进行斜截面抗剪承载力计算，据此确定所配置的箍筋。箍筋宜满足有关受弯构件箍筋的各项构造要求，水池等薄壁构件中一般要双向布置钢筋，形成钢筋网。

6.2 钢筋混凝土轴心受拉构件承载力计算

6.2.1 轴心受拉构件的受力特点

通过轴心受拉构件的试验，得到轴向拉力与变形的关系曲线，如图 6-4 所示。

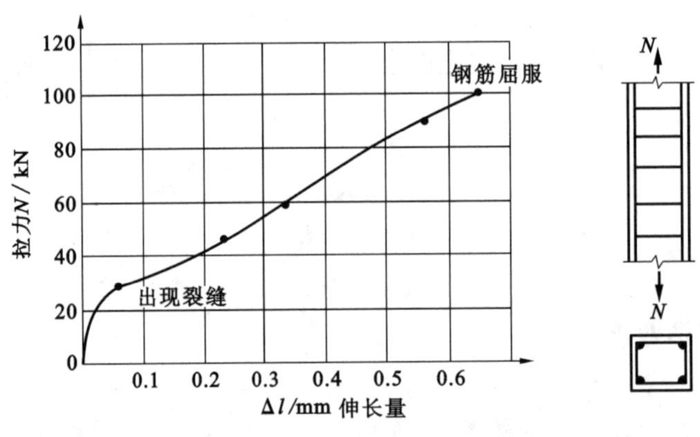

图 6-4 轴心受拉构件试验曲线

从图 6-4 中可以看出，关系曲线上有两个明显的转折点，从加载开始到破坏为止，其受力过程可分为以下三个受力阶段。

第一阶段为从加载到混凝土受拉开裂前，也称为混凝土开裂前工作阶段。这一阶段的混凝土与钢筋共同工作，应力与应变成正比，曲线接近于直线。随着荷载的增加，混凝土拉应变达到极限拉应变，即将产生裂缝。此受力状态可作为轴心受拉构件不允许开裂的抗裂验算的依据。

第二阶段为混凝土开裂后至受拉钢筋即将屈服，也称为带裂缝工作阶段。当荷载增加到某一数值时，在构件较薄弱的部位会首先出现裂缝，此处的混凝土退出工作，所有外力全部由钢筋承担。此阶段可作为使用阶段允许裂缝出现的构件裂缝宽度验算的依据。

第三阶段为受拉钢筋开始屈服到构件破坏，也称为破坏阶段。当荷载继续增加到某一数值时，钢筋开始屈服，裂缝开展很大，可以认为整个构件达到了破坏状态，此时的应力状态可作为轴心受拉构件正截面承载力计算的依据。

6.2.2 轴心受拉构件承载力计算

混凝土轴心受拉构件破坏时，混凝土早已被拉裂，全部拉力都由钢筋来承受，直到钢筋受拉屈服，所以，轴心受拉构件正截面承载力按下式计算：

$$N \leqslant f_y A_s \tag{6-1}$$

式中 N——轴心拉力设计值；

f_y——钢筋的抗拉强度设计值；

A_s——纵向受拉钢筋的全部截面面积。

6.3 钢筋混凝土偏心受拉构件正截面承载力计算

6.3.1 偏心受拉构件的受力特点

偏心受拉构件，按纵向拉力 N 作用在截面上的位置不同，分为小偏心受拉与大偏心受拉两种：当纵向拉力 N 的偏心距较小，作用在近侧钢筋 A_s 合力点与远侧钢筋 A_s'合力点之内时，属于小偏心受拉；当纵向拉力 N 的偏心距较大，作用在近侧钢筋 A_s 合力点与远侧钢筋 A_s'合力点之外时，属于大偏心受拉。

上述判别大、小偏心受拉的方法，在实际工程中应用起来可能不太方便，此时，可用下列判别方法：

当 $e_0=\dfrac{M}{N}\leqslant\dfrac{h}{2}-a_s$ 时，为小偏心受拉构件；

当 $e_0=\dfrac{M}{N}>\dfrac{h}{2}-a_s$ 时，为大偏心受拉构件。

6.3.1.1 小偏心受拉构件

在小偏心拉力作用下，全截面受拉，靠近纵向力一侧的拉应力较大，远离纵向力一侧的拉应力较小，随着纵向拉力 N 的增大，截面应力也逐渐增大，A_s 一侧边缘混凝土达到其极限拉应变，截面开裂，开裂后裂缝很快贯通整个截面，混凝土退出工作，拉力由钢筋 A_s 与 A_s'共同承担，直到钢筋应力达到其屈服强度而破坏。

6.3.1.2 大偏心受拉构件

在大偏心拉力作用下，A_s 一侧截面受拉，A_s'一侧截面受压。随着拉力 N 的增大，受拉一侧混凝土拉应力逐渐增大，应变达到其极限拉应变，截面开裂。截面开裂后仍保留有受压区，否则内外力不能保持平衡，因此，截面也就不会裂通。当受拉一侧的钢筋配置适中时，随着纵向拉力 N 的增大，受拉区裂缝开展延伸，受压区面积减小，受拉钢筋首先屈服，直至受压边缘混凝土达到极限压应变，混凝土压碎而破坏，同时受压钢筋也达到屈服。其破坏特征与大偏心受压特征类似。当受拉一侧的钢筋配置过多时，有可能出现受压一侧混凝土先压碎，而受拉一侧钢筋始终不屈服。这种破坏属脆性破坏，应在设计中避免。

6.3.2 偏心受拉构件正截面承载力计算

6.3.2.1 小偏心受拉构件正截面承载力计算

对于小偏心受拉构件,破坏之前截面全部裂通,拉力完全由钢筋承担。到达极限状态时,一侧钢筋达到屈服,而另一侧钢筋应力不一定达到屈服。为了简化计算,假设构件破坏时两侧钢筋的应力都达到抗拉强度设计值。由图6-5所示的计算简图,分别对两侧钢筋的合力点取矩,可得以下基本计算公式:

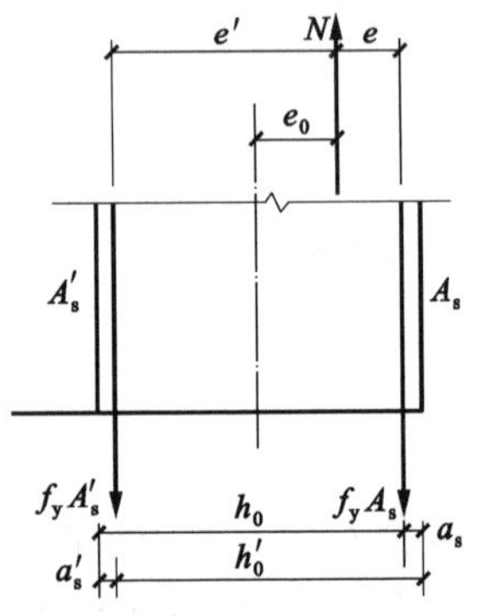

图6-5 小偏心受拉截面应力计算简图

$$Ne \leqslant f_y A_s'(h_0 - a_s') \tag{6-2}$$

$$Ne' \leqslant f_y A_s(h_0' - a_s) \tag{6-3}$$

式中 e, e'——分别为轴向拉力至钢筋 A_s、A_s' 合力作用点之间的距离,分别按下式计算:

$$e = \frac{h}{2} - e_0 - a_s \tag{6-4}$$

$$e' = \frac{h}{2} + e_0 - a_s' \tag{6-5}$$

当采用对称配筋时,远离纵向拉力的一侧钢筋 A_s' 达不到屈服,设计时可按式(6-2)和式(6-3)算得的较大值配置钢筋。显然,采用式(6-3)求得的 A_s 大于式(6-2)求得的 A_s',因此,对称配筋时,可按式(6-3)计算,即:

$$A_s = A_s' = \frac{Ne'}{f_y(h_0 - a_s')} \tag{6-6}$$

按式(6-2)和式(6-3)计算得到的 A_s、A_s' 值应分别不小于 $\rho_{min}bh$,ρ_{min} 取0.002和 $0.45\frac{f_t}{f_y}$ 中的较大者,如果小于最小配筋率,则按最小配筋量计算。

6.3.2.2 大偏心受拉构件正截面承载力计算

(1) 基本计算公式

对于大偏心受拉构件,破坏之前截面虽然开裂,但没有裂通。到达极限状态时,离纵向力较近一侧的钢筋受拉屈服,另一侧的受压区混凝土达到极限压应变,受压钢筋也屈服。如图6-6所示的大偏心受拉破坏时截面上的受力情况,根据力和力矩平衡条件,可得以下基本计算公式:

$$N \leqslant f_y A_s - f_y' A_s' - \alpha_1 f_c bx \tag{6-7}$$

$$Ne \leqslant \alpha_1 f_c bx\left(h_0 - \frac{x}{2}\right) + f_y' A_s'(h_0 - a_s') \tag{6-8}$$

$$e = e_0 - \frac{h}{2} + a_s \tag{6-9}$$

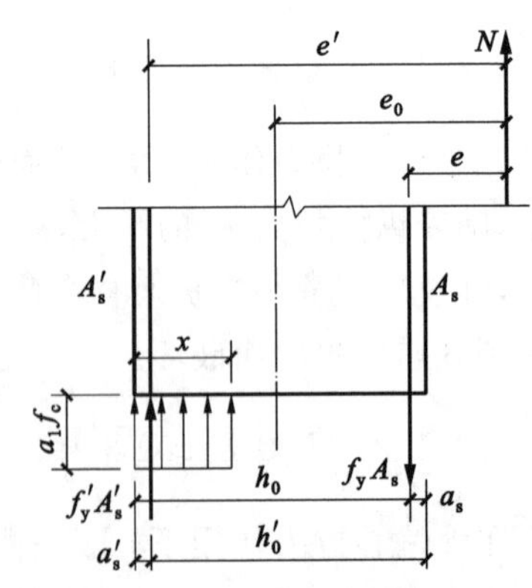

图6-6 大偏心受拉截面应力计算简图

(2) 适用条件

① 公式应满足 $x \leqslant \xi_b h_0$ 的要求。如果 $x > \xi_b h_0$,则受压区混凝土将可能先于受拉钢筋屈服而被压碎,受拉钢筋不屈服,这与超筋受弯构件的破坏形式类似。因为这种破坏是无预兆的脆性破

坏，所以这种情况应当在设计中避免。

② 公式应满足 $x \geqslant 2a_s'$ 的要求。如果 $x < 2a_s'$，截面破坏时受压钢筋不能屈服，此时取 $x = 2a_s'$，即假定受压区混凝土的压力与受压钢筋承担的压力的作用点相重合，并对受压钢筋 A_s' 合力作用点取矩，即可得出：

$$Ne' = f_y A_s (h_0 - a_s') \tag{6-10}$$

可以得出：

$$A_s = \frac{Ne'}{f_y (h_0 - a_s')} \tag{6-11}$$

式中：

$$e' = e_0 + \frac{h}{2} - a_s' \tag{6-12}$$

此外，计算得到的 A_s 值应不小于 $\rho_{min} bh$，ρ_{min} 取 0.002 和 0.45 $\frac{f_t}{f_y}$ 中的较大者；A_s' 不应小于 $0.20\% bh$。如果小于最小配筋面积，则按最小配筋量计算。

【例 6-1】 已知：钢筋混凝土偏心受拉构件，截面尺寸为 $b = 200$ mm，$h = 450$ mm，$a_s = a_s' = 45$ mm，承受的轴心拉力设计值 $N = 750$ kN，弯矩设计值 $M = 70$ kN·m，采用 C25 混凝土，HRB400 级钢筋。求构件的配筋 A_s 和 A_s'。

【解】 根据已知条件，可查得已知参数：$f_c = 11.9$ N/mm²，$f_t = 1.27$ N/mm²，$f_y = f_y' = 360$ N/mm²，$\xi_b = 0.518$，$h_0 = 450 - 45 = 405$(mm)。

(1) 判别偏心类型

$$e_0 = \frac{M}{N} = \frac{70000}{750} = 93.33(\text{mm}) < \frac{h}{2} - a_s = \frac{450}{2} - 45 = 180(\text{mm})$$

属于小偏心受拉。

(2) 求 e 和 e'

$$e = \frac{h}{2} - e_0 - a_s = 225 - 93.33 - 45 = 86.67(\text{mm})$$

$$e' = \frac{h}{2} + e_0 - a_s' = 225 + 93.33 - 45 = 273.33(\text{mm})$$

(3) 求 A_s 和 A_s'

$$A_s' = \frac{Ne}{f_y (h_0 - a_s')} = \frac{750000 \times 86.67}{360 \times (405 - 45)} = 502(\text{mm}^2)$$

$$A_s = \frac{Ne'}{f_y (h_0 - a_s')} = \frac{750000 \times 273.33}{360 \times (405 - 45)} = 1582(\text{mm}^2)$$

(4) 验算最小配筋率

$$0.45 \frac{f_t}{f_y} = 0.45 \times \frac{1.27}{360} = 0.0016 < 0.002$$

取 $\rho'_{min} = \rho_{min} = 0.002$，则：

$$\rho' = \frac{A_s'}{bh} = \frac{502}{200 \times 450} = 0.0056 > 0.002$$

满足要求。

$$\rho=\frac{A_s}{bh}=\frac{1582}{200\times450}=0.0176>0.002$$

满足要求。

(5) 选配钢筋

A_s'选用 2 根直径 20 的钢筋($628\ \mathrm{mm}^2>502\ \mathrm{mm}^2$),$A_s$ 选用 2 根直径 22 和 2 根直径 25 的钢筋[$760+982=1742(\mathrm{mm}^2)>1582(\mathrm{mm}^2)$]。

【例 6-2】 已知:钢筋混凝土偏心受拉构件,截面尺寸为 $b=200$ mm,$h=450$ mm,$a_s=a_s'=40$ mm,承受的轴心拉力设计值 $N=30$ kN,弯矩设计值 $M=50$ kN·m,采用 C25 混凝土,HRB400 级钢筋。求构件的配筋 A_s 和 A_s'。

【解】 根据已知条件,可查得已知参数:$f_c=11.9\ \mathrm{N/mm^2}$,$f_t=1.27\ \mathrm{N/mm^2}$,$f_y=f_y'=360\ \mathrm{N/mm^2}$,$\xi_b=0.518$,$h_0=450-40=410(\mathrm{mm})$。

(1) 判别偏心类型

$$e_0=\frac{M}{N}=\frac{50\times10^3}{30}=1667(\mathrm{mm})>\frac{h}{2}-a_s=\frac{450}{2}-40=185(\mathrm{mm})$$

属于大偏心受拉。

(2) 确定受压区高度

A_s 和 A_s'均未知,设计时为了使钢筋用量(A_s+A_s')最小,取 $\xi=\xi_b=0.518$,则有:

$$x_b=\xi_b h_0=0.518\times410=212(\mathrm{mm})$$

(3) 求 A_s'

$$e=e_0-\frac{h}{2}+a_s=1667-\frac{450}{2}+40=1482(\mathrm{mm})$$

代入式(6-8)中,得:

$$A_s'=\frac{Ne-\alpha_1 f_c b x_b\left(h_0-\frac{x_b}{2}\right)}{f_y'(h_0-a_s')}=\frac{30\times10^3\times1482-1.0\times11.9\times200\times212\times\left(410-\frac{212}{2}\right)}{360\times(410-40)}<0$$

说明不需要这么大的受压区,A_s'可按最小配筋率配筋。

$$0.45\frac{f_t}{f_y}=0.45\times\frac{1.27}{360}=0.0016<0.002$$

取 $\rho'_{\min}=\rho_{\min}=0.002$,则:

$$A'_{s,\min}=0.002\times200\times450=180(\mathrm{mm}^2)$$

A_s'选用 2 根直径 12 的钢筋($226\ \mathrm{mm}^2>180\ \mathrm{mm}^2$)。

(4) 按 A_s'已知,重新确定受压区高度

由式(6-8)转换,得:

$$\begin{aligned}x&=h_0-\sqrt{h_0^2-\frac{2[Ne-f_y'A_s'(h_0-a_s')]}{\alpha_1 f_c b}}\\&=410-\sqrt{410^2-\frac{2\times[30\times10^3\times1482-360\times226\times(410-40)]}{1.0\times11.9\times200}}=15(\mathrm{mm})\end{aligned}$$

则 $x=15\ \mathrm{mm}<2a_s'$,可取 $x=2a_s'=2\times40=80(\mathrm{mm})$。

(5) 求 A_s

$$e'=e_0+\frac{h}{2}-a_s'=1667+\frac{450}{2}-40=1852(\mathrm{mm})$$

代入式(6-11),得:

$$A_s=\frac{Ne'}{f_y(h_0-a_s')}=\frac{30\times10^3\times1852}{360\times(410-40)}=417(\text{mm}^2)>A_{s,\min}=180(\text{mm}^2)$$

满足要求。

A_s 选用 3 根直径 14 的钢筋(462 mm^2>417 mm^2)。

6.4 钢筋混凝土偏心受拉构件斜截面承载力计算

6.4.1 轴向拉力对斜截面受剪承载力的影响

一般偏心受拉构件,在承受拉力的同时,也存在有剪力。因此,计算偏心受拉构件的斜截面受剪承载力时,应考虑轴力的作用。

在偏心受拉构件中,由于拉力的存在,构件的抗剪能力明显降低,而且降低的幅度随轴向拉力的增大而增大。这主要是因为轴向拉力的存在,使混凝土的剪压区高度比仅受到弯矩作用时小;同时,轴向拉力的存在也增大了构件中的主拉应力,使得构件中的斜裂缝比受弯构件出现得更早、开展得更长,从而导致构件的斜截面抗剪承载力降低,降低幅度与纵向拉力近似成正比,箍筋的抗剪承载力不受轴向拉力影响,与受弯构件相同。

6.4.2 偏心受拉构件斜截面承载力计算

考虑到轴向拉力对斜截面受剪承载力的影响,矩形、T 形和 I 形截面的钢筋混凝土偏心受拉构件,其斜截面受剪承载力按下式计算:

$$V\leqslant\frac{1.75}{\lambda+1}f_tbh_0+f_{yv}\frac{A_{sv}}{s}h_0-0.2N \tag{6-13}$$

式中 N——与剪力设计值 V 相应的轴向拉力设计值;

λ——计算截面的剪跨比,按偏心受压构件斜截面受剪承载力计算剪跨比的规定取用。

当式(6-13)右边的计算值小于 $f_{yv}\frac{A_{sv}}{s}h_0$ 时,应取等于 $f_{yv}\frac{A_{sv}}{s}h_0$,且 $f_{yv}\frac{A_{sv}}{s}h_0$ 值不应小于 $0.36f_tbh_0$。

本章小结

钢筋混凝土受拉构件根据作用力位置不同,分为轴心受拉构件和偏心受拉构件。对于偏心受拉构件,按纵向拉力 N 作用在截面上的位置不同,又分为小偏心受拉和大偏心受拉两种,区分的依据是轴向力 N 作用点(线)位于近侧纵筋和远侧纵筋之内还是之外。

轴心受拉和小偏心受拉构件,正截面承载力极限状态下仅纵向钢筋受力,由平衡条件即可得到计算公式,比较简单;大偏心受拉构件,截面上存在受压区,将曲线分布的压应力等效成均匀分布(矩形应力图形),计算公式类似于大偏心受压构件的计算公式,二者的区别在于 N 的作用方向不同。

偏心受拉构件,在承受偏心拉力的同时,截面上通常还存在剪力。斜截面受剪承载力因拉力的作用而下降,与钢筋混凝土受弯构件相比,混凝土的受剪承载力降低了 $0.2N$。

习题与思考题

6-1 举例说明工程中受拉构件的实例,并说明应按哪种受拉构件计算。

6-2 钢筋混凝土轴心受拉构件达到极限承载力的标志是什么?

6-3 大偏心受拉构件、小偏心受拉构件的受力特点和破坏特征有什么不同?如何区分大偏心受拉构件、小偏心受拉构件?

6-4 轴心受拉构件有哪些配筋构造要求?

6-5 偏心受拉构件的破坏形态是否只与力的作用位置有关?与钢筋用量是否有关?

6-6 大偏心受拉构件的正截面承载力计算中,为什么取 $x=\xi_b h_0$ 作为补充条件来确定 A_s 和 A_s'?

6-7 轴向拉力的存在对偏心受拉构件斜截面承载力有何影响?箍筋的抗剪承载力是否受到影响?

6-8 已知:某钢筋混凝土偏心受拉构件,截面尺寸为 $b=300$ mm,$h=450$ mm,$a_s=a_s'=45$ mm,承受轴心拉力设计值 $N=720$ kN,弯矩设计值 $M=65$ kN·m,采用C25混凝土,HRB400级钢筋。求构件的配筋 A_s 和 A_s'。

习题与
思考题答案

6-9 已知:某构件截面尺寸为 $b=250$ mm,$h=450$ mm,$a_s=a_s'=40$ mm,承受轴心拉力设计值 $N=600$ kN,弯矩设计值 $M=500$ kN·m,采用C30混凝土,HRB400级钢筋。求构件的配筋 A_s 和 A_s'。

6-10 已知:钢筋混凝土偏心受拉构件,截面尺寸为 $b=250$ mm,$h=400$ mm,$a_s=a_s'=40$ mm,承受的轴心拉力设计值 $N=600$ kN,弯矩设计值 $M=70$ kN·m,采用C30混凝土,HRB400级钢筋。求构件的配筋 A_s 和 A_s'。

参考文献

[1] 翁光远,唐娴,张省侠. 钢筋混凝土结构与砌体结构. 北京:清华大学出版社,2008.

[2] 夏宪成,周盛世,胡龙伟. 工程结构(上册). 北京:化学工业出版社,2006.

[3] 周新刚,刘建平,逯静洲,等. 混凝土结构设计原理. 北京:机械工业出版社,2011.

[4] 中国建筑科学研究院. 混凝土结构设计规范(2015年版):GB 50010—2010. 北京:中国建筑工业出版社,2016.

7 钢筋混凝土受扭构件承载力

【内容提要】

本章主要内容包括钢筋混凝土矩形截面纯扭构件的受力性能和承载力计算方法、剪扭构件的相关性和矩形截面剪扭构件承载力计算方法、弯扭构件承载力、弯剪扭构件承载力的计算方法和受扭构件的构造要求。

【能力要求】

通过本章的学习，学生应了解受扭构件的分类和开裂、破坏机理；了解矩形截面纯扭构件承载力计算方法；掌握弯剪扭构件承载力设计计算方法以及了解钢筋混凝土受扭构件的构造要求。

5分钟
看完本章

7.1 钢筋混凝土受扭构件的受力特点及构造要求

7.1.1 受扭构件的分类

钢筋混凝土构件受扭的现象在工程中较常见，但如图 7-1(a)所示的悬臂梁，仅在梁端 A 处承受扭矩的纯扭构件极少见，一般的情况都是弯剪扭共同作用下的复合受扭状态。例如房屋结构中的钢筋混凝土雨篷梁、钢筋混凝土框架结构中与次梁整体现浇的边梁以及单层工业厂房中的吊车梁[图 7-1(b)～(d)]均属既受扭转又受弯曲的构件。

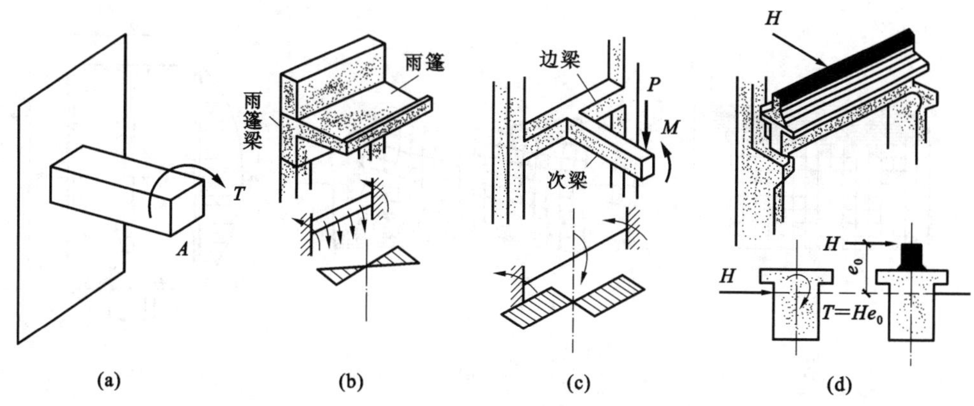

图 7-1 工程结构中的受扭构件

(a) 纯扭构件；(b) 雨篷梁；(c) 现浇框架边梁；(d) 吊车梁

根据扭矩形成的原因,可将钢筋混凝土受扭构件分为两种类型:一是平衡扭转,二是协调扭转。

若结构的扭矩是由荷载直接引起的,其扭矩只需根据结构的平衡条件确定,而与构件的抗扭刚度无关,这种扭转称为平衡扭转,如图7-1(b)所示的雨篷梁,其扭转属于平衡扭转。雨篷梁在雨篷板的荷载作用下将产生扭矩,引起扭转变形。由于雨篷梁和雨篷板是静定结构,故不会发生因塑性变形而引起的内力重分布。对于平衡扭转,构件在设计时必须提供足够的抗扭承载力,否则将因不能与荷载引起的扭矩相平衡而引起破坏。

若扭转是由于超静定结构中相邻构件的变形引起的,作用在构件上的扭矩除了静力平衡条件以外,还必须结合变形协调条件才能确定,称为协调扭转。如图7-1(c)的框架边梁,是协调扭转的实例。框架结构的次梁在荷载作用下将产生弯曲变形,但次梁的端部变形受到边梁的约束,使次梁在与边梁交点的支座处产生负弯矩,而这个弯矩就作为扭转荷载作用在边梁上,使边梁产生扭矩。该扭矩的大小与边梁的抗扭刚度有关,计算时要利用次梁与边梁相交处转角相等的条件才能确定。在钢筋混凝土结构中,混凝土开裂后会导致截面扭转刚度发生显著变化,边梁及次梁将产生塑性变形而使内力重分布,次梁支座处负弯矩值减小,而其跨内弯矩值增大;故边梁扭矩也随扭矩荷载减小而减小。目前,《混凝土结构设计规范(2015年版)》(GB 50010—2010)建议的受扭构件承载力计算公式均是基于平衡扭转提出的,而协调扭转也近似按此计算。

另外,尽管在实际工程中纯扭构件很少,但纯扭构件的受力状态是研究复合受扭构件的基础,只有对纯扭构件有深入的了解,才能对弯剪扭共同作用下结构的破坏机理作进一步的分析和研究。我国《混凝土结构设计规范(2015年版)》(GB 50010—2010)中关于剪扭、弯扭及弯剪扭构件的承载力计算方法也是以构件抗弯、抗剪承载力计算理论和纯扭构件计算理论为基础建立的,因此本章首先介绍纯扭构件的计算理论,然后叙述弯扭、剪扭和弯剪扭构件承载力的计算理论。

7.1.2 纯扭构件的受力特点

7.1.2.1 纯扭构件的截面应力

构件受扭时截面应力比较复杂,它不仅与构件的约束条件有关,还与构件的截面形式有关。由材料力学可知,构件在扭矩作用下,主要产生剪切应力,但当矩形截面发生扭转变形时,其横截面将不再保持为平面,而发生“翘曲”[图7-2(b)]。

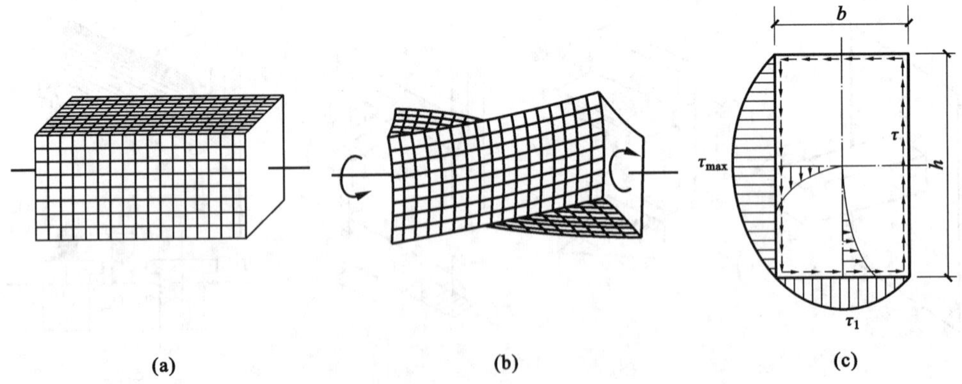

图7-2 矩形截面纯扭构件弹性应力分布

如果构件发生扭转时，各横截面均可自由翘曲，不受约束，此时相邻横截面的翘曲处处相同，杆件轴向纤维的长度无变化，因而横截面上，只有剪应力没有正应力，这种扭转称为自由扭转。反之，如果横截面的翘曲受到限制，这时，横截面上将不仅存在剪应力，而且还存在正应力，这种扭转称为限制扭转。精确分析表明，对于矩形截面受扭构件，翘曲变形比较小，所产生的正应力比起由扭转产生的剪应力小很多，因而在实际计算中可以忽略不计。矩形截面上产生的剪应力具有如图 7-2(c)所示规律，具体如下。

① 边缘各点处的剪应力 τ 均平行于截面周边，沿截面周边方向形成剪力流；

② 最大剪应力 τ_{max} 发生在截面长边中点处，其大小为：

$$\tau_{max} = \frac{T}{\alpha b^2 h} \tag{7-1}$$

式中 b——矩形截面的短边尺寸，mm；

h——矩形截面的长边尺寸，mm；

α——与 h/b 有关的系数，见表 7-1。

表 7-1 **矩形截面扭转的有关系数 α 与 ν**

h/b	1.0	1.5	2.0	2.5	3.0	4.0	6.0	8.0	10.0
α	0.208	0.231	0.246	0.258	0.267	0.282	0.299	0.307	0.313
ν	1.000	0.859	0.795	0.766	0.753	0.745	0.743	0.742	0.742

③ 短边中点处的剪应力 τ_1 也有相当大的数值，其大小为：

$$\tau_1 = \nu\tau_{max} \tag{7-2}$$

式中 ν——与 h/b 有关的系数，见表 7-1。

④ 四个角点处的剪应力 $\tau=0$。

7.1.2.2 素混凝土纯扭构件的极限扭矩

如前所述，矩形截面在扭矩 T 的作用下，截面将产生剪应力 τ，其分布规律如图 7-2(c)所示。由于 τ 的作用将产生相应的主拉应力 σ_{tp} 和主压应力 σ_{cp}，且分别与构件轴线成 45°，如图 7-3(a)所示，其大小关系为 $|\sigma_{tp}|=|\sigma_{cp}|=\tau$。

由于混凝土抗拉强度比抗压强度低得多，因此当由最大主拉应力产生的拉应变超过混凝土的极限拉应变值时，构件即将开裂。对于矩形截面构件，往往在长边中点附近首先出现一条与构件纵轴线成 45°的斜裂缝。如果混凝土是弹性材料，这条裂缝出现以后便迅速以螺旋形向相邻两个面延伸，最后形成三面开裂，一面受压的空间扭曲破坏面[如图 7-3(b)所示]，构件随即破坏。

此时混凝土的开裂扭矩即为极限扭矩，由式(7-1)可知：

$$T_u = \tau_{max}\alpha b^2 h = f_t \alpha b^2 h \tag{7-3}$$

但试验表明，由式(7-3)计算得到的抗扭承载力总比实测强度偏低较多，其主要原因是忽略了混凝土的塑性性质。假如将混凝土视作理想的弹塑性材料，则当最大剪切应力 τ_{max} 或最大主拉应力达到材料强度时，并不说明构件破坏，而是保持极限应力不变而继续变形，此时构件仍能承受外荷载。随着塑性的发展，截面上剪切应力重新分布，如图 7-4(a)所示，只有当截面上各点的剪切应力全部达到抗拉强度时，构件才达到混凝土即将出现裂缝的极限状态，此时的扭矩则是极限扭矩 T_u。

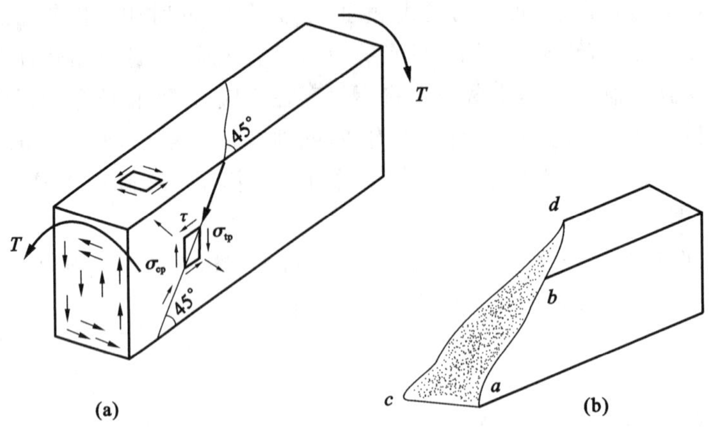

图 7-3　素混凝土受扭破坏的截面

根据塑性力学理论,为计算 T_u,可将截面上剪应力划分为四个部分,如图 7-4(b)所示。分块计算各部分剪应力的合力及相应的力偶,结合极限平衡条件,可求出截面的塑性抗扭承载力。具体过程如下。

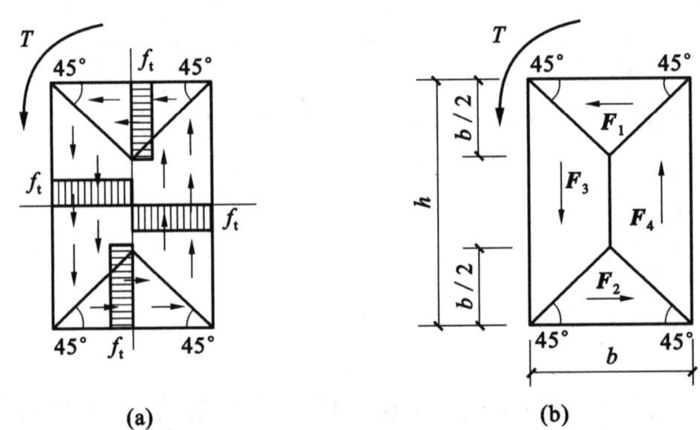

图 7-4　理想弹塑性材料破坏时扭剪应力分布

设各部分剪应力的合力大小分别为 F_1、F_2、F_3、F_4,则 $F_1=F_2=\dfrac{1}{2}\times\dfrac{b}{2}\times b\times f_t=\dfrac{b^2}{4}f_t$,合力点 F_1 至截面形心的距离为 $d_1=\dfrac{2}{3}\times\dfrac{b}{2}+\dfrac{h-b}{2}=\dfrac{1}{6}(3h-b)$。

同理,$F_3=F_4=\dfrac{1}{2}[(h-b)+h]\times\dfrac{b}{2}\times f_t=\dfrac{b}{4}(2h-b)f_t$,合力点 F_3 至截面形心的距离为 $d_3=\dfrac{2h+(h-b)}{h+(h-b)}\times\dfrac{b/2}{3}=\dfrac{b}{6}\left(\dfrac{3h-b}{2h-b}\right)$。

对截面形心取矩得理想弹塑性材料矩形截面受扭的极限扭矩值为:

$$T_u=2(F_1d_1+F_3d_3)=\frac{b^2}{6}(3h-b)f_t \tag{7-4}$$

若令 $W_t=\dfrac{b^2}{6}(3h-b)$,代入式(7-4),则有:

$$T_u=W_tf_t \tag{7-5}$$

式中　W_t——受扭构件的截面抗扭塑性抵抗矩，mm^3。

事实上，混凝土既非理想弹性材料也非理想的塑性材料，而是介于二者之间的弹塑性材料。显然混凝土的应力也不会处于全截面达到抗拉强度 f_t 的状态，因此按式(7-5)计算的受扭极限扭矩值比试验值偏高。

综上所述，素混凝土构件的实际抗扭承载力介于弹性分析和塑性分析结果之间。要准确地确定真实的应力分布是十分困难的。因此，为便于计算，我国《混凝土结构设计规范(2015 年版)》(GB 50010—2010)根据试验结果，按塑性应力分布计算的结果，引入降低系数，偏安全地取素混凝土纯扭构件的极限扭矩为：

$$T_u = 0.7 f_t W_t \tag{7-6}$$

由于素混凝土构件的极限扭矩和开裂扭矩非常接近，故式(7-6)也可近似用于表示素混凝土构件的开裂扭矩 T_{cr}。

7.1.2.3　钢筋混凝土纯扭构件的受力性能

根据前面的分析，扭矩在构件中引起的主拉应力迹线与构件轴线成 45°，因此在纯扭构件中若能沿 45°方向布置螺旋形箍筋，使其与主拉应力方向一致，是最理想的配置抗扭钢筋的方案。然而，螺旋箍筋在受力上只能适应一个方向的扭矩，且施工复杂，所以很少运用。在实际工程中，通常采用由箍筋和纵向钢筋组成的空间骨架来承担扭矩(图 7-5)。

配置抗扭钢筋后的混凝土构件在扭矩作用下表现出的行为不同于素混凝土纯扭构件。当荷载不大时，钢筋分担的应力很小，其受力性能与素混凝土构件基本相同。当扭矩增大到开裂扭矩 T_{cr}时，构件在表面出现斜裂缝。试验表明，钢筋混凝土构件所能承受的开裂扭矩值和同样截面大小的素混凝土构件所能承受的极限扭矩值相比提高并不多，计算时通常直接取用素混凝土的极限扭矩作为开裂扭矩 T_{cr}。裂缝出现后，裂缝处的混凝土退出工作，钢筋应力明显增大，与裂缝相交的纵筋和箍筋均受拉。

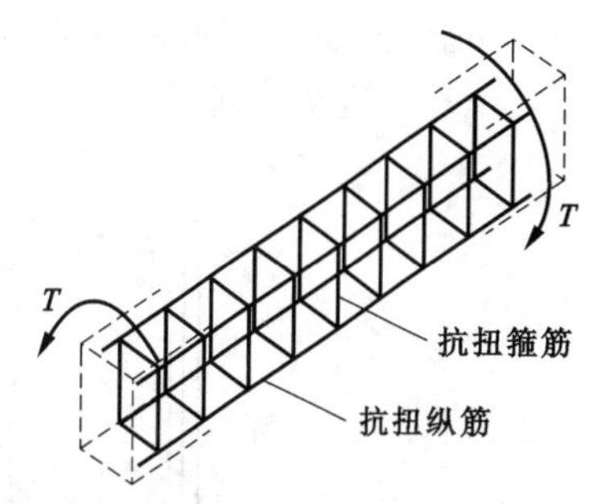

图 7-5　受扭构件的配筋示意图

国内外试验结果显示，结构的破坏特征是变化的，主要与配筋数量有关。根据构件配筋率的不同，钢筋混凝土受扭构件的破坏可分为下列四种类型。

① 少筋破坏。当受扭箍筋和纵筋配置过少时，结构在扭矩作用下，混凝土开裂并退出工作，混凝土承担的拉力转移给钢筋，由于受扭钢筋数量很少，钢筋应力迅速达到或超过屈服强度被拉断。此时构件的抗扭承载力与素混凝土没有实质差别，破坏过程迅速而突然，类似于受弯构件的少筋破坏，属于脆性破坏，这类破坏在设计中应避免。

② 适筋破坏。当构件配置的受扭箍筋和纵筋适量时，在扭矩作用下，构件开裂并伴随部分混凝土退出工作，构件表面会形成一系列的与其轴向成 45°夹角的螺旋形裂缝，钢筋应力突然增加，但尚未屈服。当接近极限扭矩时，在构件长边上有一条裂缝发展成为临界裂缝，并向短边延伸，与此裂缝相交的纵筋及箍筋相继达到屈服，最后由于受压区混凝土被压碎而导致整个截面破坏。其破坏特征是：受扭钢筋先屈服，混凝土后被压碎，类似于受弯构件的适筋梁，破坏时材料的强度得到充分利用，属于延性破坏。该类破坏模型是建立构件受扭承载力设计方法的试验依据。

③ 超筋破坏。当受扭钢筋设置过多时，构件在破坏前的螺旋裂缝会更多更密，随着扭矩的增大，构件是由于受压边混凝土先达到极限压应变而丧失承载力，破坏时箍筋和纵筋均未屈服。这种

破坏与受弯构件的超筋梁类似,破坏时钢筋的强度没有得到充分利用,属于脆性破坏。其受扭承载力取决于混凝土的抗压强度,在设计中也应避免。

④ 部分超筋破坏。由于抗扭钢筋是由纵筋和箍筋两部分组成,两种钢筋的配筋比例对构件的破坏特征也有影响。当箍筋配置相对较少时,构件破坏时箍筋屈服而纵筋可能达不到屈服;反之,当纵筋用量相对较少时,构件破坏时纵筋屈服而箍筋可能达不到屈服,但最终都以混凝土被压碎导致构件丧失承载力,因而称为部分超筋破坏。部分超筋构件具有一定的延性,但延性比适筋构件差,在设计中可以使用,只是不够经济。

为了使箍筋和纵筋在破坏时都能有效地发挥作用,设计中应将两种钢筋的用量比控制在合理的范围内。《混凝土结构设计规范(2015年版)》(GB 50010—2010)采用纵筋与箍筋的配筋强度比ζ这一系数进行控制。ζ实际反映的是纵筋与箍筋间用钢量的体积比与强度比的乘积(如图7-6所示),则配筋强度比ζ的表达式为:

$$\zeta=\frac{A_{stl}s}{A_{st1}u_{cor}}\times\frac{f_y}{f_{yv}}=\frac{f_yA_{stl}s}{f_{yv}A_{st1}u_{cor}} \tag{7-7}$$

式中 ζ——受扭的纵向钢筋与箍筋的配筋强度比值;

A_{stl}——受扭计算中取对称布置的全部抗扭纵筋的截面面积;

A_{st1}——受扭计算中沿截面周边配置的箍筋单肢截面面积;

f_y——受扭纵筋的抗拉强度设计值;

f_{yv}——受扭箍筋的抗拉强度设计值,按附表6采用,但取值不应大于360 N/mm^2;

u_{cor}——截面核心部分的周长,对于矩形截面,$u_{cor}=2(b_{cor}+h_{cor})$;

s——箍筋的间距。

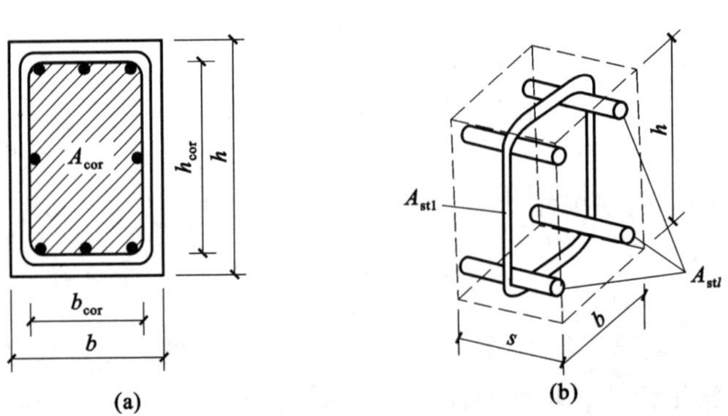

图7-6 截面核心尺寸及纵筋与箍筋体积比例示意图

试验证明,通常当$0.5\leqslant\zeta\leqslant2.0$时,构件破坏时受扭纵筋和箍筋基本能达到屈服。但为了慎重,我国《混凝土结构设计规范(2015年版)》(GB 50010—2010)规定设计时取$0.6\leqslant\zeta\leqslant1.7$,且当$\zeta>1.7$时,取$\zeta=1.7$参与计算。当$\zeta=1.2$左右时纵筋与箍筋的配置比例为最佳,故设计时通常取$\zeta=1.2$左右。

7.1.3 弯剪扭构件的受力特点

构件若同时受到弯矩、剪力和扭矩作用时,截面应力状态十分复杂。

如图7-7(a)所示,构件在受弯矩和扭矩共同作用时,弯矩作用使截面下部纵筋受拉,上部纵筋受压(图中实线表示),扭矩使纵筋产生拉应力(图中虚线表示),钢筋所受拉应力叠加,使钢筋拉应力增大。而扭矩和剪力产生的剪应力总会在构件的一个侧面上叠加,如图7-7(b)所示。

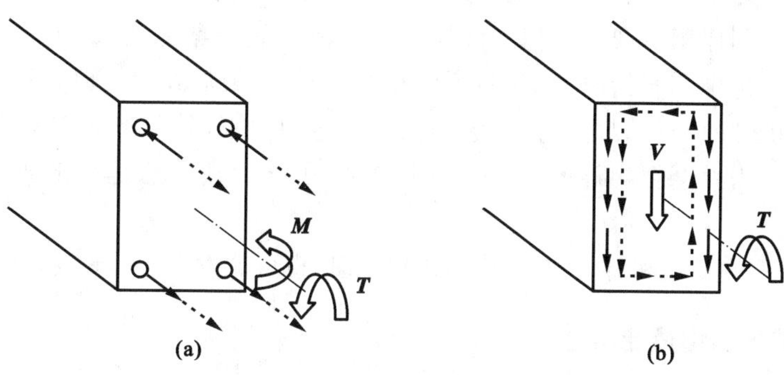

图 7-7　弯剪扭构件截面应力示意图

弯剪扭构件的破坏特征不仅与构件所受外部荷载的比例有关，还同时受制于构件的内部因素。

对于外部荷载的比例通常以无量纲的扭弯比 $\psi = T/M$ 和扭剪比 $\chi = T/(Vb)$ 表示。而内部因素是指构件截面尺寸、材料强度、配筋情况等。当内部因素确定时，构件的破坏特征仅与扭弯比和扭剪比的大小有关。试验研究表明，当构件配筋适当时，随着 ψ、χ 的变化，弯剪扭构件的破坏形态表现为以下几种。

① 第一类破坏，又称弯型破坏。适筋构件在弯剪扭共同作用时，若弯矩较大、扭矩较小(即扭弯比 ψ 较小)时，弯矩起主导作用。由于扭矩的存在使弯曲受拉底面所受拉力增加，裂缝首先在底面出现，然后发展到两个侧面。三个面上的裂缝形成螺旋状扭曲破坏面，而上部混凝土在弯矩产生的压力与扭矩产生的拉力共同作用下，最终以压碎告终。构件破坏时，下部受拉钢筋达到屈服强度，形成如图 7-8(a)所示的弯型破坏。此时，构件的受弯承载力因扭矩的存在而降低。

② 第二类破坏，又称扭型破坏。当构件的扭弯比较大且顶部纵筋明显少于底部纵筋时，构件顶部由弯矩引起的压力很小，很快被扭矩产生的拉力抵消，裂缝首先在顶面出现，然后向两个侧面发展。而下部混凝土在弯矩和扭矩的共同作用下，最终被压碎。构件破坏时，上部纵筋达到屈服，破坏形态如图 7-8(b)所示。由于弯矩对顶部产生压应力，抵消了一部分扭矩产生的拉应力，因此弯矩的存在对构件受扭承载力有一定的提高。

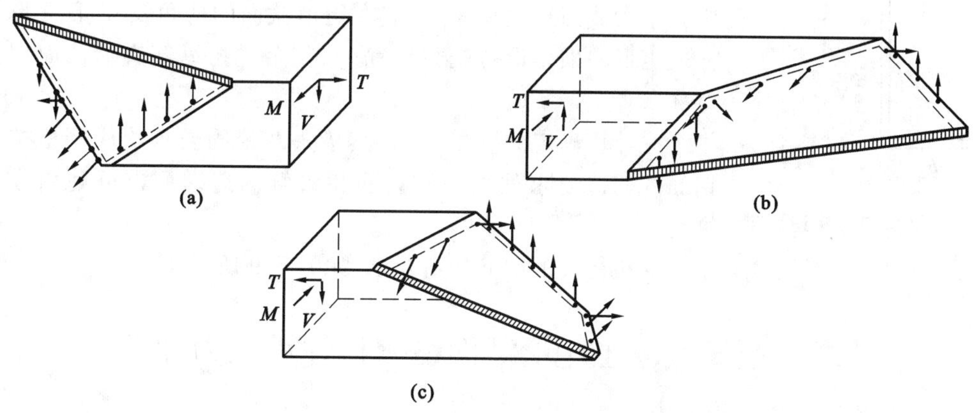

图 7-8　弯剪扭构件的破坏类型示意图

③ 第三类破坏,又称剪扭型破坏。若构件所受弯矩较小,对构件的承载力不起控制作用,构件主要在扭矩和剪力共同作用下产生剪扭型破坏。这类破坏的特点是,裂缝从剪力和扭矩产生的剪切应力方向一致的长边中点开始出现,并向顶面和底面延伸,最后在另一侧长边因混凝土被压碎使构件丧失承载力。破坏时与斜裂缝相交的纵筋和箍筋达到屈服,其形态如图 7-8(c)所示。由于扭矩和剪力产生的剪应力总会在构件的一个侧面上叠加,因此承载力总是小于剪力和扭矩单独作用的承载力。

当然,如果构件所受弯矩和剪力较大,而扭矩很小时,也可能发生类似于受弯构件的剪压型破坏。

7.1.4 受扭构件的配筋构造要求

7.1.4.1 受扭箍筋的构造要求

弯剪扭构件中,抗剪和抗扭总的箍筋配筋率应不低于最小配筋率:

$$\rho_{sv}=\frac{A_{sv}}{bs}\geqslant\rho_{sv,min}=0.28\frac{f_t}{f_{yv}} \tag{7-8}$$

在受扭构件中,由于箍筋在整个周长上均承受拉力作用,因此必须将其做成封闭的形式,且应沿截面周边布置,这样可保持构件受力后,箍筋不至于被拉开,可以很好地约束纵向钢筋。为了能将箍筋的端部锚固在核心部分,当采用绑扎骨架时,受扭所需箍筋的末端应做成 135°弯钩,弯钩端头平直段长度不应小于 $10d$(d 为箍筋直径)。此外,箍筋的直径和间距还应符合受弯构件对箍筋的有关规定,参见第 4 章。

7.1.4.2 受扭纵筋的构造要求

《混凝土结构设计规范(2015 年版)》(GB 50010—2010)规定,梁内受扭纵向钢筋的配筋率应大于或等于最小配筋率 $\rho_{tl,min}$,即:

$$\rho_{tl}=\frac{A_{stl}}{bh}\geqslant\rho_{tl,min}=0.6\sqrt{\frac{T}{Vb}}\frac{f_t}{f_y} \tag{7-9}$$

当 $T/(Vb)>2.0$ 时,取 $T/(Vb)=2.0$。

沿截面周边布置的受扭纵向钢筋的间距不应大于 200 mm,也不应大于梁截面短边尺寸;除应在矩形截面的四角及 T 形、I 形截面各分块矩形的四角设置受扭纵筋外,其余受扭纵筋宜沿截面周边均匀对称布置。

按计算确定的抗扭纵筋,其接头及锚固要求均应严格按照受拉钢筋的构造要求处理。架立筋和梁侧构造纵筋也可利用作为受扭纵筋。

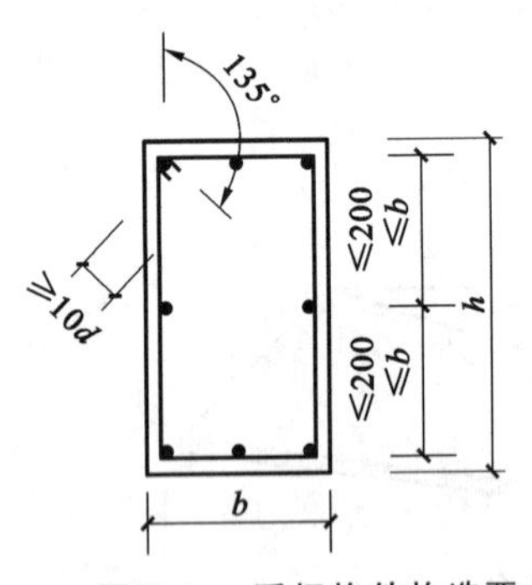

图 7-9 受扭构件构造要求

受扭构件的配筋构造要求,如图 7-9 所示。

7.2 钢筋混凝土矩形截面纯扭构件承载力计算

7.2.1 受扭钢筋的受扭承载力理论公式

通过钢筋混凝土纯扭构件的试验结果显示,构件的抗扭承载力是由开裂前混凝土提供的抗扭

承载力 T_c 和抗扭钢筋(纵筋和箍筋)提供的抗扭承载力 T_s 两部分组成,即:

$$T = T_c + T_s \tag{7-10}$$

式中由开裂前混凝土提供的抗扭承载力 T_c,可以借助素混凝土纯扭构件的极限扭矩 $0.7f_tW_t$ 作为基本变量;而对于抗扭纵筋和箍筋提供的抗扭承载力 T_s,也可以利用钢筋混凝土纯扭构件的极限扭矩作为基本变量。

从计算理论上讲,可以采用不同的力学模型来分析钢筋混凝土纯扭构件的极限扭矩,目前,普遍流行的计算模式有变角度空间桁架模型和斜弯曲破坏理论两种。我国《混凝土结构设计规范(2015 年版)》(GB 50010—2010)给出的钢筋混凝土受扭构件承载力计算公式是以前者作为理论依据建立的。

试验研究和理论分析表明,钢筋混凝土受纯扭构件,随着扭矩的增大,混凝土开裂。开裂后,在裂缝充分发展且受扭钢筋接近屈服强度时,构件截面核心区域混凝土的抗扭能力可以忽略。因此,实心矩形截面的钢筋混凝土受扭构件可假想成箱型截面构件,如图 7-10(a)所示。此时,由被斜裂缝分成条带状的混凝土外壳、纵筋和箍筋组成空间桁架,共同抵抗扭矩的作用。

变角度空间桁架模型的基本假定是:

① 混凝土只承受压力,被斜裂缝分成条带状的混凝土外壳组成桁架的斜压杆,其倾角为 α;

② 受扭纵筋和箍筋只承受拉力作用,分别构成桁架的弦杆和腹杆;

③ 忽略核心混凝土的抗扭作用和钢筋的销栓作用。

因此,矩形截面构件变成了箱型截面的闭口薄壁构件,从而薄壁管理论可以在抗扭承载力计算中应用。由薄壁管理论可知,在扭矩作用下,箱壁内将产生均匀分布的环向剪力流 q,如图 7-10(b)所示。

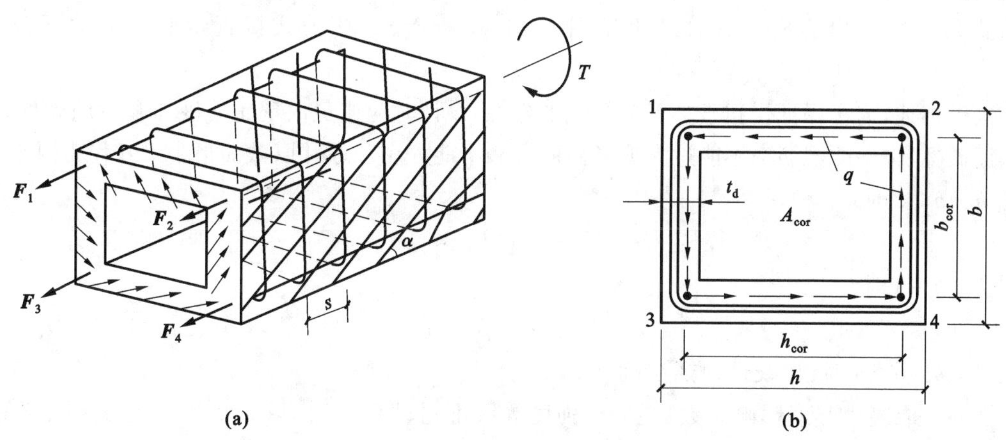

图 7-10　受扭构件的变角度空间桁架模型

根据对空间桁架的受力分析,可确定出钢筋混凝土纯扭构件的极限扭矩 T_u 的理论表达式:

$$T_u = 2A_{cor}\sqrt{\zeta}\frac{A_{st1}f_{yv}}{s} \tag{7-11}$$

式中　A_{cor}——截面核心部分的面积,取为 $b_{cor}h_{cor}$,此处,b_{cor} 和 h_{cor} 分别为箍筋内表面范围内核心部分的短边和长边尺寸。

7.2.2　纯扭构件受扭承载力公式

由空间桁架模型推导出的受扭构件极限扭矩计算公式充分反映了抗扭钢筋的作用。但如

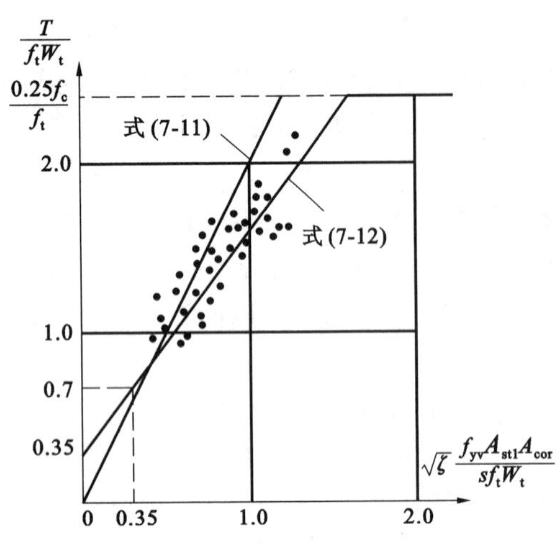

图7-11　钢筋混凝土纯扭构件极限扭矩试验结果

图7-11所示的试验结果表明，在低配筋时，按式(7-11)计算出的钢筋混凝土构件的极限扭矩偏于安全；在高配筋时，由于构件出现部分超筋破坏，计算值又偏高。试验观测还表明，钢筋与混凝土之间的黏结力，以及斜裂缝两边混凝土之间的骨料咬合力对抗扭承载力都有影响。

因此，我国《混凝土结构设计规范(2015年版)》(GB 50010—2010)根据试验资料和理论分析结果，并结合可靠度要求，采取半理论、半经验的公式，同时考虑混凝土和受扭钢筋的抗扭能力，得出抗扭承载力计算公式：

$$T_u = 0.35f_tW_t + 1.2\sqrt{\zeta}\frac{f_{yv}A_{st1}A_{cor}}{s} \tag{7-12}$$

式(7-12)等号右端前一项代表由混凝土提供的抗扭承载力，根据试验结果取混凝土的抗扭承载力为素混凝土构件开裂扭矩的一半。

等号右端第二项代表由抗扭纵筋和箍筋产生的抗扭承载力。抗扭钢筋的抗扭极限以变角度空间桁架模型为基础，但对系数取值作了调整，由2.0变成1.2。其原因是，利用变角度空间模型导出的极限扭矩是假设所有的纵筋和箍筋都达到屈服强度，但事实上在构件破坏时总有部分钢筋未屈服，因此将系数降低以反映实际情况。

由式(7-12)算出的值与试验结果见图7-11，不难看出，该公式接近试验结果的下限，偏于安全。

如前节所述，为了保证受扭破坏具有一定的延性，设计时应避免出现超筋破坏和少筋破坏。为了防止超筋破坏，构件的配筋率不能过大或者截面尺寸不能太小。通常以截面最小尺寸作为限制条件。

当$h_w/b \leqslant 4$时：

$$T \leqslant 0.2\beta_c f_c W_t \tag{7-13}$$

当$h_w/b = 6$时：

$$T \leqslant 0.16\beta_c f_c W_t \tag{7-14}$$

当$4 < h_w/b < 6$时：按线性内插法确定。

式中　β_c——混凝土强度影响系数：混凝土强度等级不超过C50时，取$\beta_c = 1.0$；混凝土强度等级为C80时，取$\beta_c = 0.8$；其间按线性内插法确定。

为了防止少筋破坏，构件的受扭钢筋需满足最小配筋率的要求。箍筋的最小配筋率按式(7-8)确定，纵筋的最小配筋率按式(7-9)确定，式中$T/(Vb)$对纯扭构件取2.0，所以：

$$\rho_{tl,\min} = 0.6\sqrt{2}\frac{f_t}{f_y} = 0.85\frac{f_t}{f_y} \tag{7-15}$$

当外荷载符合以下条件：

$$T \leqslant 0.7f_tW_t \tag{7-16}$$

构件可不进行抗扭承载力设计，直接按构造要求配置纵向受扭钢筋和箍筋。

需要说明的是，利用式(7-12)进行截面设计时，由于有多个未知数要求解，所以必须添加补充方程。通常的做法是：按式(7-7)确定ζ值，而ζ的取值又受制约，截面设计时取$\zeta = 1.2$左右，同时

令 $T=T_u$，一并代入式(7-12)计算得出 A_{st1}/s；在满足构造要求的前提下选取箍筋直径后，方可得到箍筋间距；然后在利用式(7-7)计算受扭纵筋截面面积。

【例 7-1】 已知：矩形截面纯扭构件，截面尺寸为 $b=250$ mm，$h=500$ mm，承受扭矩设计值 $T=22.3$ kN·m。混凝土强度等级为 C20，纵向钢筋采用 HRB400 级钢筋，箍筋采用 HPB300 级钢筋，工程所处环境类别为一类。试选配所需受扭钢筋。

【解】 C20 混凝土 $f_c=9.6\ \text{N/mm}^2$，$f_t=1.10\ \text{N/mm}^2$；HRB400 级钢筋 $f_y=360\ \text{N/mm}^2$，HPB300 级钢筋 $f_{yv}=270\ \text{N/mm}^2$。混凝土保护层厚度 $c=25$ mm。

(1) 计算所需几何参数(取 $a_s=45$ mm)

$$h_0=h-a_s=500-45=455(\text{mm})$$

$$b_{cor}=b-2(d_s+c)=250-2\times(10+25)=180(\text{mm})$$

$$h_{cor}=h-2(d_s+c)=500-2\times(10+25)=430(\text{mm})$$

$$u_{cor}=2(b_{cor}+h_{cor})=2\times(180+430)=1220(\text{mm})$$

$$A_{cor}=b_{cor}h_{cor}=180\times430=77400(\text{mm}^2)$$

$$W_t=\frac{b^2}{6}(3h-b)=\frac{250^2}{6}\times(3\times500-250)=1.302\times10^7(\text{mm}^3)$$

(2) 验算截面尺寸

$$\frac{h_w}{b}=\frac{h_0}{b}=\frac{455}{250}=1.82<4$$

$$\begin{aligned}0.2\beta_c f_c W_t&=0.2\times1.0\times9.6\times1.302\times10^7(\text{N}\cdot\text{mm})\\&=25.0(\text{kN}\cdot\text{m})\end{aligned}$$

显然

$$0.2\beta_c f_c W_t>T=22.3\ \text{kN}\cdot\text{m}$$

满足要求。

(3) 验算是否需要计算配置受扭钢筋

$$\begin{aligned}0.7f_tW_t&=0.7\times1.10\times1.302\times10^7(\text{N}\cdot\text{mm})\\&=10.03(\text{kN}\cdot\text{m})<T=22.3(\text{kN}\cdot\text{m})\end{aligned}$$

故需要计算配筋。

(4) 配置受扭箍筋

设 $\zeta=1.2$，取 $T=T_u$，代入式(7-12)计算得：

$$\begin{aligned}\frac{A_{st1}}{s}&=\frac{T-0.35f_tW_t}{1.2\sqrt{\zeta}f_{yv}A_{cor}}=\frac{22.3\times10^6-0.35\times1.10\times1.302\times10^7}{1.2\times\sqrt{1.2}\times270\times7.74\times10^4}\\&=0.629\end{aligned}$$

试选Φ10 钢筋，$A_{st1}=78.5\ \text{mm}^2$，则有：

$$s=\frac{A_{st1}}{0.629}=\frac{78.5}{0.629}=124.8(\text{mm})$$

取 $s=120$ mm。验算配箍率：

$$\rho_{sv,min}=0.28\frac{f_t}{f_{yv}}=0.28\times\frac{1.10}{270}=0.11\%$$

$$\rho_{sv}=\frac{A_{sv}}{bs}=\frac{2A_{st1}}{bs}=\frac{2\times78.5}{250\times120}=0.52\%>\rho_{sv,min}=0.11\%$$

满足要求。

(5) 计算受扭纵筋

由式(7-7)可得:

$$A_{stl}=\frac{\zeta f_{yv}A_{st1}u_{cor}}{f_y s}=\frac{1.2\times 270\times 78.5\times 1220}{360\times 120}=718.3(\text{mm}^2)$$

选配 2 Φ22,$A_{stl}=760\ \text{mm}^2$。验算配筋率:

$$\rho_{tl,\min}=0.85\frac{f_t}{f_y}=0.85\times\frac{1.10}{360}=0.26\%$$

$$\rho_{tl}=\frac{A_{stl}}{bh}=\frac{760}{250\times 500}=0.61\%>\rho_{tl,\min}=0.26\%$$

满足要求。

7.3 钢筋混凝土矩形截面弯剪扭构件承载力计算

7.3.1 矩形截面剪扭相关性计算

如前所述,不难看出钢筋混凝土构件在弯矩、剪力和扭矩的共同作用下,其抗弯、剪、扭承载力是相互影响的。试验表明,构件在剪力和扭矩共同作用时,构件截面的某一受压区内承受剪切和扭转应力的双重作用,随着剪力的增加,构件的抗扭承载力降低;随着扭矩的增加,构件的抗剪承载力亦降低,且承载力总是低于剪力或扭矩单独作用时的承载力,这种现象称为剪扭相关性。若想用准确的理论计算出这种相关性间的联系是很困难的,且不便于工程设计。为了简化计算,《混凝土结构设计规范(2015 年版)》(GB 50010—2010)根据变角度空间桁架模型并结合大量试验数据进行回归分析,得出了矩形截面剪扭相关性计算的经验公式。

试验研究表明,矩形截面构件的剪扭相关性曲线近似的可用 1/4 圆拟合,如图 7-12 所示。图中纵坐标为T_c/T_{c0},横坐标为 V_c/V_{c0},T_{c0}、V_{c0} 分别为扭矩、剪力单独作用时构件的承载力,T_c、V_c 为剪扭共同作用时构件的抗扭、抗剪承载力。

剪扭相关性的圆曲线计算十分繁杂,故《混凝土结构设计规范(2015 年版)》(GB 50010—2010)采用三段折线(即 AB、BC、CD)代替相关曲线,并引入抗扭承载力降低系数 β_t 以反映两者的相互关系。

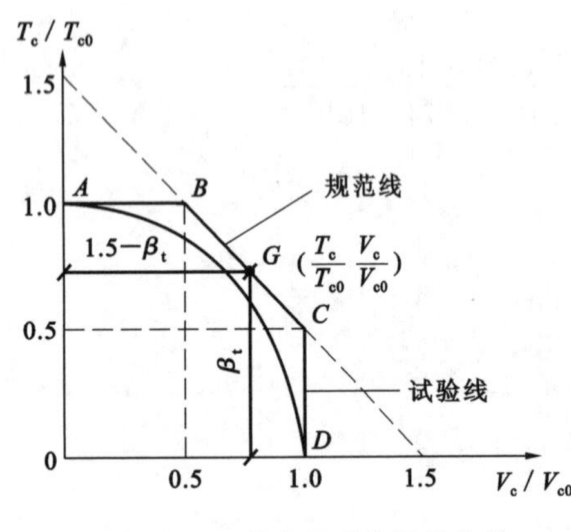

图 7-12 剪扭承载力相关曲线

令 $\beta_t=\dfrac{T_c}{T_{c0}}$,根据图 7-12 所示三段折线图形有如下结果。

直线 CD 段($\beta_t\leqslant 0.5$),扭矩对抗剪承载力影响甚小,混凝土的抗剪承载力不予降低。因此:

$$V_c=V_{c0} \tag{7-17}$$

直线 AB 段($\beta_t\geqslant 1.0$),剪力对抗扭承载力影响甚小,可以忽略,此时:

$$T_c=T_{c0} \tag{7-18}$$

斜线 BC 段($0.5<\beta_t<1.0$),需考虑剪力和扭矩的相互作用,有如下关系存在:

$$T_c=\beta_t T_{c0} \tag{7-19}$$

$$V_c = (1.5 - \beta_t) V_{c0} \tag{7-20}$$

根据式(7-19)及式(7-20),可知:

$$\frac{T_c/T_{c0}}{V_c/V_{c0}} = \frac{\beta_t}{1.5 - \beta_t} \tag{7-21}$$

那么:

$$\beta_t = \frac{1.5}{1 + \dfrac{V_c/V_{c0}}{T_c/T_{c0}}} \tag{7-22}$$

由前面章节内容可知:

$$\begin{cases} V_{c0} = 0.7 f_t b h_0 \\ T_{c0} = 0.35 f_t W_t \end{cases}$$

与此同时,在设计时通常假设 $T_c = T, V_c = V$,以上条件代入式(7-22),可得:

$$\beta_t = \frac{1.5}{1 + 0.5 \dfrac{VW_t}{Tbh_0}} \tag{7-23}$$

矩形截面混凝土剪扭构件抗扭承载力降低系数 β_t 的计算式(7-23)是在一般荷载作用下推导出的,而对于集中荷载(包括作用有多种荷载,且集中荷载对支座截面或节点边缘所产生的剪力值占总剪力值 75%以上的情况)作用时,剪力单独作用时构件的承载力 $V_{c0} = \dfrac{1.75}{\lambda + 1} f_t bh$,则抗扭承载力降低系数 β_t 的计算公式应改为:

$$\beta_t = \frac{1.5}{1 + 0.2(\lambda + 1) \dfrac{VW_t}{Tbh_0}} \tag{7-24}$$

式中 λ——计算截面的剪跨比,可取 $\lambda = a/h_0$,a 为集中荷载作用点至支座或节点边缘的距离;当 $\lambda < 1.5$ 时,取 $\lambda = 1.5$,当 $\lambda > 3$ 时,取 $\lambda = 3$。

还需说明的是,根据图 7-13 剪扭相关性关系曲线的三折线图形可知抗扭承载力降低系数 β_t 的取值范围是:$0.5 \leqslant \beta_t \leqslant 1.0$。即当 $\beta_t < 0.5$ 时,取 $\beta_t = 0.5$;当 $\beta_t > 1.0$ 时,取 $\beta_t = 1.0$。

7.3.2 矩形截面剪扭构件承载力计算

由于剪扭承载力之间的相互影响非常复杂,要采用一套完善的理论来计算还有困难,因此,目前我国《混凝土结构设计规范(2015 年版)》(GB 50010—2010)对剪扭构件的承载力计算采用考虑部分相关计算方案。这种方案的基本思路是:以钢筋混凝土抗剪承载力计算式(4-56)、抗扭承载力计算式(7-12)为基础,对单独由混凝土提供的承载力部分考虑相关关系,对由钢筋贡献的承载力部分则采用叠加原理。具体地说,考虑相关性后,剪扭构件承载力公式如下。

(1) 一般剪扭构件

① 受剪承载力。

$$V \leqslant V_u = 0.7(1.5 - \beta_t) f_t b h_0 + f_{yv} \frac{nA_{sv1}}{s} h_0 \tag{7-25}$$

式中 n——箍筋的肢数;

A_{sv1}——单肢箍筋的截面面积;

β_t——混凝土的抗扭承载力降低系数,采用式(7-23)计算。

② 受扭承载力。

$$T \leqslant T_u = 0.35\beta_t f_t W_t + 1.2\sqrt{\zeta}\frac{f_{yv}A_{st1}A_{cor}}{s} \tag{7-26}$$

(2) 集中荷载作用下的独立剪扭构件

① 受剪承载力。

$$V \leqslant V_u = (1.5-\beta_t)\frac{1.75}{\lambda+1}f_t b h_0 + f_{yv}\frac{nA_{sv1}}{s}h_0 \tag{7-27}$$

式中 β_t——采用式(7-24)计算。

② 受扭承载力。

此种情况受扭承载力仍按式(7-26)计算,但式中的 β_t 采用式(7-24)计算。

7.3.3 矩形截面弯扭构件承载力计算

构件在同时承受弯矩和扭矩的作用时,其纵向钢筋一部分用于承受弯矩,另一部分又要用于抵抗扭矩,因此构件的抗弯能力与抗扭能力之间必定具有相关性,如图 7-13 所示,纵坐标为 T_u/T_{u0},横坐标为 M_u/M_{u0},T_{u0} 表示纯扭构件的极限扭矩,M_{u0} 表示纯弯构件的极限弯矩,T_u、M_u 分别为弯扭共同作用时构件的极限扭矩和极限弯矩。

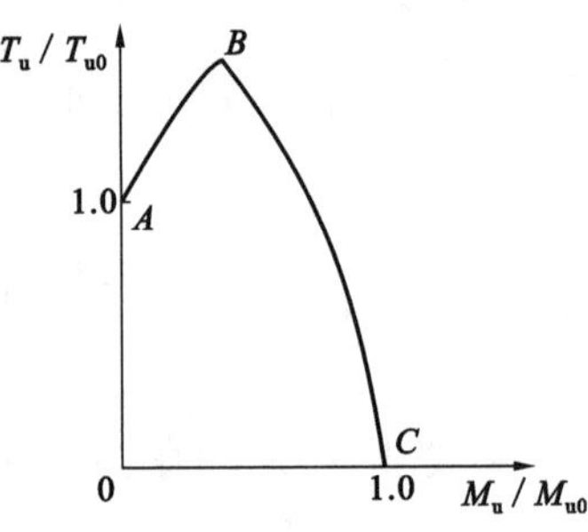

图 7-13 弯扭承载力相关

从图 7-13 中不难看出,当扭矩起控制作用时,随着弯矩的增加,构件的抗扭承载力增加;当弯矩起控制作用时,随着扭矩的增加,构件的抗弯承载力减小。这充分说明两者的相关性非常复杂,若要得到较准确的计算公式目前还很困难,因此,《混凝土结构设计规范(2015 年版)》(GB 50010—2010)对弯扭构件的承载力计算采用简单的叠加法。叠加法的核心思想是:先按受弯构件和纯扭构件分别计算其纵向受力钢筋和箍筋的面积,然后将所求得的相应的钢筋截面面积采用对位叠加。因此,弯扭构件的纵向钢筋数量为受弯所需的纵向钢筋和受扭所需的纵向钢筋截面面积之和,如图 7-14 所示,而箍筋用量则只受扭矩的控制。

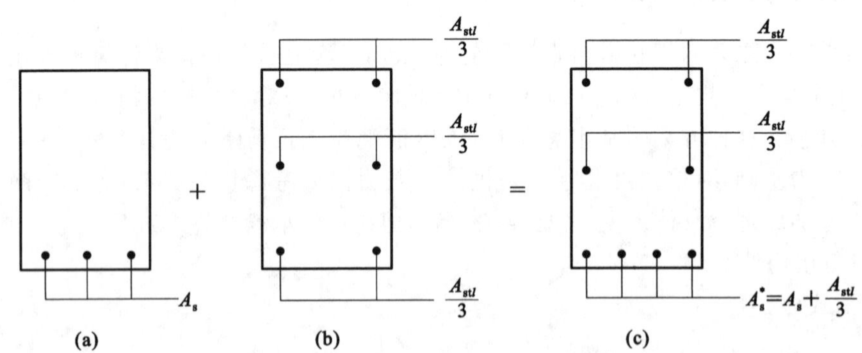

图 7-14 弯扭构件纵向钢筋的叠加

(a) 梁底受弯钢筋;(b) 受扭纵筋;(c) 受弯受扭纵筋对位叠加

7.3.4 矩形截面弯剪扭构件承载力计算

延续上面的思路,对于同时承受弯矩、剪力和扭矩的构件,其纵向钢筋的截面面积应分别按受弯构件正截面承载力和剪扭构件的受扭承载力确定，并在满足受弯构件、剪扭构件各自的最小配筋率要求的前提下，将纵筋进行对位叠加。箍筋的截面面积应分别按剪扭构件的受剪承载力和受扭承载力确定，并应配置在相应的位置。

7.3.4.1 弯剪扭构件承载力计算的适用条件

(1) 截面限制条件

钢筋混凝土构件在弯矩、剪力和扭矩的共同作用下，为避免发生超筋破坏，构件的截面尺寸应满足下列条件。

当 $h_w/b \leqslant 4$ 时：

$$\frac{V}{bh_0}+\frac{T}{0.8W_t}\leqslant 0.25\beta_c f_c \tag{7-28}$$

当 $h_w/b=6$ 时：

$$\frac{V}{bh_0}+\frac{T}{0.8W_t}\leqslant 0.2\beta_c f_c \tag{7-29}$$

当 $4<h_w/b<6$ 时：按线性内插法确定。

(2) 最小配筋率

为了避免少筋破坏的发生，弯剪扭构件的纵向受力钢筋及箍筋的配筋率不能太小，需满足本章7.1.4节提出的最小配筋率要求。

(3) 构造配筋要求

在弯矩、剪力和扭矩共同作用下的构件，当符合式(7-30)的条件时，可不进行构件受剪扭承载力计算，但为了避免构件出现突然的脆性断裂以及保证破坏具有一定的延性，需按照本章7.1.4节提出的构造要求配置纵向钢筋和箍筋。

$$\frac{V}{bh_0}+\frac{T}{W_t}\leqslant 0.7f_t \tag{7-30}$$

(4) 配筋计算简化的条件

当扭矩较小或者剪力较小时，其相互影响不大，可忽略剪扭相关性作用，将计算进一步简化。《混凝土结构设计规范(2015年版)》(GB 50010—2010)规定：

① 当 $V\leqslant 0.35f_tbh_0$ 或 $V\leqslant 0.875f_tbh_0/(\lambda+1)$ 时，可忽略剪力对构件承载力的影响，按弯扭共同作用的情况对构件进行配筋计算。即仅按受弯构件的正截面受弯承载力和纯扭构件的受扭承载力分别进行计算。

② 当 $T\leqslant 0.175f_tW_t$ 时，可忽略扭矩对构件承载力的影响，按弯矩和剪力共同作用的情况对构件进行配筋计算。即仅按受弯构件的正截面受弯承载力和斜截面受剪承载力分别进行计算。

7.3.4.2 弯剪扭构件截面配筋设计的计算步骤

① 根据经验或参考已有资料，初步确定构件的截面尺寸和材料强度等级。计算出弯剪扭构件承载力计算中需用的相关参数。

② 验算构件截面限制条件。按照式(7-28)或式(7-29)的要求验算构件的截面尺寸是否满足要求。若截面尺寸不满足要求，则需加大构件的截面尺寸或提高混凝土的强度等级。

③ 按受弯构件计算纵向钢筋的截面面积 A_s，具体做法参照第4章相关内容。

④ 确定剪扭承载力计算方式，即判断是否可以简化计算。

a. 可忽略剪力和扭矩的情况。当满足式(7-30)的条件时，则无须对构件进行抗剪扭承载力计算,仅需按最小配筋用量配置箍筋和抗扭纵筋,同时满足构造要求。

b. 可忽略剪力的情况。当 $V \leqslant 0.35 f_t b h_0$ 或 $V \leqslant 0.875 f_t b h_0/(\lambda+1)$ 时,则不需对构件进行受剪承载力计算,仅按受弯构件和受扭构件分别计算。

c. 可忽略扭矩的情况。当 $T \leqslant 0.175 f_t W_t$ 时,则不需对构件进行受扭构件承载力计算,仅按受弯构件的正截面受弯承载力和斜截面受剪承载力分别进行计算。

⑤ 确定箍筋的用量。

a. 求系数 β_t。根据构件的受荷类型选用式(7-23)或式(7-24)。

b. 求受剪箍筋数量 $\frac{A_{sv1}}{s}$。用式(7-25)或式(7-27)。

c. 求受扭箍筋数量 $\frac{A_{st1}}{s}$。用式(7-26)。

d. 两部分箍筋叠加,计算箍筋总数量,$\frac{A_{sv1}^*}{s}=\left(\frac{A_{sv1}}{s}\right)_V+\left(\frac{A_{st1}}{s}\right)_T$。

⑥ 验算剪扭箍筋最小配筋率。用式(7-8)。

⑦ 计算受扭纵筋。将 $\frac{A_{st1}}{s}$ 代入式(7-7),求出受扭纵筋截面面积 A_{stl}。

⑧ 验算受扭纵筋最小配筋率。用式(7-9)。

⑨ 按正截面承载力计算受弯纵筋面积 A_s 与受扭纵筋截面面积 A_{stl} 进行对位叠加,即为总的纵筋面积。

【例 7-2】 已知:承受均布荷载的矩形截面弯剪扭构件,截面尺寸为 $b \times h = 300\ \text{mm} \times 500\ \text{mm}$,控制截面承受扭矩设计值 $T=18.7\ \text{kN·m}$,弯矩设计值 $M=115\ \text{kN·m}$,剪力设计值 $V=160\ \text{kN}$,梁采用 C25 混凝土,纵筋采用 HRB400 级,箍筋采用 HPB300 级。环境类别一类。求受弯、受剪及受扭所需的钢筋。

【解】 C25 混凝土 $f_c=11.9\ \text{N/mm}^2$,$f_t=1.27\ \text{N/mm}^2$;HRB400 级钢筋 $f_y=360\ \text{N/mm}^2$,HPB300 级钢筋 $f_{yv}=270\ \text{N/mm}^2$。混凝土保护层厚度 $c=25\ \text{mm}$。

(1) 计算所需几何参数(取 $a_s=45\ \text{mm}$)

$$h_0=h-a_s=500-45=455(\text{mm})$$

$$b_{cor}=b-2(d_s+c)=300-2\times(10+25)=230(\text{mm})$$

$$h_{cor}=h-2(d_s+c)=500-2\times(10+25)=430(\text{mm})$$

$$u_{cor}=2(b_{cor}+h_{cor})=2\times(230+430)=1320(\text{mm})$$

$$A_{cor}=b_{cor}h_{cor}=230\times430=98900(\text{mm}^2)$$

$$W_t=\frac{b^2}{6}(3h-b)=\frac{300^2}{6}\times(3\times500-300)=1.8\times10^7(\text{mm}^3)$$

(2) 验算截面尺寸

$$\frac{h_w}{b}=\frac{h_0}{b}=\frac{455}{300}=1.52<4$$

$$\frac{V}{bh_0}+\frac{T}{0.8W_t}=\frac{160\times10^3}{300\times455}+\frac{18.7\times10^6}{0.8\times1.8\times10^7}=2.47(\text{N/mm}^2)<0.25\beta_c f_c$$

$$=0.25\times1.0\times11.9=2.98(\text{N/mm}^2)$$

满足要求。

(3) 按受弯构件计算纵向钢筋的截面面积 A_s

$$x = h_0 - \sqrt{h_0^2 - \frac{2M}{\alpha_1 f_c b}} = 455 - \sqrt{455^2 - \frac{2\times115\times10^6}{1.0\times11.9\times300}}$$

$$= 77.4\ \text{mm} < \xi_b h_0 = 0.550\times455 = 250.3(\text{mm})$$

$$A_s = \frac{\alpha_1 f_c bx}{f_y} = \frac{1.0\times11.9\times300\times77.4}{360} = 768(\text{mm}^2)$$

$$45\frac{f_t}{f_y} = 45\times\frac{1.27}{360} = 0.16 < 0.20$$

$$\rho_{\min} = 0.20\%$$

$$\rho = \frac{A_s}{bh} = \frac{768}{300\times500} = 0.51\% > \rho_{\min} = 0.20\%$$

满足要求。

(4) 确定剪扭承载力计算方式(即判断是否可以简化计算)

① 验算是否需要对构件进行抗剪扭承载力计算配筋：

$$\frac{V}{bh_0} + \frac{T}{W_t} = \frac{160\times10^3}{300\times455} + \frac{18.7\times10^6}{1.8\times10^7} = 2.21(\text{N/mm}^2) > 0.7f_t = 0.7\times1.27 = 0.89(\text{N/mm}^2)$$

故应计算配筋。

② 验算计算中是否可忽略剪力的情况：

$$0.35f_t bh_0 = 0.35\times1.27\times300\times455\text{N} = 60.7(\text{kN}) < V = 160(\text{kN})$$

应考虑 V 的影响。

③ 验算计算中是否可忽略扭矩的情况：

$$0.175f_t W_t = 0.175\times1.27\times1.8\times10^7(\text{N}\cdot\text{mm}) = 4.0(\text{kN}\cdot\text{m}) < T = 18.7(\text{kN}\cdot\text{m})$$

应考虑 T 的影响。

(5) 考虑剪扭相关性确定箍筋的用量

$$\beta_t = \frac{1.5}{1+0.5\dfrac{VW_t}{Tbh_0}} = \frac{1.5}{1+0.5\times\dfrac{160\times10^3\times1.8\times10^7}{18.7\times10^6\times300\times455}} = 0.959$$

受剪承载力计算：设箍筋采用双肢箍，即 $n=2$，由式(7-25)取等号，解得：

$$\left(\frac{A_{sv1}}{s}\right)_V = \frac{V - 0.7(1.5-\beta_t)f_t bh_0}{nf_{yv}h_0}$$

$$= \frac{160\times10^3 - 0.7\times(1.5-0.959)\times1.27\times300\times455}{2\times270\times455} = 0.384$$

受扭承载力计算：取 $\zeta=1.2$，由式(7-26)取等号，解得：

$$\left(\frac{A_{st1}}{s}\right)_T = \frac{T - 0.35\beta_t f_t W_t}{1.2\sqrt{\zeta}f_{yv}A_{cor}} = \frac{18.7\times10^6 - 0.35\times0.959\times1.27\times1.8\times10^7}{1.2\times\sqrt{1.2}\times270\times98900} = 0.314$$

两部分箍筋叠加，计算箍筋总数量：

$$\frac{A_{sv1}^*}{s} = \left(\frac{A_{sv1}}{s}\right)_V + \left(\frac{A_{st1}}{s}\right)_T = 0.384 + 0.314 = 0.698$$

试选Φ10 钢筋，$A_{sv1} = 78.5\ \text{mm}^2$，则有：

$$s = \frac{A_{sv1}}{0.698} = \frac{78.5}{0.698} = 112.5(\text{mm})$$

取 $s=110$ mm。验算配箍率：

$$\rho_{sv,min}=0.28\frac{f_t}{f_{yv}}=0.28\times\frac{1.27}{270}=0.13\%$$

$$\rho_{sv}=\frac{A_{sv}}{bs}=\frac{2A_{sv1}^*}{bs}=\frac{2\times78.5}{300\times110}=0.48\%>\rho_{sv,min}=0.13\%$$

满足要求。

(6) 由剪扭承载力计算受扭纵筋

由式(7-7),可得：

$$A_{stl}=\zeta\frac{f_{yv}A_{st1}u_{cor}}{f_y s}=1.2\times\frac{270\times1320\times0.314}{360}=373(\text{mm}^2)$$

验算配筋率：

因

$$\frac{T}{Vb}=\frac{18.7\times10^6}{160\times10^3\times300}=0.390<2$$

则

$$\rho_{tl,min}=0.6\sqrt{\frac{T}{Vb}}\frac{f_t}{f_y}=0.6\times\sqrt{0.390}\times\frac{1.27}{360}=0.13\%$$

$$\rho_{tl}=\frac{A_{stl}}{bh}=\frac{373}{300\times500}=0.25\%>\rho_{tl,min}=0.13\%$$

满足要求。

(7) 纵筋配置

根据构造上的间距要求,沿截面周边布置的受扭纵向钢筋的间距小于或等于 200 mm,且小于或等于 b,$b=300$ mm,受扭纵筋应布置 4 排,而且顶面和底面应各配置 3 根钢筋,侧面每排各配置 2 根钢筋,合计需要 10 根受扭纵筋。则每根受扭纵筋的面积应为 $A_{stl}/10=373/10=37.3(\text{mm}^2)$。

根据单根受扭纵筋的面积要求及钢筋布置的构造要求,考虑顶面纵筋兼做架立筋、侧面纵筋兼做腰筋,故顶面选配3Φ12,配筋面积为339 mm²;侧面每排选配 2Φ12,面积为 226 mm²;底面一排按受弯纵筋数量 A_s 与受扭纵筋截面面积进行对位叠加,所需纵筋面积为：

$$A_s+37.3\times3=768+111.9=879.9(\text{mm}^2)$$

实配 8Φ12,面积为 904 mm²。

7.4 钢筋混凝土 T 形和 I 形截面受扭构件承载力计算

7.4.1 截面划分和内力分配

7.4.1.1 截面划分

在结构构件中,除了矩形截面外,还有一些其他的截面形式,如 T 形和 I 形截面。这类截面可以看作由简单的矩形截面所组成的复杂截面,在计算其抗扭承载力时,可将截面划分为几个矩形截面分别计算。截面分块的原则是首先满足腹板截面的完整性，然后划分受压翼缘和受拉翼缘面积，如图 7-15 所示。经这样划分后 T 形截面即由腹板矩形和受压翼缘矩形两部分组成，I 形截面则由腹板矩形、受压翼缘矩形和受拉翼缘矩形三部分组成。

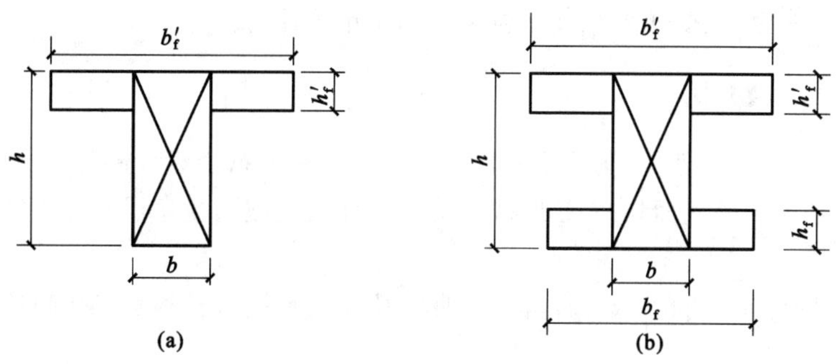

图 7-15　T 形和 I 形截面的矩形划分方法

各分块矩形截面受扭塑性抵抗矩可近似按下列公式计算：

$$W_{tw}=\frac{b^2}{6}(3h-b) \tag{7-31}$$

$$W'_{tf}=\frac{h_f'^2}{2}(b_f'-b) \tag{7-32}$$

$$W_{tf}=\frac{h_f^2}{2}(b_f-b) \tag{7-33}$$

式中　W_{tw}——腹板的受扭塑性抵抗矩；

W'_{tf}——受压翼缘的受扭塑性抵抗矩；

W_{tf}——受拉翼缘的受扭塑性抵抗矩。

根据试验结果表明：对于配有封闭箍筋的翼缘，充分参与腹板受力的伸出翼缘宽度一般不超过厚度的 3 倍，故计算受扭构件承载力时截面的有效翼缘宽度尚应符合 $b_f'\leqslant b+6h_f'$ 及 $b_f\leqslant b+6h_f$ 的规定。

全截面受扭塑性抵抗矩应为各分块矩形截面受扭塑性抵抗矩之和：

$$W_t=W_{tw}+W_{tf}'+W_{tf} \tag{7-34}$$

对于 T 形截面，取 $W_{tf}=0$。

7.4.1.2　内力分配

为了便于计算，在进行扭矩分配时通常按各分块矩形截面的受扭塑性抵抗矩占截面总的受扭塑性抵抗矩的比例来分配截面总扭矩 T，以确定各矩形截面所承担的扭矩。当已知腹板、受压翼缘和受拉翼缘的受扭塑性抵抗矩 W_{tw}、W'_{tf} 和 W_{tf}时，则各矩形截面所承担的扭矩为：

腹板

$$T_w=\frac{W_{tw}}{W_t}T \tag{7-35}$$

受压翼缘

$$T_f'=\frac{W_{tf}'}{W_t}T \tag{7-36}$$

受拉翼缘

$$T_f = \frac{W_{tf}}{W_t}T \tag{7-37}$$

式中 W_t——$W_t = W_{tw} + W'_{tf} + W_{tf}$；

T——带翼缘截面所承受的扭矩设计值；

T_w, T'_f, T_f——腹板、受压翼缘和受拉翼缘的扭矩设计值。

7.4.2 受扭承载力计算方法

对于T形和I形截面在弯矩、剪力和扭矩共同作用下构件截面设计的计算可按下列方法进行。

① 无论T形还是I形截面均按T形截面受弯构件的正截面受弯承载力计算所需的抗弯纵向钢筋截面面积A_s。

② 按剪、扭共同作用下的承载力计算承受剪力所需的箍筋数量和承受扭矩所需的纵向钢筋截面面积和箍筋数量。

对于腹板，考虑其同时承受全部剪力和相应分担的扭矩，按本章7.3节所述剪、扭共同作用下的情况计算，但应将公式中的T用T_w代替、W_t用W_{tw}代替。

对于受压翼缘和受拉翼缘，不考虑其承受剪力，按矩形截面纯扭构件承载力公式计算其抗扭承载力，其扭矩设计值为相应矩形块分配的扭矩。需注意的是，计算时应将公式中的T用T'_f或T_f代替、W_t用W'_{tf}或W_{tf}代替。

③ 叠加上述二者求得的纵向钢筋和箍筋截面面积，即得到最后所需的纵向钢筋数量。

本章小结

截面上存在扭矩T的构件称为受扭构件，根据其内力的不同，有纯扭构件、剪扭构件、弯剪扭构件、压弯剪扭构件、拉弯剪扭构件等形式。扭矩引起剪应力在截面周边的长边中点最大，剪力引起的剪应力在中性轴上最大，在矩形截面的一个侧面上剪应力叠加，因此，受扭构件通常首先出现斜裂缝。受扭纵筋和箍筋在开裂前的作用不明显，但当构件开裂后，裂缝处的混凝土退出工作，钢筋应力明显增大，与斜裂缝相交的纵筋和箍筋均受拉，可提高构件的极限扭矩。纯扭构件可能的破坏类型有少筋破坏、适筋破坏、超筋破坏和部分超筋破坏四种，设计计算以适筋破坏为依据，用受扭纵筋和箍筋的构造要求、截面尺寸验算等来避免出现少筋、超筋和部分超筋的出现。

钢筋混凝土矩形截面纯扭构件的极限承载力可用变角度空间桁架模型进行理论推导，实用公式分成混凝土抗扭和钢筋抗扭两部分，概念明确。剪扭构件需考虑剪扭相关性，引入混凝土的受扭承载力降低系数β_t，受剪承载力降低系数$\beta_v = (1.5 - \beta_t)$，按受扭计算纵筋和箍筋，按受剪计算箍筋，箍筋叠加后配置；弯剪扭构件的计算则是先依据弯矩按受弯构件正截面承载力计算受弯纵筋，再按剪扭构件计算纵筋和箍筋，受扭纵筋沿截面周边均匀对称布置，受弯纵筋布置在受拉区，重叠部位的纵筋面积叠加。

钢筋混凝土T形和I形截面受扭构件，可按各分块矩形截面的受扭塑性抵抗矩占截面总受扭塑性抵抗矩的比例来分配扭矩。弯矩由全截面承担，按T形截面受弯构件正截面承载力计算受弯纵筋；腹板承担全部剪力和部分扭矩，按矩形截面剪扭构件进行承载力计算；受压翼缘和受拉翼缘，依据各自分担的扭矩，按矩形截面纯扭构件承载力公式计算。

习题与思考题

7-1　受扭构件如何分类？

7-2　钢筋混凝土矩形截面纯扭构件有几种破坏形态？每种破坏形态的破坏特征如何？

7-3　在抗扭计算中，纵筋与箍筋的配筋强度比 ζ 的物理意义是什么？其计算公式与合理的取值范围是什么？

7-4　从受扭构件的受力合理性看，采用螺旋式配筋比较合理，但实际上为什么采用封闭式箍筋加纵筋的形式？

7-5　在剪扭构件中为何要引入系数 β_t？其取值有什么限制条件？

7-6　受扭构件的抗扭纵筋和箍筋的构造要求是如何规定的？

7-7　简述弯、剪、扭共同作用下的承载力计算具体计算步骤。

7-8　已知：钢筋混凝土矩形截面纯扭构件，截面尺寸为 $b=200$ mm，$h=450$ mm，混凝土强度等级为 C25，纵向钢筋采用 HRB400 级热轧带肋钢筋，箍筋采用 HPB300 级热轧光圆钢筋，承受扭矩设计值 $T=13$ kN·m。工程所处的环境类别为一类。试选配钢筋。

习题与思考题答案

7-9　已知：一钢筋混凝土框架纵向连系梁，构件截面尺寸为 $b\times h=250$ mm$\times$600 mm，净跨 6.0 m，该梁承受的荷载设计值 $P=120$ kN，均布荷载设计值（包括梁自重）$g+q=10$ kN/m，相应的设计弯矩图、剪力图和扭矩图如图 7-16 所示。混凝土强度等级 C30，纵筋为 HRB400 级热轧带肋钢筋，箍筋为 HPB300 级热轧光圆钢筋。试计算构件的配筋。

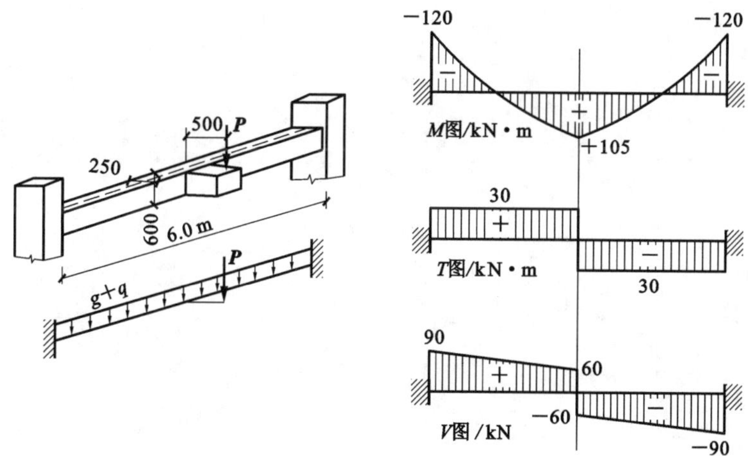

图 7-16　习题与思考题 7-9 图

参考文献

[1]　中国建筑科学研究院. 混凝土结构设计规范（2015 年版）：GB 50010—2010. 北京：中国建筑工业出版社，2016.

[2]　李章政. 建筑结构设计原理. 2 版. 北京：化学工业出版社，2014.

[3] 熊峰,李章政,贾正甫,等.结构设计原理.北京:科学出版社,2002.

[4] 周新刚,刘建平,逯静洲,等.混凝土结构设计原理.北京:机械工业出版社,2011.

[5] 张树仁,黄侨.结构设计原理.2 版.北京:人民交通出版社,2010.

[6] 曹双寅,舒赣平,冯健,等.工程结构设计原理.2 版.南京:东南大学出版社,2008.

[7] 江见鲸,李杰,金伟良.高等混凝土结构理论.北京:中国建筑工业出版社,2007.

[8] 叶见曙.结构设计原理.北京:人民交通出版社,2011.

8 钢筋混凝土构件正常使用极限状态验算

【内容提要】

本章主要内容包括正常使用极限状态要求、钢筋混凝土构件裂缝宽度验算和受弯构件挠度验算的方法及混凝土结构构件耐久性设计。重点和难点为钢筋混凝土构件裂缝宽度验算和受弯构件挠度验算。

【能力要求】

通过本章的学习，学生应掌握正常使用极限状态设计的要求；熟悉钢筋混凝土构件裂缝宽度和受弯构件挠度的特征及计算方法；理解混凝土结构耐久性设计的相关内容。

5分钟
看完本章

钢筋混凝土结构构件一般在进行了承载能力极限状态计算后，还应根据其使用功能及外观要求，按规定进行正常使用极限状态验算。前者保证结构构件的安全性，后者确保结构构件的适用性和耐久性；前者主要通过设计计算确定构件的截面尺寸与配筋，后者主要对某些构件进行裂缝宽度和变形验算。

《混凝土结构设计规范(2015年版)》(GB 50010—2010)规定：对于正常使用极限状态验算，钢筋混凝土构件按荷载的准永久组合并考虑荷载长期作用的影响，保证结构构件的变形、应力、裂缝等不超过正常使用要求所规定的限值。

8.1 钢筋混凝土构件正常使用极限状态的要求

混凝土结构构件应根据适用性和耐久性要求，按下列规定进行正常使用极限状态验算，以满足正常使用极限状态的要求：

① 对需要控制变形的构件，应进行变形验算；

② 对不允许出现裂缝的构件，应进行混凝土拉应力验算；

③ 对允许出现裂缝的构件，应进行受力裂缝宽度验算；

④ 对舒适度有要求的楼盖构件，应进行竖向自振频率验算。

8.1.1 适用性和耐久性要求

结构在规定的设计使用年限内满足适用性和耐久性要求是结构满足其功能要求必不可少的组成部分。

结构的适用性要求是指结构在正常使用过程中工作性能良好，能满足其预定的使用要求，例如不出现过大的挠度和裂缝等。

结构的耐久性要求是指结构在正常使用、正常维护条件下具有足够的耐久性，能抵抗在预定的设计使用年限内出现的各种因素的影响而保证结构能正常使用。为了满足耐久性要求,除临时性混凝土结构可不考虑耐久性要求外,混凝土结构应根据设计使用年限和环境类别进行耐久性设计。

8.1.2 裂缝产生的原因和对策

8.1.2.1 裂缝的类型及其成因

结构构件的裂缝按其形成原因可分为受力裂缝和非受力裂缝。

受力裂缝是由结构受荷载的作用而造成的,例如混凝土轴心受拉构件,当轴心拉力在结构截面上产生的拉应力超过了混凝土的抗拉强度时,混凝土被拉裂退出工作而形成裂缝。

非受力裂缝并非由于结构构件受荷载作用而造成,而是由于结构处于超静定状态时受非荷载因素(比如温度、混凝土收缩、基础沉降等)的影响在结构内部产生内应力而形成的裂缝。非受力裂缝有:由温度效应产生的温度裂缝,由混凝土收缩效应产生的收缩裂缝,由基础不均匀沉降效应产生的沉降裂缝等。

8.1.2.2 裂缝控制对策

针对裂缝形成的原因不同,控制受力裂缝和非受力裂缝的对策也不同。实际工程中非受力裂缝的成因和分布情况十分复杂,目前要精确计算还很困难,故非受力裂缝的控制通常采用设计、施工、选材、构造措施等手段实现。经过多年的验证,现行的控制非受力裂缝的方法是可行的。受力裂缝根据其成因,可通过计算裂缝宽度来控制,使其满足正常使用的要求。

本章仅讨论受力裂缝宽度验算问题。

8.1.3 裂缝控制分类和最大裂缝宽度限值

根据《混凝土结构设计规范(2015年版)》(GB 50010—2010)规定,结构构件正截面受力裂缝控制等级分为三类:一级控制等级、二级控制等级、三级控制等级。

一级控制等级:严格要求不出现裂缝的构件。

二级控制等级:一般要求不出现裂缝的构件。

三级控制等级:允许出现裂缝的构件。

结构构件应根据结构类型和环境类别,按附表12的规定选用不同的裂缝控制等级及最大裂缝宽度限值 $w_{\lim}$。

减小构件裂缝宽度的措施

8.2 钢筋混凝土构件裂缝宽度验算

一般而言,钢筋混凝土结构由于混凝土材料抗拉强度很低,故结构构件通常均是带裂缝工作的。若裂缝宽度在规定的限值以内,则不会影响正常使用和耐久性;若裂缝宽度过大超过了规定的限值,则不仅影响结构构件的外观,而且更重要的是会影响结构构件的耐久性。所以,对于钢筋混凝土构件，需要进行裂缝宽度验算，使其裂缝宽度在规定的限值以内，从而满足耐久性和适用性的要求。

需要注意的是，在进行正常使用极限状态验算时，对于钢筋混凝土构件，应按荷载的准永久组合，并考虑荷载长期作用的影响。

8.2.1　平均裂缝宽度

8.2.1.1　裂缝的出现和开展

钢筋混凝土结构构件开裂的主要原因是混凝土材料抗拉强度很低，为了进一步研究裂缝宽度，工程界做了大量的轴心受拉构件和受弯构件的试验，通过试验现象研究裂缝出现和开展的相关规律，并得出了相应结论。现以一根三分点受力的简支梁纯弯段受拉区裂缝的形成过程为例，予以说明。

(1) 第一批裂缝出现

在图 8-1 所示的弯矩最大的纯弯区段中，当荷载使该区段中最薄弱截面受拉边缘的混凝土拉应力达到并超过混凝土的抗拉强度时，该截面处首先开裂，出现第一批裂缝 ab。该截面一旦开裂，混凝土即退出工作并向裂缝两边回缩，拉应力全由裂缝截面处钢筋承担，故裂缝处钢筋应力有突变，混凝土应力为零。

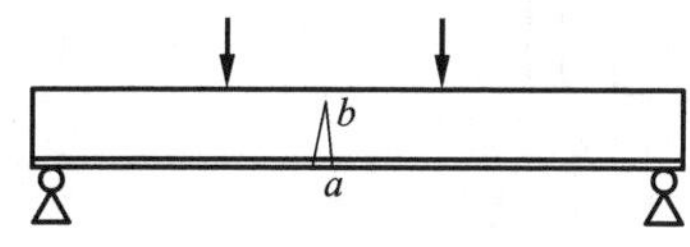

图 8-1　三分点受力简支梁

由于钢筋和混凝土之间存在黏结，故如图 8-2～图 8-4 所示裂缝处混凝土回缩将受阻，黏结应力保证了钢筋和混凝土之间的传力，使得裂缝处钢筋较大的应力向裂缝两边混凝土中传递，裂缝两侧受拉区混凝土的拉应力随着与开裂截面距离的增大而逐步加大，钢筋拉应力随着与开裂截面距离的增大而减小。

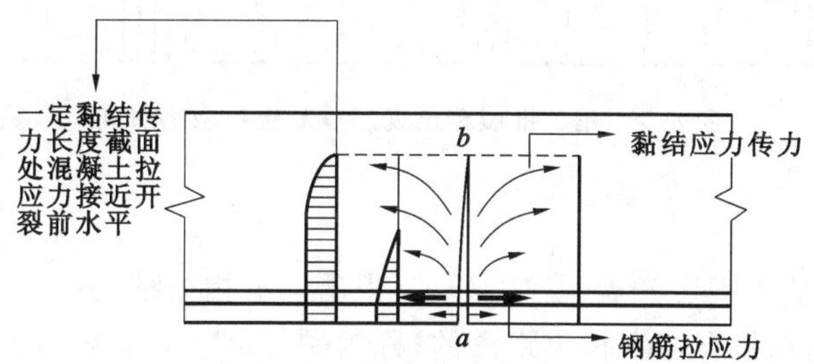

图 8-2　第一批裂缝出现后钢筋与混凝土之间的黏结传力

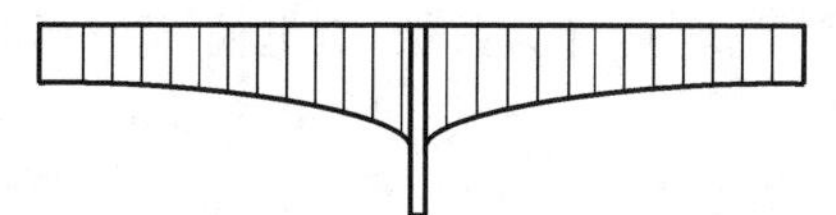

图 8-3　第一批裂缝出现后钢筋拉应力分布

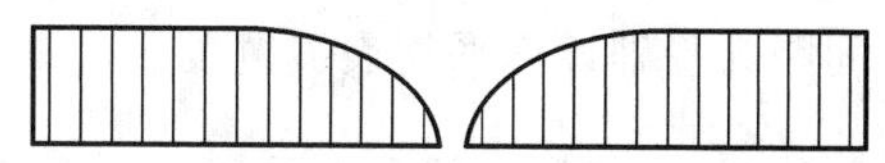

图 8-4　第一批裂缝出现后混凝土拉应力分布

(2) 第二批裂缝出现

随着荷载的增大，在距离第一批裂缝一定黏结传力长度处，由于黏结传力，混凝土的拉应力将达到并超过其抗拉强度，构件出现第二批裂缝，如图 8-5 所示。通过分析可知，在两批裂缝之间的钢筋表面黏结传力能力越强，在单位长度上便有更多的力传给混凝土，因此受拉区重新达到开裂前高拉应力状态的截面距离第一批裂缝截面就越近,形成的两批裂缝间的距离就越短。而且在两条裂缝之间由于黏结传力长度有限,裂缝间混凝土拉应力达不到接近混凝土抗拉强度的水准,故裂缝间不会出现新裂缝,新裂缝总是与旧裂缝相距一定距离,这个距离称为“裂缝间距”。第二批裂缝出现后钢筋和混凝土应力分布如图8-6、图8-7所示。

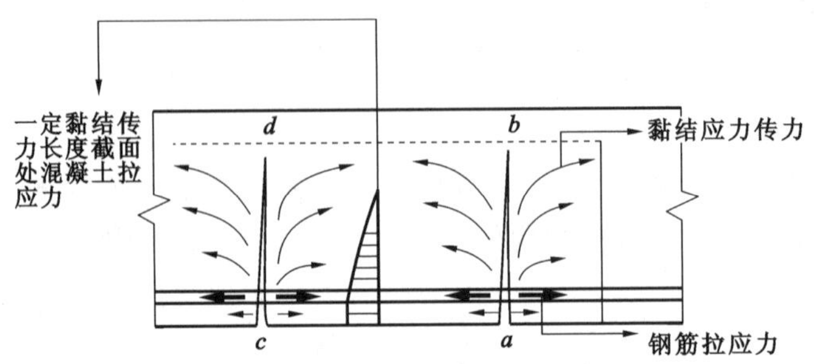

图8-5 第二批裂缝出现后钢筋与混凝土之间的黏结传力

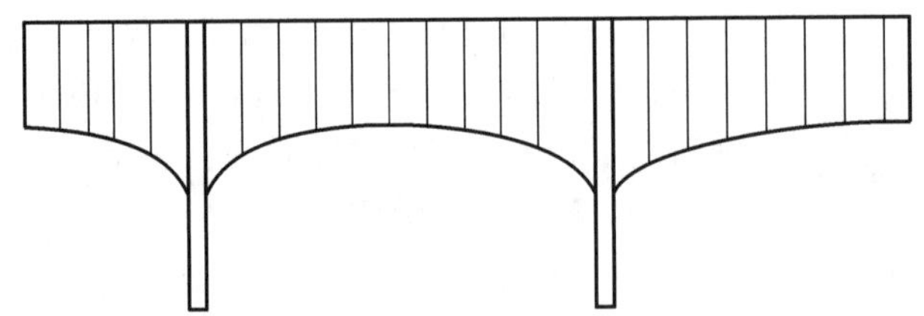

图8-6 第二批裂缝出现后钢筋拉应力分布

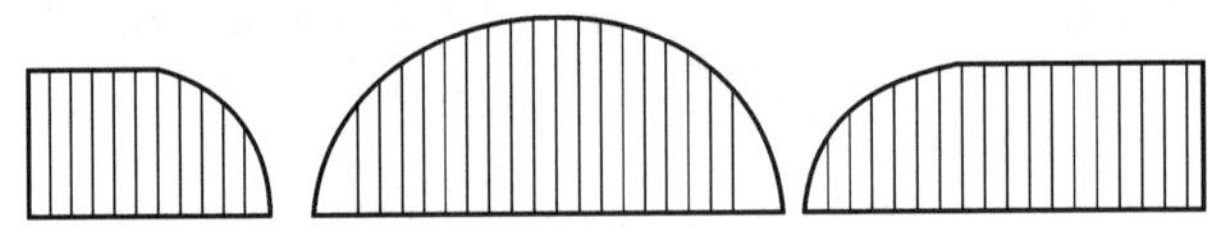

图8-7 第二批裂缝出现后混凝土拉应力分布

8.2.1.2 裂缝出现和开展的相关结论

通过对受弯构件裂缝出现及开展规律的研究,得出以下相关结论:

① 裂缝与裂缝之间总是有一个相应距离的,称为裂缝间距,而这个距离主要和钢筋与混凝土间的黏结传力有关,并随配筋率、钢筋直径、保护层厚度等而变;

② 裂缝开展宽度和裂缝间距有关;

③ 由于混凝土具有非均匀性质,故裂缝宽度和裂缝间距均具有离散性,裂缝宽度计算时以平均裂缝间距为基础计算平均裂缝宽度。

8.2.1.3 平均裂缝间距及平均裂缝宽度计算

(1) 平均裂缝间距 l_{cr}

根据试验资料总结出平均裂缝间距 l_{cr} 的经验计算公式如下:

$$l_{cr} = \beta\left(1.9c_s + 0.08\frac{d_{eq}}{\rho_{te}}\right) \tag{8-1}$$

式中 β——与构件受力有关的系数,对轴心受拉构件取1.1,对其他受力构件取1.0;

c_s——最外层纵向受拉钢筋外边缘至受拉区混凝土边缘的距离，mm，当 $c_s<20$ mm 时，取 $c_s=20$ mm，当 $c_s>65$ mm时，取 $c_s=65$ mm；

d_{eq}——受拉区纵向受拉钢筋的等效直径，mm；

$$d_{eq}=\frac{\sum n_i d_i^2}{\sum n_i \nu_i d_i} \tag{8-2}$$

d_i——受拉区第 i 种纵向钢筋的公称直径，mm；

n_i——受拉区第 i 种纵向钢筋的根数；

ν_i——受拉区第 i 种纵向钢筋的相对黏结特性系数，光圆钢筋 $\nu_i=0.7$，带肋钢筋 $\nu_i=1.0$；

ρ_{te}——按有效受拉混凝土截面面积 A_{te} 计算的受拉钢筋的有效配筋率，$\rho_{te}=A_s/A_{te}$，在最大裂缝宽度计算中，$\rho_{te}<0.01$ 时，取 $\rho_{te}=0.01$。

其中，A_{te}按下列规定取用：

对轴心受拉构件，A_{te}取构件截面面积；对受弯、偏心受压、偏心受拉构件取为：

$$A_{te}=0.5bh+(b_f-b)h_f \tag{8-3}$$

式中 b——矩形截面宽度，T 形和 I 形截面腹板厚度；

h——截面高度；

b_f——受拉翼缘宽度；

h_f——受拉翼缘高度。

(2) 平均裂缝宽度 w_m

平均裂缝宽度 w_m 等于 l_{cr} 区段内钢筋的平均伸长与相应水平处构件侧表面混凝土平均伸长的差值，即：

$$w_m=\varepsilon_{sm}l_{cr}-\varepsilon_{cm}l_{cr} \tag{8-4}$$

式中 ε_{sm}——纵向受拉钢筋的平均拉应变，$\varepsilon_{sm}=\psi\varepsilon_{sq}=\psi\sigma_{sq}/E_s$，$\psi$ 为裂缝间纵向受拉钢筋应变不均匀系数；

ε_{cm}——与纵向受拉钢筋相同水平处侧表面混凝土的平均拉应变。

将式(8-4)进行简化，于是有：

$$w_m=(\varepsilon_{sm}-\varepsilon_{cm})l_{cr}=\left(1-\frac{\varepsilon_{sm}}{\varepsilon_{cm}}\right)\varepsilon_{sm}l_{cr} \tag{8-5}$$

令 $\alpha_c=1-\frac{\varepsilon_{cm}}{\varepsilon_{sm}}$，$\alpha_c$ 称为裂缝间混凝土伸长对裂缝宽度的影响系数，将 α_c 及 ε_{sm}代入式(8-5)得：

$$w_m=\alpha_c\psi\frac{\sigma_{sq}}{E_s}l_{cr} \tag{8-6}$$

式中 α_c——对受弯和偏心受压构件可取 0.77，对受拉构件可取 0.85；

σ_{sq}——按荷载效应准永久组合计算的裂缝截面处纵向受拉钢筋应力；

E_s——钢筋弹性模量；

l_{cr}——平均裂缝间距；

ψ——裂缝间纵向受拉钢筋应变不均匀系数，按下列经验公式计算：

$$\psi=1.1-\frac{0.65f_{tk}}{\rho_{te}\sigma_{sq}} \tag{8-7}$$

式中 f_{tk}——混凝土抗拉强度标准值。

当计算得的 $\psi<0.2$ 时，取 $\psi=0.2$；当 $\psi>1$ 时，取 $\psi=1$；对直接承受重复荷载的构件，取 $\psi=1$。

8.2.2 最大裂缝宽度计算

由于混凝土的非匀质性,裂缝宽度具有很大的离散性,验算裂缝宽度应以最大裂缝宽度为准。荷载短期效应组合下的最大裂缝宽度 w_{max} 可在考虑可靠度条件下用平均裂缝宽度乘以短期裂缝宽度扩大系数求得。当再考虑荷载长期作用效应影响时,最大裂缝宽度可在前述基础上再乘以考虑荷载长期作用影响的扩大系数。

短期裂缝宽度扩大系数,根据试验资料统计分析,对受弯和偏心受压构件可取 1.66,对受拉构件可取 1.9。考虑荷载长期作用效应影响的扩大系数,根据试验结果,对各类构件均可取 1.5。将最大裂缝宽度计算公式进行整理得:

$$w_{max}=\alpha_{cr}\psi\frac{\sigma_{sq}}{E_s}\left(1.9c_s+0.08\frac{d_{eq}}{\rho_{te}}\right) \tag{8-8}$$

式中 α_{cr}——构件受力特征系数,受弯和偏心受压构件,取 $\alpha_{cr}=1.9$;对轴心受拉构件,取 $\alpha_{cr}=2.7$;对偏心受拉构件,取 $\alpha_{cr}=2.4$。

8.2.3 裂缝截面钢筋应力计算

在荷载效应的准永久组合作用下,构件裂缝截面处的纵向钢筋拉应力 σ_{sq} 可按下列公式计算。

(1) 轴心受拉构件

$$\sigma_{sq}=\frac{N_q}{A_s} \tag{8-9}$$

(2) 偏心受拉构件

$$\sigma_{sq}=\frac{N_q e'}{A_s(h_0-a_s')} \tag{8-10}$$

(3) 受弯构件

$$\sigma_{sq}=\frac{M_q}{0.87h_0A_s} \tag{8-11}$$

(4) 偏心受压构件

$$\sigma_{sq}=\frac{N_q(e-z)}{A_s z} \tag{8-12}$$

$$z=\left[0.87-0.12(1-\gamma_f')\left(\frac{h_0}{e}\right)^2\right]h_0 \tag{8-13}$$

$$e=\eta_s e_0+y_s \tag{8-14}$$

$$\gamma_f'=\frac{(b_f'-b)h_f'}{bh_0} \tag{8-15}$$

$$\eta_s=1+\frac{1}{4000\frac{e_0}{h_0}}\left(\frac{l_0}{h}\right)^2 \tag{8-16}$$

式中 A_s——裂缝截面处纵向钢筋截面面积,对轴心受拉构件,取全部纵向钢筋截面面积;对偏心受拉构件,取受拉较大边的纵向钢筋截面面积;对受弯、偏心受压构件,取受拉区纵向钢筋截面面积。

N_q,M_q——按荷载效应准永久组合计算的轴向力值、弯矩值。

e'——轴向拉力作用点至纵向受拉钢筋合力点的距离。

e——轴向压力作用点至纵向受拉钢筋合力点的距离。

e_0——荷载准永久组合下的初始偏心距，取为 M_q/N_q。

z——纵向受拉钢筋合力点至截面受压区合力点的距离，且 $z \leqslant 0.87h_0$。

η_s——使用阶段的轴心压力偏心距增大系数，当 $l_0/h \leqslant 14$ 时，取 1.0。

y_s——截面形心至纵向受拉钢筋合力点的距离。

γ_f'——受压翼缘截面面积与腹板有效截面面积的比值。

b_f'，h_f'——受压区翼缘的宽度、高度；在式(8-15)中，当 $h_f' > 0.2h_0$ 时，取 $0.2h_0$。

8.2.4　最大裂缝宽度验算

按式(8-8)计算的最大裂缝宽度，应满足下列规定：

$$w_{max} \leqslant w_{lim} \tag{8-17}$$

式中　w_{lim}——最大裂缝宽度限值，按附表 12 采用。

【例 8-1】 已知：某矩形截面简支梁，截面尺寸为 $b \times h = 300\ \text{mm} \times 600\ \text{mm}$，混凝土强度等级为 C25，配置 4⌀20($A_s = 1257\ \text{mm}^2$)的 HRB400 级钢筋，混凝土保护层厚度 25 mm，箍筋采用Φ8 钢筋，按荷载准永久值计算的跨中弯矩 $M_q = 100\ \text{kN} \cdot \text{m}$，最大裂缝宽度限值 $w_{lim} = 0.30\ \text{mm}$，试验算其最大裂缝宽度是否符合要求。

【解】 已知：$f_{tk} = 1.78\ \text{N/mm}^2$，$E_s = 200 \times 10^3\ \text{N/mm}^2$，$\nu_i = \nu = 1.0$，$d_{eq} = d/\nu = 20(\text{mm})$。

截面有效高度：

$$c_s = \text{混凝土保护层厚度} + \text{箍筋外径} = 25 + 8 = 33\ (\text{mm})$$

$$h_0 = h - \left(c_s + \frac{d_e}{2}\right) = 600 - \left(33 + \frac{22.7}{2}\right) = 556\ (\text{mm})$$

计算过程如下：

$$\rho_{te} = \frac{A_s}{0.5hb} = \frac{1257}{0.5 \times 300 \times 600} = 0.0140 > 0.01$$

$$\sigma_{sq} = \frac{M_q}{0.87h_0A_s} = \frac{100 \times 10^6}{0.87 \times 556 \times 1257} = 164.5(\text{N/mm}^2)$$

$$\psi = 1.1 - \frac{0.65f_{tk}}{\rho_{te}\sigma_{sq}} = 1.1 - \frac{0.65 \times 1.78}{0.014 \times 164.5} = 0.598$$

$$w_{max} = \alpha_{cr}\psi\frac{\sigma_{sq}}{E_s}\left(1.9c_s + 0.08\frac{d_{eq}}{\rho_{te}}\right) = 1.9 \times 0.598 \times \frac{164.5}{200 \times 10^3} \times \left(1.9 \times 33 + 0.08 \times \frac{20}{0.014}\right)$$

$$= 0.16(\text{mm}) < w_{lim} = 0.30(\text{mm})$$

满足要求。

8.3　钢筋混凝土受弯构件挠度验算

8.3.1　受弯构件挠度限值

控制受弯构件挠度是保证构件良好的工作性能所必要的，故在正常使用极限状态下对构件进行挠度验算，使得构件挠度在相关规范规定的限值范围内，以满足相关变形的要求。

对受弯构件挠度的控制主要出于以下四个方面的考虑：

① 保证建筑的使用功能要求；

② 防止对结构构件产生不良影响;

③ 防止对非结构构件产生不良影响;

④ 保证人们的感觉在可接受程度之内。

钢筋混凝土受弯构件的最大挠度应按荷载的准永久组合,并考虑荷载长期作用的影响进行计算,其计算值不应超过附表11规定的挠度限值。

8.3.2 受弯构件截面抗弯刚度

钢筋混凝土受弯构件的挠度与构件的刚度有关,可按照结构力学计算方法计算。但由于混凝土属非匀质、非弹性材料,所以计算挠度时采用的截面抗弯刚度不能直接应用弹性材料力学的计算公式,而应考虑混凝土材料的非均质性以及构件开裂后刚度退化的影响。

钢筋混凝土受弯构件截面抗弯刚度并非常量,而是变化的。具有如下特征:

① 抗弯刚度随弯矩的增加而减小。钢筋混凝土构件的刚度取决于截面混凝土和截面配筋,裂缝的出现导致混凝土退出工作,造成截面刚度退化。而裂缝的发展与弯矩有关,故弯矩越大,刚度越小。

② 抗弯刚度随配筋率的降低而减小。试验表明,截面尺寸和材料都相同的适筋梁,配筋率 ρ 大的截面抗弯刚度大,配筋率 ρ 小的截面抗弯刚度小。

③ 沿构件跨度,截面抗弯刚度是变化的。截面不同,抗弯刚度不同,弯矩可能不同;即使为纯弯区段,由于裂缝的存在也会造成裂缝截面与裂缝间截面刚度不同。

④ 抗弯刚度随加载时间的增长而减小。由于混凝土的徐变,钢筋混凝土构件在荷载保持不变时,其挠度会随时间而增长,构件刚度相应减小。故在挠度验算时,除了要考虑荷载的短期效应组合外,还应考虑荷载长期效应组合的影响。

综合以上因素,在钢筋混凝土受弯构件变形验算中,先得到在荷载效应准永久组合下的刚度(即短期刚度 B_s),再同时考虑荷载长期组合影响对刚度的修正得到长期刚度 B。

8.3.2.1 受弯构件短期刚度 B_s

经过相关试验资料整理和理论分析,钢筋混凝土受弯构件的短期刚度 B_s 可按下列公式计算:

$$B_s = \frac{E_s A_s h_0^2}{1.15\psi + 0.2 + \dfrac{6\alpha_E \rho}{1 + 3.5\gamma_f'}} \tag{8-18}$$

式中 ψ——按式(8-7)计算;

α_E——钢筋弹性模量与混凝土弹性模量的比值,即 E_s/E_c;

ρ——纵向受拉钢筋配筋率,此处取为 $A_s/(bh_0)$;

γ_f'——受压翼缘截面面积与腹板有效面积比,计算公式为:

$$\gamma_f' = \frac{(b_f' - b)h_f'}{bh_0} \tag{8-19}$$

式中 b_f',h_f'——截面受压翼缘宽度和高度,当 $h_f' > 0.2h_0$ 时,取 $h_f' = 0.2h_0$;对矩形截面,$\gamma_f' = 0$。

8.3.2.2 受弯构件长期刚度 B

在长期荷载作用下,受弯构件的挠度随时间增长而增长,即构件抗弯刚度随时间不断缓慢降低。构件长期刚度小于短期刚度,长期刚度可在短期刚度基础上考虑荷载长期作用对挠度增大的

影响系数 θ 而得到，长期刚度的计算公式为：

$$B = \frac{B_s}{\theta} \tag{8-20}$$

考虑荷载长期作用对挠度增大的影响系数 θ，对钢筋混凝土受弯构件可按下列规定取用：当 $\rho'=0$ 时，取 $\theta=2.0$；当 $\rho'=\rho$ 时，取 $\theta=1.6$；当 ρ' 为中间数值时，θ 按线性内插法取用，即：

$$\theta = 2.0 - \frac{0.4\rho'}{\rho} \tag{8-21}$$

式中，$\rho'=A_s'/(bh_0)$，$\rho=A_s/(bh_0)$。

对翼缘位于受拉区的倒 T 形截面，θ 应增加 20%。

8.3.3　受弯构件挠度验算

如前所述，钢筋混凝土受弯构件的抗弯刚度沿截面是变化的，故在计算挠度时采用最小刚度原则：在等截面构件中，可假定各同号弯矩区段内的刚度相等，并取用该区段内最大弯矩处的刚度，因为最大弯矩处刚度最小；当支座截面刚度不超过跨中截面刚度的 2 倍或不低于跨中截面刚度的1/2时，可按等刚度构件进行计算，取跨中最大弯矩截面的刚度作为构件刚度。

钢筋混凝土受弯构件挠度计算，可采用结构力学方法，算得的挠度值不应超过挠度限值，该限值可参见附表 11。

【例 8-2】 已知：某矩形截面简支梁，截面尺寸为 $b\times h=300\ \text{mm}\times 600\ \text{mm}$，混凝土强度等级为 C25，配置 4Φ20（$A_s=1257\ \text{mm}^2$）的 HRB400 级钢筋，混凝土保护层厚度 25 mm，箍筋采用Φ8钢筋，承受均布荷载，按荷载准永久组合计算的跨中弯矩 $M_q=100\ \text{kN}\cdot\text{m}$，梁的计算跨度 $l_0=6.0\ \text{m}$，挠度允许值为 $l_0/250$。试验算其挠度是否符合要求。

【解】 $f_{tk}=1.78\ \text{N/mm}^2$，$E_s=200\times 10^3\ \text{N/mm}^2$，$E_c=28.0\times 10^3\ \text{N/mm}^2$。

（1）计算基本参数

$$\alpha_E=\frac{E_s}{E_c}=7.14$$

$$h_0=600-\left(25+8+\frac{22.7}{2}\right)=556(\text{mm})$$

$$A_s=1257\ \text{mm}^2$$

$$\rho=\frac{A_s}{bh_0}=\frac{1257}{300\times 556}=0.00754$$

$$\rho_{te}=\frac{A_s}{0.5bh}=\frac{1257}{0.5\times 300\times 600}=0.0140>0.01$$

$$\sigma_{sq}=\frac{M_q}{0.87h_0A_s}=\frac{100\times 10^6}{0.87\times 556\times 1257}=164.5(\text{N/mm}^2)$$

$$\psi=1.1-\frac{0.65f_{tk}}{\rho_{te}\sigma_{sq}}=1.1-\frac{0.65\times 1.78}{0.014\times 164.5}=0.598$$

（2）计算短期刚度

$$B_s=\frac{E_sA_sh_0^2}{1.15\psi+0.2+6\alpha_E\rho}=\frac{200\times 10^3\times 1257\times 556^2}{1.15\times 0.598+0.2+6\times 7.14\times 0.00754}$$
$$=6.42\times 10^{13}(\text{N}\cdot\text{mm}^2)$$

$$\theta=2.0$$

$$B=\frac{B_s}{\theta}=\frac{6.42\times10^{13}}{2}=3.21\times10^{13}(\mathrm{N\cdot mm^2})$$

(3) 挠度验算

$$v=\frac{5}{48}\times\frac{M_q l_0^2}{B}=\frac{5}{48}\times\frac{100\times10^6\times6000^2}{3.21\times10^{13}}=11.7(\mathrm{mm})<v_{\lim}=\frac{l_0}{250}=\frac{6000}{250}=24(\mathrm{mm})$$

挠度满足要求。

8.4 钢筋混凝土构件耐久性设计

混凝土结构应根据设计使用年限和环境类别进行耐久性设计,以满足结构耐久性要求。

8.4.1 钢筋混凝土结构耐久性概念

耐久性是结构设计中需要考虑的一个重要性能要求,其含义是结构在其设计使用年限内保持其承载能力及正常使用性能的能力。在我国,耐久性问题在 20 世纪 90 年代以前,因为我国大规模经济建设开始以来修建的建筑物的服役时间尚不长,故尚未充分暴露,所以没有引起工程界的关注,加之尚无耐久性的经验积累,所以在相关设计规范中也就相应缺乏这方面的要求。但 20 世纪 90 年代以后,陆续有越来越多的耐久性不足的问题随着房屋使用时间的加长而逐步暴露,耐久性问题开始引起工程界的重视,在之后的《混凝土结构设计规范(2015 年版)》(GB 50010—2010)修订中首次列出并逐渐完善了耐久性的相关规定。

8.4.2 影响钢筋混凝土结构耐久性的因素

根据积累的耐久性的相关经验,影响钢筋混凝土结构耐久性的因素主要有:结构的设计使用年限、结构暴露的环境类别、结构耐久性中与混凝土有关的问题。

8.4.2.1 结构的设计使用年限

我国《工程结构可靠性设计统一标准》(GB 50153—2008)中关于设计使用年限的具体规定如下。

设计使用年限是设计规定的一个时期,在这一规定时期内,建筑结构只需进行正常的维护而不需要进行大修就能按预期目的使用,完成预定的功能(承载能力、抗变形能力、耐久性以及外观要求等),即建筑物在正常设计、正常施工、正常使用和维护下所应达到的使用年限。

大量普通房屋和构筑物的设计使用年限均按 50 年考虑,对于需要按 100 年考虑的,例如纪念性建筑和特别重要的建筑结构,立项时需要专门的核准手续。建筑结构的设计使用年限可按表 2-2 确定。

8.4.2.2 混凝土结构的环境类别

混凝土建造的工程大多是永久性的,因此必须研究混凝土在环境介质的作用下,保持其使用功能的能力,也即研究混凝土的耐久性问题。随着国民经济的发展和科学技术水平的提高,各种在恶劣环境条件下的大型或超大型结构物正在建造之中,这些结构物的初始投资巨大,施工难度也大,使用时一旦出现事故,后果将不堪设想。我国是世界上海岸线最长的国家之一,低温地区广阔,侵蚀性介质分布广。混凝土长期处在各种环境介质中,会造成不同程度的损害,甚至完全破坏。影响混凝土结构耐久性的主要因素有内部因素、外部因素。内部因素主要是水泥、掺和料、外加剂、水、骨料质量等。例如水泥中的游离 CaO、MgO、SO_3、碱活性骨料含量等。外部因素主要有温度、湿度、污染的气体、水和地下水、化学侵蚀、物理侵蚀、生物侵蚀等。当混凝土结构存在表面缺陷、混凝土内部裂缝、剥落、钢筋锈蚀时，混凝土的耐久性损伤加剧。

混凝土结构暴露的环境类别按表 2-3 划分。

8.4.2.3 结构耐久性中与混凝土有关的问题

从主体混凝土结构的角度看，保证耐久性在混凝土方面需要关注的主要有以下几方面的问题：

① 防止结构构件表面的混凝土因侵蚀和冰融等而逐渐剥蚀；

② 推迟混凝土表层混凝土自外向内的碳化进程，或加厚混凝土保护层厚度，从而使碳化在结构设计使用年限内不能达到钢筋表面，以保证钢筋不致开始全面锈蚀；

③ 控制受力裂缝和其他非受力裂缝的宽度，以推迟或避免与这些裂缝相交的钢筋的锈蚀；

④ 保持混凝土体的质量稳定性，防止诸如碱骨料反应等“病害”引起混凝土体的内部开裂。

关注混凝土以上四个方面问题的最终目的是防止混凝土截面的减小或混凝土质量的退化和防止钢筋的锈蚀，从而防止结构构件的强度和刚度退化。

8.4.3 材料性能的劣化

钢筋混凝土结构在使用过程中，由于与外界环境接触，可能受到来自各方面因素的影响，例如，大气和雨水的弱化学侵蚀作用、强化学腐蚀介质的腐蚀作用、冻融环境的作用、内外液压差的作用等，所以材料性能呈现劣化现象，主要体现为混凝土性能劣化和钢筋性能劣化。

8.4.3.1 混凝土性能劣化

混凝土性能的劣化与混凝土材料自身的组成、细观结构以及混凝土所暴露的外部环境有关。从混凝土的化学成分上可知其呈碱性，并且混凝土内部存在的微小孔隙降低了混凝土的密实性，使得混凝土容易受到外界酸性介质的腐蚀，在与空气中的 CO_2 接触后有碳化现象，从而影响混凝土的抗化学侵蚀能力、抗冻能力和抗渗能力。

混凝土性能劣化主要体现在以下几个方面：

(1) 化学侵蚀条件下的性能劣化

化学侵蚀可分为弱化学侵蚀和强化学腐蚀。前者主要指大气和雨水中的弱化学侵蚀和近海大气水分子中的氯离子侵蚀。一般情况下，质量正常的普通混凝土对这类轻度侵蚀有一定的抵抗能力，在正常设计寿命内混凝土表面都能保持稳定(没有粉末化趋势，也没有片状剥落趋势)。后者指强化学介质的腐蚀，混凝土对此类腐蚀无抗御能力，必须在与腐蚀性介质接触的表面做防腐蚀处理。

(2) 冻融条件下的性能劣化

由于混凝土内部存在微小孔隙，其在浸水饱和时，当气温降至零度以下，孔隙中的水结冰后因体积膨胀而形成膨胀力，多次冻融循环会使表层混凝土呈片状剥落。

(3) 混凝土碳化导致性能劣化

水泥水化后生成物中的氢氧化钙结晶体呈碱性，当空气中的 CO_2 自混凝土表面经微孔隙向内侵入，其水溶液的碳酸根呈弱酸性，两者长时间接触将中和氢氧化钙，使混凝土从表层向内逐渐失去碱性，从而失去对钢筋的保护，这一现象称为混凝土的碳化。

(4) 碱骨料反应引起的性能劣化

引起碱骨料反应可能有多种原因,例如,当骨料中含有活性 SiO_2 时,它会与水泥水化后生成的碱性物质反应,其生成物在吸水后膨胀将使混凝土从内部胀裂,导致混凝土性能劣化。

8.4.3.2 钢筋性能劣化

钢筋性能劣化主要体现为钢筋的锈蚀。钢筋的锈蚀是在钢筋表面存在酸性溶液时方能开始的电离过程。一般情况下,一旦包裹钢筋的混凝土保护层被碳化或其碱性被中和后都将发生钢筋的锈蚀。因为后续沿孔隙侵入的 CO_2 和水会在钢筋表面形成弱酸性溶液,当氧气也伴随水和 CO_2 侵入时,钢筋锈蚀这一电离过程就会自动开始。锈蚀将逐渐削弱钢筋截面,严重锈蚀时因铁锈的体积比铁本身大几倍,锈壳将导致表层混凝土沿钢筋开裂。

综上所述,材料性能的劣化是实际存在的问题,它将影响结构的耐久性,所以应采取相关措施保证结构的耐久性。

8.4.4 耐久性设计原则

混凝土结构的耐久性设计主要包括以下五大方面的内容,各方面应按照一定的原则进行耐久性设计,从而使结构满足耐久性要求。

8.4.4.1 确定结构所处的环境类别

混凝土结构应根据其所处的环境进行环境类别的划分,环境类别不同将影响其耐久性设计的措施,具体划分情况参见本章 8.4.2.2 小节。

8.4.4.2 混凝土材料耐久性基本要求

混凝土结构的耐久性既与混凝土结构所处的环境有关,也与混凝土材料自身的特性(强度、密实性、水灰比、最大氯离子含量、最大碱含量等)有关,前者为外因,后者为内因。故为了保证混凝土结构的耐久性,相关规范根据不同设计使用年限的混凝土结构的环境类别,提出了对混凝土材料相应指标的要求,设计使用年限为 50 年的结构,其混凝土材料宜符合表 8-1 的规定。

表 8-1 **混凝土材料的耐久性基本要求**

环境类别	最大水胶比	最低强度等级	最大氯离子含量/%	最大碱含量/(kg/m³)
一	0.60	C20	0.30	不限制
二 a	0.55	C25	0.20	3.0
二 b	0.50(0.55)	C30(C25)	0.15	
三 a	0.45(0.50)	C35(C30)	0.15	
三 b	0.40	C40	0.10	

注:1. 氯离子含量是指其占胶凝材料总量的百分比。
2. 预应力构件混凝土中的最大氯离子含量为 0.06%;最低混凝土强度等级宜按表中的规定提高两个等级。
3. 素混凝土构件的水胶比及最低强度等级的要求可适当降低。
4. 有可靠工程经验时,二类环境中的最低混凝土强度等级可降低一个等级。
5. 处于严寒和寒冷地区二 b、三 a 类环境中的混凝土应使用引气剂,并可采用括号中的有关参数。
6. 当使用非碱活性骨料时,对混凝土中的碱含量可不作限制。

8.4.4.3 构件中钢筋的混凝土保护层厚度

钢筋外表面混凝土保护层的碳化将使其失去对钢筋的保护能力,引起钢筋的锈蚀,适当的混凝土保护层厚度可以避免碳化深度达到钢筋表面，缓解混凝土的碳化速度。

8.4.4.4 不同环境条件下的耐久性技术措施

(1) 混凝土结构构件的一般技术措施

① 预应力混凝土结构中的预应力筋应根据具体情况采取表面防护、孔道灌浆、加大混凝土保护层厚度等措施，外露的锚固端应采取封锚和混凝土表面处理等有效措施；

② 有抗渗要求的混凝土结构，混凝土的抗渗等级应符合有关标准的要求；

③ 严寒和寒冷地区的潮湿环境中，结构混凝土应满足抗冻要求，混凝土抗冻等级应符合有关标准要求；

④ 处于二、三类环境中的悬臂构件宜采用悬臂梁-板的结构形式，或在其上表面增设防护层；

⑤ 处于二、三类环境中的结构构件，其表面的预埋件、吊钩、连接件等金属部件应采取可靠的防锈措施；

⑥ 处在三类环境中的混凝土结构构件，可采用阻锈剂、环氧树脂涂层钢筋或其他具有耐腐蚀性能的钢筋，采取阴极保护措施或采用可更换的构件等措施。

(2) 设计使用年限为 100 年的混凝土结构的技术措施

一类环境中，设计使用年限为 100 年的混凝土结构应符合下列规定：

① 钢筋混凝土结构的最低强度等级为 C30；预应力混凝土结构的最低强度等级为 C40；

② 混凝土中的最大氯离子含量为 0.06%；

③ 宜使用非碱活性骨料，当使用碱活性骨料时，混凝土中的最大碱含量为 3.0 kg/m^3；

④ 混凝土保护层厚度应按附表 9 的规定增加 40%，当采用有效的表面防护措施时，混凝土保护层厚度可适当减小。

二、三类环境中，设计使用年限为 100 年的混凝土结构应采取专门的有效措施。

(3) 环境类别为四、五类的混凝土结构

环境类别为四类和五类的混凝土结构，其耐久性要求应符合有关标准的规定。

(4) 临时性混凝土结构

对临时性的混凝土结构，可不考虑混凝土的耐久性要求。

8.4.4.5 结构使用阶段的检测和维护

混凝土结构在设计使用年限内尚应遵守下列规定：

① 建立定期检测、维修制度；

② 设计中可更换的混凝土构件应按规定更换；

③ 构件表面的防护层，应按规定维护或更换；

④ 结构出现可见的耐久性缺陷时，应及时进行处理。

本章小结

正常使用极限状态验算是为了满足适用性和耐久性的功能要求，钢筋混凝土构件主要验算正截面裂缝宽度和受弯构件挠度，要求最大裂缝宽度不超过限值，挠度不超过限值。

最大裂缝宽度与构件受力特征(受弯、轴心受拉、偏心受拉、偏心受压)、平均裂缝间距及裂缝间钢筋应变等有关，由荷载效应准永久组合计算；受弯构件的挠度可按结构力学方法计算，荷载或荷载效应采用准永久组合,取弯矩最大截面的刚度(最小刚度)。因为抗弯刚度随弯矩的增大而减小、随配筋率的降低而减小、沿跨度发生变化、随时间的增长而减小,所以刚度计算成为挠度计算的关键。先按半经验半理论的公式计算短期刚度,再考虑长期作用影响对短期刚度修正得到长期刚度,长期刚度用于挠度计算。

耐久性设计中考虑影响结构耐久性的主要因素有以下几个方面:结构设计使用年限,结构暴露的环境类别,混凝土自身问题。材料性能劣化会影响耐久性,化学腐蚀、冻融循环、混凝土碳化以及碱骨料反应等都会引起混凝土劣化,锈蚀是钢筋性能劣化的表现。材料性能劣化会影响混凝土结构的耐久性,应采取相应措施保证结构的耐久性。

习题与思考题

8-1 验算钢筋混凝土受弯构件裂缝宽度和挠度时应采用什么类型的荷载效应组合?为什么需要验算裂缝宽度和挠度?

8-2 混凝土结构耐久性设计内容包括哪些?

8-3 保证混凝土结构耐久性的措施有哪些?

8-4 在正常使用极限状态下进行钢筋混凝土结构裂缝宽度和挠度验算时,为什么要考虑荷载效应长期作用的影响?怎么考虑?

8-5 钢筋混凝土结构裂缝的类型有哪些?引起这些裂缝的原因是什么?应采取哪些相应措施防止结构开裂?

8-6 钢筋混凝土受弯构件裂缝宽度与哪些因素有关?减小裂缝宽度的主要措施有哪些?

8-7 为什么钢筋混凝土受弯构件的裂缝总是以一定间距出现,两条裂缝间不会出现新的裂缝?

8-8 钢筋混凝土受弯构件的刚度与哪些因素有关?减小构件挠度的主要措施有哪些?

8-9 已知:某试验楼的简支楼盖大梁,截面为250 mm×500 mm,计算跨度l_0=6000 mm。承受均布荷载作用,其中永久荷载(包括自重)标准值g_k=10.8 kN/m,楼面活荷载标准值q_k=18 kN/m,活荷载准永久值系数ψ_q=0.5。采用C30混凝土,已配置2Φ22+2Φ20纵向受力钢筋,箍筋ϕ6@200,一类环境。试验算梁的裂缝宽度。

8-10 已知:某钢筋混凝土偏心受压柱,b=300 mm,h=400 mm,计算长度l_0=4.0 m。N_q=240 kN,M_q=124.8 kN·m,对称配筋,每侧配置5Φ20的纵向受力钢筋,箍筋为HPB300钢筋,直径8 mm,C30混凝土,二a类环境。试验算裂缝宽度。

习题与
思考题答案

8-11 已知:教学楼楼盖中某一矩形截面简支梁,b=300 mm,h=600 mm,C35混凝土,配置4Φ20纵向受力钢筋,箍筋ϕ6@200,计算跨度l_0=5700 mm。承受均布荷载,其中永久荷载(包括自重)标准值g_k=15 kN/m,楼面活荷载标准值q_k=20 kN/m,楼面活荷载准永久值系数ψ_q=0.5,一类环境。试验算梁的挠度。

参考文献

[1] 中国建筑科学研究院.混凝土结构设计规范(2015年版):GB 50010—2010.北京:中国建筑工业出版社,2016.

[2] 李章政.建筑结构设计原理.2版.北京:化学工业出版社,2014.

[3] 李碧雄.建筑结构设计.北京:中国电力出版社,2008.

[4] 熊峰,李章政,李碧雄,等.结构设计原理.北京:中国建筑工业出版社,2013.

9 预应力混凝土构件

【内容提要】

本章主要内容包括预应力混凝土概述、施加预应力的设备、张拉控制应力和预应力损失,预应力混凝土轴心受拉构件设计和预应力混凝土受弯构件设计,预应力混凝土构件的构造要求。

【能力要求】

通过本章学习,学生应熟悉预加应力的方法和设备,熟悉后张法构件端部锚固区的局部受压承载力验算,熟悉预应力混凝土轴心受拉构件、受弯构件的计算;掌握预应力混凝土的基本概念,掌握张拉控制应力与预应力损失,掌握预应力混凝土构件的构造要求(措施)。

5分钟
看完本章

9.1 预应力混凝土概述

9.1.1 预应力混凝土的概念

钢筋混凝土构件是钢筋和混凝土结合在一起共同工作的,其最大缺点是抗裂性能差。因混凝土的极限拉应力很小,在使用荷载作用下受拉区混凝土开裂,构件刚度降低,变形增大,裂缝的存在使构件不适应高湿度和侵蚀性环境。为控制变形和裂缝宽度,可以加大构件截面尺寸和用钢量,但却不经济。因为自重太大时,构件能承受自重以外的有效荷载减少,因而不适用于大跨度、重荷载的结构。另外,提高混凝土强度等级和钢筋强度对改善构件的抗裂和变形性能效果也不大,这是由于采用高强度等级的混凝土,其抗拉强度提高较少的缘故;对于使用时容许裂缝宽度为0.2～0.3 mm的构件,受拉钢筋应力只能达到150～250 MPa,这与热轧带肋钢筋HRB400级、光圆HPB300级以及余热处理的RRB400级钢筋的正常应力相近,即在钢筋混凝土结构中采用高强度的钢筋是不能充分发挥作用的。

预应力混凝土是改善构件抗裂性能的有效途径。在混凝土构件承受荷载之前,对其受拉区预先施加压应力,就成为预应力混凝土结构。也可以说,预应力混凝土是根据需要,人为地引入某一数值和分布的内应力,用于全部或部分抵消外荷载应力的一种钢筋混凝土。预压应力可以部分或全部抵消外荷载产生的拉应力,可以减少甚至避免裂缝的出现。

现举两例说明预应力混凝土的基本原理。

如图 9-1(a)所示简支梁，承受外荷载之前，先在梁的受拉区施加一对偏心预压力 N_p，梁截面混凝土中产生预压应力，如图 9-1(b)所示；按荷载标准值 p_k 计算，梁跨中截面应力如图 9-1(c)所示。将图 9-1(b)、(c)叠加得梁跨中截面应力分布如图 9-1(d)所示。由此可知，通过人为控制预压力 N_p 的大小，可以使梁截面受拉边缘混凝土产生压应力、零应力或很小的拉应力，以满足不同的裂缝控制要求，从而改变普通钢筋混凝土梁原有的裂缝状态，成为预应力混凝土受弯构件。

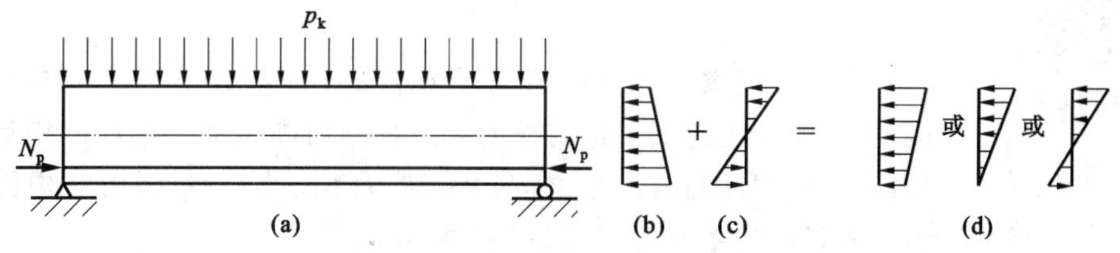

图 9-1 预应力混凝土受弯构件

再如图 9-2 所示轴心受拉构件，承受外荷载之前，先对其施加轴心预压力 N_p，则构件截面上混凝土受到均匀预压应力的作用；在荷载标准组合值 N_k 作用下，构件截面上又受到均匀拉应力的作用。将上述预压应力和外荷载拉应力叠加，等于该构件截面混凝土的最终应力值。通过人为控制预压力 N_p 的大小，可以使混凝土最终应力为压应力、零应力或是很小的拉应力，以满足不同的裂缝控制要求。这就成为预应力混凝土轴心受拉构件。

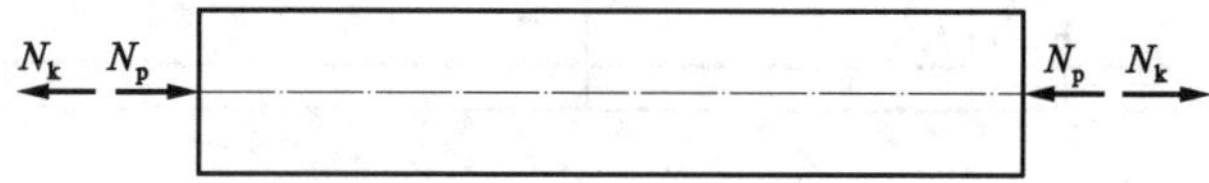

图 9-2 预应力混凝土轴心受拉构件

根据上述简支梁和轴心受拉构件的分析，对于采用高强度钢筋的预应力混凝土构件，可以用三种不同的概念来理解和分析其特性。

(1) 预加应力使混凝土在使用状态下成为弹性材料

经过预压混凝土，使原来抗拉强度低、抗压强度高的脆性材料变成一种既能抗压又能抗拉的弹性材料。这里，混凝土被看作承受两个力系，就是内部预应力和外部荷载。如果预应力所产生的压应力能够将外部荷载所产生的拉应力全部抵消，则在正常使用状态下混凝土没有裂缝，甚至不出现拉应力。在这两个力系的作用下，混凝土构件的应力、应变及变形均可按材料力学公式计算，并可在需要时采用叠加原理。

(2) 预加应力使高强钢筋和高强混凝土结合并发挥各自的特长

可以将预应力混凝土看作高强钢筋和混凝土两种材料的一种协调受力。预应力混凝土构件中的高强钢筋只有在与混凝土结合之前预先张拉，使得在外荷载作用下受拉的混凝土预压、储备抗拉能力，才能使受拉的高强钢筋强度进一步发挥其作用。因此，预加应力是一种充分利用高强度钢筋的能力、改变混凝土工作状态的有效手段。

(3) 预加应力实现荷载平衡

可以将预加应力的作用视为对混凝土构件预先施加与外力荷载方向相反的荷载，用于抵消部分或全部外荷载效应的一种方法。取混凝土为脱离体，通过调整预应力筋的位置、线形，可对混凝土构件造成预期的横向力。

9.1.2 预应力的施加方法

构件中配有预应力筋，通常通过机械张拉预应力筋给混凝土施加预应力。按照张拉预应力筋与浇筑混凝土的先后次序，可将预应力分为先张法和后张法两种。

先张法预应力混凝土施工图

9.1.2.1 先张法

先张法要求设置台座，钢筋先在台座上张拉并锚固，然后支模和浇捣混凝土，待混凝土达到一定的强度后放松和剪断钢筋。钢筋放松后将产生弹性回缩，而钢筋与混凝土之间的黏结力阻止其回缩，因而对构件产生预应力。先张法的主要工序如图9-3所示。

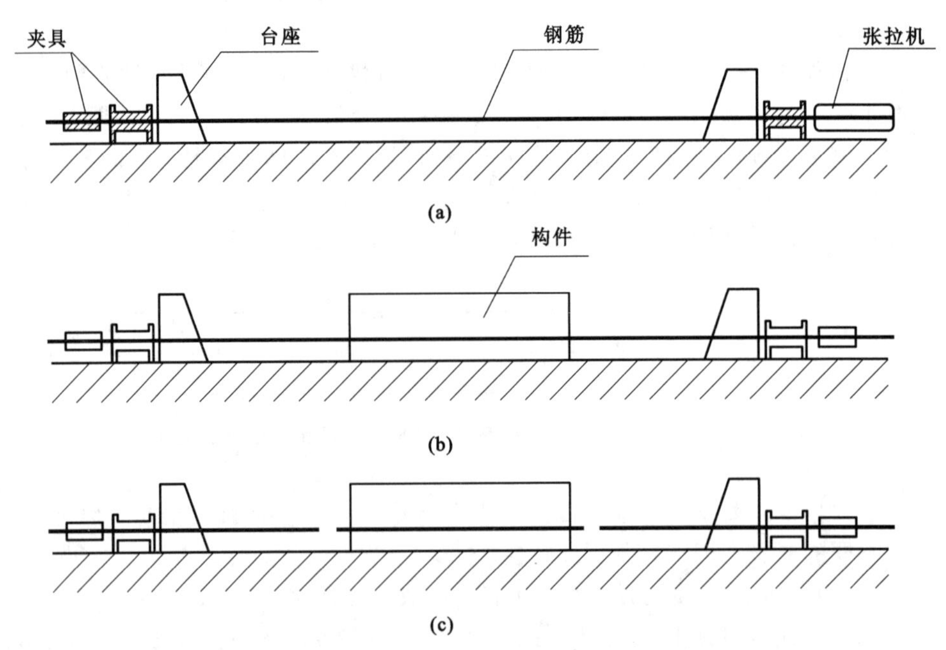

图9-3 先张法工序示意图

(a) 张拉钢筋；(b) 支模并浇筑混凝土；(c) 放松并截断预应力钢筋

后张法预应力混凝土施工图

9.1.2.2 后张法

后张法要求在制作构件时预留孔道，待混凝土达到一定的强度后在孔道内穿入钢筋，并按照设计要求张拉钢筋，然后用锚具在构件端部将钢筋锚固，阻止钢筋回缩，从而对构件施加预应力。钢筋锚固完毕后，为了使预应力筋与混凝土牢固结合并共同工作，防止预应力筋锈蚀，应对孔道进行压力灌浆。为确保灌浆密实，在远离灌浆孔的适当部位应预留出气孔。后张法的主要工序如图9-4所示。

将先张法和后张法对比可知，先张法的生产工序少，工艺简单，不需要工作锚具，成本较低，质量易保证，适合于工厂化成批生产中、小型预应力构件。后张法不需要台座，比较灵活，张拉工作可以在工地施工作业面上进行。但是,后张法构件工序多,操作较麻烦,对锚具要求高,成本较高,因此,后张法适用于运输不便的大、中型构件,常用于复杂和现浇的大型建筑结构,如连续构件、曲线形结构、壳体和桥梁结构等。

先张法和后张法,其本质区别在于对混凝土构件施加预应力的途径,先张法通过预应力筋与混凝土之间的黏结力施加预应力,而后张法则通过锚具施加预应力。

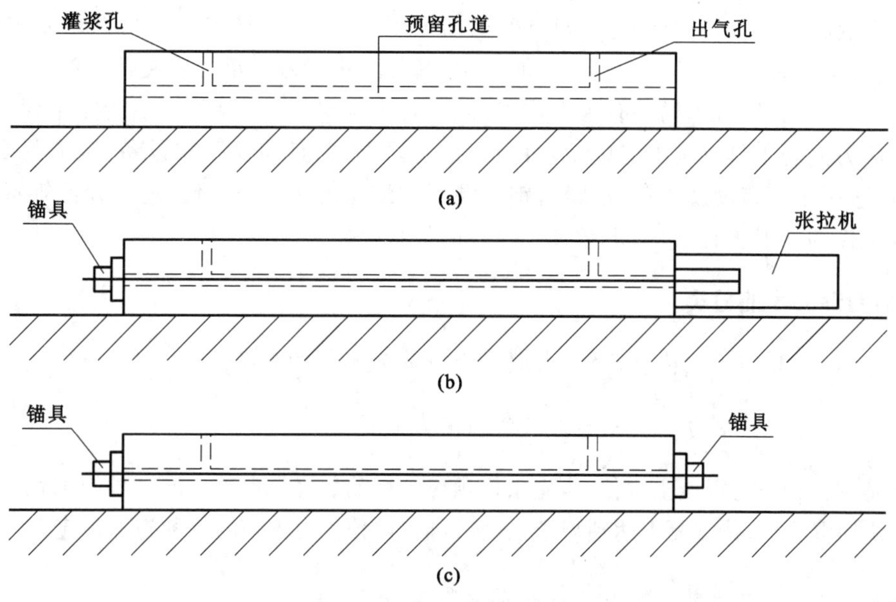

图 9-4 后张法工序示意图

(a) 制作混凝土构件;(b) 张拉钢筋;(c) 张拉端锚固并对孔道灌浆

9.1.3 预应力混凝土的特点

在预应力混凝土中,是通过张拉预应力钢筋给混凝土施加预压应力的,预应力筋受到很高的拉应力,混凝土主要处于受压应力状态,因此,可以更好地发挥钢筋与混凝土各自的优势,是两种材料的理想结合。预应力混凝土与钢筋混凝土相比,有如下优点。

9.1.3.1 抗裂性好

由于承受外荷载之前预应力混凝土构件的受拉区已有预加压应力存在,故在外荷载作用下,只有当混凝土的预压应力被全部抵消变为受拉且拉应变超过混凝土的极限拉应变时,构件才会开裂。而钢筋混凝土构件中不存在预加压应力,开裂荷载的大小是由混凝土的极限抗拉强度(普通混凝土构件的抗拉强度为预应力混凝土构件的 1/17～1/8)决定的,抗裂能力很低。

9.1.3.2 变形小、刚度大

预应力混凝土构件正常使用时,在荷载标准组合下可能不开裂或裂缝很小,混凝土基本处于弹性阶段,构件的刚度比普通混凝土构件大。

9.1.3.3 能充分利用高强度材料

钢筋混凝土构件不能充分利用高强度材料。而预应力混凝土构件中,钢筋先被预拉,然后在外

荷载作用下钢筋拉应力进一步增大,因而始终处于高拉应力状态,能够有效利用高强度钢筋;钢筋的强度越高,减少所需要的钢筋面积越多。所以应该尽可能采用高强度等级的混凝土,以便于与高强度钢筋相配合,减小构件的截面尺寸。

9.1.3.4 扩大了构件的应用范围

因预应力混凝土能改善构件的抗裂性能,因而可用于有防水、抗渗透及抗腐蚀要求的环境;使用高强度材料,构件轻巧,刚度大、变形小,能用于大跨度、重荷载及承受重复荷载的结构。

综上所述,预应力混凝土构件有很多优点,但也有一定局限性,因而并不能完全代替钢筋混凝土构件。预应力混凝土具有施工工序多,对施工技术要求高,且需要张拉设备、锚夹具及劳动力费用高等特点,适用于大跨度及重荷载结构;钢筋混凝土结构由于施工方便,造价较低等特点,应用于允许带裂缝工作的一般工程结构,仍然具有强大的优势。

9.1.4 预应力混凝土的分类

根据制作、设计和施工的特点,预应力混凝土可分为不同的类型。

9.1.4.1 先张法预应力混凝土和后张法预应力混凝土

先张法是制作预应力混凝土构件时,先张拉预应力钢筋后浇筑混凝土的一种施加预应力的方法;后张法是先浇灌混凝土,待混凝土达到规定强度后再张拉预应力钢筋的一种施加预应力的方法。

9.1.4.2 全预应力混凝土和部分预应力混凝土

在使用荷载作用下,构件截面混凝土不出现拉应力,为全截面受压,称为全预应力混凝土。部分预应力混凝土是在使用荷载作用下,构件截面混凝土允许出现拉应力或开裂,但对裂缝宽度加以限制。

9.1.4.3 有黏结预应力与无黏结预应力

有黏结预应力,是指沿预应力筋全长均与周围混凝土黏结、握裹在一起的预应力混凝土结构。先张法预应力结构及预留孔道穿筋压浆的后张预应力结构均属这一类。

无黏结预应力,是指预应力筋收缩、滑动自由,不与周围混凝土黏结的预应力混凝土结构。这种结构的预应力筋表面涂有防锈材料,外套防老化的塑料管,防止与混凝土黏结。无黏结预应力混凝土结构通常与后张预应力工艺相结合使用。

9.1.4.4 体内预应力与体外预应力

预应力筋布置在混凝土构件体内的称为体内预应力结构,先张预应力结构和预设孔道穿筋的后张预应力结构等均为此类;体外预应力混凝土结构是预应力筋(称为体外索)布置在混凝土构件体外的预应力结构。

9.1.5 预应力混凝土的应用

预应力混凝土经过半个多世纪的发展,现在已广泛应用于土木工程建筑中,例如预应力空心楼板、Π形屋面板、屋面大梁、屋架、吊车梁、预应力桥梁、电杆、桩、闸门、压力水管、储罐和铁路轨枕等已大量采用;预应力结构工程在房屋建筑、路面路桥、特种结构和工程加固等方面广泛应用。我国经过长期不懈的努力发展，已摆脱了过去预应力钢材强度低、品种杂乱、供不应求的局面，解决了预应力施工工艺的关键问题，具备了基本完善的规范和规程，建造了一大批具有国际水平的预应力混凝土结构。

9.1.5.1 房屋建筑结构

(1) 大柱网大面积预应力混凝土结构

预应力混凝土可延缓裂缝出现并降低较大荷载时的裂缝开展宽度，还能降低甚至消除使用荷载下的挠度，因此可跨越大的空间，建造大跨度结构。20 世纪 90 年代，我国大型商业城、航空港、停车库、大型综合厂房的兴建推动了大跨度、大面积预应力结构的应用。我国已建成每层面积大于 1 万平方米的单层与多层预应力结构的典型工程，主要有长 747.5 m、每层 9 万平方米的首都国际机场新航站楼，5 层 262.8 m×133.8 m 的停车楼，晋江市的 4 层 SM 商业城(长 336 m，3.3 万平方米/层)，云南轮胎厂单层 120 m×500 m 子午胎车间等。大柱网建筑既能满足使用上的灵活性与通用性的要求，又可提高面积利用率，如首都国际机场停车楼的柱网由 9 m×9 m 改为 9 m×18 m 后，停车位增加了 10%。

采用后张法预应力技术，可增大伸缩缝的间距。从已建工程实践看，采用有黏结预应力技术，不设缝的平面尺寸已达 138 m×90 m；采用无黏结预应力技术，在地下结构中不设缝的长度已达到 746 m。

(2) 多高层建筑的楼盖与屋盖结构

多高层建筑预应力楼板与钢筋混凝土楼板方案相比具有大开间、大进深、灵活隔断，室内无梁、视觉效果好，可有效控制层高，节约墙体及装饰费用，节约钢材等优点。在框架结构楼(屋)盖结构方案中，常规做法是大跨用主梁，小跨用次梁，若采用预应力方案，就可以把小跨作主梁、大跨作次梁，较经济合理；在框支结构中，为满足高层建筑底层大空间的使用要求，将上部标准层的小柱网变为下部大跨度的大柱网，从受力角度讲是不合理的，解决这一矛盾的最常用方式是设置结构转换层，利用预应力混凝土技术可满足转换梁跨度大、承载重和变形小的要求。改革开放以来，预应力楼(屋)盖在我国高层建筑中的应用已很普遍，如 63 层 197 m 高的广东国际大厦，58 层 241 m 高的青岛中银大厦等，上海龙门宾馆转换层预应力桁架、苏州八面风商厦预应力转换梁、南京娄子巷高层住宅转换层预应力厚板等。

另外，钢筋混凝土无梁平板结构，由于内隔墙较多，附加荷载较大，要使钢筋混凝土平板的裂缝控制等级及挠度满足相关规范要求，计算所需板厚较大，同时普通钢筋用量也较大，不经济。因此为提高整个楼盖的抗裂性能，减薄板厚和减轻板自重，提高使用功能，常采用无黏结预应力混凝土平板和预应力扁梁楼盖，其具有明显的降低层高、节约钢材、简化模板、加快施工等效果。如北京饭店贵宾楼原设计为梁板结构，改用无黏结平板后，在总高度不变的条件下增加 1 层，由 7 层变为 8 层，提高了经济效益。

(3) 预应力混凝土基础

预应力混凝土基础就是在钢筋混凝土基础上施加预应力后形成的基础结构，其形式和钢筋混凝土基础并无本质区别。后张预应力混凝土基础能提高安全度，使基础具有更好的抗渗性、耐久性和经济性；对基础施加预应力还可以调整基底压力分布，从而达到充分利用地基承载力、调整地基不均匀沉降的目的。目前，建筑物向高、重、大方向发展，基础受弯、受冲切等承载力问题越来越突出，预应力混凝土基础充分利用了高强材料，能减小基础板厚、基础梁高和配筋量；预应力基础还可有效阻止基础施工期间因收缩和温度变化产生的裂缝。

9.1.5.2 路桥结构

(1) 预应力混凝土地坪及路面

在地坪及路面工程中,应用后张预应力技术可增大地坪或路面伸缩缝的间距,减少地坪与路面的混凝土板厚。直线预应力筋给予地坪或路面轴向预压力,相当于提高了混凝土的抗拉强度。地坪或路面中的预应力筋一般采用无黏结预应力筋。

后张预应力混凝土地坪或路面已在世界许多国家的工业建筑、仓库建筑、机场跑道、停机坪、高速公路路面中应用,南京机场到南京市区的机场路中有一段 200 m 长的预应力混凝土试验路面,收到了较好的效果。

(2) 大跨度预应力桥梁工程

预应力混凝土在公路桥梁中的应用日益普遍,公路预应力混凝土桥的常用结构形式有板式桥、梁式桥、拱桥、斜拉桥等。铁路预应力混凝土桥梁有跨度不大于 32 m 的小跨度预应力桥梁,跨度为 32～64 m 的中跨度预应力桥梁,跨度在 64 m 以上的大跨度预应力桥梁等。随着交通事业的迅猛发展,预应力技术在桥梁上将会发展得更快。具有代表性的预应力桥梁工程有:跨度 50 m 的郑州黄河简支桥梁、跨度 112.8 m 的广东佛陈系杆拱桥、跨度 145 m 的云南六库连续梁桥、跨度 270 m的虎门辅航道连续刚构桥、跨度 330 m 的贵州江界河桁式组合拱桥、跨度 602 m 的上海杨浦钢叠合梁斜拉桥、跨度 1337 m 的香港青马悬索桥和跨度 1385 m 的江阴长江悬索桥等,这标志着我国的建桥技术已迈入国际先进行列。

9.1.5.3 大型预应力构筑物

随着我国基础工业与公用事业的大量建设,各类工程构筑物向大型化发展,创造出了丰富多彩的各类预应力构筑物。如上海 450 m 高的东方明珠电视塔、天津 415.2 m 高的电视塔与 405 m 高的中央电视塔,秦山电站安全壳与大亚湾核电站,2500 m^3 的阿尔及尔球形水塔与南京梅山 1200 m^3 的倒锥形水塔,以及济南污水处理厂 10536 m^3 的蛋形消化池等,均已达到国际同类结构的先进水平。

9.1.5.4 预应力工程加固

钢筋混凝土大梁因设计或施工错误,材质不符要求,使用功能改变,温差过大,遭受灾害损坏以及耐久性差等原因,会出现超出设计规范允许值的结构裂缝,或造成承载能力不足,在采取措施进行加固补强时,可选用预应力技术加固。随着预应力的施加,裂缝宽度变小,大梁反拱、原有钢筋的应力随即变小,能取得良好效果。此外,预应力技术在岩土工程中,如坝基处理或大坝加固、岩层加固、板桩墙、双曲拱坝、水闸、渡槽等,都有广泛的应用。

9.2 施加预应力的设备

9.2.1 液压千斤顶

张拉预应力钢筋一般采用液压千斤顶进行张拉,各种锚具都必须配置相应的千斤顶才能顺利地进行张拉、锚固。预应力筋张拉时常采用穿心式千斤顶,由电动高压油泵提供动力,推动千斤顶完成预应力筋的张拉和锚固。

9.2.1.1　千斤顶的分类

按照《预应力用液压千斤顶》(JG/T 321—2011),千斤顶可分为穿心式千斤顶和实心式千斤顶,见表9-1。穿心式千斤顶可分为前卡式、后卡式和穿心拉杆式;实心式千斤顶可分为顶推式、机械自锁式和实心拉杆式。前卡式千斤顶主要用于单孔张拉,还可用于多孔预紧、张拉和排障,并能适用于多种规格尺寸的高强钢丝束及钢绞线,如图9-5(a)所示;后卡式千斤顶主要用于群锚整体张拉,如图9-5(b)所示;穿心拉杆式千斤顶是以活塞杆作为拉力杆件,适用于张拉带螺杆锚具或夹具的钢筋、钢筋束,主要用于单根或成组的模外先张法、后张法或后张自锚工艺中。

表9-1　**预应力用液压千斤顶分类和代号**

分类	穿心式千斤顶			实心式千斤顶		
	前卡式	后卡式	穿心拉杆式	顶推式	机械自锁式	实心拉杆式
代号	YDCQ	YDC	YDCL	YDT	YDS	YDL

(a)

(b)

图9-5　液压千斤顶

(a) 前卡式千斤顶;(b) 后卡式千斤顶

液压千斤顶型号由分类代号及主参数组成。第一组字母代表液压千斤顶的分类代号,第二组数字代表公称输出力(kN),第三组数字表示额定压力(MPa),第四组数字表示公称行程(mm),第五个字母表示更新代号。

如YDC2000/50-150B,表示公称输出力为2000 kN,额定压力为50 MPa,公称行程为150 mm的穿心式千斤顶,为第二次改进设计。

9.2.1.2　液压千斤顶的技术要求

① 预应力液压千斤顶的工作介质宜采用−15～65 ℃时运动黏度为15～50 mm^2/s的具有一定防锈和抗磨能力的液压油。油液中固体颗粒污染等级不应高于《液压传动　油液固体颗粒污染等级代号》(GB/T 14039—2002)规定的标准,宜根据环境温度及使用压力选择不同牌号的液压油,且液压油应与密封件材料相容。油液应注意清洁,防止在安装油管时把污垢、泥沙、棉丝带入油缸,这会导致缸体拉毛、摩阻增加,甚至损坏油缸,通常在半年或使用500 h后换一次油液。

② 使用聚氨酯制造的防尘圈和密封圈时,应注意防水、防潮,以延长使用寿命。

③ 结构设计中应注意保证千斤顶张拉操作的空间,一般情况下,直径方向应有10～20 mm的间

隙,长度方向要长于张拉活塞完全伸出后的千斤顶总长度和完成张拉后外露的预应力钢筋长度之和。

④ 千斤顶的标定工作,应在具有检测条件和资质的机构进行。标定用的标准仪器可选用材料试验机、压力试验机或压力传感器。设备、仪器的不确定度不得大于 1%。

由于每台千斤顶液压配合面实际尺寸和表面粗糙度不同,密封圈和防尘圈松紧程度不同,会造成千斤顶内摩擦阻力不同。而且,摩擦阻力随油压高低、使用时间的变化而变化。因此,千斤顶应和工程中使用的油压表、油管等一起进行配套标定。出现下列情况之一应该进行标定:

① 新千斤顶初次使用前;

② 更换新表后,油压表指针不能退回零点;

③ 千斤顶、油压表和油管进行过更换或维修;

④ 张拉时出现断筋而又找不到原因时;

⑤ 3 个月未使用,重新使用前;

⑥ 油表受到较大冲击碰撞时。

9.2.1.3 穿心式千斤顶的技术要求

穿心式千斤顶中轴线上有通长的穿心孔,可以从中穿入预应力筋,能够张拉钢绞线、钢丝束、螺纹钢筋等,是一种适应性较强的千斤顶。我国目前设计生产的穿心式千斤顶,额定油压力达 50～63 MPa,张拉吨位在 180～1200 kN,并已经系列化。根据穿心式千斤顶的功能作用不同,也可分为双作用千斤顶和单作用千斤顶。

(1) 双作用千斤顶

双作用千斤顶在张拉钢筋的同时,还能对锚具夹片或锥塞进行顶压,能够减小锚具回缩损失。使用双作用千斤顶时,要注意以下几点:

① 张拉端下料预留长度应比千斤顶总长与两个锚具厚度之和长 100 mm,方便安装工具锚;

② 张拉预应力短钢筋(张拉时伸长量小于 30 mm)时,应先对千斤顶张拉油缸供油,使其伸出 20 mm,工具锚拆卸困难时,应将千斤顶完全回程,再卸下工具锚;

③ 安装工作锚和工具锚时,应注意预应力钢筋不能交叉缠绕,以便正常锚固;

④ 为防止工具锚张拉后拆卸困难,可在工具锚夹片外圆锥面上涂蜡或垫一层塑料薄膜,保证张拉后锚具夹片退出。YDC650-150 型双作用千斤顶构造如图 9-6 所示。

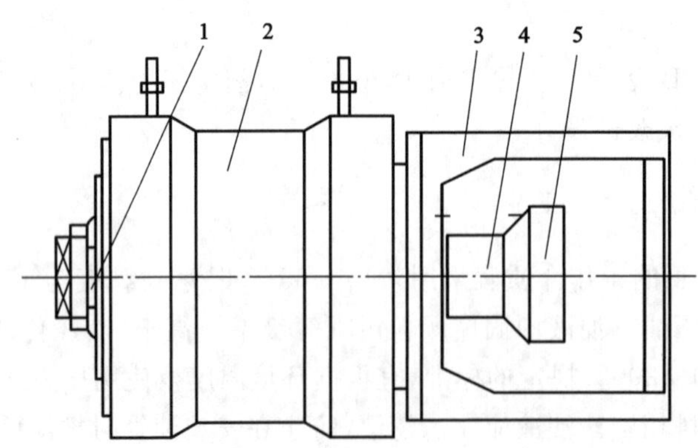

图 9-6 YDC650-150 型双作用千斤顶构造图

1—张拉螺母;2—千斤顶;3—撑脚;4—张拉杆;5—螺帽

YDC650-150 型穿心式双作用千斤顶与锚具配套，进行张拉预应力钢筋、钢绞线的操作程序如下。

① 准备工作：接通电路、油路，千斤顶前后油嘴轮流进油、回油，千斤顶往复运动排气，要求回油管中无气泡，活塞无爬行、无跳动为止；安装工作锚、千斤顶和工具锚。

② 张拉：千斤顶后油嘴进油，前油嘴回油，活塞和撑套顶紧工作锚，张拉并持荷。

③ 顶楔：前油嘴进油，后油嘴不进不回油，顶压活塞伸出，顶压回程弹簧被压缩，锚具夹片被顶入锚环咬住预应力筋。

④ 回程：前油嘴进油，后油嘴回油，张拉油缸活塞回缩，工具锚松脱。

⑤ 张拉结束：顶压回程弹簧张开，顶压活塞复位，卸下工具锚和千斤顶，切断电路，关闭电动机。

(2) 单作用千斤顶

单作用千斤顶与双作用千斤顶的主要区别在于其不能对锚具夹片或锥塞进行顶压，而是对预应力筋张拉后，依靠预应力筋回缩带动夹片回缩，达到对预应力钢筋的锚固。目前，国产大部分穿心式单作用千斤顶均为这一类。此种千斤顶结构简单，拆装修理方便。按不同锚具的需要，加装限位板，组成不顶压张拉系统，也可以配装 DY 型顶压器，组成带顶压张拉系统。YCQ 型系列千斤顶，适用于群锚张拉，还可以装配自动工具锚和顶压器。YCQ 型系列千斤顶的构造如图 9-7 所示。

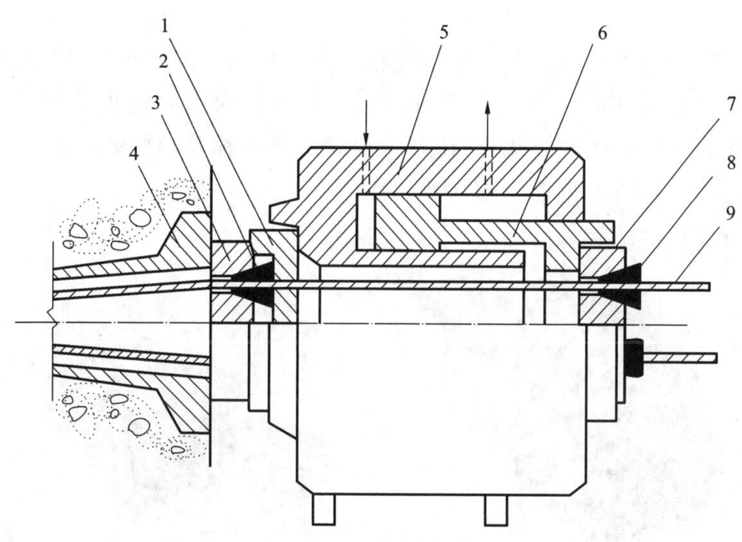

图 9-7　YCQ 型系列千斤顶构造图

1—限位板；2,8—工作锚夹片；3—工作锚锚板；4—喇叭口；5—油缸；6—活塞；7—工具锚锚板；9—钢绞线

需要张拉加荷时，前油嘴进油，后油嘴回油，推动活塞伸出，装在活塞杆端部的工具锚，夹持预应力筋进行张拉，达到张拉力后停止供油。千斤顶回程时，从后油嘴进油，前油嘴回油，预应力筋由工作锚锚固。

用试验机校验标定穿心式千斤顶时，应该在千斤顶进油，试验机油缸不进油的状态下进行，千斤顶在活塞伸出 2/3 位置上标定，读数 3 次，取平均值。

用穿心式压力传感器和直读的数字式荷载显示器标定千斤顶的精度应与用试验机标定的精英相同，除标定千斤顶外还可以在张拉过程中测量孔道摩阻。

9.2.2 锚具和夹具

9.2.2.1 基本概念

在施工制作预应力混凝土构件的过程中,用于锚固预应力筋的工具通常分为锚具和夹具两种类型。

① 锚具。它是指在后张法结构或构件中,用于保持预应力的拉力并将其传递到混凝土上所用的永久性锚固装置。它永远锚固在构件端部,与构件联成一体共同受力,不能取下重复使用。

② 夹具。它是指在先张法构件施工时,用于保持预应力筋的拉力并将其固定在生产台座(或设备)上的临时性锚固装置;在后张法结构或构件施工时,在张拉千斤顶或设备上夹持预应力筋的临时性工具锚。夹具可以取下重复使用。

9.2.2.2 锚具的分类

锚具的种类很多,《预应力筋用锚具、夹具和连接器》(GB/T 14370—2015)将锚具分为张拉端锚具和固定端锚具两类,按锚固方式的不同,又分为夹片式、支承式、锥塞式和握裹式四种基本类型。支承式锚具有钢丝束墩头锚具、精轧螺纹钢筋锚具,握裹式锚具有挤压锚和压花锚等。

预应力钢筋常用的锚具主要有:

(1) 夹片锚具

夹片锚具有各种不同的形式,都是用来锚固钢绞线筋束的。因钢绞线与周围接触的面积小,且强度高、硬度大,故对其锚具的锚固性能要求很高。现在国内主要的夹片锚具为JM、XM、QM、YM、OVM系列,如图9-8(a)所示。此外,还有一种扁形夹片锚具,称为扁锚(KBM系列),适用于扁薄截面构件(如空心板梁等),如图9-8(b)所示。

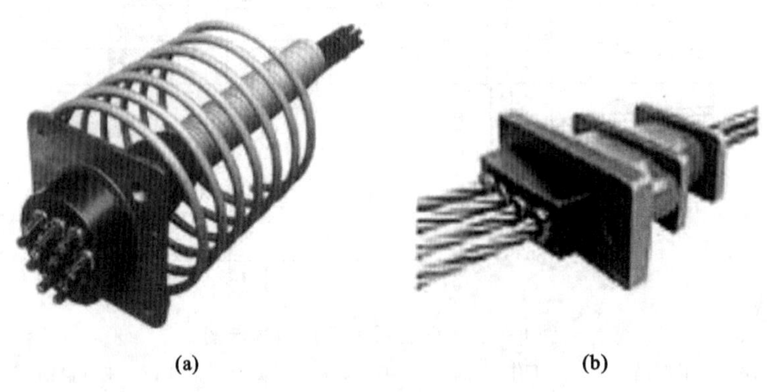

(a) (b)

图9-8 夹片锚具

夹片锚具的工作原理如图9-9所示。夹片锚由带锥孔的锚板和夹片所组成,张拉时,每个锥孔穿入一根钢绞线,张拉后各自用夹片将孔中的钢绞线抱夹锚固,每个锥孔各自成为一个独立的锚固单元。每个夹片锚具由多个独立锚固单元所组成,其最大锚固吨位可达11000 kN,故夹片锚具又称为大吨位钢绞线群锚体系。它的特点是各根钢绞线均为单独工作,即使一根钢绞线锚固失效也不会影响全锚,只需对失效锥孔的钢绞线进行补拉即可。但预留孔端部,因锚板锥孔布置的需要,必须扩孔,故工作锚下的一段预留孔道需设置成喇叭形,或配套设置专门的铸铁喇叭形锚垫板。

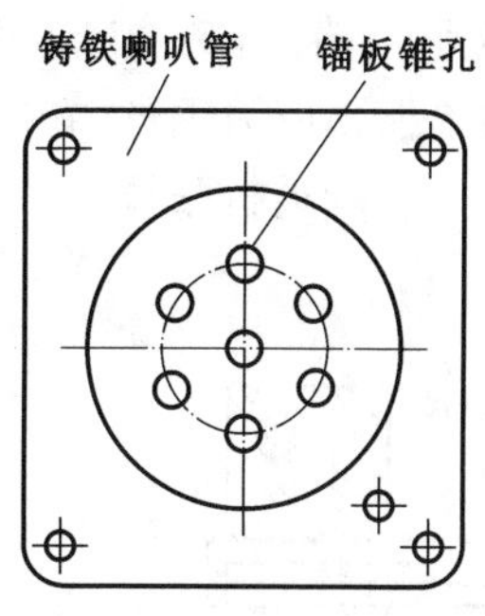

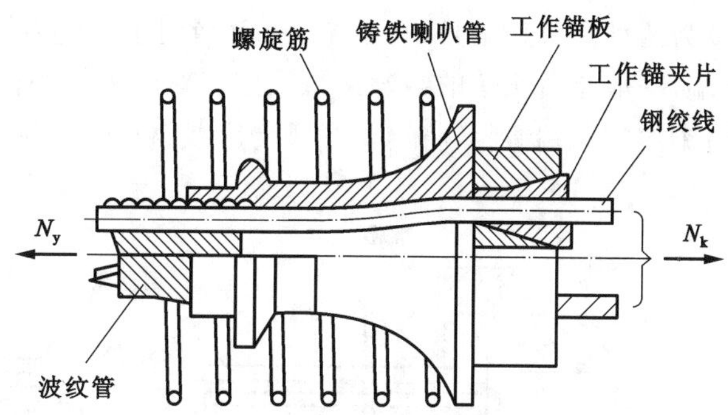

图 9-9　夹片锚具工作原理

(2) 握裹式锚具

当采用一端张拉时，另一固定端锚具除可采用与张拉端相同的夹片锚具外，还可采用握裹式锚具。握裹式锚具有挤压锚具和压花锚具两种形式。

① 挤压锚具是使用压头机将套在钢绞线端头上的软钢套筒与钢绞线一起强行预压，通过规定的模具孔挤压而成。为增加套筒与钢绞线之间的摩阻力，挤压前，在钢绞线与套筒之间衬置一硬钢丝螺旋圈，以便在挤压后使硬钢丝分别压入钢绞线与套筒内壁之内。挤压锚具适用于构件端部设计应力大或端部空间受到限制的情况，预埋在混凝土内，按需要排布，混凝土凝固到设计强度后，再进行张拉。挤压锚具形式如图 9-10 所示。

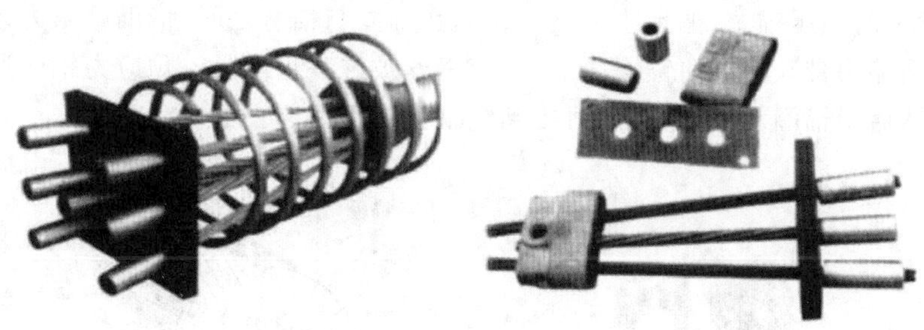

图 9-10　挤压锚具实物图

② 压花锚具是用压花机将钢绞线端头压制成梨形花头的一种黏结型锚具，如图 9-11 所示，张拉前预先埋入构件混凝土中。

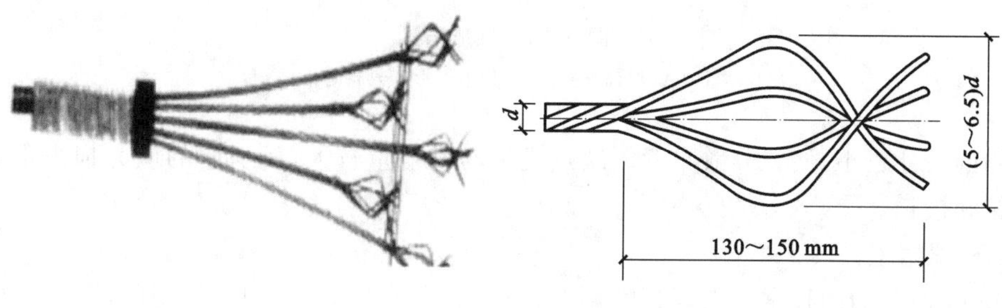

图 9-11　压花锚具

(3) 镦头型锚具

图 9-12 为两种镦头型锚具,其中图 9-12(a)用于预应力钢筋的张拉端,图 9-12(b)用于预应力钢筋的固定端,一般是后张法的钢丝束所采用。对于先张法构件的单根预应力钢丝,在固定端有时也采用,即将钢丝的一端镦粗,将钢丝穿过台座或钢模上的锚孔,在另一端进行张拉。

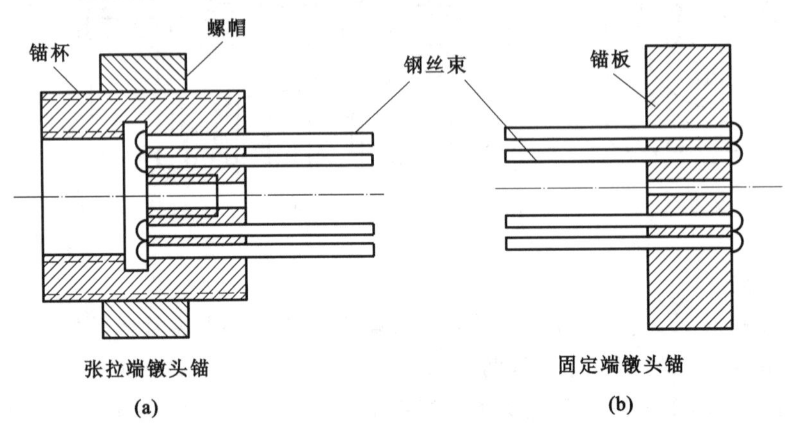

图 9-12 镦头型锚具

(a) 用于预应力钢筋的张拉端;(b) 用于预应力钢筋的固定端

(4) 锥形锚具

锥形锚具如图 9-13 所示,主要用于钢丝束的锚固。它由锚圈和锚塞两个部分组成。工作原理是通过张拉钢丝束时顶压锚塞,把预应力钢丝楔紧在锚圈与锚塞之间,借助摩阻力来锚固。在锚固时,利用钢丝的回缩力带动锚塞向锚圈内滑进,使钢丝被进一步楔紧。预应力钢丝通过摩阻力将预拉力传到锚圈,然后由锚圈承压,把预加力传到混凝土构件上。

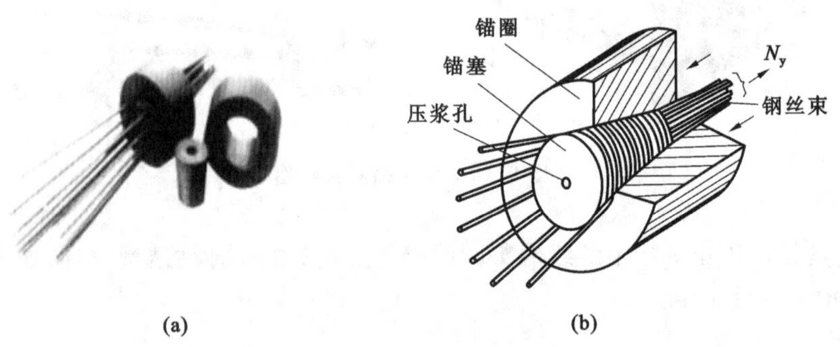

图 9-13 锥形锚具

(a) 锥形锚具实物图;(b) 锥形锚具构造图

锥形锚的尺寸较小,便于分散布置。缺点是钢丝回缩量较大,所引起的应力损失也大,并且无法重复张拉和接长。

(5) 螺杆螺帽型锚具

如图 9-14 所示为两种常用的螺杆螺帽型锚具,其中图 9-14(a)用于粗钢筋,图 9-14(b)用于钢丝束。前者由螺杆、螺帽、垫片组成,螺杆焊于预应力钢筋的端部。后者由锥形螺杆、套筒、螺帽、垫片组成,通过套筒紧紧地将钢丝束与锥形螺杆挤压成一体。预应力钢筋或钢丝束张拉完毕时,旋紧螺帽使其锚固。

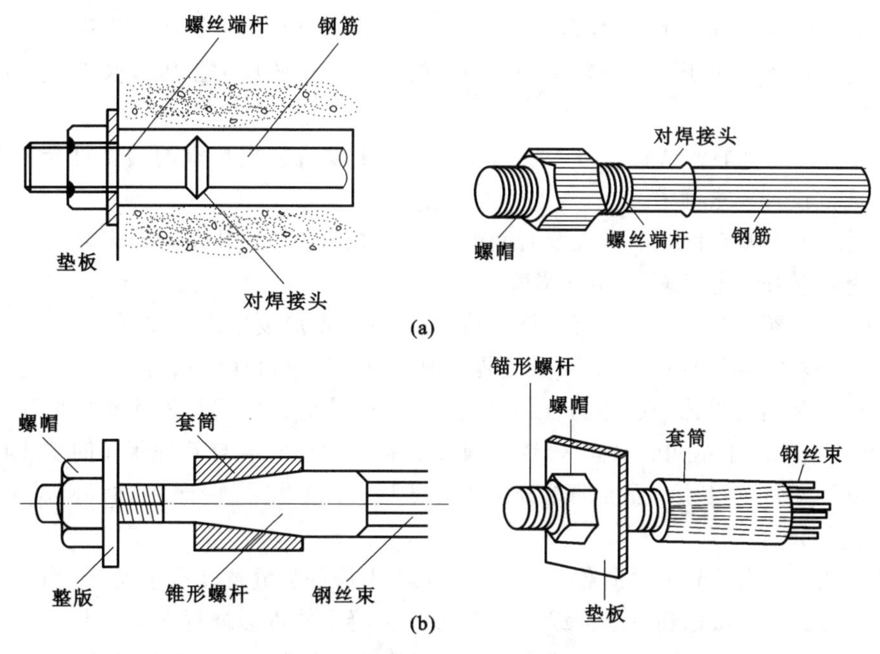

图 9-14 螺杆螺帽型锚具

(a) 用于粗钢筋的螺杆螺帽型锚具;(b) 用于钢丝束的螺杆螺帽型锚具

螺杆螺帽型锚具通常用于后张法构件的张拉端,对于先张法构件或后张法构件的固定端同样也可以应用。

9.2.2.3 预应力锚具、夹具的选用要求

(1) 预应力锚具的一般要求

选用预应力钢筋锚具应遵循以下原则:

① 安全可靠,锚具要有足够的强度和刚度;

② 构造简单,便于机械加工制作;

③ 使用方便,省材料,价格低。

预应力锚具性能应满足《预应力筋用锚具、夹具和连接器》(GB/T 14370—2015)的要求,其性能主要包括静载锚固性能、疲劳性能和抗震性能。锚具效率系数 η_a 和组装件预应力筋受力长度的总伸长率 ε_{Tu} 应符合表 9-2 的规定。

表 9-2 **静载锚固性能要求**

体内、体外束中预应力钢材用锚具	$\eta_a=\dfrac{F_{Tu}}{n\times F_{pm}}\geqslant 0.95$	$\varepsilon_{Tu}\geqslant 2.0\%$
拉索中预应力钢材用锚具	$\eta_a=\dfrac{F_{Tu}}{F_{ptk}}\geqslant 0.95$	$\varepsilon_{Tu}\geqslant 2.0\%$
纤维增强复合材料筋用锚具	$\eta_a=\dfrac{F_{Tu}}{F_{ptk}}\geqslant 0.90$	—

注:F_{Tu}为低温下预应力筋-锚具组装件的实测极限抗拉力;F_{ptk}为预应力筋的公称极限抗拉力。

预应力筋-锚具组装件的破坏形式应是预应力筋的破断,而不应由锚具的失效导致试验终止。

预应力筋-锚具组装件疲劳荷载性能实验中,应通过 200 万次疲劳荷载性能试验,并应符合下列规定:

① 当锚固的预应力筋为预应力钢材时,试验应力上限应为预应力筋公称抗拉强度 F_{ptk} 的 65%,疲劳应力幅度不应小于 80 MPa。工程有特殊需要时,试验应力上限及疲劳应力幅度取值可另定。

② 拉索疲劳荷载性能的试验应力上限和疲劳应力幅度应根据拉索的类型符合国家现行相关标准的规定,或按设计要求确定。

③ 当锚固的预应力筋为纤维增强复合材料筋时,试验应力上限应为预应力筋公称抗拉强度 F_{ptk} 的 50%,疲劳应力幅度不应小于 80 MPa。

预应力筋-锚具组装件经受 200 万次循环荷载后,锚具不应发生疲劳破坏。预应力筋因锚具夹持作用发生疲劳破坏的截面面积不应大于组装件中预应力筋总截面面积的 5%。

预应力筋-锚具组装件锚固区传力性能实验中,与锚具配套的锚垫板和螺旋筋应能将锚具承担的预加力传递给混凝土结构的锚固区,锚垫板和螺旋筋的尺寸应与允许张拉时要求的混凝土特征抗压强度匹配;对规定尺寸和强度的混凝土传力试验构件施加不少于 10 次循环荷载,试验时传力性能应符合下列规定:

① 循环荷载第一次达到上限荷载 $0.8F_{ptk}$ 时,混凝土构件裂缝宽度不应大于 0.15 mm;

② 循环荷载最后一次达到下限荷载 $0.12F_{ptk}$ 时,混凝土构件裂缝宽度不应大于 0.15 mm;

③ 循环荷载最后一次达到上限荷载 $0.8F_{ptk}$ 时,混凝土构件裂缝宽度不应大于 0.25 mm;

④ 循环加载过程结束时,混凝土构件的裂缝宽度、纵向应变和横向应变读数应达到稳定;

⑤ 循环加载后,继续加载至 F_{ptk} 时,锚垫板不应出现裂纹;

⑥ 继续加载直至混凝土构件破坏。混凝土构件破坏时的实测破坏荷载 F_u。应符合:

$$F_u \geqslant 1.1F_{ptk} \times \frac{f_{cm,e}}{f_{cm,o}} \tag{9-1}$$

预应力筋-锚具组装件低温锚固性能实验中,非自然条件下有低温锚固性能要求的锚具应进行低温锚固性能试验并应符合下列规定:

① 低温下预应力筋-锚具组装件的实测极限抗拉力 F_{Tu} 不应低于常温下预应力筋实测平均极限抗拉力 nF_{pm} 的 95%;

② 最大荷载时预应力筋受力长度的总伸长率 ε_{Tu} 应明示;

③ 破坏形式应是预应力筋的破断,而不应由锚具的失效导致试验终止。

(2)预应力筋夹具的要求

预应力钢筋夹具的选用,应根据预应力筋品种、张拉设备及操作工艺要求,并符合规定的性能要求。

① 预应力筋夹具的静载锚固性能

应由预应力筋夹具组装件静载试验测定的夹具效率系数 η_g 确定。

$$\eta_g = \frac{F_{Tu}}{F_{ptk}} \geqslant 0.95 \tag{9-2}$$

② 预压应力筋夹具的性能。

预应力筋-夹具组装件的静载锚固性能试验实测的夹具效率系数应为 $\eta_g \geqslant 0.95$;预应力筋-夹具组装件的破坏形式应是预应力筋破断,夹具零件不应破坏;夹具应具有良好的自锚、松锚和重复使用的性能，主要锚固零件应具有良好的防锈性能，夹具的重复使用次数不少于300次。需要大力敲击才能松开的夹具，必须保证其对预应力筋的锚固无影响，且对操作人员安全不造成影响，才能采用。

9.2.3 其他设备

预应力混凝土结构构件生产中所使用的机具设备种类较多，主要有张拉设备、预应力筋（丝）墩头设备、制孔穿筋设备、对焊设备、灌孔压浆设备及测力设备等。现对张拉设备的加压油泵、张拉台座、预留孔道穿索机和灌孔压浆设备作简要介绍。

9.2.3.1 油泵

(1) 高压油泵

预应力用高压油泵是预应力液压机具的动力源，预应力用高压油泵是电动机带动与阀式配流的一种轴向柱塞泵。油泵的额定压力应等于或大于千斤顶的额定压力。目前常见的YBZ2/2/50型电动油泵如图9-15所示，主要与额定压力不大于50 N/mm^{2}的中等吨位预应力千斤顶配套使用。

图9-15 YBZ2/2/50型电动油泵

(2) 小油泵

一般把排量在1 L/min左右，重量轻的油泵称为小油泵，主要配YCQ18型、YCQ20型小千斤顶及钢丝墩头器、钢筋切断机等。其优点是体积小、重量轻、操作简单、移动方便，适合于小吨位千斤顶预应力筋的张拉。

9.2.3.2 张拉台座

采用先张法生产预应力混凝土构件时，需设置用作张拉和临时锚固筋束的张拉台座。台座因需承受张拉筋束产生的巨大回缩力，设计时应保证它具有足够的强度、刚度和稳定性。批量生产时，有条件的应尽量设计成长线式台座，以提高生产效率。张拉台座的台面，即预制构件的底模，为了提高产品质量，有的构件厂已采用了预应力混凝土滑动台面，可防止在使用过程中台面开裂。

9.2.3.3 预留孔道穿索（束）机

在桥梁悬臂施工和尺寸较大的构件中，一般都采用后穿法穿筋。对于大跨桥梁，有的预应力筋束很长，人工穿筋十分费力，常用穿索（束）机，如图9-16所示。

穿索机有两种类型：一是液压式，二是电动式。跨度较大的梁板多采用液压式。液压式穿索机一般采用单根钢绞线穿入，穿束时应在钢绞线前端套一子弹形帽子，以减小穿束阻力。电动式穿索机由电动机带动用四个托轮支承的链板，钢绞线置于链板上，并用四个与托轮相对应的压紧轮压紧，则钢绞线就可借链板的转动向前穿入构件的预留孔中。穿索（束）机的最大推力为3 kN，最大水平传送距离可达150 m。

图9-16 钢绞线穿索机

9.2.3.4 灌孔压浆设备

在后张法预应力混凝土构件中，预应力筋张拉锚固后必须给预留孔道压注水泥浆，以免钢筋锈蚀，并使预应力筋与梁体混凝土结合为一个整体。

压浆机是后张法预应力孔道灌浆的主要设备。它主要由灰浆搅拌桶、储浆桶和压送灰浆的灰浆泵以及供水系统组成。压浆机的最大工作压力可达约1.5 MPa，可压送的最大水平距离为150 m，最大竖直高度为40 m。

9.3 张拉控制应力和预应力损失

9.3.1 预应力筋的张拉控制应力

张拉控制应力是指在张拉预应力筋时所控制达到的最大应力值，其值为张拉设备(如千斤顶油压表)所指示的总张拉力除以预应力筋截面面积得出的应力值，以σ_{con}表示。

张拉控制应力σ_{con}是施工时张拉预应力筋的依据，取值应适当。当构件截面尺寸及配筋量一定时，张拉控制应力越大，在构件受拉区建立的混凝土预应力也越大，则构件使用时的抗裂能力也越高。但是，若张拉控制应力过大，则会产生如下问题：

① 个别钢筋可能屈服或者被拉断。

② 施工阶段可能会引起构件某些部位受到拉力(称为预拉区)，甚至开裂，还可能使后张法构件端部混凝土产生局部受压破坏。

③ 使构件开裂荷载与破坏荷载相近，一旦出现裂缝，将很快破坏，即可能出现无预兆的脆性破坏。另外，张拉控制应力过大，还会增大预应力筋的松弛损失。综上所述，对张拉控制应力应规定上限值。同时，为了保证构件中能建立必要的有效预应力，张拉控制应力也不能过小，即张拉控制应力应规定下限值。

《混凝土结构设计规范(2015年版)》(GB 50010—2010)规定预应力筋的张拉控制应力σ_{con}应符合下列规定。

消除应力钢丝、钢绞线：

$$\sigma_{con} \leqslant 0.75 f_{ptk} \tag{9-3}$$

中强度预应力钢丝：

$$\sigma_{con} \leqslant 0.70 f_{ptk} \tag{9-4}$$

预应力螺纹钢筋：

$$\sigma_{con} \leqslant 0.85 f_{pyk} \tag{9-5}$$

式中 f_{ptk}——预应力筋极限强度标准值；

f_{pyk}——预应力螺纹钢筋屈服强度标准值。

消除应力钢丝、钢绞线、中强度预应力钢丝的张拉应力值不应小于$0.4f_{ptk}$；预应力螺纹钢筋的张拉控制应力值不宜小于$0.5f_{pyk}$。

当符合下列情况之一时，上述张拉控制应力限值可提高$0.05f_{ptk}$或$0.05f_{pyk}$。

① 要求提高构件在施工阶段的抗裂性能而在使用阶段受压区(即预拉区)内设置的预应力筋；

② 要求部分抵消由于应力松弛、摩擦、钢筋分批张拉以及预应力筋与张拉台座之间的温差等因素产生的预应力损失。

9.3.2　各项预应力损失

由于各种因素的影响，从张拉预应力筋开始直至构件使用的整个过程中，预应力筋的张拉控制应力在逐渐降低，同时，混凝土所建立的预压应力也将逐渐降低，这种预应力降低的现象称为预应力损失。经损失后预应力筋的应力才会在混凝土中建立相应的有效应力。因此，只有正确认识和计算预应力筋的预应力损失值，才能比较准确地估计混凝土中的预应力水平。下面分别讨论引起预应力损失的原因、损失值的计算以及减少预应力损失的措施。

9.3.2.1　张拉端锚具变形和预应力筋内缩引起的预应力损失 σ_{l1}

无论先张法临时固定预应力筋还是后张法张拉完毕锚固预应力筋，在张拉端由于锚具的压缩变形，锚具与垫板之间、垫板与垫板之间、垫板与构件之间的缝隙被挤紧，或由于钢筋、钢丝、钢绞线在锚具内的滑移，使得被拉紧的预应力筋松动缩短从而引起预应力损失。

预应力直线筋由于锚具变形和预应力筋内缩引起的预应力损失值 σ_{l1} 应按下列公式计算：

$$\sigma_{l1}=\frac{a}{l}E_{\mathrm{p}} \tag{9-6}$$

式中　a——张拉端锚具变形和预应力筋内缩值，可按表 9-3 采用，mm；

l——张拉端至锚固端之间的距离，mm；

E_{p}——预应力筋弹性模量，N/mm²。

表 9-3　**锚具变形和预应力筋内缩值 a**　(单位：mm)

锚具类别		a
支承式锚具(钢丝束镦头锚具等)	螺帽缝隙	1
	每块后加垫板的缝隙	1
夹片式锚具	有顶压时	5
	无顶压时	6～8

注：1. 表中的锚具变形和钢筋内缩值也可根据实测资料确定；
2. 其他类型的锚具变形和预应力筋内缩值应根据实测数据确定。

块体拼成的结构，其预应力损失尚应计入块体间填缝的预压变形。当采用混凝土或砂浆为填缝材料时，每条填缝的预压变形值可取为 1 mm。

后张法构件曲线预应力筋或折线预应力筋由于锚具变形和预应力筋内缩引起的预应力损失值 σ_{l1}(图 9-17)，应根据曲线预应力筋或折线预应力筋与孔道壁之间反向摩擦影响长度 l_{f} 范围内的预应力筋变形值等于锚具变形和预应力筋内缩值的条件确定。对常用束形的后张法曲线预应力筋，当其对应的圆心角 $\theta\leqslant 30°$时，预应力损失 σ_{l1} 可按下列公式计算：

$$\sigma_{l1}=2\sigma_{\mathrm{con}}l_{\mathrm{f}}\left(\frac{\mu}{r_{\mathrm{c}}}+\kappa\right)\left(1-\frac{x}{l_{\mathrm{f}}}\right) \tag{9-7}$$

$$l_{\mathrm{f}}=\sqrt{\frac{aE_{\mathrm{p}}}{1000\sigma_{\mathrm{con}}(\mu/r_{\mathrm{c}}+\kappa)}} \tag{9-8}$$

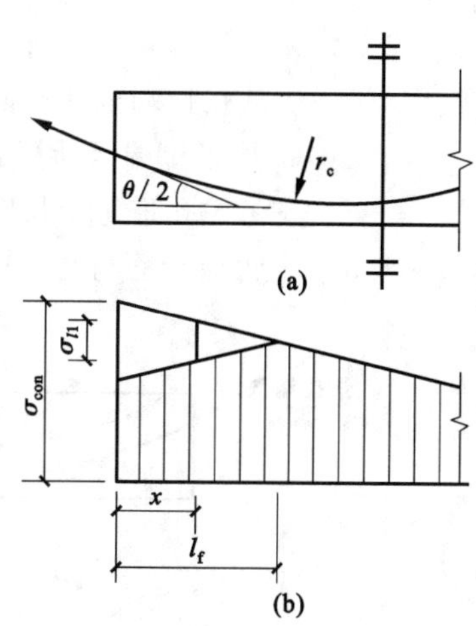

图 9-17　圆弧形曲线预应力筋的预应力损失 σ_{l1}

式中 r_c——圆弧形曲线预应力筋的曲率半径,m;

μ——预应力筋与孔道壁之间的摩擦系数,按表9-4采用;

κ——考虑孔道每米长度局部偏差的摩擦系数,按表9-4采用;

x——张拉端至计算截面的距离,m;

a——张拉端锚具变形和预应力筋内缩值,mm,按表9-3采用;

E_p——预应力筋的弹性模量,N/mm^2。

表9-4 **摩擦系数**

孔道成型方式	κ	μ	
		钢绞线、钢丝束	预应力螺纹钢筋
预埋金属波纹管	0.0015	0.25	0.50
预埋塑料波纹管	0.0015	0.15	—
预埋钢管	0.0010	0.30	—
抽芯成型	0.0014	0.55	0.60
无黏结预应力筋	0.0040	0.09	—

注:摩擦系数也可根据实测数据确定。

为了减小这项损失,可采取以下措施:

① 选择自身变形小和使预应力筋内缩值小的锚具、夹具。

② 尽量减少垫板的块数,因为每增加一块垫板,a 值增加1 mm。

③ 增加张拉端至锚固端之间的长度。对于先张法,通常选用长的台座,即长线法生产。

9.3.2.2 预应力筋与孔道壁之间的摩擦引起的预应力损失 σ_{l2}

当采用后张法张拉预应力筋时,预应力筋将沿孔道壁滑移而产生摩擦力,使预应力筋的应力形成在张拉端提高,向跨中方向逐渐减小的现象,即为摩擦损失 σ_{l2}。摩擦损失主要由孔道的弯曲和孔道局部偏差两部分影响产生。计算公式为:

$$\sigma_{l2}=\sigma_{con}\left(1-\frac{1}{e^{\kappa x+\mu\theta}}\right) \tag{9-9}$$

式中 θ——从张拉端至计算截面曲线孔道部分切线的夹角之和,如图9-18所示,rad;

x——从张拉端至计算截面的孔道长度,可近似取该段孔道在纵轴上的投影长度,m;

κ——考虑孔道每米长度局部偏差的摩擦系数,按表9-3采用;

μ——预应力筋与孔道壁之间的摩擦系数,按表9-3采用。

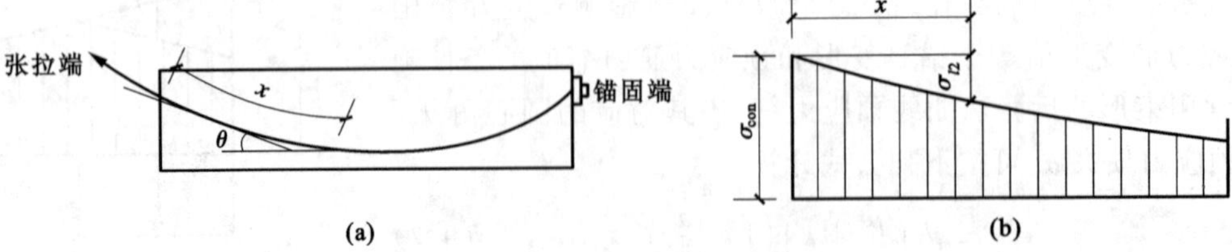

图9-18 预应力筋的摩擦损失 σ_{l2}

当$(\kappa x+\mu\theta)\leqslant 0.3$时,$\sigma_{l2}$可按如下近似公式计算:

$$\sigma_{l2} = (\kappa x + \mu\theta)\sigma_{con} \tag{9-10}$$

当采用夹片式群锚体系时，在 σ_{con} 中宜扣除锚口摩擦损失。张拉端锚口摩擦损失，按实测值或厂家提供的数据确定。

为了减小这项损失，可采取以下措施：

① 采用两端张拉，减小 x 值；

② 采用一端张拉，另一端补拉，即先在张拉端张拉预应力筋到 σ_{con} 后锚固，再将张拉设备移到另一端并张拉到 σ_{con}；

③ 在设计时尽可能地避免使用曲线配筋以减小 θ 值；

④ 采用“超张拉”工艺，从应力为零开始张拉至 $1.03\sigma_{con}$，或从应力为零开始张拉至 $1.05\sigma_{con}$，持荷 2 min 后，卸载至 σ_{con}。

由于超张拉 5%左右，可使构件其他截面应力也相应提高，当张拉应力回降至 σ_{con} 时，钢筋因要回缩而受到反向摩擦力的作用，且随着距张拉端距离的增加，反向摩擦力的积累逐渐增大。这样，跨中截面的预应力就因超张拉而得到稳定的提高。

9.3.2.3 混凝土加热养护时预应力筋与承受拉力的设备之间的温差引起的预应力损失 σ_{l3}

制作先张法构件时，为了缩短生产周期，常采用蒸汽养护，促使混凝土快速凝固。当新浇筑的混凝土尚未结硬时，加热升温，预应力筋伸长，但两端的台座因与地面相接触，温度基本上不升高，台座间距离保持不变，即由于预应力筋与台座间形成温差，使预应力筋内部张拉力降低，预应力下降。降温时，混凝土已结硬并与预应力筋结成整体，预应力筋应力不能恢复原值，于是就产生了预应力损失 σ_{l3}。

预应力损失 σ_{l3} 的发生，也可以这样理解：当加热升温时预应力筋先产生自由伸长 Δl，原应力值保持不变；随后又施加了一个压应力，将预应力筋压回原长，则该压应力就是预应力损失 σ_{l3}。相应的压应变为：

$$\varepsilon = \frac{\Delta l}{l} = \frac{l\alpha\Delta t}{l} = \alpha\Delta t$$

式中 α——预应力筋的线膨胀系数，约为 $1.0\times10^{-5}/℃$；

Δt——预应力筋与台座间的温差，℃；

l——台座间的距离，mm。

取预应力筋的弹性模量 $E_s = 2.0\times10^5\ \text{N/mm}^2$，则有：

$$\sigma_{l3} = E_s\varepsilon = 2.0\times10^5\times1.0\times10^{-5}\Delta t = 2\Delta t \tag{9-11}$$

式中，σ_{l3} 以“N/mm^2”计。

由式(9-11)可知，若温度一次升高 75～80 ℃时，则 $\sigma_{l3} = 150\sim160\ \text{N/mm}^2$，预应力损失太大。通常采用两阶段升温养护来减少温差损失：先升温 20～25 ℃，待混凝土强度达到 7.5～10 N/mm^2 后，混凝土与预应力筋之间已具有足够的黏结力而成为整体；当再次升温时，二者可共同变形，不再引起预应力损失。因此，计算时取 $\Delta t = 20\sim25$ ℃。

当在钢模上生产预应力构件时，钢模和预应力筋同时被加热，无温差，则该项损失为零。

9.3.2.4 预应力筋应力松弛引起的预应力损失 σ_{l4}

预应力筋的应力松弛是指预应力筋在高应力状态下，长度不变，应力随时间的增加而降低的现象。它具有以下特点：

① 预应力筋张拉控制应力越高,其应力松弛越大,同时松弛速度也越快;

② 预应力筋的应力松弛损失一般在张拉初期发展较快,24 h 可完成总松弛量的 50%～80%,此后发展较慢且逐渐趋于稳定;

③ 预应力筋松弛量的大小主要与预应力筋种类有关;

④ 预应力筋松弛随温度升高而增加。

根据应力松弛的上述特点,可以采用超张拉的方法减小松弛损失。超张拉时可采取以下两种张拉程序:第一种为 $0 \rightarrow 1.03\sigma_{con} \xrightarrow{2\ min} \sigma_{con}$;第二种为 $0 \rightarrow 1.05\sigma_{con} \xrightarrow{2\ min} \sigma_{con}$。其原理是:高应力(超张拉)下短时间内发生的损失在低应力下需要较长时间;持荷 2 min 可使相当一部分松弛损失发生在预应力筋锚固之前,则锚固后损失减小。

预应力筋的应力松弛损失应按下列规定计算。

(1) 对消除应力钢丝、钢绞线

① 普通松弛:

$$\sigma_{l4} = 0.4\left(\frac{\sigma_{con}}{f_{ptk}} - 0.5\right)\sigma_{con} \tag{9-12}$$

② 低松弛:

当 $\sigma_{con} \leqslant 0.7f_{ptk}$ 时

$$\sigma_{l4} = 0.125\left(\frac{\sigma_{con}}{f_{ptk}} - 0.5\right)\sigma_{con} \tag{9-13}$$

当 $0.7f_{ptk} < \sigma_{con} \leqslant 0.8f_{ptk}$ 时

$$\sigma_{l4} = 0.2\left(\frac{\sigma_{con}}{f_{ptk}} - 0.575\right)\sigma_{con} \tag{9-14}$$

(2) 中强度预应力钢丝

$$\sigma_{l4} = 0.08\sigma_{con} \tag{9-15}$$

(3) 预应力螺纹钢筋

$$\sigma_{l4} = 0.03\sigma_{con} \tag{9-16}$$

当 $\sigma_{con}/f_{ptk} \leqslant 0.5$ 时,实际的松弛损失值已很小,为简化计算,预应力筋的应力松弛损失值可取为零。

为了减小 σ_{l4} 的值,可采取如下方法:① 超张拉工艺;② 采用低松弛的高强钢材。

9.3.2.5 混凝土的收缩和徐变引起的预应力损失 σ_{l5}

混凝土在空气中结硬时体积收缩,而在预应力作用下,混凝土沿压力方向又发生徐变。收缩、徐变都导致预应力混凝土构件的长度缩短,预应力筋也随之回缩,产生预应力损失 σ_{l5}。由于收缩和徐变均使预应力筋回缩,二者难以分开,所以通常合在一起考虑。混凝土收缩、徐变引起的预应力损失很大,在曲线配筋的构件中,约占总损失的 30%,在直线配筋的构件中可达 60%。

混凝土收缩、徐变引起受拉区和受压区纵向预应力筋的预应力损失值 σ_{l5} (N/mm²)、σ_{l5}'(N/mm²)可按下列方法确定。

① 在一般情况下,对先张法、后张法构件的预应力损失值 σ_{l5}、σ_{l5}'可按下列公式计算。一般情况,先张法构件的预应力损失为:

$$\sigma_{l5} = \frac{60 + 340\dfrac{\sigma_{pc}}{f_{cu}'}}{1 + 15\rho} \tag{9-17}$$

$$\sigma'_{l5}=\frac{60+340\frac{\sigma'_{pc}}{f'_{cu}}}{1+15\rho'} \tag{9-18}$$

后张法构件的预应力损失为：

$$\sigma_{l5}=\frac{55+300\frac{\sigma_{pc}}{f'_{cu}}}{1+15\rho} \tag{9-19}$$

$$\sigma'_{l5}=\frac{55+300\frac{\sigma'_{pc}}{f'_{cu}}}{1+15\rho'} \tag{9-20}$$

式中 σ_{pc}，σ'_{pc}——分别为受拉区、受压区预应力筋在各自合力点处的混凝土法向压应力。

f'_{cu}——施加预应力时的混凝土立方体抗压强度。

ρ，ρ'——分别为受拉区、受压区预应力筋和普通钢筋的配筋率：对于先张法构件，$\rho=(A_p+A_s)/A_0$，$\rho'=(A'_p+A'_s)/A_0$；对于后张法构件，$\rho=(A_p+A_s)/A_n$，$\rho'=(A'_p+A'_s)/A_n$；对于对称配置预应力筋和普通钢筋的构件，配筋率 ρ、ρ'应按钢筋总截面面积的一半计算。

计算受拉区、受压区预应力筋在各自合力点处的混凝土法向压应力 σ_{pc}、σ'_{pc}时，预应力损失值仅考虑混凝土预压前(第一批)的损失，其普通钢筋中的应力 σ_{l5}、σ'_{l5}值应取为零，σ_{pc}、σ'_{pc}值不得大于 $0.5f'_{cu}$；当 σ'_{pc}为拉应力时，则式(9-18)、式(9-20)中的 σ'_{pc}应取为零。计算混凝土法向应力 σ_{pc}、σ'_{pc}时，可根据构件制作情况考虑自重的影响。

若结构处于年平均相对湿度低于 40%的环境下，σ_{l5}及 σ'_{l5}值应增加 30%。

② 对重要的结构构件，当需要考虑与时间相关的混凝土收缩、徐变预应力损失值时，可按《混凝土结构设计规范(2015 年版)》(GB 50010—2010)附录 K 进行计算。

由于后张法构件在开始施加预应力时，混凝土已完成部分收缩，故后张法的 σ_{l5}比先张法的低。为了减少此项损失，可采取所有能减少混凝土收缩和徐变的措施。

9.3.2.6 用螺旋式预应力筋作配筋的环形构件，由于混凝土局部挤压引起的预应力损失 σ_{l6}

环形构件混凝土由于受螺旋式预应力筋的挤压而发生局部压陷，使得预应力筋的环径将有所减小，预应力筋中的拉应力就会随之而降低，引起预应力损失 σ_{l6}。

σ_{l6}的大小与环形构件的直径 d 成反比。构件直径 d 越小，预应力损失 σ_{l6}越大。当构件直径 d 较大时，这项损失可以忽略不计。为简化计算，《混凝土结构设计规范(2015 年版)》(GB 50010—2010)规定：

当构件直径 $d\leqslant3$ m 时，$\sigma_{l6}=30\ \text{N/mm}^2$；

当构件直径 $d>3$ m 时，$\sigma_{l6}=0$。

9.3.2.7 混凝土弹性压缩引起的预应力损失 σ_{l7}

混凝土弹性压缩引起的预应力损失应按下列规定计算：

① 先张法构件和一次张拉完成的后张法构件：

$$\sigma_{l7}=0 \tag{9-21}$$

② 分批张拉和锚固预应力钢筋的后张法构件：

$$\sigma_{l7}=\frac{m-1}{2m}n_p\sigma_c \tag{9-22}$$

$$\sigma_c = \frac{N_p}{A_n} + \frac{N_p e_p^2}{I_n} \tag{9-23}$$

式中 m——预应力筋张拉的总批数;

n_p——预应力筋弹性模量与混凝土弹性模量之比 E_p/E_c;

σ_c——在代表截面的全部预应力筋形心处混凝土的预压应力,预应力筋的预拉应力按控制应力扣除相应的预应力损失后算得,MPa;

N_p——后张法构件的预加力,N;

A_n——净截面面积,即扣除孔道、凹槽等削弱部分以外的混凝土全部截面面积及纵向普通钢筋截面面积换算成混凝土的截面面积之和,对由不同混凝土强度等级组成的截面,应根据混凝土弹性模量比值换算成同一混凝土强度等级的截面面积,mm^2;

I_n——净截面惯性矩,mm^4;

e_p——预应力筋截面形心至换算截面形心的距离,mm。

9.3.3 预应力损失值组合

上述各项预应力损失内容,对先张法构件和后张法构件并不相同。一般地,先张法构件的预应力损失有 σ_{l1}、σ_{l2}、σ_{l3}、σ_{l4}、σ_{l5}、σ_{l7};后张法构件预应力损失有 σ_{l1}、σ_{l2}、σ_{l4}、σ_{l5}、σ_{l7}(当为环形构件时还有 σ_{l6})。

预应力筋的有效应力 σ_{pe} 定义为:锚下张拉控制应力 σ_{con} 扣除相应应力损失 σ_l,并考虑混凝土弹性压缩引起的预应力筋应力降低后,在预应力筋内存在的预拉应力。因为各项预应力损失是先后发生的,所以有效预应力值也随不同受力阶段而变。将预应力损失按各受力阶段进行组合,可计算不同阶段预应力筋的有效预拉应力值,进而计算在混凝土中建立的有效预应力。

在实际计算中,以“预压”为界,把预应力损失分成两批。所谓“预压”,对先张法,是指放松预应力筋,开始给混凝土施加预应力的时刻;对后张法,因为是在混凝土构件上张拉预应力筋,混凝土从张拉钢筋开始就受到预压,故这里的“预压”特指张拉预应力筋至 σ_{con} 并加以锚固的时刻。预应力混凝土构件在各阶段的预应力损失值宜按表9-5的规定进行组合。

表9-5 **各阶段预应力损失值的组合**

预应力损失值的组合	先张法构件	后张法构件
混凝土预压前(第一批)的损失	$\sigma_{l1}+\sigma_{l2}+\sigma_{l3}+\sigma_{l4}$	$\sigma_{l1}+\sigma_{l2}$
混凝土预压后(第二批)的损失	$\sigma_{l5}+\sigma_{l7}$	$\sigma_{l4}+\sigma_{l5}+\sigma_{l6}+\sigma_{l7}$

对于先张法,当预应力张拉完毕固定在台座上时,有应力松弛损失;而实际上,切断钢筋后,预应力筋与混凝土间靠黏结传力,在构件两端之间,预应力筋长度也基本保持不变,还要发生部分应力松弛损失。因此,先张法构件由于预应力筋应力松弛引起的损失值 σ_{l4} 在第一批和第二批损失中各占一定的比例,如需区分,可根据实际情况确定;一般将 σ_{l4} 全部计入第一批损失中。

第一批损失记为 σ_{lI},第二批损失记为 σ_{lII}。在后面的混凝土预应力计算公式的通式中,预应力损失的通用符号为 σ_l,它既可以表示全部损失 $\sigma_{lI}+\sigma_{lII}$,也可以表示第一批损失 σ_{lI},视具体情况而定。

考虑到预应力损失计算值与实际值的差异,并为了保证预应力混凝土构件具有足够的抗裂能力,应对预应力总损失值作最低限值的规定。《混凝土结构设计规范(2015年版)》(GB 50010—2010)规定,当计算求得的预应力总损失值小于下列数值时,应按下列数值取用。

先张法构件:100 N/mm^2;

后张法构件:80 N/mm^2。

9.4 预应力混凝土轴心受拉构件设计

9.4.1 轴心受拉构件各阶段应力分析

预应力混凝土轴心受拉构件一般分为两个阶段:施工阶段和使用阶段。构件内存在两个力系:构件制作时施加的内部预应力和使用阶段施加的外荷载。

9.4.1.1 先张法轴心受拉构件

(1) 施工阶段

① 切断预应力筋前(即混凝土预压前)。完成第一批预应力损失 $\sigma_{l\,\mathrm{I}}$,此时:

预应力筋应力为 $\sigma_{pe}=\sigma_{con}-\sigma_{l\,\mathrm{I}}$;

混凝土应力为 $\sigma_{pc}=0$;

普通钢筋应力为 $\sigma_s=0$。

② 放松预应力筋时,由于钢筋与混凝土之间具有了黏结力,所以两者变形必须协调($\varepsilon_c=\varepsilon_s$)。设混凝土获得的预压应力为 $\sigma_{pc\,\mathrm{I}}$,则预应力筋的预应力相应减少 $\alpha_{E_p}\sigma_{pc\,\mathrm{I}}$,此时:

混凝土应力为 $\sigma_{pc\,\mathrm{I}}$;

预应力筋应力为 $\sigma_{pe\mathrm{I}}=\sigma_{con}-\sigma_{l\,\mathrm{I}}-\alpha_{E_p}\sigma_{pc\,\mathrm{I}}$;

普通钢筋应力为 $\sigma_{s\mathrm{I}}=\alpha_{E_s}\sigma_{pc\,\mathrm{I}}$。

其中,α_{E_p} 为预应力筋弹性模量 E_p 与混凝土弹性模量 E_c 之比,即 $\alpha_{E_p}=E_p/E_c$,α_{E_s} 为普通钢筋弹性模量 E_s 和混凝土弹性模量 E_c 之比,即 $\alpha_{E_s}=E_s/E_c$。

由内力平衡条件(图 9-19)可得:$\sigma_{pe\mathrm{I}}A_p=\sigma_{s\mathrm{I}}A_s+\sigma_{pc\,\mathrm{I}}A_c$,将各应力值代入得$(\sigma_{con}-\sigma_{l\,\mathrm{I}}-\alpha_{E_p}\sigma_{pc\,\mathrm{I}})A_p=\alpha_{E_s}\sigma_{pc\,\mathrm{I}}A_s+\sigma_{pc\,\mathrm{I}}A_c$,解得混凝土获得的预压应力为:

$$\sigma_{pc\,\mathrm{I}}=\frac{(\sigma_{con}-\sigma_{l\,\mathrm{I}})A_p}{A_c+\alpha_{E_s}A_s+\alpha_{E_p}A_p}=\frac{(\sigma_{con}-\sigma_{l\,\mathrm{I}})A_p}{A_0} \tag{9-24}$$

式中 A_p——预应力筋的截面面积;

A_s——普通钢筋的截面面积;

A_0——构件的换算截面面积,$A_0=A_c+\alpha_{E_s}A_s+\alpha_{E_p}A_p$,对于矩形截面先张法轴心受拉构件,混凝土截面面积为 $A_c=A-A_p-A_s$,A 为构件的毛截面面积,$A=bh$。

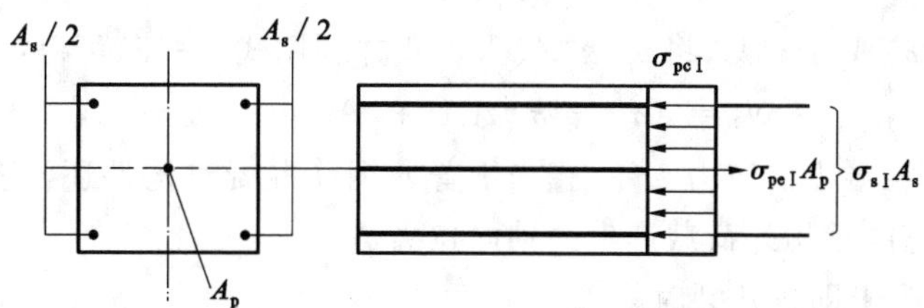

图 9-19 先张法构件切断预应力筋时的受力情况

先张法构件放松预应力筋时,混凝土受到的预压应力达到最大值。此时的应力状态,可作为施工阶段对构件进行承载能力计算的依据。另外,$\sigma_{pc\,\mathrm{I}}$ 还用于计算 σ_{l5}。

③ 完成第二批预应力损失后。由于第二批预应力损失 $\sigma_{l\text{II}}$ 的产生,完成了预应力的总损失 $\sigma_l=\sigma_{l\text{I}}+\sigma_{l\text{II}}$,使预应力筋的拉应力和混凝土的预压应力进一步降低,设混凝土的预压应力由 $\sigma_{pc\text{I}}$ 降低到 $\sigma_{pc\text{II}}$,则预应力筋的预应力由 $\sigma_{pe\text{I}}$ 降低到 $\sigma_{pe\text{II}}$。此时:

混凝土应力为 $\sigma_{pc\text{II}}$;

预应力筋应力为 $\sigma_{pe\text{II}}=\sigma_{con}-\sigma_l-\alpha_{E_p}\sigma_{pc\text{II}}$;

普通钢筋应力为 $\sigma_{s\text{II}}=\alpha_{E_s}\sigma_{pc\text{II}}+\sigma_{l5}$。

在普通钢筋应力 $\sigma_{s\text{II}}$ 中,σ_{l5} 指普通钢筋在混凝土收缩与徐变过程中,由于阻碍混凝土收缩、徐变的发展所增加的压应力值。

由内力平衡条件(图9-20)得:$\sigma_{pe\text{II}}A_p=\sigma_{s\text{II}}A_s+\sigma_{pc\text{II}}A_c$,将各应力值代入得:$(\sigma_{con}-\sigma_l-\alpha_{E_p}\sigma_{pc\text{II}})A_p=(\alpha_{E_s}\sigma_{pc\text{II}}+\sigma_{l5})A_s+\sigma_{pc\text{II}}A_c$,解得:

$$\sigma_{pc\text{II}}=\frac{(\sigma_{con}-\sigma_l)A_p-\sigma_{l5}A_s}{A_0} \tag{9-25}$$

式(9-25)给出了先张法构件中最终建立的混凝土有效预压应力。

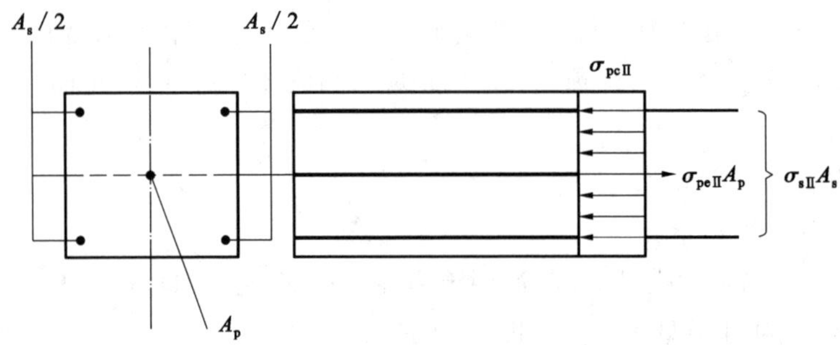

图9-20 先张法构件完成全部预应力损失后的受力情况

(2) 使用阶段

使用阶段是指从施加外荷载开始的阶段。

① 加荷至混凝土预压应力被抵消时。

设此时外荷载产生的轴心拉力为 N_0(图9-21),相应预应力筋的有效应力为 σ_{p0},则有:

$$\sigma_{pc}=0$$

$$\sigma_{pe}=\sigma_{p0}=\sigma_{con}-\sigma_l$$

$$\sigma_s=\sigma_{l5}$$

平衡条件为 $N_0=\sigma_{pe}A_p-\sigma_sA_s$,将 σ_{pe}、σ_s 代入该式并利用式(9-25)可得:

$$N_0=(\sigma_{con}-\sigma_l)A_p-\sigma_{l5}A_s=\sigma_{pc\text{II}}A_0 \tag{9-26}$$

此时,构件截面上混凝土的应力为零,相当于普通钢筋混凝土构件还没有受到外荷载的作用,但预应力混凝土构件已能承担外荷载产生的轴向拉力 N_0。

② 继续加荷至混凝土即将开裂时。

随着轴向拉力的继续增大,构件截面上混凝土将转而受拉,当拉应力达到混凝土抗拉强度标准值 f_{tk} 时,构件截面即将开裂,设相应的轴向拉力为 N_{cr},如图9-22所示。此时:

混凝土拉应力为 $\sigma_{pc}=f_{tk}$;

预应力筋应力为 $\sigma_{pe}=\sigma_{p0}=\sigma_{con}-\sigma_l+\alpha_{E_p}f_{tk}$;

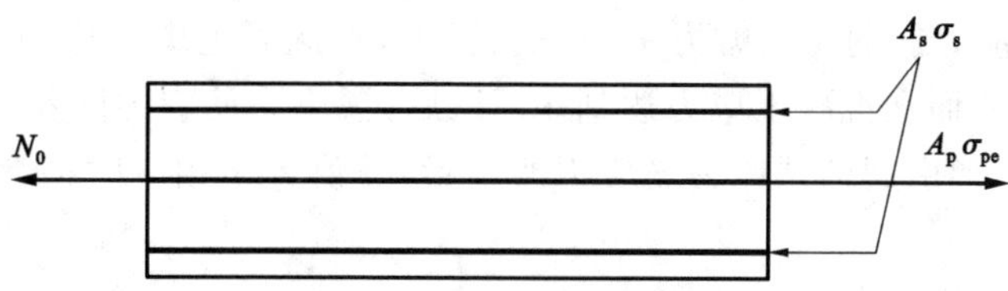

图 9-21 混凝土的消压状态

普通钢筋应力为 $\sigma_s = \alpha_{E_s} f_{tk} - \sigma_{l5}$。

由图 9-22 可列出平衡式为：

$$N_{cr} = \sigma_{pe} A_p + f_{tk} A_c + \sigma_s A_s$$

即：

$$\begin{aligned} N_{cr} &= (\sigma_{con} - \sigma_l + \alpha_E f_{tk}) A_p + f_{tk} A_c + (\alpha_{E_s} f_{tk} - \sigma_{l5}) A_s \\ &= (\sigma_{con} - \sigma_l) A_p - \sigma_{l5} A_s + f_{tk} (A_c + \alpha_E A_p + \alpha_{E_s} A_s) \\ &= \sigma_{pc\text{II}} A_0 + f_{tk} A_0 = N_0 + f_{tk} A_0 \\ &= (\sigma_{pc\text{II}} + f_{tk}) A_0 \end{aligned} \tag{9-27}$$

式中 N_{cr}——预应力混凝土轴心所受拉力。

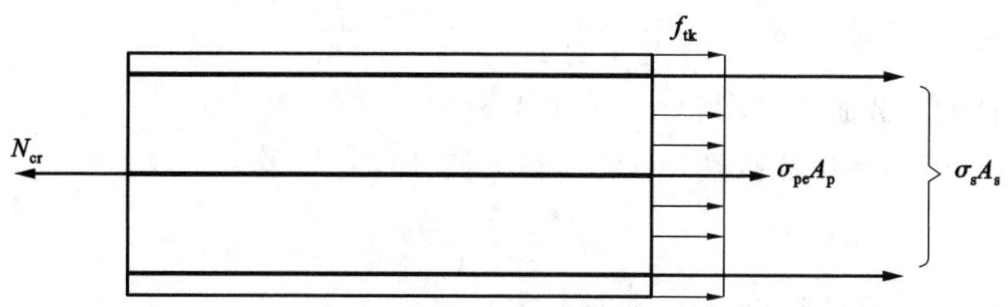

图 9-22 即将开裂时的受力示意图

构件即将开裂时所能承受的轴向力为 N_{cr}。由式(9-27)可知，因为预应力 $\sigma_{pc\text{II}}$ 的作用，预应力混凝土轴心受拉构件比普通混凝土轴心受拉构件的抗裂能力大了许多。

③ 加荷直至构件破坏。由于轴心受拉构件的裂缝沿正截面贯通，则开裂后裂缝截面混凝土完全退出工作。随着荷载继续增大，当裂缝截面上预应力筋及普通钢筋的拉应力先后到达各自的抗拉强度设计值时，贯通裂缝突然加宽，构件破坏。相应的轴向拉力极限值(即极限承载力)为 N_u。此时可列出平衡式为：

$$N_u = f_{py} A_p + f_y A_s \tag{9-28}$$

由式(9-28)可以看出，对构件施加预应力并不能提高构件的承载力，但由于预应力混凝土构件可以采用高强度的预应力筋，所以对同样截面尺寸的构件，当采用高强度的预应力筋时，预应力混凝土构件的承载力还是可以有一定的提高。

9.4.1.2 后张法轴心受拉构件

后张法与先张法不同，由于后张法是在混凝土构件上张拉预应力筋，张拉过程中，混凝土也产生弹性压缩，因而在预应力筋应力达到 σ_{con} 以前(测力仪表还在计数)，这种弹性压缩对预应力筋的应力没有影响。后张法构件施工制作阶段，一般不考虑混凝土弹性压缩引起预应力筋的应力变化，近似认为,从完成第二批预应力损失的时刻开始,预应力筋才与混凝土协调变形,此时,混凝土的起点压应力为 $\sigma_{pc\mathrm{II}}$,而预应力筋的拉应力为 $\sigma_{con}-\sigma_l$。因此,在混凝土应力达到 $\sigma_{pc\mathrm{II}}$ 以前,预应力筋的应力只扣除预应力损失;而在混凝土应力达到 $\sigma_{pc\mathrm{II}}$ 以后,预应力筋应力除扣除预应力损失外,还应考虑由于混凝土弹性变形引起的预应力筋应力改变量,其值等于相应时刻混凝土应力相对于 $\sigma_{pc\mathrm{II}}$ 改变量的 α_{E_p} 倍。

(1) 施工阶段

① 在构件上张拉预应力筋至 σ_{con},同时压缩混凝土,应力图形如图 9-23 所示。在张拉预应力筋过程中,沿构件长度方向各截面均产生了数值不等的摩擦损失 σ_{l2}。将预应力筋张拉到 σ_{con} 时,设混凝土应力为 σ_{cc}。此时,任一截面处有:

$$\sigma_{pc}=\sigma_{cc}$$

$$\sigma_{pe}=\sigma_{con}-\sigma_{l2}$$

$$\sigma_s=\alpha_{E_s}\sigma_{cc}$$

由平衡条件,得:

$$\sigma_{pe}A_p=\sigma_{pc}A_c+\sigma_sA_s$$

即:

$$(\sigma_{con}-\sigma_{l2})A_p=\sigma_{cc}A_c+\alpha_{E_s}\sigma_{cc}A_s$$

解得:

$$\sigma_{cc}=\frac{(\sigma_{con}-\sigma_{l2})A_p}{A_c+\alpha_{E_s}A_s}=\frac{(\sigma_{con}-\sigma_{l2})A_p}{A_n}\tag{9-29}$$

式中 A_n——构件的净截面面积,$A_n=A_c+\alpha_{E_s}A_s$。

在式(9-29)中,当 $\sigma_{l2}=0$(张拉端)时,σ_{cc} 达最大值,即:

$$\sigma_{cc}=\frac{\sigma_{con}A_p}{A_n}\tag{9-30}$$

式(9-30)可作为施工阶段对构件进行承载力验算的依据。

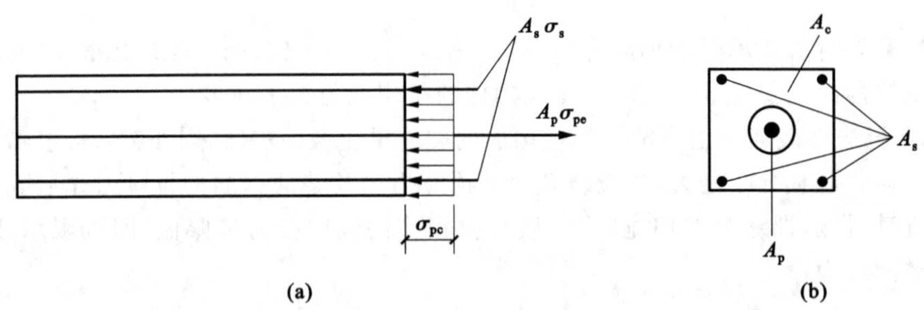

图 9-23 后张法构件截面预应力

② 完成第一批预应力损失。

当张拉完毕,将预应力筋锚固于构件上时,又发生了 σ_{l1},至此第一批预应力损失 $\sigma_{l\mathrm{I}}=\sigma_{l1}+\sigma_{l2}$ 完成。此时 $\sigma_{pc}=\sigma_{pc\mathrm{I}}$,$\sigma_{pe}=\sigma_{con}-\sigma_{l\mathrm{I}}$,$\sigma_s=\alpha_{E_s}\sigma_{pc\mathrm{I}}$,代入平衡式得:

$$(\sigma_{con}-\sigma_{l\mathrm{I}})A_p=\sigma_{pc\mathrm{I}}A_c+\alpha_{E_s}\sigma_{pc\mathrm{I}}A_s$$

解得:

$$\sigma_{pc\,\mathrm{I}} = \frac{(\sigma_{con} - \sigma_{l\,\mathrm{I}})A_p}{A_c + \alpha_{E_s} A_s} = \frac{(\sigma_{con} - \sigma_{l\,\mathrm{I}})A_p}{A_n} \tag{9-31}$$

预压应力 $\sigma_{pc\,\mathrm{I}}$ 可用于计算 σ_{l5}。

③ 完成第二批预应力损失。

第二批损失 $\sigma_{l\,\mathrm{II}}=\sigma_{l4}+\sigma_{l5}$。此时，$\sigma_{pc}=\sigma_{pc\,\mathrm{II}}$，$\sigma_{pe}=\sigma_{con}-\sigma_l$，$\sigma_s=\alpha_{E_s}\sigma_{pc\,\mathrm{II}}+\sigma_{l5}$，代入平衡式，可解得：

$$\sigma_{pc\,\mathrm{II}} = \frac{(\sigma_{con} - \sigma_l)A_p - \sigma_{l5}A_s}{A_n} \tag{9-32}$$

应力 $\sigma_{pc\,\mathrm{II}}$ 即为后张法构件中最终建立的混凝土有效预压应力。

(2) 使用阶段

① 加荷至混凝土预压应力抵消时。

消压外力为：

$$N_0 = \sigma_{pc\,\mathrm{II}} A_0 \tag{9-33}$$

后张法构件 N_0 与先张法构件的相同，但式(9-26)与式(9-33)中的 $\sigma_{pc\,\mathrm{II}}$ 计算公式不同。

② 继续加荷至混凝土即将开裂。

开裂荷载按下式计算：

$$N_{cr} = (\sigma_{pc\,\mathrm{II}} + f_{tk})A_0 \tag{9-34}$$

式(9-34)形式上与式(9-27)完全相同，不同点在于 $\sigma_{pc\,\mathrm{II}}$ 计算公式不同。式(9-34)可以作为使用阶段对构件进行抗裂验算的依据。

③ 加荷至构件破坏，后张法预应力混凝土构件开裂后，混凝土退出工作，荷载由预应力筋和普通钢筋承担。当荷载继续增大，破坏时预应力筋和普通钢筋的拉应力分别达到 f_{py}、f_y，根据力的平衡条件，可得：

$$N_u = f_{py}A_p + f_yA_s \tag{9-35}$$

N_u 是使用阶段对构件进行承载力极限状态计算的依据。

9.4.2 轴心受拉构件设计计算

预应力混凝土轴心受拉构件的设计内容主要包括使用阶段承载力计算和抗裂验算，施工阶段(制作、运输、安装)承载力验算，以及后张法构件锚具垫板下局部受压承载力验算等。

9.4.2.1 使用阶段正截面承载力计算

为保证构件在使用阶段具有足够的安全性，故承载能力极限状态的计算，荷载效应及材料强度均采用设计值。计算公式如下：

$$N \leqslant N_u = f_{py}A_p + f_yA_s \tag{9-36}$$

式中　N——轴向拉力设计值；

N_u——构件截面所能承受的轴向拉力设计值；

f_{py}——预应力筋的抗拉强度设计值；

f_y——普通钢筋的抗拉强度设计值。

应用式(9-36)计算时，一个方程只能求解一个未知量。一般是先按构造要求或经验定出普通钢筋的数量(此时 A_s 已知)，再由公式求解 A_p。

9.4.2.2 使用阶段正截面抗裂验算

轴心受拉构件，应按所处的环境类别和结构类别选用相应的裂缝控制等级，并按下列规定进行混凝土拉应力或正截面裂缝宽度验算。因属正常使用极限状态的验算,故荷载应采用标准组合或准永久组合,材料强度采用标准值。

(1) 裂缝控制等级为一级的构件

在荷载标准组合下应符合下列规定:

$$\sigma_{ck} - \sigma_{pc} \leqslant 0 \tag{9-37}$$

要求在荷载标准组合 N_k 下,克服了有效预压应力后,使构件截面混凝土不出现拉应力。其中 σ_{pc} 按式(9-25)或式(9-32)计算,并扣除全部预应力损失。由 $N_k - N_0 \leqslant 0$,得 $N_k - \sigma_{pc}A_0 \leqslant 0$,令 $\sigma_{ck} = N_k/A_0$ 即得式(9-37)。

(2) 裂缝控制等级为二级的构件

在荷载标准组合下应符合下列规定:

$$\sigma_{ck} - \sigma_{pc} \leqslant f_{tk} \tag{9-38}$$

式中 σ_{ck}——荷载标准组合下的混凝土法向应力,无论先张法或后张法轴心受拉构件均为 $\sigma_{ck} = N_k/A_0$;

σ_{pc}——扣除全部预应力损失后混凝土的预压应力,按式(9-25)或式(9-32)计算;

f_{tk}——混凝土轴心抗拉强度标准值;

A_0——构件的换算截面面积。

要求在荷载标准组合 N_k 下,克服了混凝土有效预压应力后,构件截面混凝土可以出现拉应力但不能开裂。由 $N_k - N_{cr} \leqslant 0$,即 $N_k - (\sigma_{pc} + f_{tk})A_0 \leqslant 0$,得到式(9-38)。

(3) 裂缝控制等级为三级的构件

按荷载标准组合并考虑长期作用影响计算的最大裂缝宽度,应符合下列规定:

$$w_{max} \leqslant w_{lim} \tag{9-39}$$

式中 w_{max}——按荷载标准组合并考虑长期作用影响计算的最大裂缝宽度;

w_{lim}——最大裂缝宽度限值,由附表 12 确定。

对环境类别为二 a 类的三级预应力混凝土构件,在荷载准永久组合下尚应符合下列规定:

$$\sigma_{cq} - \sigma_{pc} \leqslant f_{tk} \tag{9-40}$$

式中 σ_{cq}——荷载准永久组合下抗裂验算截面边缘的混凝土法向应力,$\sigma_{cq} = \dfrac{N_q}{A_0}$,$N_q$ 为按荷载准永久组合计算的轴向拉力值。

预应力混凝土轴心受拉构件,按荷载标准组合并考虑长期作用影响的最大裂缝宽度(mm)可按下列公式计算:

$$w_{max} = \alpha_{cr}\psi\frac{\sigma_{sk}}{E_s}\left(1.9c_s + 0.08\frac{d_{eq}}{\rho_{te}}\right) \tag{9-41}$$

$$\psi = 1.1 - 0.65\frac{f_{tk}}{\rho_{te}\sigma_{sk}} \tag{9-42}$$

$$d_{eq} = \frac{\sum n_i d_i^2}{\sum n_i \upsilon_i d_i} \tag{9-43}$$

$$\rho_{te} = \frac{A_s + A_p}{A_{te}} \tag{9-44}$$

式中 α_{cr}——构件受力特征系数,按表 9-6 选用;

表 9-6 **构件受力特征系数**

类型	α_{cr}
受弯、偏心受压	1.5
偏心受拉	—
轴心受拉	2.2

ψ——裂缝间轴向受拉钢筋应变不均匀系数，当 $\psi<0.2$ 时，取 $\psi=0.2$；当 $\psi>1.0$ 时，取 $\psi=1.0$；

σ_{sk}——按荷载标准组合计算的预应力混凝土构件纵向受拉钢筋的等效应力，对轴心受拉构件

$$\sigma_{sk}=\frac{N_k-N_{p0}}{A_p+A_s} \tag{9-45}$$

N_{p0}——混凝土法向预应力等于零时的预加力；

$$N_{p0}=\sigma_{p0}A_p-\sigma_{l5}A_s \tag{9-46}$$

σ_{p0}——受拉区预应力钢筋合力点处混凝土法向应力等于零时的预应力筋应力，N/mm²，按下式计算：先张法为 $\sigma_{p0}=\sigma_{con}-\sigma_l$；后张法为 $\sigma_{p0}=\sigma_{con}-\sigma_l+\alpha_E\sigma_{pcⅡ}$；

E_s——钢筋的弹性模量，N/mm²；

c_s——最外层纵向受拉钢筋外边缘至受拉区底边的距离，当 $c_s<20$ mm 时，取 $c_s=20$ mm；当 $c_s>65$ mm 时，取 $c_s=65$ mm；

ρ_{te}——按有效受拉混凝土截面面积计算的纵向受拉钢筋构件配筋率，在最大裂缝宽度计算中，$\rho_{te}<0.01$ 时，取 $\rho_{te}=0.01$；

A_{te}——有效受拉混凝土截面面积，对轴心受拉构件，取构件截面面积，mm²；

A_s——受拉区纵向普通钢筋截面面积，mm²；

A_p——受拉区纵向预应力筋截面面积，mm²；

d_{eq}——受拉区纵向钢筋的等效直径，mm；

d_i——受拉区第 i 种纵向钢筋的公称直径，mm，对于有黏结预应力钢绞线束的直径取为 $\sqrt{n_1}d_{p1}$，其中 d_{p1} 为单根钢绞线的公称直径，n_1 为单束钢绞线根数；

n_i——受拉区第 i 种纵向钢筋的根数，对于有黏结预应力钢绞线，取为钢绞线束数；

υ_i——受拉区第 i 种纵向钢筋的相对黏结特性系数，按表 9-7 采用。

表 9-7 **钢筋的相对黏结特性系数**

钢筋类别	钢筋		先张法预应力筋			后张法预应力筋		
	光圆钢筋	带肋钢筋	带肋钢筋	螺旋肋钢丝	钢绞线	带肋钢筋	钢绞线	光面钢丝
υ_i	0.7	1.0	1.0	0.8	0.6	0.8	0.5	0.4

注：对环氧树脂涂层带肋钢筋，其相对黏结特性系数应按表中系数的 80%取用。

抗裂验算计算截面的位置，当沿构件长度方向各截面尺寸相同时，取混凝土预压应力 σ_{pc} 最小处。先张法轴心受拉构件，应验算两端预应力传递长度范围内的截面，混凝土预压应力取值应在 0 与 σ_{pc} 之间线性内插；后张法轴心受拉构件，抗裂验算计算截面的位置应取锚固端。

9.4.2.3 施工阶段混凝土轴心受压承载力验算

预应力混凝土轴心受拉构件,在先张法切断预应力筋或后张法张拉预应力筋结束时,混凝土受到的压应力达到最大值,因此应对此施工阶段的承载力进行验算,即应满足下式要求:

$$\sigma_{cc} \leqslant 0.8 f_{ck}' \tag{9-47}$$

式中 σ_{cc}——相应施工阶段计算截面边缘纤维的混凝土压应力;

f_{ck}'——与放张(先张法)或张拉预应力筋(后张法)时混凝土立方抗压强度 f_{cu}' 相对应的抗压强度标准值,可按附表1以线性内插法确定。

对先张法取 $\sigma_{cc}=\dfrac{(\sigma_{con}-\sigma_{l\,\mathrm{I}})A_p}{A_0}$;

对后张法取 $\sigma_{cc}=\dfrac{\sigma_{con}A_p}{A_n}$。

9.4.2.4 后张法构件端部锚固区锚具垫板下局部受压承载力计算

后张法构件预压力是通过锚具、垫板传递给混凝土的,锚具、垫板下一定范围内就存在很大的局部压应力,这种压应力需要经过一定的扩散长度(大约等于构件截面的边长)后才能均匀地分布到构件的全截面,如图9-24所示。对后张法预应力混凝土构件,不论是轴心受拉构件、受弯构件还是其他构件,都须验算锚固区局部受压承载力。

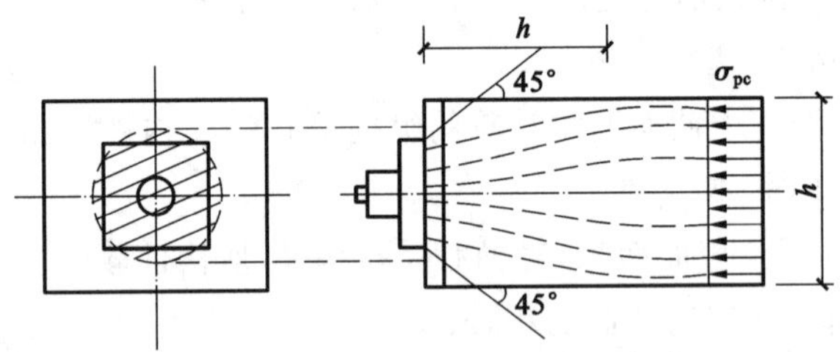

图9-24 后张法构件端部局部受压

为了确保构件锚具下的局部受压承载力及控制裂缝宽度,在预应力筋锚具下和张拉设备的支承处,须配置方格网式或螺旋式间接钢筋(图9-25)。

当配置间接钢筋且其核心面积 $A_{cor}>A_l$ 时,局部受压承载力计算公式为:

$$F_l \leqslant 0.9(\beta_c\beta_l f_c + 2\alpha\rho_v\beta_{cor} f_{yv})A_{ln} \tag{9-48}$$

当配置方格网式钢筋时[图9-25(a)],其体积配筋率 ρ_v 的计算公式为:

$$\rho_v = \frac{n_1 A_{s1} l_1 + n_2 A_{s2} l_2}{A_{cor} s} \tag{9-49}$$

此时,钢筋网两个方向上单位长度内钢筋截面面积的比值不宜大于1.5。

当配置螺旋式钢筋时[图9-25(b)],体积配筋率 ρ_v 的计算式为:

$$\rho_v = \frac{4A_{ss1}}{d_{cor} s} \tag{9-50}$$

式中 F_l——局部受压面上作用的局部荷载或局部压力设计值,对后张法预应力混凝土构件应取 $F_l=1.2\sigma_{con}A_p$。

α——间接钢筋对混凝土约束的折减系数,查表9-8。

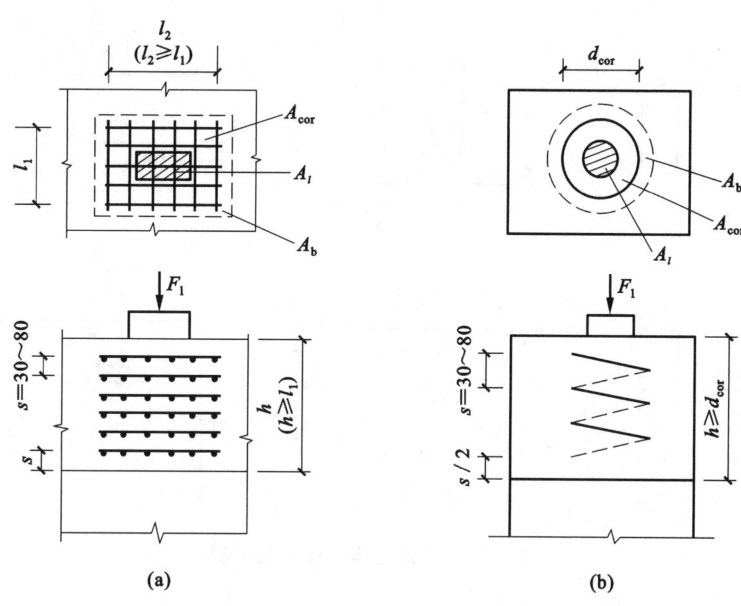

图 9-25 局部受压区的间接钢筋

(a) 方格网配筋;(b) 螺旋式配筋

β_c——混凝土强度影响系数,取值查表 9-8。

A_l——混凝土的局部受压面积,当有垫板时,应考虑预应力沿锚具边缘在垫板中按 45°角扩散后传至混凝土的受压面积(图 9-24)。

A_{ln}——混凝土的局部受压净面积,对后张法构件,应在混凝土局部受压面积中扣除孔道、凹槽部分的面积。

β_l——混凝土局部受压时的强度提高系数,$\beta_l=\sqrt{A_b/A_l}$。

β_{cor}——配置间接钢筋的局部受压承载力提高系数,按计算 β_l 的公式计算,但将 A_b 以 A_{cor} 代替,当 $A_{cor}>A_b$ 时,应取 $A_{cor}=A_b$;当 $A_{cor}\leqslant 1.25A_l$ 时,取 $\beta_{cor}=1.0$;A_b 为局部受压的计算底面积,可由局部受压面积与计算底面积按同心、对称的原则确定;对常用情况可按图 9-26 采用。

A_{cor}——方格网式或螺旋式间接钢筋内表面范围内的混凝土核心面积,其形心应与 A_l 的形心重合,计算中仍按同心、对称的原则取值。

f_c——混凝土轴心抗压强度设计值,在后张法预应力混凝土构件的张拉阶段验算中,应根据相应阶段的实际轴心抗压强度值取用。

f_{yv}——间接钢筋的抗拉强度设计值。

ρ_v——间接钢筋的体积配筋率(核心面积 A_{cor} 范围内单位混凝土体积所含间接钢筋的体积)。

n_1, A_{s1}——方格网沿 l_1 方向的钢筋根数、单根钢筋的截面面积。

n_2, A_{s2}——方格网沿 l_2 方向的钢筋根数、单根钢筋的截面面积。

A_{ss1}——单根螺旋式间接钢筋的截面面积。

d_{cor}——螺旋式间接钢筋内表面范围内的混凝土截面直径。

s——方格网式或螺旋式间接钢筋的间距,宜取 30~80 mm。

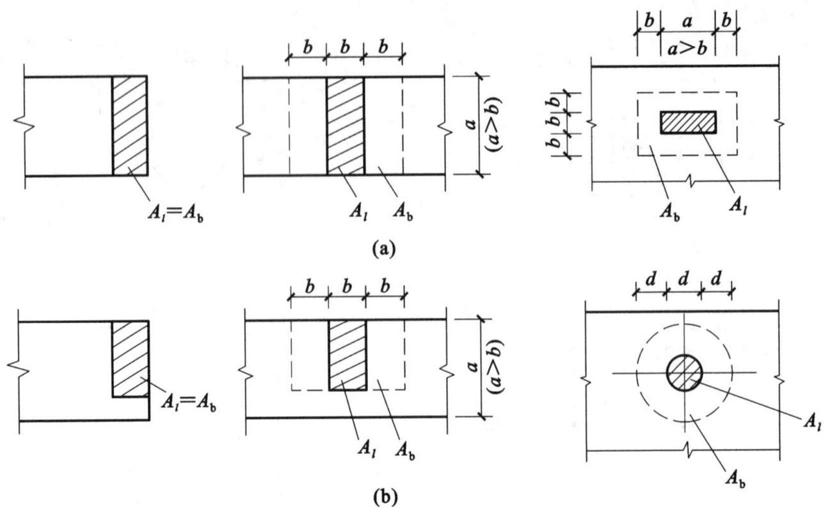

图 9-26 局部受压的计算底面积

表 9-8 系数 α_1、β_l、β_c、α

混凝土强度等级	≤C50	C55	C60	C65	C70	C75	C80
β_1	0.8	0.79	0.78	0.77	0.76	0.75	0.74
α_1	1.0	0.99	0.98	0.97	0.96	0.95	0.94
β_c	1.0	0.967	0.933	0.9	0.867	0.833	0.8
α	1.0	0.975	0.95	0.925	0.9	0.875	0.85

间接钢筋应配置在如图 9-25 所示规定的高度 h 范围内:对方格网式钢筋,不应少于 4 片;对螺旋式钢筋,不应少于 4 圈。

为了防止构件端部局部受压面积太小而在使用阶段出现裂缝,其局部受压区的截面尺寸应符合下式要求,即:

$$F_l \leqslant 1.35\beta_c\beta_l f_c A_{ln} \tag{9-51}$$

《混凝土结构设计规范(2015 年版)》(GB 50010—2010)规定,计算局部受压面积 A_l、计算底面积 A_b 和间接钢筋范围内的混凝土核心面积 A_{cor} 时,不应扣除孔道面积,经试验校核,这样计算比较合适。

【例 9-1】 已知:18 m 预应力混凝土屋架下弦杆件,截面尺寸为 280 mm×180 mm,混凝土强度等级为 C60,采用后张法一端张拉施工工艺,一端超张拉 5%,当混凝土强度达到 C60 时进行张拉,孔道采用 2Φ55,为预埋金属波纹管成型。采用直径为 120 mm 的 OVM 锚具,屋架端部构造如图 9-27 所示。预应力筋选用 1×7 标准型Φ^S12.7 低松弛钢绞线。普通钢筋选用 HRB400 级,配置 4Φ12($A_s=452$ mm^2)。外荷载在下弦产生的轴向拉力设计值(已考虑结构重要性系数)$N=1446.5$ kN,荷载标准组合作用下的轴向拉力 $N_k=1196$ kN。试设计此弦杆。

【解】 预应力筋——钢绞线:

$$f_{ptk}=1860\ \text{N/mm}^2,\quad f_{py}=1320\ \text{N/mm}^2,\quad E_p=1.95\times10^5\ \text{N/mm}^2$$

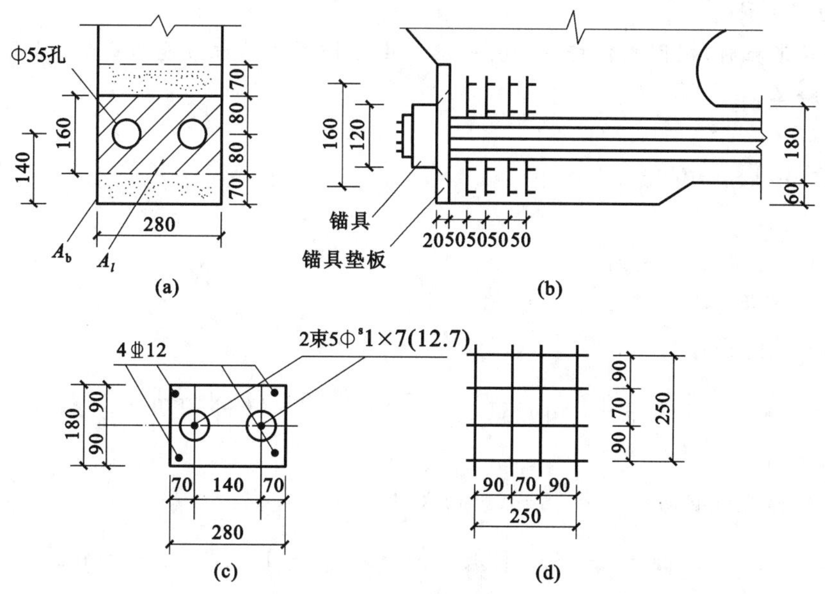

图 9-27 例 9-1 图

(a) 受压面积图;(b) 下弦端节点;(c) 下弦截面配筋;(d) 钢筋网片

$$\alpha_{E_p}=E_p/E_c=1.95\times10^5/(3.6\times10^4)=5.42$$

HRB400 级非预应力钢筋:

$$f_y=360\ \text{N/mm}^2,\quad f_{yk}=400\ \text{N/mm}^2,\quad E_s=2\times10^5\ \text{N/mm}^2$$

$$\alpha_{E_s}=E_s/E_c=2\times10^5/(3.6\times10^4)=5.56$$

混凝土 C60:

$$f_c=27.5\ \text{N/mm}^2,\quad f_{tk}=2.85\ \text{N/mm}^2,\quad E_c=3.6\times10^4\ \text{N/mm}^2$$

$$f'_{ck}=38.5\ \text{N/mm}^2,\quad f'_{cu}=60\ \text{N/mm}^2$$

(1) 使用阶段计算

① 承载力计算。

由式(9-36)可得:

$$A_p=\frac{N-f_yA_s}{f_{py}}=\frac{1446.5\times10^3-360\times452}{1320}=972.6(\text{mm}^2)$$

选用 2 束 1×7 标准型低松弛钢绞线,每束 5Φ^S12.7,则

$$A_p=2\times5\times98.7=987(\text{mm}^2)$$

② 截面几何特性。

$$A_c=280\times180-2\times\frac{\pi}{4}\times55^2-452=45199(\text{mm}^2)$$

$$A_n=A_c+\alpha_{E_s}A_s=bh-A_{孔}-A_s+\alpha_{E_s}A_s$$

$$=280\times180-2\times\frac{\pi}{4}\times55^2-452+5.56\times452=47712(\text{mm}^2)$$

$$A_0=A_n+\alpha_{E_p}A_p=47712+5.42\times987=53062(\text{mm}^2)$$

③ 张拉控制应力。

$$\sigma_{con}=0.75f_{ptk}=0.75\times1860=1395(\text{N/mm}^2)$$

④ 预应力损失计算。

后张法一端张拉时,锚固端在杆件的另一端。由于锚固端的抗裂能力最低,因而应对此处截面进行裂缝控制验算。

查表9-3得:

$k=0.0015\ \mathrm{m}^{-1}$, $\mu=0.25$。

查表9-2得:

OVM夹片式锚具 $a=5$ mm。

a. 锚具变形损失 σ_{l1}。

由式(9-6)计算,得:

$$\sigma_{l1}=\frac{a}{l}E_{\mathrm{p}}=\frac{5}{18000}\times 1.95\times 10^{5}=54.17(\mathrm{N/mm^2})$$

b. 摩擦损失 σ_{l2}。

因为是直线预应力筋,$\theta=0$, $l=18$ m,则由式(9-9)得:

$$\sigma_{l2}=\sigma_{\mathrm{con}}\left(1-\frac{1}{e^{kx+\mu\theta}}\right)=1395\times\left(1-\frac{1}{e^{0.0015\times 18}}\right)=37.16(\mathrm{N/mm^2})$$

c. 松弛损失 σ_{l4}(低松弛)。

因 $\sigma_{\mathrm{con}}=0.75f_{\mathrm{ptk}}$,故采用式(9-14)计算,即:

$$\sigma_{l4}=0.2\left(\frac{\sigma_{\mathrm{con}}}{f_{\mathrm{ptk}}}-0.575\right)\sigma_{\mathrm{con}}=0.2\times(0.75-0.575)\times 1395=48.83(\mathrm{N/mm^2})$$

d. 收缩徐变损失 σ_{l5}。

当混凝土达到100%的设计强度时开始张拉预应力筋,$f_{\mathrm{cu}}'=f_{\mathrm{cu}}=60\ \mathrm{N/mm^2}$,配筋率为:

$$\rho=\frac{A_{\mathrm{s}}+A_{\mathrm{p}}}{2A_{\mathrm{n}}}=\frac{452+987}{2\times 47712}=0.015$$

e. 混凝土弹性压缩引起的预应力损失 σ_{l7}。

一次性张拉完成后的后张法构件:

$$\sigma_{l7}=0$$

第一批损失为:

$$\sigma_{l\mathrm{I}}=\sigma_{l1}+\sigma_{l2}=54.17+37.16=91.33(\mathrm{N/mm^2})$$

由式(9-31)得:

$$\sigma_{\mathrm{pc\,I}}=\frac{(\sigma_{\mathrm{con}}-\sigma_{l\mathrm{I}})A_{\mathrm{p}}}{A_{\mathrm{n}}}=\frac{(1395-91.33)\times 987}{47712}=26.97(\mathrm{N/mm^2})$$

由于 $\frac{\sigma_{\mathrm{pc\,I}}}{f_{\mathrm{cu}}'}=\frac{26.97}{60}=0.45<0.5$,故采用式(9-19)计算,即:

$$\sigma_{l5}=\frac{55+300\frac{\sigma_{\mathrm{pc\,I}}}{f_{\mathrm{cu}}^{l}}}{1+15\rho}=\frac{55+300\times\frac{26.97}{60}}{1+15\times 0.015}=154.98(\mathrm{N/mm^2})$$

总损失为:

$$\sigma_l=\sigma_{l\mathrm{I}}+\sigma_{l4}+\sigma_{l5}+\sigma_{l7}=91.33+48.83+154.98+0=295.14(\mathrm{N/mm^2})>80(\mathrm{N/mm^2})$$

⑤ 计算截面的有效预应力。

全部损失完成后,计算截面的有效预应力采用式(9-32)计算,即:

$$\sigma_{\mathrm{pc\,II}}=\frac{(\sigma_{\mathrm{con}}-\sigma_l)A_{\mathrm{p}}-\sigma_{l5}A_{\mathrm{s}}}{A_{\mathrm{n}}}=\frac{(1395-295.14)\times 987-154.98\times 452}{47712}=21.28(\mathrm{N/mm^2})$$

⑥ 抗裂验算。

荷载标准组合下：

$$\sigma_{ck}=\frac{N_k}{A_0}=\frac{1196\times10^3}{53062}=22.54(\text{N/mm}^2)$$

则

$$\sigma_{ck}-\sigma_{pc\,\text{II}}=22.54-21.28=1.26(\text{N/mm}^2)<f_{tk}=2.85(\text{N/mm}^2)$$

满足要求。

(2) 施工阶段计算

① 混凝土轴心受压承载力验算。

超张拉时张拉端混凝土所受的最大压应力为：

$$\sigma_{cc}=\frac{N_p}{A_n}=\frac{1.05\times1395\times987}{47712}=30.30(\text{N/mm}^2)<0.8f'_{ck}=0.8\times38.5=30.80(\text{N/mm}^2)$$

满足要求。

② 屋架端部混凝土局部受压承载力验算。

屋架端部构造如图 9-27 所示。由于 OVM 锚具直径为 120 mm，锚具下垫板厚为 20 mm，垫板沿 45°刚性角扩散后的截面为圆形，不论是 A_l 还是 A_b 均应该是圆形面积，但在计算中为了简便近似按矩形面积计算。

局部受压面积为：

$$A_l=280\times(120+2\times20)=44800(\text{mm}^2)$$

局部受压净面积为：

$$A_{ln}=A_l-A_{孔}=44800-2\times\frac{\pi}{4}\times55^2=40051(\text{mm}^2)$$

局部受压计算底面积为：

$$A_b=280\times(160+2\times70)=84000(\text{mm}^2)$$

局部压力设计值为：

$$F_l=1.2\sigma_{con}A_p=1.2\times1395\times987\times10^{-3}=1652(\text{kN})$$

验算局部受压区截面尺寸是否满足要求。

对 C60 级混凝土，由表 9-6 查得 $\beta_c=0.933$，$\alpha=0.95$，按式(9-51)计算，则：

$$1.35\beta_c\beta_l f_c A_{ln}=1.35\times0.933\times\sqrt{\frac{84000}{44800}}\times27.5\times40051\times10^{-3}=1899.6(\text{kN})>F_l=1652(\text{kN})$$

满足要求。

设间接钢筋采用 4 片Φ8 的 HPB300 级($f_{yv}=270$ N/mm²)焊接方格网片，间距 $s=50$ mm，网片配置情况如图 9-27 所示，构件端部局部受压承载力按式(9-48)计算。

混凝土核心面积为：

$$A_{cor}=250\times250=62500(\text{mm}^2)<A_b=84000(\text{mm}^2)$$

$$\beta_{cor}=\sqrt{\frac{A_{cor}}{A_l}}=\sqrt{\frac{62500}{44800}}=1.181$$

间接钢筋的体积配筋率为：

$$\rho_v=\frac{n_1A_{s1}l_1+n_2A_{s2}l_2}{A_{cor}s}=\frac{4\times50.3\times250+4\times50.3\times250}{62500\times50}=0.032$$

配置间接钢筋后局部受压承载力验算：

$$0.9(\beta_c\beta_l f_c+2\alpha\rho_v\beta_{cor}f_{yv})A_{ln}$$
$$=0.9\times(0.933\times1.369\times27.5+2\times0.95\times0.032\times1.181\times270)\times40051$$
$$=1964949(\text{N})=1965(\text{kN})>F_l=1652(\text{kN})$$

满足要求。

9.5 预应力混凝土受弯构件设计

9.5.1 预应力混凝土受弯构件应力计算

预应力混凝土受弯构件中,预应力筋的布置有直线型,也有曲线型。主要的预应力筋(截面面积 A_p)配置在使用阶段的受拉区(即施工阶段的受压区,也称为预压区)。同时为了防止构件在制作、运输和吊装等施工阶段,构件的使用阶段受压区(称为预拉区,即在预应力作用下可能受拉)出现裂缝或裂缝过宽,有时也在受压区设置预应力筋 A_p';普通钢筋配置在相应预应力筋的外侧,与箍筋构成钢筋骨架。由于预应力混凝土受弯构件截面区钢筋为非对称布置,因此,通过张拉预应力筋建立的混凝土预应力 σ_{pc} 值(一般为压应力,预拉区有时也可能为拉应力)沿截面高度方向是变化的。

9.5.1.1 施工阶段应力计算

仿照轴心受拉构件,计算预应力混凝土受弯构件中由预加力产生的混凝土法向应力 σ_{pc} 时,可看作将一个偏心压力 N_p 作用于构件截面上,然后按材料力学公式计算(图 9-28)。计算时,先张法用构件的换算截面(面积 A_0,惯性矩 I_0),而后张法用构件的净截面(A_n,I_n)。计算公式如下。

先张法:

$$\sigma_{pc}=\frac{N_p}{A_0}\pm\frac{N_p e_{p0}}{I_0}y_0 \tag{9-52}$$

预应力筋的有效预应力:

$$\sigma_{pe}=\sigma_{con}-\sigma_l-\alpha_E\sigma_{pc} \tag{9-53}$$

预应力筋合力点处混凝土法向应力等于零时的预应力筋应力:

$$\sigma_{p0}=\sigma_{con}-\sigma_l \tag{9-54}$$

后张法:

$$\sigma_{pc}=\frac{N_p}{A_n}\pm\frac{N_p e_{pn}}{I_n}y_n\pm\frac{M_2}{I_n}y_n \tag{9-55}$$

预应力筋的有效预应力:

$$\sigma_{pe}=\sigma_{con}-\sigma_l \tag{9-56}$$

预应力筋合力点处混凝土法向应力等于零时的预应力筋应力:

$$\sigma_{p0}=\sigma_{con}-\sigma_l+\alpha_E\sigma_{pc} \tag{9-57}$$

式中 A_0——构件的换算截面面积,包括扣除孔道、凹槽等削弱部分以外的混凝土全部截面面积以及全部纵向预应力筋和普通钢筋截面面积换算成混凝土的截面面积;

A_n——构件的净截面面积,换算截面面积减去全部纵向预应力筋换算成混凝土的截面积;

I_0,I_n——换算截面惯性矩、净截面惯性矩;

e_{p0},e_{pn}——换算截面形心、净截面形心至预应力筋及普通钢筋合力点的距离,即 N_p 的偏心距;

y_0,y_n——换算截面形心、净截面形心至所计算纤维处的距离；

N_p——预应力筋及普通钢筋的合力；

M_2——由预加力 N_p 在后张法预应力混凝土超静定结构中产生的次弯矩。

在式(9-52)、式(9-55)中，"±"号表示等号右边第二项、第三项与第一项的应力方向相同时取加号，相反时取减号。

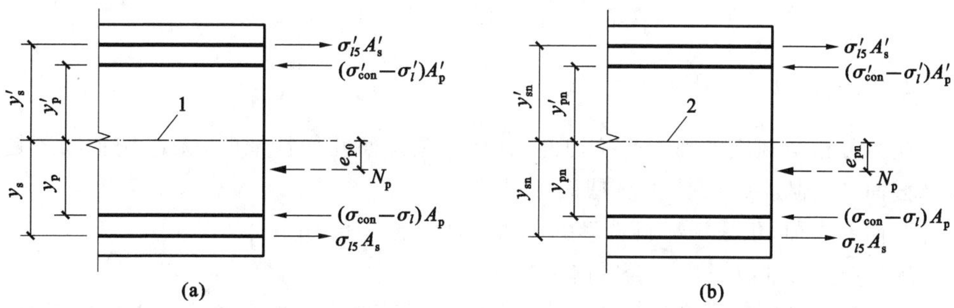

图 9-28 预加力作用点位置

(a) 先张法构件；(b) 后张法构件

1—换算截面形心轴；2—净截面形心轴

(1) 预应力筋及普通钢筋的合力 N_p(图 9-28)

无论先、后张法，偏心压力 N_p 均按下列计算：

$$N_p=(\sigma_{con}-\sigma_l)A_p+(\sigma'_{con}-\sigma'_l)A'_p-\sigma_{l5}A_s-\sigma'_{l5}A'_s \tag{9-58}$$

(2) 预应力筋及普通钢筋合力点的偏心距

先张法构件，根据合力 N_p 对形心轴取矩等于各分力力矩之和，可得：

$$e_{p0}=\frac{(\sigma_{con}-\sigma_l)A_py_p-(\sigma'_{con}-\sigma'_l)A'_py'_p-\sigma_{l5}A_sy_s+\sigma'_{l5}A'_sy'_s}{N_p} \tag{9-59}$$

后张法构件，根据合力 N_p 对形心轴取矩等于各分力力矩之和，可得：

$$e_{pn}=\frac{(\sigma_{con}-\sigma_l)A_py_{pn}-(\sigma'_{con}-\sigma'_l)A'_py'_{pn}-\sigma_{l5}A_sy_{sn}+\sigma'_{l5}A'_sy'_{sn}}{N_p} \tag{9-60}$$

式中 σ_l——相应阶段的预应力损失值；

A_p,A'_p——分别为受拉区、受压区纵向预应力筋的截面面积；

A_s,A'_s——分别为受拉区、受压区纵向普通钢筋的截面面积；

y_p,y'_p——分别为受拉区、受压区的预应力筋合力点至换算截面形心的距离；

y_s,y'_s——分别为受拉区、受压区的普通钢筋截面形心至换算截面形心的距离；

σ_{l5},σ'_{l5}——分别为受拉区、受压区的预应力筋在各自合力点处由混凝土收缩和徐变引起的预应力损失值；

y_{pn},y'_{pn}——分别为受拉区、受压区的预应力筋合力点至净截面形心的距离；

y_{sn},y'_{sn}——分别为受拉区、受压区的普通钢筋重心至净截面形心的距离。

当式(9-58)～式(9-60)中的 $A'_p=0$(即受压区不配置预应力筋)时，可取式中 $\sigma'_{l5}=0$；当计算第一批损失完成后混凝土的预应力时，式(9-58)～式(9-60)中，令 $\sigma_l=\sigma_{l\text{I}}$，$\sigma'_l=\sigma'_{l1}$，并取 $\sigma_{l5}=0$，$\sigma'_{l5}=0$；计算全部损失完成后的混凝土预应力时，取 $\sigma_l=\sigma_{l\text{I}}+\sigma_{l\text{II}}$，$\sigma'_l=\sigma'_{l1}+\sigma'_{l2}$，此时 σ_{l5} 和 σ'_{l5} 已经发生。

(3) 截面几何特征

先张法构件：

$$A_0 = A_c + \alpha_{E_s} A_s + \alpha'_{E_s} A'_s + \alpha_{E_p} A_p + \alpha_{E_p}' A'_p$$
$$A_c = A - A_s - A'_s - A_p - A'_p$$

后张法构件：

$$A_n = A_c + \alpha_{E_s} A_s + \alpha'_{E_s} A'_s$$
$$A_0 = A_n + \alpha_{E_p} A_p + \alpha_{E_p}' A'_p$$
$$A_c = A - A_s - A'_s - A_{孔}$$

9.5.1.2 使用阶段应力计算

此阶段应力分析与预应力轴心受拉构件相似，涉及截面几何特征时，无论先张法还是后张法，都采用换算截面 A_0、惯性矩 I_0 及换算截面形心轴。

在构件截面开裂前，仍采用材料力学的分析方法。

(1) 加荷至受拉边混凝土应力为零时的弯矩 M_0

如图 9-29 所示，此时有效预压应力 σ_{pcII} 恰好抵消外荷载弯矩在受拉边产生的拉应力，故有：

$$\sigma_{pcII} - \frac{M_0}{W_0} = 0$$

可得：

$$M_0 = \sigma_{pcII} W_0 \tag{9-61}$$

式中 σ_{pcII}——第二批损失完成后，受弯构件受拉边缘处的混凝土预压应力，对先、后张法分别按式(9-52)和式(9-55)计算；

W_0——换算截面受拉边缘的弹性抵抗矩，$W_0 = I_0 / y_{01}$；

y_{01}——换算截面形心至受拉边缘的距离。

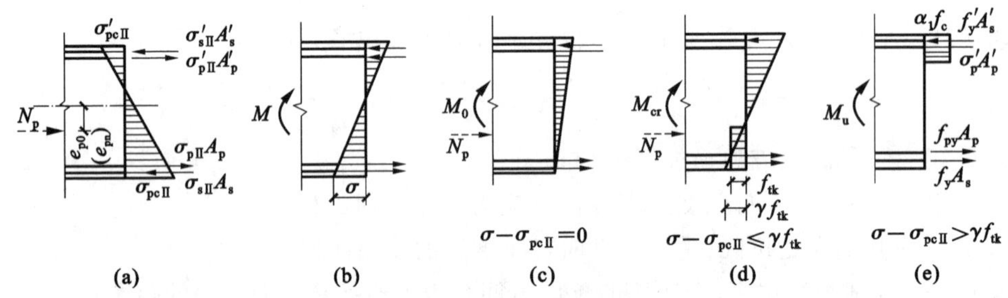

图 9-29 预应力受弯构件截面应力变化

(a) 仅有预应力作用；(b) 仅有荷载作用；(c) 截面下边缘混凝土应力为零；
(d) 截面下边缘混凝土即将出现裂缝；(e) 承载力极限状态

必须注意，受弯构件中，当加荷至 M_0 时，仅截面受拉边缘处的混凝土应力为零，而截面上其他纤维处的混凝土应力都不等于零。对于轴心受拉构件，当加荷至 N_0 时，全截面的混凝土应力均等于零。

(2) 加荷至受拉区混凝土开裂前瞬间

加荷至受拉边缘混凝土即将开裂时，设开裂弯矩为 M_{cr}。对预应力混凝土受弯构件，确定 M_{cr} 有弹性和塑性两种考虑方法，按弹性计算的开裂弯矩值偏小，《混凝土结构设计规范(2015 年版)》(GB 50010—2010)建议采用下列公式计算，即：

$$M_{cr} = (\sigma_{pcII} + \gamma f_{tk}) W_0 \tag{9-62}$$

$$\gamma = \left(0.7 + \frac{120}{h}\right)\gamma_m \tag{9-63}$$

式中 γ——截面抵抗矩塑性影响系数，$\gamma>1$；

γ_m——截面抵抗矩塑性影响系数基本值，对矩形截面取 1.55，其他截面查《混凝土结构设计规范(2015 年版)》(GB 50010—2010)表 7.2.4；

h——截面高度，当 $h<400$ mm 时，取 $h=400$ mm；当 $h>1600$ mm 时，取 $h=1600$ mm；对圆形、环形截面，取 $h=2r$，此处，r 为圆形截面半径或环形截面的外环半径。

(3) 预加力 N_p 在后张法预应力混凝土超静定结构中产生的次弯矩和次剪力

在后张法预应力混凝土超静定结构中存在支座等多余约束。当预加力超静定梁引起的构件变形受到支座约束时，将产生支座反力，并由该反力产生次弯矩 M_2，使预应力筋的轴线与压力线不一致。因此，在计算由预加力在截面中产生的混凝土法向应力时，要考虑该次弯矩 M_2 的影响。

规范规定，对后张法预应力混凝土超静定结构进行正截面受弯承载力计算与抗裂验算时，在弯矩设计值中应组合次弯矩；在进行斜截面受剪承载力计算及抗裂验算时，在剪力设计值中应组合次剪力。

按弹性分析计算时，次弯矩 M_2 宜按下列公式确定：

$$M_2 = M_r - M_1 \tag{9-64}$$

$$M_1 = N_p e_{pn} \tag{9-65}$$

式中 N_p——预应力筋及普通钢筋的合力(或预加力)，按式(9-58)计算；

e_{pn}——净截面形心至预应力筋及普通钢筋合力点的距离，按式(9-60)计算；

M_1——预加力 N_p 对净截面形心偏心引起的弯矩值，也称主弯矩；

M_r——由预加力 N_p 的等效荷载在结构构件截面上产生的弯矩值，也称综合弯矩。

在对截面进行受弯及受剪承载力计算时，当组合的次弯矩、次剪力不利时，预应力分项系数取 1.2；有利时取 1.0。

对后张法预应力混凝土框架梁及连续梁，在满足纵向受力钢筋最小配筋率的条件下，当截面相对受压区高度 $\xi\leqslant0.3$ 时，可考虑内力重分布，支座截面弯矩可按 10% 调幅，并应满足正常使用极限状态验算要求；当 $\xi>0.3$ 时，不考虑内力重分布。

9.5.2 预应力混凝土受弯构件正截面受弯承载力计算

9.5.2.1 预应力混凝土受弯构件正截面受弯承载力极限状态

预应力混凝土受弯构件达到正截面承载力极限状态时，与普通钢筋混凝土受弯构件类似，当 $\xi\leqslant\xi_b$ 时，受拉区预应力筋 A_p 与普通钢筋 A_s 受拉屈服；然后受压混凝土边缘纤维达到极限压应变。当 $\xi>2a_s'/h_0$ 时，普通钢筋 A_s' 能受压屈服。

与普通钢筋混凝土受弯构件不同的是：一是界限破坏时 ξ_b 的表达式不同，预应力筋的应力增量应采用 $(f_{py}-\sigma_{p0})$ 代替 f_y，当采用钢丝、钢绞线等无明显屈服点钢筋时，取相应的应变为 $\varepsilon_{py}=0.002+(f_{py}-\sigma_{p0})/E_s$。二是配置在预拉区的预应力筋 A_p' 将不会屈服。原因是该钢筋在施工阶段处于高拉应力状态，而在外荷载作用下又始终处于构件受压区，荷载产生的压应力难以抵消预拉应力后再使该预应力钢筋屈服。

ξ_b 的计算公式为：

$$\xi_b = \frac{\beta_1}{1+\frac{0.002}{\varepsilon_{cu}}+\frac{f_{py}-\sigma_{p0}}{E_s\varepsilon_{cu}}} \tag{9-66}$$

承载能力极限状态下的预拉区预应力筋 A_p' 的应力 σ_p' 的计算公式为：

$$\sigma_{p0}' = \sigma_{p0}' - f_{py}' \tag{9-67}$$

式中 σ_{p0}'——构件受拉边混凝土应力为零时 A_p' 的应力。对先张法为 $\sigma_{p0}'=\sigma_{con}'-\sigma_l'$，对后张法为 $\sigma_{p0}'=\sigma_{con}'-\sigma_l'+\alpha_{E_p}\sigma_{pc\,\mathrm{II}}'$。

9.5.2.2 矩形截面预应力混凝土受弯构件正截面受弯承载力计算

与普通混凝土受弯构件类似，图9-30所示平面力系有两个独立平衡方程。

由受拉区预应力筋和普通钢筋合力点的力矩平衡条件（即 $\sum M=0$）可得：

$$M \leqslant M_u = \alpha_1 f_c bx\left(h_0-\frac{x}{2}\right)+f_y'A_s'(h_0-a_s')-(\sigma_{p0}'-f_{py}')A_p'(h_0-a_p') \tag{9-68}$$

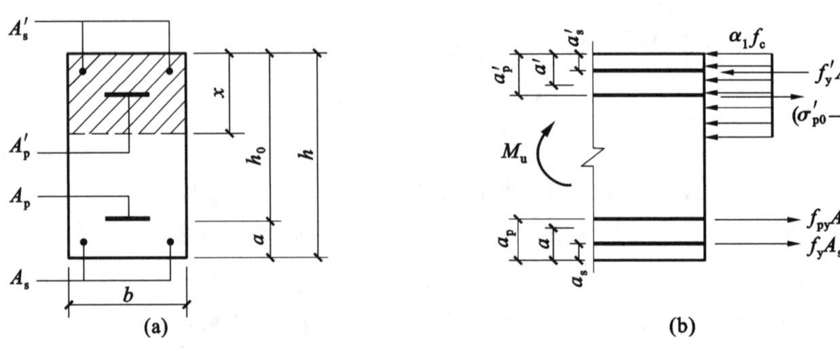

图9-30 矩形截面受弯构件正截面受弯承载力计算

由水平方向力的平衡条件（即 $\sum X=0$）可得：

$$\alpha_1 f_c bx = f_yA_s - f_y'A_s' + f_{py}A_p + (\sigma_{p0}'-f_{py}')A_p' \tag{9-69}$$

式(9-68)和式(9-69)联立可求解两个独立未知量。

公式的适用条件为：

$$x \leqslant \xi_b h_0 \tag{9-70}$$

$$x \geqslant 2a' \tag{9-71}$$

式中 M——弯矩设计值；

M_u——受弯承载力设计值；

A_s, A_s'——分别为受拉区、受压区纵向普通钢筋的截面面积；

A_p, A_p'——分别为受拉区、受压区纵向预应力筋的截面面积；

a_s', a_p'——分别为受压区纵向普通钢筋合力点、预应力筋合力点至截面受压边缘的距离；

a'——受压区全部纵向钢筋合力点至截面受压边缘的距离，当受压区未配置纵向预应力筋或受压区纵向预应力筋应力$(\sigma_{p0}'-f_{py}')$为拉应力时，式(9-71)中的 a' 用 a_s' 代替；

h_0——截面有效高度，为受拉区预应力筋和普通钢筋合力点至截面受压边缘的距离，$h_0=h-a$；

a——受拉区全部纵向钢筋合力点至截面受拉边缘的距离，按下式计算：

$$a=\frac{A_p f_{py} a_p + A_s f_y a_s}{A_p f_{py} + A_s f_y} \tag{9-72}$$

a_s，a_p——分别为受拉区纵向普通钢筋合力点、预应力筋合力点至截面受拉边缘的距离。

与普通混凝土受弯构件类似，满足式(9-70)，能保证破坏时受拉纵筋达到屈服强度；而式(9-71)则是保证破坏时普通受压纵筋屈服(因为破坏时 A_p' 总不能达到屈服，所以直接改用 $x \geqslant 2a_s'$，更简单也更合理)。

9.5.2.3 翼缘位于受压区的T形、I形截面受弯构件正截面受弯承载力计算

T形截面翼缘位于受压区时，应先判断是第一类T形截面还是第二类T形截面。T形截面受弯构件承载力计算的计算简图，如图9-31所示。

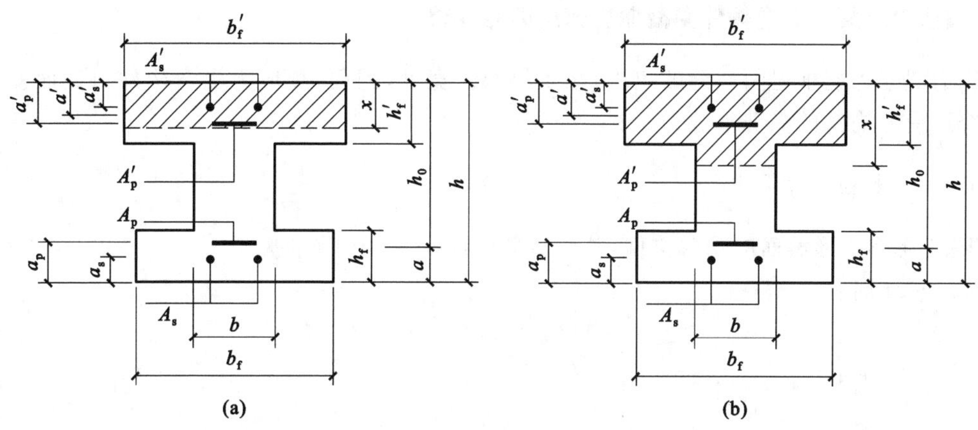

图9-31 T形(I形)截面受弯构件承载力计算简图

(a) $x \leqslant h_f'$；(b) $x > h_f'$

① 当符合下列条件时，属第一类T形截面[图9-31(a)]：

$$f_y A_s + f_{py} A_p \leqslant \alpha_1 f_c b_f' h_f' + f_y' A_s' - (\sigma_{p0}' - f_{py}') A_p' \tag{9-73}$$

按宽度为 b_f' 的矩形截面计算。

② 当不符合式(9-73)的条件时，为第二类T形截面[图9-31(b)]，其正截面受弯承载力应按下列公式计算。

由受拉区预应力筋和普通钢筋合力点的力矩平衡条件可得：

$$M \leqslant M_u = \alpha_1 f_c b x \left(h_0 - \frac{x}{2}\right) + \alpha_1 f_c (b_f' - b) h_f' \left(h_0 - \frac{h_f'}{2}\right) + f_y' A_s' (h_0 - a_s') - (\sigma_{p0}' - f_{py}') A_p' (h_0 - a_p') \tag{9-74}$$

由水平方向的平衡条件可得：

$$\alpha_1 f_c [b x + (b_f' - b) h_f'] = f_y A_s - f_y' A_s' + f_{py} A_p + (\sigma_{p0}' - f_{py}') A_p' \tag{9-75}$$

式中 h_f'——T形、I形截面受压区的翼缘高度；

b_f'——T形、I形截面受压区的翼缘计算宽度。

按式(9-74)和式(9-75)计算T形、I形截面受弯构件时，混凝土受压区高度仍应符合式(9-70)和式(9-71)的要求。

当计算中计入纵向普通受压钢筋时，应符合式(9-71)的条件；当不符合此条件时，认为破坏时

受压区普通钢筋 A_s' 达不到 f_y'，可近似取 $x=2a_s'$（此时受压区混凝土合力作用点与 A_s' 形心正好重合），并对 A_s' 形心处取矩得：

$$M \leqslant M_u = f_{py}A_p(h-a_p-a_s') + f_yA_s(h-a_s-a_s') + (\sigma_{p0}'-f_{py}')A_p'(a_p'-a_s') \tag{9-76}$$

式中 a_s，a_p——受拉区纵向普通钢筋合力点、预应力筋合力点至截面受拉边缘的距离。

预应力混凝土受弯构件的正截面受弯承载力设计值应符合下列要求：

$$M_u \geqslant M_{cr} \tag{9-77}$$

式中 M_u——构件的正截面受弯承载力设计值，按式(9-68)、式(9-74)或式(9-76)计算；

M_{cr}——构件的正截面开裂弯矩值，按式(9-62)计算。

无论设计或复核，与普通混凝土受弯构件类似，预应力混凝土受弯构件的正截面计算也是求解两个独立平衡方程的问题。

9.5.3 预应力混凝土受弯构件斜截面受剪承载力计算

预应力混凝土能推迟斜裂缝的出现、减小斜裂缝宽度，因而，预应力受弯构件斜截面受剪承载力高于普通受弯构件的受剪承载力。

9.5.3.1 截面尺寸要求

矩形、T 形和 I 形截面的受弯构件，其受剪截面应符合下列条件。

当 $h_w/b<4$ 时：

$$V \leqslant 0.25\beta_c f_c bh_0 \tag{9-78}$$

当 $h_w/b \geqslant 6$ 时：

$$V \leqslant 0.2\beta_c f_c bh_0 \tag{9-79}$$

当 $4<h_w/b<6$ 时，按线性内插法确定。

9.5.3.2 仅配箍筋时预应力受弯构件的斜截面受剪承载力

矩形、T 形和 I 形截面的一般预应力混凝土受弯构件，当仅配置箍筋时，其斜截面受剪承载力应按下列公式计算：

$$V \leqslant V_{cs} + V_p \tag{9-80}$$

$$V_p = 0.05N_{p0} \tag{9-81}$$

式中 V——构件斜截面上的最大剪力设计值；

V_p——由预加力所提高的构件的受剪承载力设计值；

V_{cs}——构件斜截面上混凝土和箍筋的受剪承载力设计值，其计算公式与普通混凝土受弯构件相同；

N_{p0}——计算截面上混凝土法向预应力等于零时的纵向预应力筋及普通钢筋的合力，当 $N_{p0}>0.3f_cA_0$ 时，取 $N_{p0}=0.3f_cA_0$，此处，A_0 为构件的换算截面面积。

对预应力混凝土受弯构件，N_{p0} 按下式计算：

$$N_{p0} = \sigma_{p0}A_p + \sigma_{p0}'A_p' - \sigma_{l5}A_s - \sigma_{l5}'A_s' \tag{9-82}$$

从式(9-80)可知，一般情况下预应力对梁的受剪承载力起有利作用。这主要是因为当 N_{p0} 对梁产生的弯矩与外弯矩方向相反时，预压应力能阻止斜裂缝的出现和开展，增加了混凝土剪压区高度，能提高混凝土剪压区所承担的剪力。而对合力 N_{p0} 引起的截面弯矩与外弯矩方向相同的情况，预应力对受剪承载力起不利作用，取 $V_p=0$。

9.5.3.3　同时配置箍筋和弯起钢筋时预应力构件的斜截面受剪承载力

矩形、T形和I形截面的预应力混凝土受弯构件，当配置箍筋和弯起钢筋时，其斜截面受剪承载力按以下公式计算：

$$V \leqslant V_{cs} + V_p + 0.8 f_y A_{sb} \sin\alpha_s + 0.8 f_{py} A_{pb} \sin\alpha_p \tag{9-83}$$

式中　V——配置弯起钢筋处的剪力设计值；

V_p——按式(9-81)计算，但计算合力 N_{p0} 时不考虑弯起预应力筋的作用；

A_{sb}，A_{pb}——同一弯起平面内的弯起普通钢筋、弯起预应力筋的截面面积；

α_s，α_p——斜截面上弯起普通钢筋、弯起预应力筋的切线与构件纵向轴线的夹角。

矩形、T形和I形截面的一般预应力混凝土受弯构件，当符合下式的要求：

$$V \leqslant 0.7 f_t b h_0 + 0.05 N_{p0} \tag{9-84}$$

集中荷载作用下的独立梁，当符合下式的要求：

$$V \leqslant \frac{1.75}{\lambda + 1} f_t b h_0 + 0.05 N_{p0} \tag{9-85}$$

矩形、T形和I形截面的一般预应力混凝土受弯构件以及集中荷载作用下的独立梁，均可不进行斜截面的受剪承载力计算，仅需按构造要求配置箍筋。

9.5.4　预应力混凝土受弯构件裂缝控制验算

预应力混凝土受弯构件裂缝控制验算包括正截面和斜截面两部分。

9.5.4.1　正截面裂缝控制验算

对预应力混凝土受弯构件，应按其所处环境类别和结构类别选用相应的裂缝等级，并进行受拉边缘法向应力或正截面裂缝宽度验算。验算公式的形式与预应力混凝土轴心受拉构件的相同(但要注意，这里计算的混凝土应力是截面受拉边缘处之值)，即：

(1) 一级：严格要求不出现裂缝的构件

在荷载标准组合下，应符合下列规定：

$$\sigma_{ck} - \sigma_{pc} \leqslant 0 \tag{9-86}$$

在受弯构件的受拉边缘，当在荷载标准组合的弯矩值 M_k 下不允许出现拉应力时，应有 $M_k \leqslant M_0$，即 $M_k \leqslant \sigma_{pc} W_0$，令 $\sigma_{ck} = M_k / W_0$，即可得式(9-86)。

(2) 二级：一般要求不出现裂缝的构件

在荷载标准组合下应符合下列规定：

$$\sigma_{ck} - \sigma_{pc} \leqslant f_{tk} \tag{9-87}$$

对受弯构件的受拉边缘，当在荷载标准组合的弯矩值 M_k 下不允许开裂时，$M_k \leqslant M_{cr}$，按弹性方法计算 $M_k \leqslant (\sigma_{pc} + f_{tk}) W_0$；考虑混凝土塑性计算时 $M_k \leqslant (\sigma_{pc} + \gamma f_{tk}) W_0$，可得验算式 $\sigma_{ck} - \sigma_{pc} \leqslant \gamma f_{tk}$，因 $\gamma > 1$，采用式(9-87)计算控制较严格。

(3) 三级：允许出现裂缝的构件

按荷载标准组合并考虑长期作用影响计算的最大裂缝宽度，应符合下列规定：

$$w_{max} \leqslant w_{lim} \tag{9-88}$$

式中　σ_{ck}——荷载标准组合下受拉边缘的混凝土法向应力；

σ_{pc}——扣除全部预应力损失后在受拉边缘混凝土预压应力；

f_{tk}——混凝土轴心抗拉强度标准值；

w_{max}——按荷载标准组合并考虑长期作用影响计算的最大裂缝宽度；

w_{lim}——最大裂缝宽度限值。

对环境类别为二 a 类的三级预应力混凝土构件，在荷载准永久组合下尚应符合下列规定：

$$\sigma_{cq} - \sigma_{pc} \leqslant f_{tk} \tag{9-89}$$

式中 σ_{cq}——荷载准永久组合下抗裂验算截面边缘的混凝土法向应力，$\sigma_{cq} = M_q / W_0$，M_q 为按荷载准永久组合计算的弯矩值。

矩形、T 形、倒 T 形和 I 形截面的预应力混凝土轴心受拉和受弯构件中，按荷载效应的标准组合并考虑长期作用影响的最大裂缝宽度 ω_{max} 仍可按式(9-41)计算。

在荷载效应的标准组合下，预应力混凝土构件受拉区纵向钢筋的等效应力可按下列公式计算：

① 轴心受拉构件：

$$\sigma_{sk} = \frac{N_k - N_{po} + N_2}{A_p + A_s} \tag{9-90}$$

② 受弯构件：

对有黏结预应力混凝土受弯构件：

$$\sigma_{sk} = \frac{M_k \pm M_2 - N_{po}(z - e_p) + N_2\left(z - \dfrac{h}{2} + a\right)}{(A_p + A_s)z} \tag{9-91}$$

$$z = \left[0.87 - 0.12(1 - \gamma'_f)\left(\frac{h_0}{e}\right)^2\right]h_0 \tag{9-92}$$

$$e = \frac{M_k + M_2 + N_{po}e_p + N_2\left(\dfrac{h}{2} - a\right)}{N_{po} + N_2} \tag{9-93}$$

$$\gamma_f' = \frac{(b_f' - b)h_f'}{bh_0} \tag{9-94}$$

对无黏结预应力混凝土受弯构件：

$$\sigma_{sk} = \frac{M_k + M_2 - N_{po}(z - e_p) + N_2\left(z - \dfrac{h}{2} + a\right)}{(0.3A_p + A_s)z} \tag{9-95}$$

③ 偏心受拉构件：

$$\sigma_{sk} = \frac{M_k + M_2 - N_{po}(z - e_p) + (N_k - N_2)\left(z - \dfrac{h}{2} + a\right)}{(A_p + A_s)z} \tag{9-96}$$

$$e = \frac{M_k + M_2 + N_{po}e_p - (N_k - N_2)\left(\dfrac{h}{2} - a\right)}{N_{po} + N_2 - N_k} \tag{9-97}$$

④ 偏心受压构件：

$$\sigma_{sk} = \frac{M_k + M_2 - N_{po}(z - e_p) - (N_k - N_2)\left(z - \dfrac{h}{2} + a\right)}{(A_p + A_s)z} \tag{9-98}$$

$$e = \frac{M_k + M_2 + N_{po}e_p + (N_k - N_2)\left(\dfrac{h}{2} - a\right)}{N_{po} - N_2 + N_k} \tag{9-99}$$

$$M_{cr} = (\sigma_{pc} + \gamma f_{tk})W_0 \tag{9-100}$$

式中 A_p——受拉区纵向预应力筋截面面积，mm^2。对轴心受拉构件，取全部纵向预应力筋截面面积；对受弯构件，取受拉区纵向预应力筋截面面积。

z——受拉区纵向普通钢筋和预应力筋合力点至截面受压区合力点的距离，mm。

e——轴向压力作用点至纵向受拉钢筋合力点的距离，mm。

e_p——混凝土法向预应力等于零时全部纵向预应力筋和普通钢筋的合力 N_p 的作用点至受拉区纵向预应力筋和普通钢筋合力点的距离，mm。

M_2——由预加力在后张法预应力混凝土超静定结构中产生的次弯矩，N·mm。

N_2——由预加力在后张法预应力混凝土超静定结构中产生的次轴力，N。

γ_f'——受压翼缘截面面积与腹板有效截面面积的比值。

b_f'、h_f'——受压翼缘的宽度、高度，mm，在式(9-94)中，当 $h_f'>0.2h_0$ 时，取 $h_f'=0.2h_0$。

9.5.4.2 斜截面裂缝控制验算

对严格要求和一般要求不出现裂缝的构件，要选择跨度内不利位置的截面，对该截面的换算截面形心处和截面宽度剧烈改变处验算混凝土主拉应力和主压应力。

混凝土主拉应力：$\sigma_{tp}\leqslant 0.85f_{tk}$（一级）或 $\sigma_{tp}\leqslant 0.95f_{tk}$（二级）；

混凝土主压应力：$\sigma_{cp}\leqslant 0.6f_{ck}$。

混凝土的主拉应力 σ_{tp}、主压应力 σ_{cp} 按材料力学公式计算：

$$\left.\begin{matrix}\sigma_{tp}\\ \sigma_{cp}\end{matrix}\right\}=\frac{\sigma_x+\sigma_y}{2}\pm\sqrt{\left(\frac{\sigma_x-\sigma_y}{2}\right)^2+\tau^2} \tag{9-101}$$

$$\sigma_x=\sigma_{pc}+\frac{M_k y_0}{I_0} \tag{9-102}$$

$$\tau=\frac{(V_k-\sum\sigma_{pe}A_{pb}\sin\alpha_p)S_0}{I_0 b} \tag{9-103}$$

式中 σ_x——由预加力和弯矩值 M_k 在计算纤维处产生的混凝土法向应力；

σ_y——由集中荷载标准值 F_k 产生的混凝土竖向压应力；

τ——由剪力值 V_k 和预应力弯起钢筋的预加力在计算纤维处产生的混凝土剪应力，当计算截面上有扭矩作用时，尚应计入扭矩引起的剪应力；对超静定后张法预力混凝土结构构件，在计算剪应力时，尚应计入预加力引起的次剪力；

σ_{pc}——扣除全部预应力损失后，在计算纤维处由预加力产生的混凝土法向应力，按式(9-52)或式(9-55)计算；

y_0——换算截面重心至计算纤维处的距离；

I_0——换算截面惯性矩；

V_k——按荷载标准组合计算的剪力值；

S_0——计算纤维以上部分的换算截面面积对构件换算截面形心的面积矩；

σ_{pe}——预应力弯起筋的有效预应力；

A_{pb}——计算截面上同一弯起平面内的预应力弯起钢筋的截面面积；

α_p——计算截面上预应力弯起钢筋的切线与构件纵向轴线的夹角。

式(9-101)和式(9-102)中的 σ_x、σ_y、σ_{pc} 和 $M_k y_0/I_0$，当为拉应力时，以正值代入；当为压应力时，以负值代入。

9.5.5 预应力混凝土受弯构件挠度验算

预应力受弯构件的挠度由两部分组成：一部分是外荷载产生的向下挠度 f_l；另一部分是预应

力产生的反拱 f_p。这两部分变形的代数和就是构件的总挠度。

预应力混凝土受弯构件在正常使用极限状态下的挠度,应按下列公式验算:

$$f_l - f_p \leqslant f_{lim} \tag{9-104}$$

式中 f_l——预应力受弯构件按荷载标准组合并考虑荷载长期作用影响的挠度;

f_p——预应力受弯构件在使用阶段的预加力反拱值;

f_{lim}——挠度限值。

预应力混凝土受弯构件按标准组合并考虑荷载长期作用影响的挠度 f_l,可根据构件的刚度 B 用结构力学的方法计算。

在等截面构件中,可假定各同号弯矩区段的刚度相等,并取用该区段内最大弯矩处的刚度。当计算跨度内的支座截面刚度不大于跨中截面刚度的 2 倍或不小于跨中截面刚度的 1/2 时,该跨也可按等刚度构件进行计算,其构件刚度可取跨中最大弯矩截面的刚度。

矩形、T 形、倒 T 形和 I 形截面受弯构件按荷载标准组合考虑长期作用影响的刚度计算公式为:

$$B = \frac{M_k}{M_q(\theta - 1) + M_k} B_s \tag{9-105}$$

式中 M_k——按荷载标准组合计算的弯矩,取计算区段内的最大弯矩值;

M_q——按荷载准永久组合计算的弯矩,取计算区段内的最大弯矩值;

B_s——荷载标准组合作用下受弯构件的短期刚度;

θ——考虑荷载长期作用对挠度增大的影响系数,预应力混凝土受弯构件,取 $\theta=2.0$。

预应力混凝土受弯构件的短期刚度 B_s 按下列公式计算。

① 要求不出现裂缝的构件:

$$B_s = 0.85 E_c I_0 \tag{9-106}$$

②允许出现裂缝的构件:

$$B_s = \frac{0.85 E_c I_0}{\kappa_{cr} + (1 - \kappa_{cr})\omega} \tag{9-107}$$

$$\kappa_{cr} = \frac{M_{cr}}{M_k} \tag{9-108}$$

$$\omega = \left(1.0 + \frac{0.21}{\alpha_E \rho}\right)(1 + 0.45\gamma_f) - 0.7 \tag{9-109}$$

$$M_{cr} = (\sigma_{pc} + \gamma f_{tk}) W_0 \tag{9-110}$$

$$\gamma_f = \frac{(b_f - b)h_f}{b h_0} \tag{9-111}$$

式中 α_E——钢筋弹性模量与混凝土弹性模量的比值:$\alpha_E = E_s/E_c$;

ρ——纵向受拉钢筋配筋率,$\rho=(\alpha_1 A_p + A_s)/(bh_0)$,对灌浆的后张预应力筋,取 $\alpha_1=1.0$,对无黏结后张拉预应力筋,取 $\alpha_1=0.3$;

I_0——换算截面惯性矩;

γ_f——受拉翼缘截面面积与腹板有效截面面积的比值;

b_f,h_f——分别为受拉区翼缘的宽度和高度;

κ_{cr}——预应力混凝土受弯构件正截面的开裂弯矩 M_{cr} 与弯矩 M_k 的比值,当 $\kappa_{cr}>1.0$ 时,取 $\kappa_{cr}=1.0$;

σ_{pc}——扣除全部预应力损失后,由预加力在受拉边缘产生的混凝土预压应力;

γ——混凝土构件的截面抵抗矩塑性影响系数,按式(9-63)确定。

对预压应力区出现裂缝的构件，B_s 应降低 10%。

预应力混凝土受弯构件在使用阶段的预加力反拱值 f_p，可按下列公式进行计算：

$$f_p = \frac{N_p e_p l^2}{8B} \tag{9-112}$$

式中 B 可取 $E_c I_0$ 进行计算，并应考虑预压应力长期作用的影响。应将计算得的预加应力反拱值乘以增大系数 2.0；在计算中，预应力筋的应力应扣除全部预应力损失。

对重要的或特殊的预应力混凝土受弯构件的长期反拱值，可根据专门的试验分析确定或根据配筋情况采用考虑收缩、徐变影响的计算方法分析确定；对恒载相对于活载较小的构件，应考虑反拱过大对使用的不利影响。

9.5.6　预应力混凝土受弯构件施工验算

对制作、运输及安装等施工阶段，预拉区允许出现拉应力的构件或预压时全截面受压的构件，在预加力、自重及施工荷载（必要时应考虑动力系数）的作用下，其截面边缘的混凝土法向应力宜符合下列规定（图 9-32）。

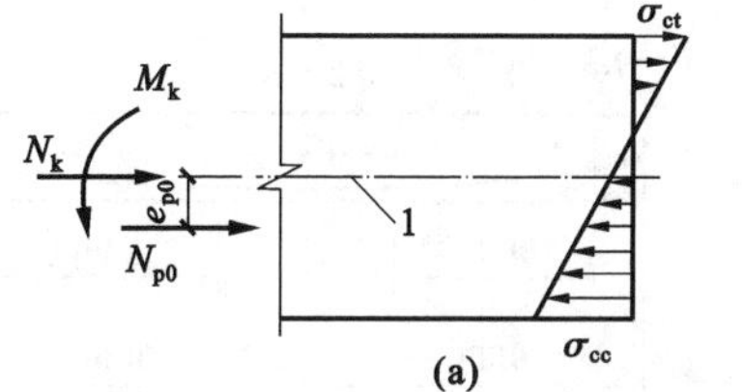

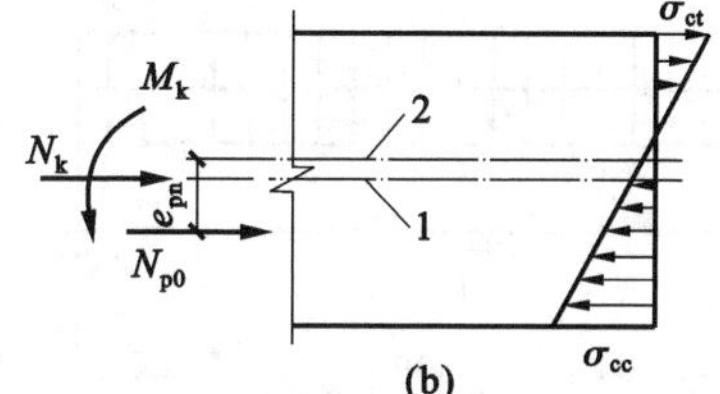

图 9-32　预应力混凝土构件施工阶段验算

(a) 先张法构件；(b) 后张法构件

1—换算截面形心轴；2—净截面形心轴

$$\sigma_{ct} \leqslant f'_{tk} \tag{9-113}$$

$$\sigma_{cc} \leqslant 0.8 f'_{ck} \tag{9-114}$$

简支构件的端部区段截面预拉区边缘纤维的混凝土拉应力允许大于 f'_{tk}，但不应大于 $1.2f'_{tk}$。

截面边缘的混凝土法向应力可按下列公式计算：

$$\sigma_{cc} \text{ 或 } \sigma_{ct} = \sigma_{pc} + \frac{N_k}{A_0} \pm \frac{M_k}{W_0} \tag{9-115}$$

式中　σ_{cc}，σ_{ct}——相应施工阶段计算截面边缘纤维的混凝土压应力、拉应力；

f'_{tk}，f'_{ck}——与各施工阶段混凝土立方体抗压强度 f'_{cu} 相应的抗拉强度标准值、抗压强度标准值，以线性内插法分别确定；

N_k，M_k——构件自重及施工荷载的标准组合在计算截面产生的轴向力值、弯矩值；

A_0，W_0——换算截面面积、换算截面验算边缘的弹性抵抗矩。

当 σ_{pc} 为压应力时取正值，当 σ_{pc} 为拉应力时取负值；N_k 以受压为正；当 M_k 产生的边缘纤维应力为压应力时取加号，拉应力时取减号。

对预应力受弯构件的预拉区，除限制其边缘拉应力值外，还需要规定预拉区纵筋的最小配筋率，以防止发生类似少筋梁的破坏。预应力混凝土结构构件预拉区纵向钢筋的配筋应符合下列要求：

① 施工阶段预拉区不允许出现裂缝的构件，预拉区纵向钢筋的配筋率 $(A'_s + A'_p)/A$ 不宜小于 0.2%，对后张法构件不应计入 A'_p，其中 A'_p 为受压区构件截面面积。施工阶段允许出现裂缝的构

件,当名义拉应力 σ_{ct} 等于 $2.0f_{tk}$ 时,纵向非预应力筋的配筋率不应小于 0.4%。当 σ_{ct} 大于 $1.0f_{tk}$ 但小于 $2.0f_{tk}$ 时,在 0.20%与 0.40%间按直线内插。

② 预拉区纵向普通钢筋的直径不宜大于 14 mm,并应沿构件预拉区的外边缘均匀配置。

③ 施工阶段预拉区不允许出现裂缝的板类构件,预拉区纵向钢筋的配筋可根据具体情况按实践经验确定。

后张法预应力混凝土受弯构件端部局部受压计算内容与轴心受拉构件相同,不再赘述。

【例 9-2】 后张法预应力混凝土简支梁,如图 9-33(a)所示。梁的跨度 $l=18$ m,截面尺寸为 $b\times h=400$ mm×1200 mm。梁上恒荷载标准值 $g_k=24$ kN/m,活载标准值 $q_k=16$ kN/m,组合系数 $\psi_c=0.7$,准永久值系数 $\psi_q=0.5$。梁内配置了有黏结 1×7 标准型低松弛钢绞线束 21 Φ^S12.7,用夹片 OVM 锚具,两端同时张拉,孔道采用预埋金属波纹管成型,预应力筋线型布置如图 9-33(b)所示。混凝土强度等级为 C45。普通钢筋采用 6 Φ20 的 HRB400 级热轧钢筋。裂缝控制等级为二级,即一般要求不出现裂缝。一类使用环境。试计算该简支梁跨中截面的预应力损失,并验算其正截面受弯承载力和正截面抗裂能力是否满足要求(按单筋截面计算)。

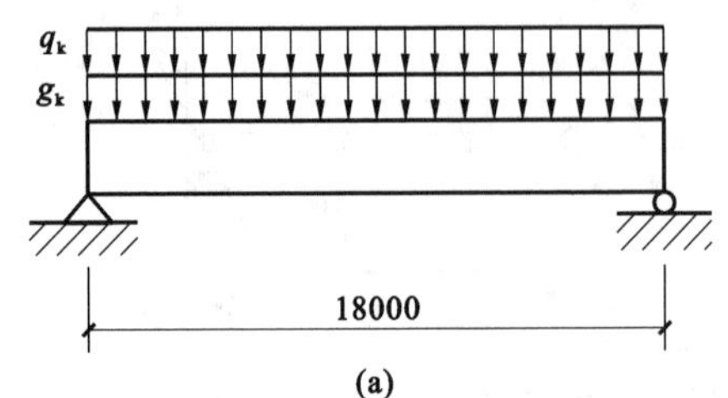

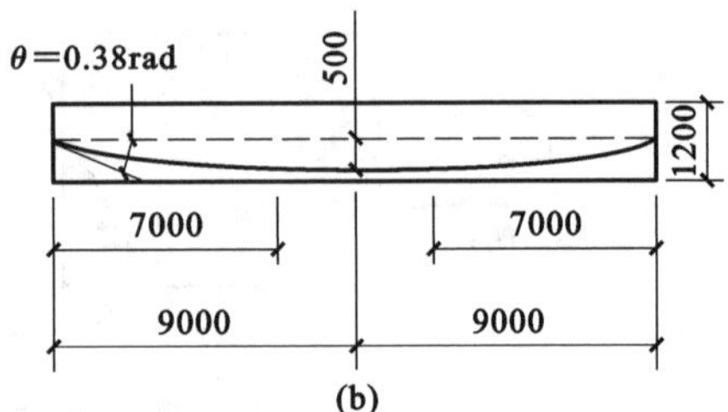

图 9-33 例 9-2 图

【解】 (1) 材料特征

混凝土 C45:$f_c=21.1$ N/mm²,$f_{tk}=2.51$ N/mm²,$E_c=3.35\times10^4$ N/mm²,$\alpha_1=1.0$,$\beta_1=0.8$。

钢绞线 1860 级:$f_{ptk}=1860$ N/mm²,$f_{py}=1320$ N/mm²,$E_p=1.95\times10^5$ N/mm²,$\sigma_{con}=0.75f_{ptk}=1395$ N/mm²。

普通钢筋:$f_y=360$ N/mm²,$E_s=2.0\times10^5$ N/mm²。

(2) 截面几何特性(为简化,近似按毛截面计算并略去钢筋影响)

预应力筋面积 $A_p=21\times98.7=2072.7(\text{mm}^2)$,孔道由两端的圆弧段(水平投影长度为 7 m)和梁跨中部的直线段(长度为 4 m)组成。预应力筋端点处的切线倾角 $\theta=0.38$ rad(21.8°),曲线孔道的曲率半径 $r_c=18$ m;普通受拉钢筋面积 $A_s=1884$ mm²。跨中截面 $a_p=100$ mm,$a_s=40$ mm。

梁截面面积为:

$$A_n=A_0=A=bh=400\times1200=4.8\times10^5(\text{mm}^2)$$

惯性矩为:

$$I=\frac{bh^3}{12}=\frac{400\times1200^3}{12}=5.76\times10^{10}(\text{mm}^4)$$

受拉边缘截面抵抗矩为:

$$W=\frac{bh^2}{6}=\frac{400\times1200^2}{6}=9.6\times10^7(\text{mm}^3)$$

跨中截面预应力钢筋处截面抵抗矩为:

$$W_p=\frac{I}{y_p}=\frac{I}{\frac{h}{2}-a_p}=\frac{5.76\times10^{10}}{600-100}=1.152\times10^8(\text{mm}^3)$$

(3) 跨中截面弯矩计算

恒载产生的弯矩标准值：

$$M_{Gk}=\frac{g_k l^2}{8}=\frac{24\times18^2}{8}=972(\text{kN}\cdot\text{m})$$

活载产生的弯矩标准值：

$$M_{Qk}=\frac{q_k l^2}{8}=\frac{16\times18^2}{8}=648(\text{kN}\cdot\text{m})$$

跨中弯矩的标准组合值：

$$M_k=M_{Gk}+M_{Qk}=972+648=1620(\text{kN}\cdot\text{m})$$

可变荷载效应控制的基本组合：

$$M_1=\gamma_G M_{Gk}+\gamma_Q M_{Qk}=1.2\times972+1.4\times648=2073.6(\text{kN}\cdot\text{m})$$

永久荷载控制的基本组合：

$$M_2=\gamma_G M_{Gk}+\gamma_Q\psi_c M_{Qk}=1.35\times972+1.4\times0.7\times648=1947.2(\text{kN}\cdot\text{m})$$

取二者之大值，得到跨中弯矩设计值 $M=2073.6$ kN·m。

(4) 跨中截面预应力损失计算

查表 9-3 得 $\kappa=0.0015$，$\mu=0.25$；由表 9-2 得 $a=5$ mm。

① 锚具变形损失 σ_{l1}。

圆弧形曲线的反向摩擦影响长度由式(9-8)确定，即：

$$l_f=\sqrt{\frac{aE_s}{1000\sigma_{con}(\mu/r_c+\kappa)}}=\sqrt{\frac{5\times1.95\times10^5}{1000\times1395\times(0.25/18+0.0015)}}=6.74(\text{m})<7(\text{m})$$

因为 $l_f<l/2=9$ m，可知此项损失对跨中截面无影响，即有 $\sigma_{l1}=0$。

② 摩擦损失 σ_{l2}。

跨中处，$x=9$ m，$\theta=0.38$ rad，则由式(9-9)得：

$$\sigma_{l2}=\sigma_{con}\left(1-\frac{1}{e^{\kappa x+\mu\theta}}\right)=1395\times\left(1-\frac{1}{e^{0.0015\times9+0.25\times0.38}}\right)=143.44(\text{N/mm}^2)$$

③ 松弛损失 σ_{l4}。

因 $\sigma_{con}=0.75f_{ptk}$，故采用式(9-14)计算，即：

$$\sigma_{l4}=0.2\left(\frac{\sigma_{con}}{f_{ptk}}-0.575\right)\sigma_{con}=0.2\times(0.75-0.575)\times1395=49(\text{N/mm}^2)$$

④ 收缩、徐变损失 σ_{l5}。

设混凝土达到 100%的设计强度时开始张拉预应力筋，$f'_{cu}=f_{cu,k}=45$ N/mm²，配筋率为：

$$\rho=\frac{A_s+A_p}{A_n}=\frac{1884+2072.7}{4.8\times10^5}=0.00824$$

钢筋混凝土的重度为 25 kN/m³，则沿梁长度方向的自重标准值为：

$$g_{1k}=25bh=25\times0.4\times1.2=12(\text{kN/m})$$

梁自重在跨中截面产生的弯矩标准值为：

$$M_{G1k}=\frac{g_{1k}l^2}{8}=\frac{12\times18^2}{8}=486(\text{kN}\cdot\text{m})$$

⑤ 混凝土弹性压缩引起的预应力损失 σ_{l7}。

一次性张拉完成后的后张法构件：

$$\sigma_{l7}=0$$

第一批损失为：

$$\sigma_{l\,\mathrm{I}}=\sigma_{l1}+\sigma_{l2}=0+143.44=143.44(\mathrm{N/mm^2})$$

$$N_{\mathrm{p\,I}}=A_{\mathrm{p}}(\sigma_{\mathrm{con}}-\sigma_{l\,\mathrm{I}})=2072.7\times(1395-143.44)=2594108.4(\mathrm{N})$$

再考虑梁自重影响，则受拉区预应力筋合力点处混凝土法向应力为：

$$\sigma_{\mathrm{pc\,I}}=\frac{N_{\mathrm{p\,I}}}{A_{\mathrm{n}}}+\frac{N_{\mathrm{p\,I}}(h/2-a_{\mathrm{p}})-M_{G1\mathrm{k}}}{W_{\mathrm{p}}}=\frac{2594108.4}{4.8\times10^5}+\frac{2594108.4\times(600-100)-486\times10^6}{1.152\times10^8}$$

$$=12.44(\mathrm{N/mm^2})<0.5f'_{\mathrm{cu}}=22.5(\mathrm{N/mm^2})$$

$$\sigma_{l5}=\frac{55+300\dfrac{\sigma_{\mathrm{pc}}}{f'_{\mathrm{cu}}}}{1+15\rho}=\frac{55+300\times\dfrac{12.44}{45}}{1+15\times0.00824}=122.76(\mathrm{N/mm^2})$$

(5) 跨中截面预应力总损失 σ_l 和混凝土有效应力

$$\sigma_l=\sigma_{l1}+\sigma_{l2}+\sigma_{l4}+\sigma_{l5}+\sigma_{l7}=0+143.44+49+122.76+0=315.2(\mathrm{N/mm^2})>80(\mathrm{N/mm^2})$$

$$N_{\mathrm{p}}=(\sigma_{\mathrm{con}}-\sigma_l)A_{\mathrm{p}}-\sigma_{l5}A_{\mathrm{s}}=(1395+315.2)\times2072.7-122.76\times1884=2006821.62(\mathrm{N})$$

$$e_{\mathrm{pn}}=\frac{(\sigma_{\mathrm{con}}-\sigma_l)A_{\mathrm{p}}y_{\mathrm{pn}}-\sigma_{l5}A_{\mathrm{s}}y_{\mathrm{sn}}}{N_{\mathrm{p}}}=\frac{(1395-315.2)\times2072.7\times500-122.76\times1884\times560}{2006821.62}$$

$$=493.09(\mathrm{mm})$$

截面受拉边缘处混凝土法向预压应力为：

$$\sigma_{\mathrm{pc}}=\frac{N_{\mathrm{p}}}{A_{\mathrm{n}}}+\frac{N_{\mathrm{p}}e_{\mathrm{pn}}}{W}=\frac{2006821.62}{4.8\times10^5}+\frac{2006821.62\times493.09}{9.6\times10^7}=14.49(\mathrm{N/mm^2})$$

预应力钢筋处混凝土法向预压应力为：

$$\sigma_{\mathrm{pc\,II}}=\frac{N_{\mathrm{p}}}{A_{\mathrm{n}}}+\frac{N_{\mathrm{p}}e_{\mathrm{pn}}}{W_{\mathrm{p}}}=\frac{2006821.62}{4.8\times10^5}+\frac{2006821.62\times493.09}{1.152\times10^8}=12.77(\mathrm{N/mm^2})$$

(6) 裂缝控制验算

荷载标准组合下：

$$\sigma_{\mathrm{ck}}=\frac{M_{\mathrm{k}}}{W_0}=\frac{1620\times10^6}{9.6\times10^7}=16.9(\mathrm{N/mm^2})$$

则

$$\sigma_{\mathrm{ck}}-\sigma_{\mathrm{pc}}=16.9-14.49=2.41(\mathrm{N/mm^2})<f_{\mathrm{tk}}=2.51(\mathrm{N/mm^2})$$

满足要求。

(7) 正截面承载力计算

极限状态时，受拉区全部纵向钢筋合力作用位置：

$$a=\frac{A_{\mathrm{p}}f_{\mathrm{py}}a_{\mathrm{p}}+A_{\mathrm{s}}f_{\mathrm{y}}a_{\mathrm{s}}}{A_{\mathrm{p}}f_{\mathrm{py}}+A_{\mathrm{s}}f_{\mathrm{y}}}=\frac{2072.7\times1320\times100+1884\times360\times40}{2072.7\times1320+1884\times360}$$

$$=88.08(\mathrm{mm})$$

$$h_0=h-a=1200-88.08=1111.92(\mathrm{mm})$$

求相对界限受压区高度 x_{b}，按 A_{p} 计算时：

$$h_{0i}=h-a_{\mathrm{p}}=1200-100=1100(\mathrm{mm})$$

预应力筋合力点处混凝土应力为零时的预应力筋有效应力为：

$$\sigma_{p0}=\sigma_{con}-\sigma_l+\alpha_E\sigma_{pcII}=1395-315.2+\frac{1.95\times10^5}{3.35\times10^4}\times12.77$$

$$=1154.13(\text{N/mm}^2)$$

$$\frac{x_{bi}}{h_{0i}}=\frac{\beta_1}{1+\frac{0.002}{\varepsilon_{cu}}+\frac{f_{py}-\sigma_{p0}}{E_s\varepsilon_{cu}}}=\frac{0.8}{1+\frac{0.002}{0.0033}+\frac{1320-1154.13}{1.95\times10^5\times0.0033}}=0.429$$

$$x_{bi}=0.429h_{0i}=0.429\times1100=471.9(\text{mm})$$

按 A_s 计算时：

$$h_{0j}=h-a_s=1200-40=1160(\text{mm})$$

$$\frac{x_{bj}}{h_{0j}}=\frac{\beta_1}{1+\frac{f_y}{E_s\varepsilon_{cu}}}=\frac{0.8}{1+\frac{360}{2.0\times10^5\times0.0033}}=0.518$$

$$x_{bj}=0.518h_{0j}=0.518\times1160=600.88(\text{mm})$$

所以：

$$x_b=\min(x_{bi},x_{bj})=471.9\ \text{mm}$$

$$\xi_b=\frac{x_b}{h_0}=\frac{471.9}{1111.92}=0.424$$

由截面法向力的平衡得：

$$\alpha_1f_cbx=f_yA_s+f_{py}A_p$$

解得：

$$x=\frac{f_yA_s+f_{py}A_p}{\alpha_1f_cb}=\frac{360\times1884+1320\times2072.7}{1.0\times21.1\times400}$$

$$=404.53(\text{mm})<x_b=471.9(\text{mm})$$

对受拉区全部纵筋合力点取矩，得梁正截面受弯承载力为：

$$M_u=\alpha_1f_cbx\left(h_0-\frac{x}{2}\right)=1.0\times21.1\times400\times404.53\times\left(1111.92-\frac{404.53}{2}\right)\times10^{-6}(\text{N}\cdot\text{mm})$$

$$=3105.77(\text{kN}\cdot\text{m})>M=2073.6(\text{kN}\cdot\text{m})$$

承载力满足要求。

9.6　预应力混凝土构件的构造措施

9.6.1　先张法构件构造要求

9.6.1.1　预应力筋的间距

先张法预应力筋的锚固及预应力传递依靠自身与混凝土的黏结性能，因此预应力筋之间应具有适宜的间距，以保证应力传递所必需的混凝土厚度。先张法预应力筋之间的净间距不宜小于其公称直径的 2.5 倍和混凝土粗骨料最大粒径的 1.25 倍，当混凝土振捣密实性具有可靠保证时，净间距可放宽至最大粗骨料粒径的 1.0 倍，且间距应符合下列规定：预应力钢丝不应小于 15 mm；3 股钢绞线不应小于 20 mm；7 股钢绞线不应小于 25 mm。

9.6.1.2　构件端部的构造规定

先张法预应力传递长度范围内局部挤压造成的环向拉应力容易导致构件端部混凝土出现劈裂

裂缝。因此,为保证自锚端的局部承载力,构件端部应采取下列构造措施:

① 单根配置的预应力筋,其端部宜设置长度不小于150 mm且不小于4圈的螺旋筋;当有可靠经验时,也可利用支座垫板上的插筋代替螺旋筋,插筋数量不应小于4根,其长度不宜小于120 mm。螺旋筋对混凝土形成约束,可以保证构件端部在预应力筋放张时承受巨大的压力而不至于产生裂缝或局部受压破坏。

② 分散布置的多根预应力筋,在构件端部10d(d为预应力筋的公称直径)且不小于100 mm长度范围内,宜设置3～5片与预应力筋垂直的钢筋网片;采用预应力钢丝配筋的薄板,在板端100 mm长度内宜适当加密横向钢筋;槽形板类构件,应在构件端部100 mm长度范围内沿构件板面设置附加横向钢筋,其数量不应小于2根。这些措施均用于承受预应力筋放张时产生的横向拉应力,防止端部开裂或局部受压破坏。

③ 预应力筋在构件端部全部弯起的受弯构件或直线配筋的先张法构件,当构件端部与下部支承结构焊接时,应考虑混凝土收缩、徐变及温度变化所产生的不利影响,宜在构件端部可能产生裂缝的部位设置足够的纵向普通构造钢筋。

9.6.2 后张法构件构造要求

9.6.2.1 预留孔道

为了保证钢丝束或钢绞线束的顺利张拉,以及预应力筋张拉阶段构件的承载力,后张法预应力混凝土构件的预留孔道的直径及间距应满足以下规定:

① 预制构件中孔道之间的水平净距不宜小于1倍孔道直径,粗骨料粒径的1.25倍,及50 mm中的较大值,一排孔道难以布下全部预应力筋时可布置多排孔道;孔道至构件边缘的净间距不宜小于30 mm,且不宜小于孔道直径的50%。

② 现浇混凝土梁中预留孔道在竖直方向的净间距不应小于孔道外径,水平方向的净间距不应小于1.5倍孔道外径,且不应小于粗骨料粒径的1.25倍;使用插入式震动器捣实混凝土时,水平净距不宜小于80 mm。

③ 裂缝控制等级为一、二级的梁,从孔道外壁至构件边缘的净间距,梁底不宜小于50 mm,梁侧不宜小于40 mm;裂缝控制等级为三级的梁,梁底、梁侧分别不宜小于60 mm和50 mm。

④ 预留孔道的内径应比预应力束外径及需穿过孔道的连接器外径大10～20 mm,且孔道的截面积宜为穿入预应力束截面积的3.0～4.0倍。

⑤ 当有可靠经验并能保证混凝土浇筑质量时,预留孔道可水平并列贴紧布置,但并排的数量不应超过2束。

⑥ 梁端预应力筋孔道的间距应根据锚具尺寸,千斤顶尺寸,预应力筋布置及局部承压等因素确定。锚具下的承压垫板净距应不小于20 mm;锚具下承压钢板边缘至构件边缘距离应不小于40 mm。

⑦ 在现浇楼板中采用扁形锚具体系时,穿过每个预留孔道的预应力筋数量宜为3～5根,在常用荷载情况下,孔道在水平方向的净间距不应超过8倍板厚及1.5 m中的较大值。

⑧ 凡制作时需要预先起拱的构件,预留孔道宜随构件同时起拱。

9.6.2.2 构件端部锚固区的构造要求

为了防止预应力筋在构件端部过分集中而造成开裂或局部受压破坏,后张法预应力混凝土构件的端部锚固区应按下列规定配置间接钢筋:

① 采用普通垫板时,应进行局部受压承载力计算,并配置间接钢筋,其体积配筋率不应小于0.5%,垫板的刚性扩散角应取45°。

② 在局部受压间接钢筋配置区以外，在构件端部长度 l 不小于截面形心线上部或下部预应力筋的合力点至邻近边缘的距离 e 的 3 倍，且不大于构件端部截面高度 h 的 1.2 倍，高度为 $2e$ 的附加配筋区范围内，应均匀配置附加防劈裂箍筋或网片，如图 9-34 所示，配筋面积可按下式计算，且体积配筋率不应小于 0.5%。

$$A_{sb} \geqslant 0.18\left(1-\frac{l_l}{l_b}\right)\frac{P}{f_{yv}} \tag{9-116}$$

式中　P——作用在构件端部截面形心线上部或下部预应力筋的合力设计值；

l_l，l_b——沿构件高度方向 A_l、A_b 的边长或直径；

f_{yv}——附加防劈裂钢筋的抗拉强度设计值。

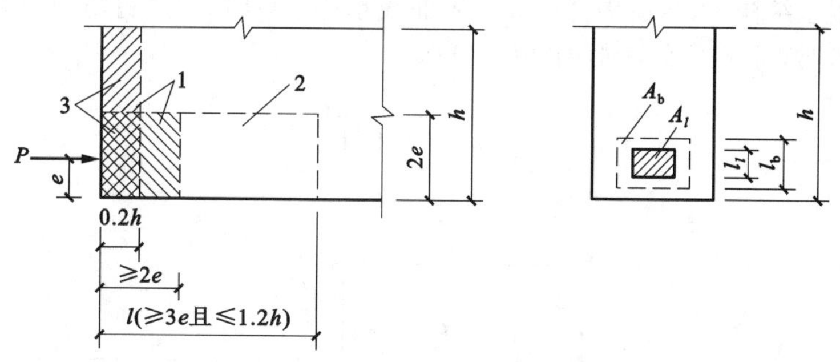

图 9-34　防止端部裂缝的配筋范围

1—局部受压间接钢筋配置区；2—附加防劈裂配筋区；3—附加防端部裂缝配筋区

③ 当构件端部预应力筋需集中布置在截面下部或集中布置在上部和下部时，应在构件端部 $0.2h$ 范围内设置附加竖向防端面裂缝构造钢筋（图 9-34），其截面面积应符合下列公式要求：

$$A_{sv} \geqslant \frac{T_s}{f_{yv}} \tag{9-117}$$

$$T_s = \left(0.25-\frac{e}{h}\right)P \tag{9-118}$$

式中　T_s——锚固端端面拉力；

P——作用在构件端部截面形心线上部或下部预应力筋的合力设计值；

e——截面形心线上部或下部预应力筋的合力点至截面近边缘的距离；

h——构件端部截面高度。

当 $e>0.2h$ 时，可根据实际情况适当配置构造钢筋。竖向防端面裂缝钢筋宜靠近端面配置，可采用焊接钢筋网、封闭式箍筋或其他的形式，且宜采用带肋钢筋。

当端部截面上部和下部均有预应力筋时，附加竖向钢筋的总截面面积应按上部和下部的预应力合力分别计算的较大值采用。在构件横向也应按上述方法计算抗端面裂缝钢筋，并与上述竖向钢筋形成网片筋配置。

当构件在端部有局部凹进时，应增设折线构造钢筋（图 9-35）或其他有效的构造钢筋。

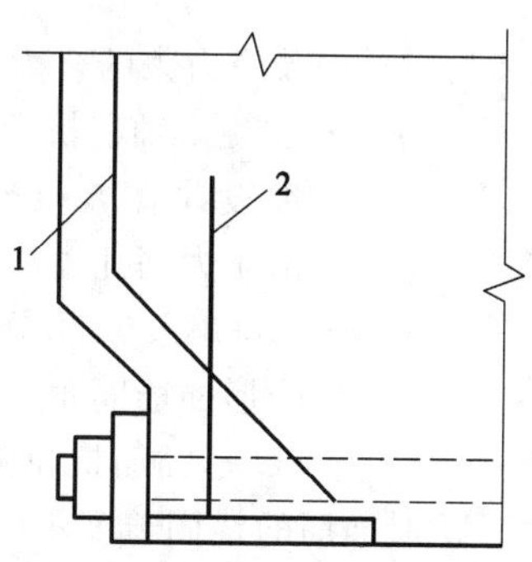

图 9-35　端部凹进处构造钢筋

1—折线构造钢筋；2—竖向构造钢筋

④ 后张法预应力混凝土构件中，当采用曲线预应力束时，为防止混凝土保护层崩裂，其曲率半径 r_p 宜按下列公式计算，但不宜小于 4 m：

$$r_p \geqslant \frac{P}{0.35 f_c d_p} \tag{9-119}$$

式中 P——预应力筋的合力设计值；

r_p——预应力束的曲率半径；

d_p——预应力束孔道外径；

f_c——混凝土轴心抗压强度设计值，当验算张拉阶段曲率半径时，可取与施工阶段混凝土立方体抗压强度 f'_{cu}对应的抗压强度设计值 f'_c。

对于折线配筋的构件，在预应力束弯折处的曲率半径可适当减少。当曲率半径 r_p 不满足上述要求时，可在曲线预应力束弯折处内侧设置钢筋网片或螺旋筋。

在预应力混凝土结构中，当沿构件凹面布置曲线预应力束时，应进行防崩裂设计。当曲率半径满足下列公式要求时，可仅配置 U 形插筋(图 9-36)。

$$r_p \geqslant \frac{P}{f_t(0.5d_p + c_p)} \tag{9-120}$$

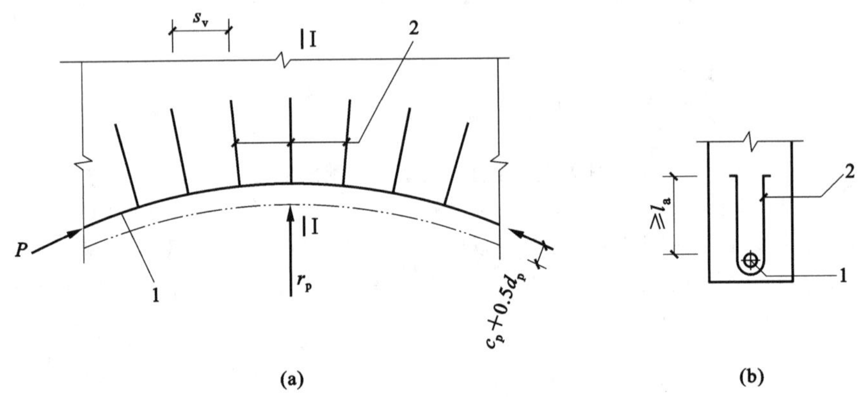

图 9-36 抗崩裂 U 形插筋构造示意图

(a) 抗崩裂 U 形插筋；(b) Ⅰ—Ⅰ剖面

1—预应力束；2—沿曲线预应力束均匀布置的 U 形插筋

当不满足时，每单肢 U 形插筋的截面面积应按下式确定：

$$A_{sv1} \geqslant \frac{P s_v}{2 r_p f_{yv}} \tag{9-121}$$

式中 P——预应力束的合力设计值；

f_t——混凝土轴心抗拉强度设计值，或与施工张拉阶段混凝土立方体抗压 f'_{cu}相应的抗拉强度设计值 f'_t；

c_p——预应力筋孔道净混凝土保护层厚度；

A_{sv1}——每单肢 U 形插筋截面面积；

s_v——U 形插筋间距；

f_{yv}——U 形插筋抗拉强度设计值，当 $f_{yv}>360\ \text{N/mm}^2$ 时取 $360\ \text{N/mm}^2$。

U 形插筋的锚固长度不应小于 l_a；当实际锚固长度 $l_e<l_a$ 时，每单肢 U 形插筋的截面面积可按 A_{sv1}/k 取值。其中，k 取 $l_e/(15d)$和 $l_e/200$ 中的较小值，且 $k\leqslant1.0$。

当有平行的几个孔道，且中心距不大于 $2d_p$ 时，预应力筋的合力设计值应按相邻全部孔道内的预应力筋确定。

9.6.3 无黏结预应力混凝土受弯构件的一般构造要求

无黏结预应力混凝土受弯构件的构造，在有黏结预应力混凝土的构造基础上，针对其特点，有以下构造规定。

9.6.3.1 混凝土及钢筋

① 无黏结预应力混凝土受弯构件的混凝土强度等级，对于板不应低于 C30，对于梁不应低于 C40。

② 无黏结预应力筋宜选用高强度低松弛预应力钢绞线，钢绞线不应有死弯，无黏结预应力筋中的每根钢丝应是通长的。钢绞线的性能应符合《预应力混凝土用钢绞线》(GB/T 5224—2023)的规定。

③ 在无黏结预应力受弯构件中，普通钢筋宜选用 HRB400 级热轧带肋钢筋。

④ 无黏结预应力混凝土受弯构件的受拉区，纵向普通钢筋截面面积 A_s 的配置应符合下列规定。

a. 单向板：$A_s \geqslant 0.002bh$（b 为截面宽度，h 为截面高度）。纵向非预应力筋直径不应小于 8 mm，间距不应大于 200 mm。

b. 对于梁，A_s 应取下列两式计算结果的较大值：

$$A_s \geqslant \frac{1}{3}\left(\frac{\sigma_{pu} h_p}{f_y h_s}\right) A_p \tag{9-122}$$

$$A_s \geqslant 0.003bh \tag{9-123}$$

式中 h_s——纵向受拉普通钢筋合力点至截面受压边缘的距离；

σ_{pu}——无黏结预应力筋的应力设计值；

h_p——无黏结预应力筋合力点至截面受压边缘的距离；

f_y——普通钢筋的抗拉强度设计值；

A_p——预应力筋的截面面积。

纵向受拉非预应力筋直径不宜小于 14 mm，且宜均匀分布在梁的受拉边缘。

c. 对于板柱结构双向板：在柱边的负弯矩区，每一方向上的纵向非预应力筋的截面面积应符合下列规定：

$$A_s \geqslant 0.00075hl \tag{9-124}$$

式中 l——平行于计算纵向受力钢筋方向上板的跨度；

h——板的厚度。

由上式确定的纵向非预应力筋，应分布在离柱边 1.5h 的板宽范围内。每一方向至少设置 4 根直径不小于 16 mm 的钢筋，纵向钢筋间距不应大于 300 mm，外伸出柱边长度至少为支座每一边净跨的 1/6。

⑤ 板中单根无黏结预应力筋的间距不宜大于板厚的 6 倍，且不宜大于 1 m；带状束的无黏结预应力筋根数不宜多于 5 根，带状束间距不宜大于板厚的 12 倍，且不宜大于 2.4 m。

⑥ 梁中集束布置的无黏结预应力筋，集束的水平净间距不宜小于50 mm，束至构件边缘的净距不小于 40 mm。

9.6.3.2 锚具

无黏结预应力混凝土外露金属锚具，应采取可靠的防腐及防火措施，并应符合下列规定：

① 无黏结预应力筋外露锚具应采用注有足量防腐油脂的塑料帽封闭锚具端头,并应采用无收缩砂浆或细石混凝土封闭。

② 对处于二 b、三 a、三 b 类环境条件下的无黏结预应力锚固系统,应采用全封闭的防腐蚀体系,其封锚端及各连接部位应能承受 10 kPa 的静水压力而不得透水。

③ 采用混凝土封闭时,其强度等级宜与构件混凝土强度等级一致,且不应低于 C30。封锚混凝土与构件混凝土应可靠黏结,如锚具在封闭前应将周围混凝土界面凿毛冲洗干净,且宜配置1~2片钢筋网,钢筋网应与构件混凝土拉结。

无黏结预应力混凝土结构概述

④ 采用无收缩砂浆或混凝土封闭保护时,其锚具及预应力筋端部的保护层厚度要求是:一类环境时不小于 20 mm,二 a、二 b 类环境时不小于 50 mm,三 a、三 b 类环境时不小于 80 mm。

本章小结

所谓预应力混凝土,就是人为引进的一定分布规律和大小的预压应力,用以全部或部分抵消荷载引起的拉应力,提高构件的抗裂度或减小裂缝宽度;受弯构件在施加预应力时,可使构件反拱,还可部分抵消使用荷载引起的挠度,从而提高刚度。现代预应力混凝土是配置受力的预应力筋,通过张拉或其他方法建立预加应力的混凝土,根据制作、设计和施工的特点,可分为先张法预应力混凝土、后张法预应力混凝土、全预应力混凝土、部分预应力混凝土、有黏结预应力混凝土、无黏结预应力混凝土。

施加预应力的设备主要有液压千斤顶、锚具和夹具、张拉台座、制孔器、穿索机、灌孔压浆设备等。

张拉控制应力是指在张拉预应力筋时所控制达到的最大应力值,取值不能过高,也不能过低,对不同的预应力筋有不同的取值要求。预应力筋的预应力损失概括起来有六个方面的原因,有的损失只发生在先张法,有的损失只发生于后张法,有些损失先张后张均会发生。混凝土预压前的损失称为第一批损失,混凝土预压后的损失称为第二批损失,两批损失之和为总损失。计算的预应力损失有下限要求,先张法构件为 100 N/mm^2,后张法构件为 80 N/mm^2。

预应力混凝土构件在施工阶段和使用阶段,混凝土、普通钢筋、预应力筋的应力是不相同的。施工和使用阶段一般处于弹性状态,可采用换算面积法计算混凝土的应力,以此进行抗裂验算、变形验算和施工应力验算;承载力极限状态,混凝土受拉开裂,不考虑受拉区混凝土的作用,受压区混凝土的压应力等效为均匀分布,纵筋屈服,建立相应的正截面承载力计算公式;受弯构件斜截面受剪承载力因预压应力的存在而有所提高;后张法构件还需验算端部锚固区锚具垫板下局部受压承载力。

预应力混凝土构件的构造要求对先张法构件包括预应力筋的间距规定、端部构造两个方面,后张法预应力混凝土构件的构造要求包括预留孔道的尺寸、间距、边距,端部锚固区的要求等方面。

习题与思考题

(1) 填空题

9-1 预应力筋的应力松弛损失是由于钢筋受力后在长度不变的条件下，其应力随时间的增长而__________。

9-2 先张法预应力混凝土构件的第一批预应力损失包括__________。

9-3 后张法构件的预应力筋和混凝土之间依靠__________传递预应力。

9-4 减小预应力筋与张拉台座间温差引起的预应力损失 σ_{l3} 的措施为__________。

9-5 计算预应力混凝土受弯构件由预应力产生的混凝土法向应力时，对先张法构件用__________截面，对后张法构件用__________截面。

(2) 判断题

9-6 减少先张法预应力混凝土构件由于温差引起的预应力损失，可采用二阶段升温的方法。 (　　)

9-7 施加预应力可以提高轴心受拉构件的承载力。 (　　)

9-8 与同条件的普通混凝土构件相比，施加预应力可以提高轴心受拉构件的受拉承载力。 (　　)

9-9 严格要求不出现裂缝的轴心受拉构件，要求在荷载效应的标准组合下满足 $\sigma_{ck}-\sigma_{pc}\leqslant 0$。 (　　)

(3) 单项选择题

9-10 先张法预应力混凝土轴心受拉构件，当计算混凝土截面最终建立的有效预压应力 $\sigma_{pc\,\mathrm{II}}$ 时采用(　　)。

A. 构件毛截面面积 $A=bh$　　B. 混凝土截面面积 $A_c=A-A_p-A_s$

C. 构件净截面面积 $A_n=A_c+\alpha_{E_s}A_s$　　D. 构件换算截面面积 $A_0=A_c+\alpha_{E_s}A_s+\alpha_{E_p}A_p$

9-11 对于预应力混凝土轴心受拉构件，严格要求不出现裂缝时应满足的条件为(　　)。

A. $\sigma_{ck}-\sigma_{pc}\leqslant 0$　　B. $\sigma_{ck}-\sigma_{pc}\leqslant f_{tk}$

C. $\sigma_{cq}-\sigma_{pc}\leqslant 0$　　D. $\sigma_{cq}-\sigma_{pc}\leqslant f_{tk}$

9-12 后张法预应力混凝土构件的第一批预应力损失为(　　)。

A. $\sigma_{l1}+\sigma_{l2}+\sigma_{l3}$　　B. $\sigma_{l1}+\sigma_{l3}+\sigma_{l4}$

C. $\sigma_{l1}+\sigma_{l2}$　　D. $\sigma_{l4}+\sigma_{l5}$

9-13 下列(　　)说法不正确。

A. 消除应力钢丝与预应力螺纹钢筋可以用作预应力筋

B.《混凝土结构设计规范》(GB 50010—2010)(2015 年版)提倡用钢绞线作为钢筋混凝土结构的主要钢筋

C. HPB300 级钢筋不宜用作预应力筋

D.《混凝土结构设计规范》(GB 50010—2010)提倡用 HRB500 级钢筋作为钢筋混凝土结构的主要钢筋

9-14 后张法预应力混凝土构件的全部预应力损失为(　　)。

A. $\sigma_{l1}+\sigma_{l2}+\sigma_{l4}+\sigma_{l5}+\sigma_{l6}+\sigma_{l7}$　　B. $\sigma_{l2}+\sigma_{l3}+\sigma_{l4}+\sigma_{l5}+\sigma_{l6}+\sigma_{l7}$

C. $\sigma_{l1}+\sigma_{l2}+\sigma_{l4}+\sigma_{l5}+\sigma_{l6}$　　D. $\sigma_{l1}+\sigma_{l3}+\sigma_{l5}+\sigma_{l6}+\sigma_{l7}$

9-15 采用超张拉可以减少的预应力损失有(　　)。

A. 张拉端锚具变形和预应力筋内缩引起的预应力损失 σ_{l1}

B. 混凝土的收缩和徐变引起的预应力损失 σ_{l5}

C. 混凝土加热养护时受拉钢筋与承受拉力的设备之间的温差引起的预应力损失 σ_{l3}

D. 预应力筋与孔道壁之间摩擦引起的预应力损失 σ_{l2}

(4) 简答题

9-16　先张法预应力混凝土的施工工序是什么?

9-17　什么是张拉控制应力? 为什么要规定张拉控制应力的上限值?

9-18　采用预应力混凝土构件时,对预应力筋和混凝土有什么要求? 为什么?

9-19　怎样进行预应力混凝土轴心受拉构件使用阶段的裂缝控制验算? 验算时应满足什么要求?

9-20　预应力混凝土构件与钢筋混凝土构件相比有什么优点? 什么情况下宜采用预应力混凝土构件?

9-21　预应力混凝土构件为什么还要进行施工阶段验算? 需验算哪些内容?

9-22　预应力混凝土受弯构件挠度计算与普通钢筋混凝土的挠度计算相比,有何特点?

(5) 计算题

9-23　某后张法预应力混凝土轴心受拉构件,已知条件见表 9-9,要求对承载力及裂缝控制进行验算。要求:① 进行使用阶段承载力验算;② 进行裂缝控制验算。

表 9-9　**习题与思考题 9-23 表**

材料	混凝土	预应力筋	普通钢筋
品种或强度等级	C60	钢绞线	HRB400
截面	280 mm×180 mm	$A_p=987\ mm^2$	$A_s=452\ mm^2$
材料强度/(N/mm^2)	$f_{tk}=2.85$	$f_{py}=1320$	$f_y=360$
换算截面面积	$A_0=53059\ mm^2$	净截面面积	$A_n=47709\ mm^2$
预应力总损失	$\sigma_l=267\ N/mm^2$	有效预压应力	$\sigma_{pc\mathrm{II}}=23.2\ N/mm^2$
裂缝控制要求	一般要求不出现裂缝的构件		
杆件内力	轴向拉力设计值 $N=1400$ kN 荷载效应标准组合下的轴向拉力值 $N_k=1200$ kN 荷载效应准永久组合下的轴向拉力值 $N_q=960$ kN		

9-24　已知:一跨度为 21 m 的后张法预应力混凝土屋架下弦,截面尺寸为 250 mm×160 mm,两个孔道直径均为 50 mm,采用抽芯成型,端部尺寸及构造如图 9-37 所示。混凝土强度等级为 C40,采用有黏结低松弛钢绞线束配筋,每束公称直径Φ^S12.7,截面面积 98.7 mm^2,$f_{ptk}=1860\ N/mm^2$,$f_{py}=1320\ N/mm^2$,墩头锚具,一端张拉,张拉控制应力 $\sigma_{con}=0.75f_{ptk}$。普通钢筋按构造要求配置4Φ12。下弦的轴心拉力设计值 $N=470$ kN,按荷载效应标准组合计算的轴心拉力值 $N_k=350$ kN,按荷载效应准永久组合计算的轴心拉力值 $N_q=280$ kN,混凝土达到强度设计值后,开始张拉预应力筋。试进行下弦使用阶段的承载力计算和抗裂验算(已知屋架的裂缝控制等级为二级,预应力损失 $\sigma_{l1}=16\ N/mm^2$,$\sigma_{l2}=48\ N/mm^2$,$\sigma_{l4}=70\ N/mm^2$,$\sigma_{l5}=$

习题与
思考题答案

130 N/mm²，结构重要性系数$\gamma_0=1.1$）。

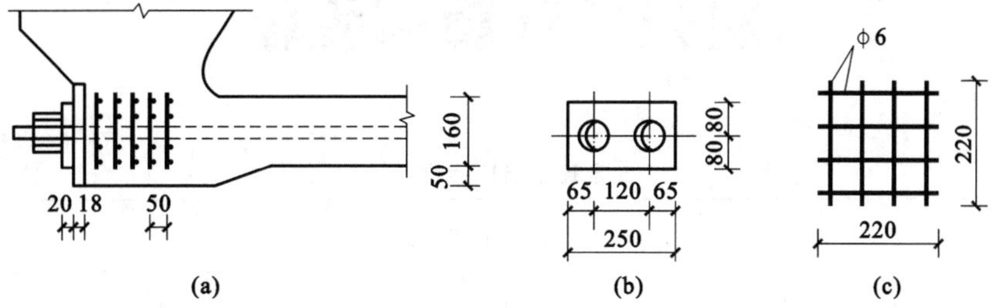

图 9-37 习题与思考题 9-24 图

［1］ 中国建筑科学研究院. 预应力混凝土结构设计规范：JGJ 369—2016. 北京：中国建筑工业出版社，2016.

［2］ 中国建筑科学研究院. 混凝土结构设计规范（2015 年版）：GB 50010—2010. 北京：中国建筑工业出版社，2016.

［3］ 中国建筑科学研究院. 混凝土结构耐久性设计标准. 北京：中国建筑工业出版社，2019.

［4］ 中国建筑科学研究院. 预应力筋用锚具、夹具和连接器：GB/T 14370—2015. 北京：中国标准出版社，2016.

［5］ 中国建筑科学研究院. 无黏结预应力混凝土结构技术规程：JGJ 92—2016. 北京：中国建筑工业出版社，2016.

［6］ 中国建筑科学研究院. 预应力筋用锚具、夹具和连接器应用技术规程：JGJ 85—2010. 北京：中国建筑工业出版社，2010.

［7］ 梁兴文，史庆轩. 混凝土结构设计原理. 北京：中国建筑工业出版社，2022.

［8］ 袁迎曙，李富民，郭震. 现代预应力混凝土结构. 徐州：中国矿业大学出版社，2009.

附录 计算用表格

附表 1 **混凝土强度标准值** （单位：N/mm^2）

强度种类	混凝土强度等级													
	C15	C20	C25	C30	C35	C40	C45	C50	C55	C60	C65	C70	C75	C80
f_{ck}	10.0	13.4	16.7	20.1	23.4	26.8	29.6	32.4	35.5	38.5	41.5	44.5	47.4	50.2
f_{tk}	1.27	1.54	1.78	2.01	2.20	2.39	2.51	2.64	2.74	2.85	2.93	2.99	3.05	3.11

附表 2 **混凝土强度设计值** （单位：N/mm^2）

强度种类	混凝土强度等级													
	C15	C20	C25	C30	C35	C40	C45	C50	C55	C60	C65	C70	C75	C80
f_c	7.2	9.6	11.9	14.3	16.7	19.1	21.1	23.1	25.3	27.5	29.7	31.8	33.8	35.9
f_t	0.91	1.10	1.27	1.43	1.57	1.71	1.80	1.89	1.96	2.04	2.09	2.14	2.18	2.22

附表 3 **混凝土的弹性模量** （单位：$\times 10^4$ N/mm^2）

混凝土强度等级	C15	C20	C25	C30	C35	C40	C45	C50	C55	C60	C65	C70	C75	C80
E_c	2.20	2.55	2.80	3.00	3.15	3.25	3.35	3.45	3.55	3.60	3.65	3.70	3.75	3.80

注：1. 当有可靠试验依据时，弹性模量可根据实测数据确定；
2. 当混凝土中掺有大量矿物掺合料时，弹性模量可按规定龄期根据实测数据确定。

附表 4 **普通钢筋强度标准值** （单位：N/mm^2）

牌号	符号	公称直径 d/mm	屈服强度标准值 f_{yk}	极限强度标准值 f_{stk}
HPB300	Φ	6～14	300	420
HRB400 HRBF400 RRB400	Φ $Φ^F$ $Φ^R$	6～50	400	540
HRB500 HRBF500	Φ $Φ^F$	6～50	500	630

附表 5　**预应力筋强度标准值**　（单位：N/mm²）

种类		符号	公称直径 d/mm	屈服强度标准值 f_{pyk}	极限强度标准值 f_{ptk}
中强度预应力钢丝	光面 螺旋肋	ϕ^{PM} ϕ^{HM}	5、7、9	620	800
				780	970
				980	1270
预应力螺纹钢筋	螺纹	ϕ^{T}	18、25、32、40、50	785	980
				930	1080
				1080	1230
消除应力钢丝	光面 螺旋肋	ϕ^{P} ϕ^{H}	5	—	1570
				—	1860
			7	—	1570
			9	—	1470
				—	1570
钢绞线	1×3 （3 股）	ϕ^{S}	8.6、10.8、12.9	—	1570
				—	1860
				—	1960
	1×7 （7 股）		9.5、12.7、15.2、17.8	—	1720
				—	1860
				—	1960
			21.6	—	1860

注：极限强度标准值为 1960 N/mm² 的钢绞线作后张预应力配筋时，应有可靠的工程经验。

附表 6　**普通钢筋强度设计值**　（单位：N/mm²）

牌号	抗拉强度设计值 f_y	抗压强度设计值 f_y'
HPB300	270	270
HRB400、HRBF400、RRB400	360	360
HRB500、HRBF500	435	435

附表 7　**预应力筋强度设计值**　（单位：N/mm²）

种类	极限强度标准值 f_{ptk}	抗拉强度设计值 f_{py}	抗压强度设计值 f_{py}'
中强度预应力钢丝	800	510	410
	970	650	
	1270	810	

续表

种类	极限强度标准值 f_{ptk}	抗拉强度设计值 f_{py}	抗压强度设计值 f'_{py}
消除应力钢丝	1470	1040	410
	1570	1110	
	1860	1320	
钢绞线	1570	1110	390
	1720	1220	
	1860	1320	
	1960	1390	
预应力螺纹钢筋	980	650	400
	1080	770	
	1230	900	

注:当预应力筋的强度标准值不符合本表的规定时,其强度设计值应进行相应的比例换算。

附表8 **钢筋的弹性模量** (单位:$\times10^5$ N/mm^2)

牌号或种类	E_s
HPB300钢筋	2.10
HRB400、HRB500钢筋 HRBF400、HRBF500钢筋 RRB400钢筋 预应力螺纹钢筋	2.00
消除应力钢丝、中强度预应力钢丝	2.05
钢绞线	1.95

注:必要时可采用实测的弹性模量。

附表9 **混凝土保护层的最小厚度 c** (单位:mm)

环境类别	板、墙、壳	梁、柱、杆
一	15	20
二a	20	25
二b	25	35
三a	30	40
三b	40	50

注:1. 混凝土强度等级不大于C25时,表中保护层厚度数值应增加5 mm;
2. 钢筋混凝土基础宜设置混凝土垫层,基础中钢筋的混凝土保护层厚度应从垫层顶面算起,且不应小于40 mm。

附表 10　　**纵向受力钢筋的最小配筋百分率 ρ_{min}**　　（单位：%）

<table>
<tr><th colspan="3">受力类型</th><th>最小配筋百分率</th></tr>
<tr><td rowspan="4">受压构件</td><td rowspan="3">全部纵向钢筋</td><td>强度等级 500 MPa</td><td>0.50</td></tr>
<tr><td>强度等级 400 MPa</td><td>0.55</td></tr>
<tr><td>强度等级 300 MPa、335 MPa</td><td>0.60</td></tr>
<tr><td colspan="2">一侧纵向钢筋</td><td>0.20</td></tr>
<tr><td colspan="3">受弯构件、偏心受拉、轴心受拉构件一侧的受拉钢筋</td><td>0.20 和 $45f_t/f_y$ 中的较大值</td></tr>
</table>

注：1. 受压构件全部纵向钢筋最小配筋百分率，当采用 C60 以上强度等级的混凝土时，应按表中规定增大 0.10；
2. 板类受弯构件（不包括悬臂板）的受拉钢筋，当采用强度等级 400 MPa、500 MPa 的钢筋时，其最小配筋百分率应允许采用0.15和 $45f_t/f_y$ 中的较大值；
3. 偏心受拉构件中的受压钢筋，应按受压构件一侧的纵向钢筋考虑；
4. 受压构件的全部纵向钢筋和一侧纵向钢筋的配筋率以及轴心受拉构件和小偏心受拉构件一侧受拉钢筋的配筋率均应按构件的全截面面积计算；
5. 受弯构件、大偏心受拉构件一侧受拉钢筋的配筋率应按全截面面积扣除受压翼缘面积 $(b_f'-b)h_f'$ 后的截面面积计算；
6. 当钢筋沿构件截面周边布置时，“一侧纵向钢筋”是指沿受力方向两个对边中一边布置的纵向钢筋。

附表 11　　**混凝土受弯构件挠度限值**

<table>
<tr><th colspan="2">构件类型</th><th>挠度限值</th></tr>
<tr><td rowspan="2">吊车梁</td><td>手动吊车</td><td>$l_0/500$</td></tr>
<tr><td>电动吊车</td><td>$l_0/600$</td></tr>
<tr><td rowspan="3">屋盖、楼盖及楼梯构件</td><td>当 $l_0<7$ m 时</td><td>$l_0/200(l_0/250)$</td></tr>
<tr><td>当 7 m$\leqslant l_0\leqslant$9 m 时</td><td>$l_0/250(l_0/300)$</td></tr>
<tr><td>当 $l_0>9$ m 时</td><td>$l_0/300(l_0/400)$</td></tr>
</table>

注：1. 表中 l_0 为构件的计算跨度，计算悬臂构件的挠度限值时，其计算跨度 l_0 按实际悬臂长度的 2 倍取用；
2. 表中括号内的数值适用于使用上对挠度有较高要求的构件；
3. 如果构件制作时预先起拱，且使用上也允许，则在验算挠度时，可将计算所得的挠度值减去起拱值；对预应力混凝土构件，尚可减去预加力所产生的反拱值；
4. 构件制作时的起拱值和预加力所产生的反拱值，不宜超过构件在相应荷载组合作用下的计算挠度值。

附表 12　　**结构构件的裂缝控制等级及最大裂缝宽度的限值**　　（单位：mm）

<table>
<tr><th rowspan="2">环境类别</th><th colspan="2">钢筋混凝土结构</th><th colspan="2">预应力混凝土结构</th></tr>
<tr><th>裂缝控制等级</th><th>w_{lim}</th><th>裂缝控制等级</th><th>w_{lim}</th></tr>
<tr><td>一</td><td rowspan="4">三级</td><td>0.30(0.40)</td><td rowspan="2">三极</td><td>0.20</td></tr>
<tr><td>二 a</td><td rowspan="3">0.20</td><td>0.10</td></tr>
<tr><td>二 b</td><td>二级</td><td>—</td></tr>
<tr><td>三 a、三 b</td><td>一级</td><td>—</td></tr>
</table>

注：1. 对处于年平均相对湿度小于 60% 地区一类环境下的受弯构件，其最大裂缝宽度限值可采用括号内的数值。
2. 在一类环境下，对钢筋混凝土屋架、托架及需作疲劳验算的吊车梁，其最大裂缝宽度限值应取为 0.20 mm；对钢筋混凝土屋面梁和托梁，其最大裂缝宽度限值应取为 0.30 mm。
3. 在一类环境下，对预应力混凝土屋架、托架及双向板体系，应按二级裂缝控制等级进行验算；对一类环境下的预应力混凝土屋面梁、托梁、单向板，应按表中二 a 级环境的要求进行验算；在一类和二 a 类环境下需作疲劳验算的预应力混凝土吊车梁，应按裂缝控制等级不低于二级的构件进行验算。
4. 表中规定的预应力混凝土构件的裂缝控制等级和最大裂缝宽度限值仅适用于正截面的验算；预应力混凝土构件的斜截面裂缝控制验算应符合《混凝土结构设计规范（2015 年版）》（GB 50010—2010）第 7 章的有关规定。
5. 对于烟囱、筒仓和处于液体压力下的结构，其裂缝控制要求应符合专门标准的有关规定。
6. 对于处于四、五类环境下的结构构件，其裂缝控制要求应符合专门标准的有关规定。
7. 表中的最大裂缝宽度限值为用于验算荷载作用引起的最大裂缝宽度。

附表 13　　**每米板宽内的钢筋截面面积**

钢筋间距/mm	当钢筋直径(mm)为下列数值时的钢筋截面面积/mm²											
	3	4	5	6	6/8	8	8/10	10	10/12	12	12/14	14
70	101	180	280	404	561	719	920	1121	1369	1616	1907	2199
75	94.2	168	262	377	524	671	859	1047	1277	1508	1780	2052
80	88.4	157	245	354	491	629	805	981	1198	1414	1669	1924
85	83.2	148	231	333	462	592	758	924	1127	1331	1571	1811
90	78.5	140	218	314	437	559	716	872	1064	1257	1483	1710
95	74.5	132	207	298	414	529	678	826	1008	1190	1405	1620
100	70.6	126	196	283	393	503	644	785	958	1131	1335	1539
110	64.2	114	178	257	357	457	585	714	871	1028	1214	1399
120	58.9	105	163	236	327	419	537	654	798	942	1113	1283
125	56.5	101	157	226	314	402	515	628	766	905	1068	1231
130	54.4	96.6	151	218	302	387	495	604	737	870	1027	1184
140	50.5	89.8	140	202	281	359	460	561	684	808	954	1099
150	47.1	83.8	131	189	262	335	429	523	629	754	890	1026
160	44.1	78.5	123	177	246	314	403	491	599	707	834	962
170	41.5	73.9	115	166	231	296	379	462	564	665	785	905
180	39.2	69.8	109	157	218	279	358	436	532	628	742	855
190	37.2	66.1	103	149	207	265	339	413	504	595	703	810
200	35.3	62.8	98.2	141	196	251	322	393	479	505	668	770
220	32.1	57.1	89.2	129	179	229	293	357	436	514	607	700
240	29.4	52.4	81.8	118	164	210	268	327	399	471	556	641
250	28.3	50.3	78.5	113	157	201	258	314	383	452	534	616
260	27.2	48.3	75.5	109	151	193	248	302	369	435	513	592
280	25.2	44.9	70.1	101	140	180	230	280	342	404	477	550
300	23.6	41.9	65.5	94.2	131	168	215	262	319	377	445	513
320	22.1	39.3	61.4	88.4	123	157	201	245	299	353	417	481

附表 14　　**钢筋的公称直径、公称截面面积及理论质量**

公称直径/mm	不同根数钢筋的公称截面面积/mm²									单根钢筋理论质量/(kg/m)
	1	2	3	4	5	6	7	8	9	
6	28.3	57	85	113	142	170	198	226	255	0.222
8	50.3	101	151	201	252	302	352	402	453	0.395
10	78.5	157	236	314	393	471	550	628	707	0.617
12	113.1	226	339	452	565	678	791	904	1017	0.888
14	153.9	308	461	615	769	923	1077	1231	1385	1.21
16	201.1	402	603	804	1005	1206	1407	1608	1809	1.58
18	254.5	509	763	1017	1272	1527	1781	2036	2290	2.00(2.11)
20	314.2	628	942	1256	1570	1884	2199	2513	2827	2.47
22	380.1	760	1140	1520	1900	2281	2661	3041	3421	2.98
25	490.9	982	1473	1964	2454	2945	3436	3927	4418	3.85(4.10)
28	615.8	1232	1847	2463	3079	3695	4310	4926	5542	4.83
32	804.2	1609	2413	3217	4021	4826	5630	6434	7238	6.31(6.65)
36	1017.9	2036	3054	4072	5089	6107	7125	8143	9161	7.99
40	1256.6	2513	3770	5027	6283	7540	8796	10053	11310	9.87(10.34)
50	1964	3928	5892	7856	9820	11784	13748	15712	17676	15.42(16.28)

注:括号内为预应力螺纹钢筋的数值。

附表 15　　**钢绞线的公称直径、公称截面面积及理论质量**

种类	公称直径/mm	公称截面面积/mm²	理论质量/(kg/m)
1×3	8.6	37.7	0.296
	10.8	58.9	0.462
	12.9	84.8	0.666
1×7 标准型	9.5	54.8	0.430
	12.7	98.7	0.775
	15.2	140	1.101
	17.8	191	1.500
	21.6	285	2.237

附表 16　**钢丝的公称直径、公称截面面积及理论质量**

公称直径/mm	公称截面面积/mm^2	理论质量/(kg/m)
4.0	12.57	0.099
5.0	19.63	0.154
6.0	28.27	0.222
7.0	38.48	0.302
8.0	50.26	0.394
9.0	63.62	0.499

中国建筑科学研究院. 混凝土结构设计规范(2015 年版):GB 50010—2010. 北京:中国建筑工业出版社,2016.

素混凝土结构构件设计